Das Buch

»Wie fände sich ohne Studium, ohne wissenschaftlich geschultes Denken und Lesen der Zugang zu Aristoteles, Descartes, Kant oder Hegel und deren weltbewegenden Erkenntnissen? Wie wollte man seinem noch minderjährigen Sohn die vertrackten Seinsreflexionen eines Heidegger, seinem kaufmännischen Freund Russells ›Zweifel an den Prämissen‹ oder einem Ingenieur der Industrie Wittgensteins ›Tractatus‹ und die Ergebnisse der ›Philosophischen Untersuchungen‹ etwa plausibel machen, und zwar so, daß ein zu eigenen Fragen und Reflexionen befähigendes Verständnis vermittelt wird? Wilhelm Weischedel ... hat die Masse gelehrter, aber schwer verständlicher Literatur beiseite geschoben und in vierunddreißig Aufsätzen die Quintessenz des Denkens und Lebenswerkes ebenso vieler Philosophen in unkonventioneller Weise so dargestellt, daß die jeweilige Kernproblematik und Kernantwort leicht verständlich ist, ohne daß gefährliche Verkürzungen zu verschmerzen wären. Die philosophische Hintertreppe wird zur sozialen Einrichtung, sie führt über nur geringe Umwege der anekdotischen Einführung in das Zentrum des jeweiligen Denkens, ohne beim Leser auch nur die geringste Vorkenntnis vorauszusetzen. Der Stoff von zweieinhalbtausend Jahren Philosophiegeschichte von Thales, dem philosophierenden Handelsmann aus Milet, bis hin zu Ludwig Wittgenstein, dem modernen Künder des Untergangs der Philosophie, wird hier ohne wissenschaftliche Arroganz und lehrmeisterhafte Attitüde erzählt, mit allen Mitteln dieser Kunst.« (Rheinischer Merkur)

Der Autor

Prof. Dr. Wilhelm Weischedel, geb. 1905 in Frankfurt a. M., studierte in Marburg evangelische Theologie, Philosophie und Geschichte. 1932 Promotion zum Dr. phil. in Freiburg. Nach 1945 Dozent, dann Professor der Philosophie in Tübingen. 1953 ordentlicher Professor an der Freien Universität Berlin; 1970 emeritiert. Er starb 1975 in Berlin.

Wilhelm Weischedel:

Die philosophische Hintertreppe

34 große Philosophen in Alltag und Denken

Deutscher
Taschenbuch
Verlag

Ungekürzte Ausgabe
November 1975
21. Auflage November 1991
Deutscher Taschenbuch Verlag GmbH & Co. KG,
München
 ISBN 3-485-01833-3
Umschlaggestaltung: Celestino Piatti
Gesamtherstellung: C. H. Beck'sche Buchdruckerei,
Nördlingen
Printed in Germany ISBN 3-423-01119-X

Den Enkeln: Katharina
Constanze
Annette
Sebastian

Inhalt

Prolog
oder
Die zwei Aufgänge zur Philosophie

Die Hintertreppe ist nicht der übliche Zugang zu einer Wohnung. Sie ist nicht hell und geputzt und feierlich wie die Vordertreppe. Sie ist nüchtern und kahl und manchmal ein wenig vernachlässigt. Aber dafür braucht man sich für den Aufstieg auch nicht besonders vornehm zu kleiden. Man kommt, wie man ist, und man gibt sich, wie man ist. Und doch gelangt man auch über die Hintertreppe zum gleichen Ziel wie über die Vordertreppe: zu den Leuten, die oben wohnen.

Auch den Philosophen kann man sich feierlich nähern: über gepflegte Läufer und an blankgeputztem Geländer entlang. Aber es gibt auch eine philosophische Hintertreppe. Auch für den Besuch bei den Denkern gibt es ein »man kommt, wie man ist« und ein »man gibt sich, wie man ist«. Und wenn man Glück hat, trifft man auch die Philosophen selber so an, wie sie sind, wenn sie nicht gerade am oberen Ende der Vordertreppe einen respektablen Gast erwarten; man trifft sie über die Hintertreppe ohne festliches Gepränge und ohne vornehmes Getue an. Vielleicht begegnet man ihnen da als den Menschen, die sie sind: mit ihren Menschlichkeiten und zugleich mit ihren großartigen und ein wenig rührenden Versuchen, über das bloß Menschliche hinauszugelangen. Wenn das geschieht, dann freilich ist die Unverbindlichkeit des Aufstiegs über die Hintertreppe vorbei. Dann gilt es, zu einem ernstlichen Gespräch mit den Philosophen bereit zu sein.

Vermutlich wird es nicht wenige Verkünder eines »vornehmen Tones in der Philosophie« geben, die das Unternehmen des Verfassers aufs strengste verdammen werden, wenn sie es nicht überhaupt für unter ihrer Würde halten, davon Kenntnis zu nehmen. Ihnen sei es unbenommen, den Vorderaufgang zur Philosophie zu benutzen; auch der Verfasser hat dies in einigen seiner bisherigen Veröffentlichungen getan. Wenn er für diesmal die Hintertreppe benutzt, so auch deshalb, weil hier eine Gefahr ausbleibt, die der Vordertreppe eigentümlich ist: daß man nämlich unversehens, statt in die Wohnung der Philosophen zu gelangen, bei den Kandelabern, bei den Atlanten und Karyatiden verweilt, die das Portal, das Vestibül und den Treppenaufgang schmücken. Die Hintertreppe ist schmucklos und ohne jede Ablenkung. Zuweilen führt sie deshalb um so eher zum Ziel.

[illegible]

[illegible]

[illegible]

[illegible]

[illegible]

Thales
oder
Die Geburt der Philosophie

Wer alt geworden ist und sein Ende nahen fühlt, dem mag es wohl geschehen, daß er in einer ruhigen Stunde an die Anfänge seines Lebens zurückdenkt. Das widerfährt auch der Philosophie. Sie ist nun zweieinhalb Jahrtausende alt; es gibt nicht wenige, die ihr einen baldigen Tod prophezeien, und wer heute Philosophie betreibt, den mag wohl manchmal das Gefühl beschleichen, es sei eine müde und ein wenig klapprig gewordene Sache, mit der er sich abgibt. Aus dieser Empfindung kann das Bedürfnis erwachsen, sich in die Vergangenheit zurückzuversetzen und nach den Anfängen zu suchen, in denen die Philosophie noch frisch und mit jungen Kräften im Dasein stand.

Doch wer so der Stunde ihrer Geburt nachforscht, gerät in Verlegenheit. Es gibt ja kein Standesamt für geistige Geschehnisse, dessen Register so weit zurückreichte, daß sich die Eintragung jenes Geburtstages in ihm fände. Wann die Philosophie eigentlich ins Leben getreten ist, weiß keiner mit Sicherheit; ihr Anfang verliert sich im Dunkel früher Zeiten.

Nun sagt eine alte Tradition, die Philosophie habe mit Thales begonnen, einem klugen Manne aus der Handelsstadt Milet im griechischen Kleinasien. Der habe dort im 6. Jahrhundert v. Chr. gelebt und als erster unter allen Menschen philosophiert. Doch dem stimmt keineswegs der ganze Chor der Gelehrten zu. Einige weisen darauf hin, daß sich doch auch schon bei den frühen Dichtern der Griechen philosophische Ideen finden; so machen sie Hesiod oder gar Homer zu Urvätern der Philosophie. Andere gehen noch weiter zurück und behaupten, es habe auch schon bei den orientalischen Völkern eine Art von Philosophie gegeben, längst ehe das Volk der Griechen in das Licht der Geschichte getreten sei.

Weit radikaler noch ist ein Gelehrter aus dem Anfang des 18. Jahrhunderts, Mitglied der Berliner Akademie der Wissenschaften, Jakob Brucker, oder, wie er sich, der Sitte der Zeit entsprechend, nennt: Jacobus Bruckerus. Er verfaßt ein dickleibiges lateinisches Opus mit dem Titel ›Kritische Geschichte der Philosophie, von der Wiege der Welt an bis zu unserem Zeitalter‹. Der Beginn der Philosophie reicht also, wenn man diesem Gelehrten trauen will, zurück bis in die allerersten Anfänge, bis zu der Wiege oder, wie man das lateinische Wort auch übersetzen kann, bis zu den Windeln der Menschheit. So findet sich denn auch auf dem Titelblatt des 1. Bandes ein Bild einer vorzeitlichen Landschaft, mit einem urwelthaften Bären, der versunken an seiner linken Klaue kaut. Darüber steht die Inschrift: »ipse alimenta sibi«, zu deutsch: »er ist selber seine eigene Speise«, was denn wohl heißen soll: die Philosophie bedarf keiner fremden Nahrung, keiner vorhergehenden Wissenschaft oder Kunst, sondern sie ist sich selbst genug; kurz: die Philosophie entspringt aus sich selber, und zwar eben zu der Zeit, als die Menschheit noch in ihren Windeln liegt.

Daher muß Jacobus Bruckerus in seiner Suche nach den Anfängen der Philosophie weiter und weiter zurückgehen: hinter die Griechen und hinter die Ägypter und Babylonier, ja noch hinter die Sintflut, bis in jene Zeit zwischen Adam und Noah, in der die Menschheit ihre ersten Schritte tut. Darum heißt der erste Teil seines voluminösen Werkes: ›Vorsintflutliche Philosophie‹. Doch auch hier hält Bruckerus noch nicht inne; er erörtert sogar die Frage, ob es nicht vielleicht schon vor Beginn der Menschheit, unter den Engeln und Dämonen, Philosophen gebe. Hier kommt er nun freilich nach scharfsinniger Untersuchung zu dem Ergebnis: weder Engel noch Dämonen sind Philosophen. Auch Adam und seine Söhne und Enkel werden ihm, wie er sie genauer betrachtet, fragwürdig. Zwar kann er bei ihnen Spuren philosophischer Reflexion entdecken; aber diese reichen doch nicht aus, um jene mit dem Mantel des Philosophen zu umhüllen. Adam etwa, so meint Bruckerus, habe ja gar keine Zeit für philosophische Spekulationen gehabt. Denn wer sich den ganzen Tag um seines Leibes Notdurft kümmern müsse, wer, wie die Bibel sagt, im Schweiße seines Angesichts sein Brot essen müsse, der habe am Abend keinen Kopf mehr für tiefsinnige Gedanken.

So ähnlich denkt übrigens auch der erste Geschichtsschreiber der Philosophie, der große Aristoteles. Wissenschaft und Philosophie, so etwa sagt er, hätten erst dann beginnen können, als die äußere Notdurft einigermaßen gestillt war und die Menschen für andere Dinge Muße hatten. Das nun sei zum erstenmal in Ägypten der Fall gewesen, nämlich bei den Priestern dieses Landes; diese hätten darum Mathematik und Astronomie erfunden. Die Philosophie im eigentlichen Sinne aber sei erst bei den Griechen entstanden, und zwar in der Muße, die sich ein großer Handelsherr in der reichen Stadt Milet leisten konnte. So also kommt Aristoteles an den Punkt, an den man seitdem immer wieder den Anfang der Philosophie verlegt: eben zu dem Philosophen Thales aus Milet.

Von seinem Leben und Wesen weiß man allerdings nicht viel.

Aristoteles stellt ihn als einen klugen, fast möchte man sagen gerissenen Geschäftsmann dar. Als er nämlich eines Tages bemerkt, daß die Olivenernte besonders reichlich zu werden verspricht, kauft er sämtliche Ölpressen auf und vermietet sie zu hohem Zinse weiter. Ob diese Geschichte stimmt, ist freilich unsicher. Gewiß ist dagegen, daß Thales sich mit politischen Dingen befaßt und sich dann der Mathematik und der Astronomie zuwendet. Auf diesem Felde wird er ein berühmter Mann; es gelingt ihm, eine Sonnenfinsternis exakt vorauszuberechnen, und der Himmel tut ihm den Gefallen, an dem vorhergesagten Tage auch tatsächlich die Sonne sich verdunkeln zu lassen.

Diese Tatsache nimmt übrigens ein gegenwärtiger Geschichtsschreiber zum Anlaß, um die Geburtsstunde der Philosophie exakt anzugeben; er schreibt den lapidaren Satz: »Die Philosophie der Griechen beginnt mit dem 28. Mai 585«; denn das eben ist der Tag jener vorausverkündeten Sonnenfinsternis. Man fragt sich freilich, was denn die Philosophie mit Sonnenfinsternissen zu tun habe, es sei denn, die Geschichte der Philosophie sei selber eine Folge nicht von Erleuchtungen, sondern von Finsternissen.

Im übrigen ist Thales allem Vermuten nach ein echter Weiser: ein Mann nämlich, der nicht nur tief nachdenkt, sondern auch das Leben und seine Absonderlichkeiten kennt. Das wird von antiken Gewährsmännern in hübschen Anekdoten illustriert. Seine Mutter will ihn überreden zu heiraten; er aber antwortet: »Noch ist es nicht Zeit dazu.« Als er dann älter wird und die Mutter ihn immer eindringlicher bestürmt, erwidert er: »Nun ist die Zeit dazu vorüber.« Tiefsinniger noch ist eine andere Geschichte: auf die Frage, warum er keine Kinder zeugen wolle, antwortet er: »Aus Liebe zu den Kindern.«

Nun mag man die Vorsicht in ehelichen und väterlichen Dingen für eine lobenswerte Eigenschaft halten: sie reicht doch nicht aus, um einen Menschen zum Philosophen zu machen. Was Platon berichtet, ist aber echt philosophisch: »Als Thales die Sterne beobachtete und nach oben blickte und als er dabei in einen Brunnen fiel, soll eine witzige und geistreiche thrakische Magd ihn verspottet haben: er wolle wissen, was am Himmel sei, aber es bleibe ihm verborgen, was vor ihm und zu seinen Füßen liege.« Der Philosoph im Brunnen ist allerdings eine kuriose Erscheinung. Platon aber gibt dieser Geschichte eine ernsthafte Wendung. »Der gleiche Spott trifft alle, die in der Philosophie leben. Denn in Wahrheit bleibt einem solchen der Nächste und der Nachbar verborgen, nicht nur in dem, was er tut, sondern fast auch darin, ob er ein Mensch ist oder irgend ein anderes Lebewesen ... Wenn er vor Gericht oder irgendwo anders über das reden muß, was zu seinen Füßen oder vor seinen Augen liegt, ruft er Gelächter hervor, nicht nur bei Thrakerinnen, sondern auch beim übrigen Volk; aus Unerfahrenheit fällt er in Brunnen und in jegliche Verlegenheit; seine Ungeschicklichkeit ist entsetzlich und erweckt den Anschein der Einfältigkeit.« Doch nun kommt das Entscheidende: »Was aber der Mensch ist, und was zu tun und zu erleiden einem solchen Wesen im Unterschied von den anderen zukommt, danach sucht er und das zu erforschen müht er sich.« Jetzt also kehrt sich die Sache um. Platon will sagen: wenn es um das Wesen der Gerechtigkeit und um andere wesentliche Fragen geht, dann wissen die andern nicht aus noch ein und machen sich lächerlich; dann aber ist die Stunde des Philosophen gekommen.

Jetzt versteht man, weshalb Platon, Aristoteles und viele andere nach ihnen gerade diesen Thales aus Milet als den ersten Philosophen bezeichnen. Es geht ihm nicht um die Dinge, sondern um das Wesen der Dinge. Er will dahinter kommen, was es in Wahrheit mit dem auf sich hat, was sich in so vielfältigen Gestalten in der Welt findet: mit den Bergen, den Tieren und den Pflanzen, mit dem Wind und den Sternen, mit dem Menschen, seinem Tun und seinem Denken. Was ist das Wesen von alledem, fragt Thales. Und weiter: woher kommt, woraus entspringt das alles? was ist der Ursprung von allem? was ist das Eine, alles Umfassende, das Prinzip, das macht, daß das alles wird und ist und besteht? Das sind, wenn auch von ihm selber nicht so ausgesprochen, die Grundfragen des Thales, und indem er sie als Erster stellt, wird er zum Anfänger der Philosophie. Denn nach dem Wesen und nach dem Grunde zu fragen, ist seitdem und bis heute das zentrale philosophische Anliegen.

Die Antwort freilich, die Thales auf diese Frage gibt, ist seltsam. Er behauptet nämlich, so wird berichtet, das Wasser sei der Ursprung von allem. Wie? All das, was wir als Fülle der Weltgestalten vor Augen haben, jene Berge, Sterne und Tiere, wir selber und der Geist, der in uns wohnt, all das soll aus dem Wasser stammen, soll seinem innersten Wesen nach nichts als Wasser sein? Eine wunderliche Philosophie, diese Philosophie im Anfang.

Offenbar muß man Thales um dieses seines Grundgedankens willen als einen ausgesprochenen Materialisten ansehen. Das Wasser, ein materieller Stoff, wird zum Urprinzip gemacht; aus Materiellem also will dieser Philosoph alles ableiten. So kann man es in manchen Lehrbüchern der Geschichte der Philosophie lesen. Freilich, so wird hinzugefügt, Thales ist noch ein recht primitiver Materialist. Denn die Forschung nach den Urbestandteilen der Wirklichkeit hat seine These keineswegs bestätigt; die Frage nach den ursprünglichsten Konstituentien der Welt ist viel zu kompliziert, als daß sie mit der einfachen Annahme beantwortet werden könnte, das Wasser sei das Urprinzip. Thales ist also ein Materialist; aber man braucht ihn mit seiner überholten Annahme nicht mehr ernst zu nehmen.

Aber die darin liegende Verachtung des Anfangs der Philosophie sollte doch zu denken geben. Hat man denn jenen Satz vom Wasser als dem Urprinzip richtig verstanden, wenn man ihn so ohne weiteres als Ausdruck eines philosophischen Materialismus deutet? Das Bedenken wird noch verstärkt, wenn man hinzunimmt, daß von Thales ein zweiter Satz überliefert wird, der nun ganz und gar nicht zu der materialistischen Deutung passen will. Er lautet: »Alles ist voll von Göttern.« Jetzt geht es offenbar nicht darum, daß alle Wirklichkeit aus einem Urstoff erklärt wird. Jetzt wird vielmehr gesagt: was wir vor uns sehen, diese ganz sichtbare Welt, ist die Stätte der Anwesenheit von Göttern. Der Mensch begreift die Welt nicht richtig, wenn er meint, was er um sich sieht, seien einfachhin vorhandene Dinge; er muß einsehen: es ist das Wesen der Dinge, daß in ihnen Göttliches waltet.

Hat also Thales, in seinen beiden Sätzen vom Wasser und von den Göttern, zwei einander widerstreitende Behauptungen aufgestellt? Denn dies beides steht doch offenbar zueinander im Gegensatz: entweder ist die Wirklichkeit bloßer Stoff, oder sie ist göttlichen Lebens voll. Wenn aber hier ein schroffes Entweder-Oder herrscht, auf welcher Seite liegt dann die Wahrheit? Diese Frage reicht bis in den Grund der Weltdeutung, und sie ist bis heute nicht zu Ende gekommen. Noch in der Gegenwart geht es in den philosophischen Diskussionen entscheidend darum, ob die Welt von einem rein materiellen Prinzip her zu verstehen ist, oder ob wir annehmen sollen, die Dinge seien sichtbare Zeichen eines Tieferen, die Welt sei Ausdruck eines in ihr waltenden göttlichen Prinzips, vielleicht gar das Geschöpf eines schaffenden Gottes.

Doch wie steht es eigentlich in dieser Hinsicht mit Thales, dem anfänglichen Philosophen? Hat er tatsächlich, wie es bis jetzt den Anschein hat, das Widerstreitende unverbunden nebeneinandergestellt, das Unversöhnliche gelehrt, ohne den Widerspruch zu merken? Oder steht etwa seine Behauptung, alles sei aus dem Wasser entsprungen, doch mit der anderen in Verbindung, daß alles voll von Göttern sei? Erwächst vielleicht die Unvereinbarkeit nur daraus, daß man die These vom Ursprung aus dem Wasser im modernen naturwissenschaftlichen Sinne deutet, als eine Hypothese über den materiellen Urstoff, und daß man sie damit nicht in ihrem wahren, zeitgenössischen Sinne versteht? Denn es ist doch sehr die Frage, ob eine solche naturwissenschaftliche Theorie der Weltsicht entspricht, wie sie die Menschen des sechsten Jahrhunderts v. Chr. besitzen. So gilt es, noch einmal zu überlegen, was es heißen will, wenn Thales sagt: Ursprung von allem ist das Wasser.

Da hilft nun weiter, was Aristoteles über Thales berichtet. Er weiß zwar selber nicht mehr genau, was jener Urvater der Philosophie eigentlich sagen will; immerhin sind ja bis auf seine Tage fast drei Jahrhunderte verflossen. Aber wie Aristoteles an dem dunklen Spruch vom Wasser herumrätselt, meint er, Thales denke dabei wohl an den Okeanos, jenen Urstrom, der nach alter Sage die Erde umfließt und als Vater des Entstehens von allem gilt. Vielleicht auch sei dem Thales gegenwärtig, daß von altersher erzählt wird: wenn die Götter einen Schwur leisten, rufen sie den Styx an, den Totenfluß, der das Reich der Lebendigen vom Reich der Schatten trennt; der Eid aber, fährt Aristoteles fort, ist das Heiligste von allem. Uraltes mythisches Wissen also beschwört Aristoteles herauf, wenn er sich an die Deutung des Satzes des Thales macht: den Gedanken an den Okeanos und den Styx, die mythischen Urströme, und an die magische Heiligkeit des Eides. Und jetzt ist deutlich, wohin Aristoteles weisen will. Wenn Thales vom Wasser redet, dann denkt er nicht an einen materiellen Urstoff, sondern an die mythische Mächtigkeit des Ursprünglichen, an die Göttlichkeit des Ursprungs. Dazu nun fügt sich bruchlos jener zweite Satz des Thales, wonach alles voll von Göttern ist. Das heißt dann nicht: da ist ein Stück Apollon und dort ein Stück Zeus. Sondern das besagt: alles, was ist, ist von göttlichen Kräften durchwaltet. Wo wir philosophieren, dürfen wir die Welt nicht einfach so betrachten, als bestünde sie aus einer Fülle nebeneinanderliegender Dinge. In der Welt waltet vielmehr ein einheitliches Prinzip, ein mächtig Göttliches, und aus ihm hat alles, was ist, Ursprung und Bestehen.

Warum ist es aber gerade das Wasser, in dessen Bild Thales die Göttlichkeit des Ursprungs erblickt? Das hat, wie Aristoteles vermutet, darin seinen Grund, daß alles Lebendige in der Welt dadurch ins Leben kommt und sich im Leben erhält, daß es vom Wasser getränkt wird. Wie dieses in den Dingen die Lebendigkeit schafft, so steht es auch mit dem göttlichen Urgrund: Er belebt alles, indem er alles durchdringt. So will denn der Satz des Thales, alles sei aus dem Wasser entsprungen, dies besagen: In allem Wirklichen waltet ein göttlich Wirksames, von ursprünglicher Mächtigkeit wie die Urströme des Mythos und alles durchdringend wie das lebenerhaltende Wasser.

Damit aber ist Entscheidendes für das Verständnis des anfänglichen Wesens der Philosophie gewonnen. Diese beginnt nicht mit primitiven naturwissenschaftlichen Fragestellungen und Theorien. Es geht ihr vielmehr darum, in einer Zeit, in der die Kraft des Mythos zu verblassen beginnt, doch das zu bewahren, worum der Mythos weiß: zu bewahren freilich in einer gewandelten Form, nämlich in der des ausdrücklichen Fragens nach dem Ursprünglichen und Göttlichen.

Was aber ist es, was das Philosophieren in seinem Beginn aus dem Mythos übernehmen kann? Eben das, was Thales mit seinen rätselhaften Worten ausdrücken will: daß nämlich die Welt eine Tiefe besitzt. Jene uralten Mythen der Griechen wären ja allzu oberflächlich verstanden, wollte man sie nur als kuriose Geschichten von irgendwelchen Fabelwesen, Götter genannt, nehmen. Wenn die Griechen von ihren Göttern sprechen, dann meinen sie damit vielmehr die hintergründige Tiefe der Wirklichkeit. Sie erfahren die Wirklichkeit des Streites, der alle Bereiche der Welt durchzieht, und benennen sie mit dem Namen des Gottes Ares. Sie erfahren die dämonische Stille des Mittags und geben ihr den Namen des Gottes Pan. Sie wollen damit sagen: Alles Wirkliche gründet im Göttlichen; dessen Anwesenheit ist das eigentlich Wirkliche der Wirklichkeit.

Hier nun knüpft die beginnende Philosophie an. Sie kann zwar nicht mehr in der Unmittelbarkeit der mythischen Geschichten übernehmen, was dort gesagt wird. Sie beginnt in einer Zeit, in der dem Menschen die religiösen Vorstellungen fragwürdig geworden sind und in der er entdeckt, daß er selber fragen und selber nachdenken muß. Aber nun müht sich die Philosophie darum, daß ihr in solchem Fragen und in solchem Nachdenken das nicht verlorengehe, was im mythischen und religiösen Wissen als das eigentlich Wahre verborgen ist. Dabei entdeckt sie: Die alte und bleibende Wahrheit ist, daß alles Wirkliche nicht nur ein vordergründiges Gesicht trägt, sondern hintergründig von einem Tieferen durchwaltet ist.

Dem nachzuforschen ist seitdem die Leidenschaft des philosophischen Fragens. Denn noch heute ist die Philosophie in keiner anderen Situation als damals in ihren Anfängen. Auch heute noch steht sie in der Auseinandersetzung mit dem religiösen Wissen. Auch heute noch, und gerade heute, besteht die Gefahr, daß sie in dieser ihrer Abwehrhaltung zu einer rein diesseitigen Weltdeutung kommt, für die es nichts als materielle Dinge gibt. Aber wenn sie sich darauf einließe, dann verlöre sie, was sie im Anfang besessen hat: die Eindringlichkeit des Hinabfragens in die Tiefe und in die Urgründe.

Dies sich zu bewahren und sich doch nicht einem bloßen Glauben auszuliefern, sondern fragendes Ergründen des Ursprungs zu bleiben, ist auch heute noch die Aufgabe.

Das ist freilich eine große und schwere Aufgabe. Denn dem ersten Blick zeigt die Welt nichts von einem Ursprung aus dem Göttlichen. Was wir zunächst beobachten, ist vielmehr ein tragisches Widerspiel von Geburt und Tod, von Entstehen und Vergehen. Wie soll man annehmen können, die solcherart zerrissene Wirklichkeit gründe im Göttlichen, das wir uns doch als ewig und dem Widerstreit des Entstehens und Vergehens enthoben denken? Wie kann das Ewige Grund des Vergänglichen sein?

Hier setzt das philosophische Fragen ein, und dies schon in seinen Anfängen. Es ist die griechische Grunderfahrung und zugleich das tiefere Leiden des griechischen Menschen an der Welt, daß das Wirkliche in all seiner Schönheit unter der ständigen Drohung des Todes und der Nichtigkeit steht. Aber der griechische Geist verharrt nicht in stummer Resignation vor diesem Anblick der Welt; er unternimmt den leidenschaftlichen Versuch, die Unheimlichkeit der vergänglichen Welt unter dem Aspekt des Göttlichen tiefer zu begreifen.

Eben das geschieht im anfänglichen griechischen Philosophieren. Wenn Thales den göttlichen Ursprung der Welt im Bilde des Wassers erblickt, dann will er damit die Frage nach der Herkunft des Vergänglichen aus dem Ewigen beantworten. Denn mag das Wasser auch immer bleiben, was es ist, nämlich Wasser, so zeigt es sich doch in stets anderer Gestalt: bald als Dampf, bald als Eis und Schnee, bald als Bach und Meer. Sich verwandelnd in die verschiedenen Weisen seines Erscheinens, bleibt es doch das eine und selbe. So steht es auch mit dem Göttlichen. Es ist ewig und immer sich selber gleich, und doch wandelt es sich, und eben darum vermag es Ursprung dessen zu sein, was immerzu entsteht und vergeht: der wirklichen Welt.

Dem denkt der große Schüler des Thales, Anaximander, eindringlicher nach. Wenn wir aus den wenigen Nachrichten, die von ihm erhalten sind, schließen dürfen, dann ist eben das Entstehen und Vergehen der Ausgangspunkt seines Philosophierens: daß ein Ding ins Dasein tritt und wieder verschwindet, daß wir selber werden und untergehen, daß die ganze Welt ein ungeheurer Schauplatz von Geburt und Tod ist. Wie soll man das begreifen und doch daran festhalten, daß das Wirkliche im Ewigen und Göttlichen gründet?

Wie Anaximander dem weiter nachsinnt, kommt er zu einer großartigen Deutung der Wirklichkeit. Daß ein Ding untergeht, meint er, ist kein zufälliges Geschehen; es ist Buße und Sühne für ein Vergehen; Sterben heißt Abbüßen einer Schuld. Doch worin besteht diese Schuld? Darin, daß ein jegliches Ding den Drang hat, über das ihm gesetzte Maß hinaus im Dasein zu verharren. Damit aber wird es schuldig an anderen Dingen; denn es versperrt ihnen den Raum und benimmt ihnen so die Möglichkeit, ins Dasein zu treten. Die ganze Welt ist in der Sicht des Anaximander ein großer Kampf um das Sein; das Beharrende hindert das Ankommende daran, ins Dasein zu gelangen; aber weil es sich damit an ihm verschuldet, bereitet ihm die große Notwendigkeit den Untergang und schafft so Raum für den Aufgang neuer Dinge.

So steht es mit der Welt. Doch es gibt für Anaximander noch einen tieferen Aspekt. Letztlich nämlich geht es nicht so sehr um eine Schuld des einen Dinges gegen das andere als vielmehr um ein Vergehen gegen den göttlichen Ursprung selber. Dieser muß, wenn alles Wirkliche ihm sein Entstehen verdankt, als ein Prinzip unaufhörlicher, schöpferischer Lebendigkeit verstanden werden, als das Grenzenlose oder Unendliche, wie Anaximander es nennt. Würden nun die Dinge im Dasein beharren und so andere Dinge daran hindern, ins Dasein zu treten, so hieße das, das Unendliche könnte nicht mehr sein, was es doch vom Wesen her ist: schöpferische, immer Neues aus sich gebärende Lebendigkeit; es würde selber starr und tot. So ist der Untergang der Dinge, dieses Befremdliche der Wirklichkeit, zuletzt vom Göttlichen her gerechtfertigt. Die Dinge, die sich ins Beharren versteifen, müssen sterben, damit das Unendliche seine Lebendigkeit bewahren kann. Die Vergänglichkeit, das große Rätsel für das Philosophieren und für den Menschen, erhält ihren Sinn von der Unvergänglichkeit der göttlichen Lebendigkeit her. Das ist der tiefsinnige Gedanke des Anaximander. Ihn spricht er in dem einzigen größeren Fragment, das von ihm erhalten ist, aus: »Ursprung der Dinge ist das Unendliche. Woraus aber den Dingen das Entstehen kommt, dahinein geschieht ihnen auch der Untergang nach der Notwendigkeit. Denn sie zahlen einander Sühne und Buße für ihr Unrecht nach der Ordnung der Zeit.«

Die Philosophie versteht freilich in ihrer weiteren Geschichte die Deutungen, die Thales und Anaximander geben, nicht als die einzige und gültige Antwort auf ihre Fragen; vielfältig versucht sie neue Lösungen des Problems. Aber die anfängliche Frage bleibt. Darum auch besinnt sich die Philosophie immer wieder an den entscheidenden Wendepunkten ihrer Geschichte auf ihren Beginn und stellt in neuer Unmittelbarkeit das Problem des absoluten Grundes der Wirklichkeit und des Hervorgangs des Vergänglichen aus dem Unvergänglichen. Denn das ist und bleibt die große Grundfrage aller Philosophie. Diese betrachtet wohl die Welt, die Dinge und den Menschen. Wonach sie aber letztlich fragt, ist die Tiefe der Welt.

Wenn man bedenkt, daß das Denken der Philosophen, seit Thales, jenem ersten Metaphysiker, unablässig um den Ursprung von allem kreist, dann wird man es nicht mehr verwunderlich finden, daß Menschen von solcher Art manchmal den Dingen dieser Welt nicht die volle und ungeteilte Aufmerksamkeit zuwenden können. So kann ihnen passieren, was Thales geschieht: daß sie die Grube nicht sehen, die doch vor ihren Augen liegt, daß sie in sie hinabstürzen. Vielleicht muß es sogar so sein, daß, wer nach der Tiefe der Welt forscht, den Boden unter den Füßen verliert. Die thrakischen Mägde mögen darüber lachen. Aber wer es nicht riskiert, den Grund, auf dem er steht, zu verlieren, in der verwegenen Hoffnung, einen tieferen und sichereren Grund zu erlangen, der wird nie wissen, was das Philosophieren seit seinen ersten Anfängen bedeutet.

Parmenides und Heraklit
oder
Die gegensätzlichen Zwillinge

Schon in den Beginn der Geschichte der Philosophie pflegt man einen großen Gegensatz zu verlegen, der dann – so wird gesagt – ihre ganze weitere Entwicklung beherrscht: den Gegensatz von Sein und Werden. Man teilt diesen sodann unter zwei anfängliche Denker auf: Parmenides und Heraklit. Jener hat danach das ewige Sein gelehrt, dieser dagegen das ewige Werden. Sollte man aber die beiden Philosophen so starr in Rubriken einfangen? Beginnt die Philosophie wirklich mit Schlagworten?

Wer sind überhaupt diese beiden Philosophen? Man weiß nicht viel von ihnen. Am wenigsten von Parmenides. Als mutmaßlicher Lehrer gilt Xenophanes, der als herumziehender Barde bis ins hohe Alter am Herd der Großen philosophische Gesänge vorgetragen hat. Im übrigen wissen wir fast nur dies, daß Parmenides im 6. Jahrhundert vor Christus in Elea in Unteritalien gelebt hat und vermutlich auch dort gestorben ist. Er stammte aus einem reichen und glänzenden Hause, war jedoch, wie ein antiker Gewährsmann versöhnlich hinzufügt, mit einem »armen, aber ganz vortrefflichen Manne« befreundet. Auch Gesetzgeber und Politiker soll er gewesen sein; aber eine genaue Nachricht darüber haben wir nicht. Noch ungewisser ist, ob Parmenides wirklich, wie behauptet wird, in Ägypten gewesen ist, um Logik und Astronomie zu lernen. Schon wahrscheinlicher ist, daß er sich einmal nach Athen begeben hat; dort soll er, wie Platon berichtet, mit dem jungen Sokrates disputiert haben. Sicher ist dagegen, daß er tüchtige Schüler gehabt hat. Das ist dann auch schon alles. Doch vielleicht ist diese Spärlichkeit der biographischen Notizen für einen Philosophen charakteristisch, dem – man wird es noch sehen – die Wirklichkeit im reinen Sein untergeht. Aber eben darin liegt seine Bedeutung für die künftige Philosophie; den »Großen« hat ihn deshalb Platon genannt, einen Denker von einer »ganz und gar ursprünglichen Tiefe«.

Ein wenig mehr als von Parmenides wissen wir von dem anderen der anfänglichen Philosophen, von Heraklit. Er lebte, wenig jünger als Parmenides, in Ephesos in Kleinasien. Er nun hat sich ausdrücklich politisch geäußert. Man erzählte sich im Altertum, er habe sogar mit dem Perserkönig Darius korrespondiert. Wie von Herkunft war er auch von Gesinnung ein vornehmer Mann. Die Würde eines

Opferkönigs, die in seiner Familie erblich war, soll er zwar ausgeschlagen haben. Aber er blieb aristokratisch gesinnt, vor allem, nachdem sein politischer Freund Hermodoros aus der Stadt Ephesos verbannt worden war. In seiner Ablehnung der Demokratie war er übrigens äußerst hochfahrend. Als probates Mittel gegen die verfahrene politische Situation empfahl er, alle Mitbürger sollten sich aufhängen. So war es denn auch nur konsequent, daß er der Beschäftigung mit politischen Dingen im demokratischen Staat das Würfelspiel mit Knaben im Tempel der Artemis vorzog. Schließlich soll er sich aus Überdruß an den Menschen ins Gebirge zurückgezogen und sich dort von Gras und Kräutern ernährt haben. Das bekam ihm freilich schlecht, denn er soll sich dadurch die Wassersucht zugezogen haben. Als die Ärzte ihm dabei nicht helfen konnten, soll er versucht haben, die Krankheit nach eigenem Rezept zu bekämpfen: mit Rindermist. Und nun gabelt sich die Überlieferung. Die einen behaupten, er habe sich mistbedeckt in die Sonne gelegt und sei an dieser Gewaltkur jämmerlich zugrunde gegangen. Abenteuerlicher noch ist eine andere Version: Unverständige Hunde hätten ihn, wie er so, in Mist eingepackt, dagelegen habe, für einen Kadaver gehalten und ihn mit Haut und Haaren aufgefressen. Aber das alles ist nicht sicher. Fest steht nur, daß Heraklit mit etwa 60 Jahren gestorben ist. Übrigens betonen antike Gewährsmänner nachdrücklich, man dürfe ihn nicht mit einem Mann gleichen Namens, einem gewerbsmäßigen Clown, verwechseln.

Parmenides – um auf ihn zurückzukommen – war eigentlich ein Dichter. Wenigstens hat er seine philosophischen Gedanken in Versen vorgetragen. Auch dichterisch-philosophische Visionen hat er gehabt. So beginnt sein großes Lehrgedicht mit der Geschichte eines »wissenden Mannes«, der aus dem »Haus der Nacht« ausfährt, »abseits von dem Wege der Menschen«, auf einem Wagen, den die »Sonnenmädchen« geleiten. Ihm nun öffnet sich das »Tor der Wege von Tag und Nacht«, dessen Schlüssel Dike, die Göttin der Gerechtigkeit, verwahrt. Endlich gelangt er zu einer »Göttin«, die ihm kundtut, was Wahrheit und was Schein ist. Was da in Versen und im dichterischen Gesicht dargestellt wird, ist offensichtlich die Geschichte des Philosophierenden. Er kommt aus der Nacht der Unwissenheit, er geht seinen Weg, einsam unter den Menschen, er fährt aus nach der Wahrheit, er überwindet die Schwierigkeiten des geschlossenen Tores, und was die Wahrheit angeht, so erfindet er sie nicht selber, sondern sie wird ihm aus göttlichem Munde gesagt. Das eben ist die griechische Grunderfahrung vom Philosophieren. Es findet die Wahrheit nicht im noch so bemühten Ergrübeln. Die

Wahrheit gibt sich selber, sie erscheint in ihrem eigenen Licht, und die Aufgabe des Menschen ist nur, sich nach ihr aufzumachen und sie dann im Schauen und Hören entgegenzunehmen.

Aber was ist diese philosophische Wahrheit? Parmenides bringt sie dadurch zum Vorschein, daß er sie der »Meinung« entgegensetzt, der Art nämlich, wie der Mensch alltäglich die Wirklichkeit sieht, oder seinem gängigen Weltbild. Da nun meint der Mensch erstens, das einzelne Ding in seiner Besonderheit sei das wahrhaft Wirkliche, und er achtet nicht auf das Ganze, in dem gehalten das Einzelne doch allein existieren kann. Da meint er zweitens, die Welt sei ein Streit von Gegensätzen, und er vergißt, daß es in allem Streit eine Einheit gibt, auf deren Grunde allererst die Gegensätze sich erheben können. Übrigens führt Parmenides – immer im Sinne der Meinung – die Gegensätzlichkeiten in der Weltwirklichkeit auf einen Grundgegensatz zurück: den Zwiespalt von Feuer und Nacht oder von Licht und Finsternis, worauf er dann das Feurige und Lichthafte den Frauen, das Nächtige den Männern zuspricht. Weniger galant wird später Empedokles sein, der den Parmenides dahin berichtigt, daß das Lichthafte doch sinnvollerweise den Männern zukommen müsse. Drittens schließlich hält die alltägliche Meinung das Vergängliche, das, was wird und untergeht, für das eigentlich Seiende, ohne zu merken, daß darin ja das Nichtsein mit inbegriffen ist. Diese Einmischung des Nichtseins aber gilt in allen drei Hinsichten; überall ist das vermeintlich Wirkliche eine Verbindung von Sein und Nichts. Das Einzelne ist, was es ist, nur, weil es nicht ein anderes Einzelnes ist. Im Streit negieren sich die Dinge; das Vergängliche ist das, was einst nicht war und einmal nicht mehr sein wird. So ist die alltägliche Meinung, auf Sein und Nichtsein blickend, in sich zerrissen und zwiespältig. Eben darum kann, was sie das Seiende nennt, nicht die wahre Wirklichkeit sein, sondern nur Schein. Der Philosoph aber muß diesen Schein durchschauen und hat danach zu trachten, die Wahrheit der Wirklichkeit zu erspähen.

Dabei befindet er sich wie Herakles am Scheideweg, und es eröffnen sich ihm drei Pfade. Auf dem ersten kann er weiterhin in der Richtung auf die zwiespältige Wahrheit der Meinung gehen; es ist der Weg, auf dem »die nichts wissenden Sterblichen einherschwanken«. Der Philosoph aber kann den Widerspruch von Sein und Nichtsein nicht übersehen; er kann nicht zugeben, daß, was zum Teil nichtseiend ist, das wahre Sein sei. Parmenides warnt deshalb vor dieser Ausflucht: »Halte von diesem Weg des Suchens den Gedanken fern, und es soll dich nicht vielerfahrene Gewohnheit auf diesen Weg zwingen, walten zu lassen das blicklose Auge und das dröhnende Gehör und die Zunge.« Wer diese Warnung befolgt, der ist hinaus über den Zwiespalt von Sein und Nichtsein, für den ist »Entstehen verloschen und Vergehen verschollen«.

Der zweite Weg müßte dahin führen, daß man sich im Zwiespalt von Sein und Nichtsein auf die Seite des Nichts schlüge, daß man also behauptete, das Nichtseiende *sei*. Spätere Denker werden diese Richtung einschlagen. Parmenides dagegen hält das für unmöglich; denn das Nichts ist unerkennbar, unaussprechbar und also nicht wahr. Darum warnt er auch hier: »Halte deinen Geist von diesem Wege des Nachspürens fern.«

Nach der Abweisung der beiden ersten Wege bleibt für ein besonnenes Philosophieren nur noch der dritte offen: daß man sich auf die Suche nach dem Sein begebe. »So bleibt nur noch Kunde von dem Wege, daß das Sein *ist*.« Demgemäß ist die wesentliche philosophische Aussage des Parmenides: »Das Sein ist.« Das klingt freilich recht formal. Gemeint ist aber mehr. Gemeint ist unter dem Begriff des Seins das, was bleibt, wenn das zweideutige Seiende, also die Dinge, ins Nichts hinabsinken. Gemeint ist das, was dann, wenn das uneigentliche Seiende, an das sich die Meinung hält, untergeht, als das Eigentliche Bestand hat. Gemeint ist das, was die einzige und alleinige, die wahre Wirklichkeit ist.

Und nun macht sich Parmenides daran, dieses Sein, das allein in Wahrheit *ist*, zu kennzeichnen; er weist seine »Merkzeichen« auf. Dazu gehört, daß es nicht, wie das endliche Seiende, zerspalten in lauter Einzelnes ist, sondern daß es Eines ist, daß in ihm alles mit allem zusammenhängt. Dazu gehört weiter, daß es nicht Gegensätzlichkeit und Streit kennt, sondern daß ihm Ganzheit, Unteilbarkeit, Gleichartigkeit mit sich selbst zukommen. Dazu gehört schließlich, daß es nicht durch Vergänglichkeit und ständige Bewegtheit gekennzeichnet ist, sondern daß ihm Unbewegtheit und Ewigkeit eignen. Damit bahnt sich in Parmenides eine für die ganze weitere Geschichte der Philosophie folgenschwere Entwicklung an. Denn nun ist mit aller Deutlichkeit gesagt: Wer danach fragt, was das wahrhaft Seiende ist, der darf sich nicht an die uns umgebende Wirklichkeit halten und auf diese starren; er darf sich nicht an die vergänglichen Dinge halten. Er muß vielmehr auf das Ewige und Immerseiende blicken, das über aller Wirklichkeit steht, ja, das in all unserer Wirklichkeit das einzige wahrhaft Wirkliche ist. Daß Parmenides diesen Gedanken mit aller Schroffheit ausspricht, macht die eigentümliche Größe dieses frühen Denkers aus.

Freilich: Die großartige Einseitigkeit dieses philosophischen Standpunktes wird sich auf die Dauer nicht halten lassen. Die konkrete Wirklichkeit, die durch einen Gewaltstreich beseitigt und um des reinen Seins willen in den Abgrund des Nichts geworfen wird, wird wieder ihr Recht geltend machen. Der Weltverlust kann nicht das letzte Wort der Philosophie sein. Das zeigt sich schon bei dem großen Zeitgenossen des Parmenides, bei Heraklit.

Schon im Altertum nennt man Heraklit den »Dunklen«. Sokrates, der sein Buch von Euripides ausleiht, sagt, es bedürfe eines delischen Tauchers, um es zu verstehen. Doch trotz der Schwierigkeiten einer Deutung der Fragmente, die von dieser Schrift allein noch überliefert sind, übt Heraklit eine unabschätzbare Wirkung aus. Hegel behauptet, »der tiefsinnige Heraklit« führe »den vollendeten Anfang der Philosophie« herauf. Nietzsche stimmt dem zu: »Heraklit wird nie veralten.«

Wie Parmenides wendet sich auch Heraklit gegen die landläufige »Meinung«. Von den in ihr befangenen Menschen gilt: »Zu hören verstehen sie nicht noch zu sprechen«; »sie verstehen nicht, wenn man sie belehrt, aber sie bilden sich ein, sie verstünden«. Über diese Sicht des gängigen Weltbildes aber erhebt sich nun der Philosoph. Er weiß, wie es mit den Dingen in Wahrheit steht; er besitzt den Logos, die Einsicht.

Der Kampf gegen die Meinung setzt sich bei Heraklit in konkrete Zeitkritik um. Gegen Hesiod, gegen Pythagoras, gegen Xenophanes erhebt er den Vorwurf der unverständigen Vielwisserei. Aber »Vielwisserei lehrt nicht, das wahre Verstehen zu besitzen«; »Scheinhaftes erkennt und bewahrt selbst der Berühmteste«. Sogar gegen Homer wird – in der Form einer Anekdote – der Einwand der Unwissenheit ausgesprochen. »Es täuschen sich die Menschen in bezug auf die Einsicht in das Offenbare, dem Homer vergleichbar, der weiser war als alle Griechen. Denn ihn täuschten Knaben, die Läuse jagten, indem sie sagten: Was wir sahen und griffen, das lassen wir; was wir aber nicht sahen und griffen, das bringen wir.« Was so für das Wissen gilt, das gilt auch für die religiöse Einsicht. »Zu den Götterbildern beten sie, wie wenn einer mit Häusern redete; sie kennen Götter und Heroen nicht nach ihrem eigentlichen Sein.« Kurz: Überall mangelt es an Einsicht, am Logos.

Freilich: Auch die große Menge *könnte* die wahre Einsicht besitzen. Denn in seltsamer Verschüttetheit lebt der Logos auch in den Vielen. »Mit dem Logos, mit dem sie doch ständig umgehen, leben sie im Zwiespalt«. So sind die Menschen wie Schlafende, die zu erwecken die Aufgabe des Philosophen ist.

Mit dem Satz: »Der Seele ist ein Logos eigen«, richtet sich zum erstenmal in der Philosophie der Blick auf die Innerlichkeit des

Menschen. In diesem Sinne sagt Heraklit: »Ich durchforschte mich selbst.« Freilich: Wenn hier von Innerlichkeit die Rede ist, dann muß sie griechisch gedacht werden. Es handelt sich nicht um die moderne Neugier der psychologischen Selbstzergliederung, auch nicht, wie etwa bei Augustinus, um die bekümmerte Durchforschung des Inneren nach den geheimsten Seelenregungen. Es geht vielmehr darum, zu sehen, wie sich im Selbst des Menschen das wahre Verstehen der Wirklichkeit findet. Die Innerlichkeit ist gleichsam nach außen gerichtet. Doch gibt es auch eine tiefere Dimension. In seinem Blick nach innen stößt Heraklit bei der Frage nach sich selbst ins Unabsehbare. »Der Seele Grenzen dürftest du nicht ausfindig machen, auch wenn du gehst und jeglichen Weg dahinwanderst; einen so tiefen Logos hat sie.« So kommen bei ihm zum erstenmal in der Geschichte der Philosophie die Verwunderung und das Erstaunen des Geistes über sich selbst zum Ausdruck.

Doch darüber verliert Heraklit die philosophische Hauptaufgabe seines Zeitalters nicht aus den Augen: das wahre Wesen dessen, was ist, zu erforschen. Physis, Natur nennt er das in allem Seienden waltende Wesen. Und nun spricht er ein merkwürdig zurückschrekkendes Wort aus: »Die Physis liebt es, sich zu verbergen.« Was in allem waltet, die Natur, liegt nicht offen zutage; sie hält sich verborgen und muß erst eigens in der Gewalt des Philosophierens der Verborgenheit entrissen werden. Wohinein aber hat sich die Natur verborgen? In das Wirkliche, das dementsprechend nur verhüllt sein wahres Wesen erkennen läßt. Denn das Wirkliche ist auch bei Heraklit zweideutig: Es macht das in ihm Waltende offenbar und verbirgt es doch zugleich. Wie steht es mit dieser Zwiespältigkeit der Wirklichkeit?

Heraklit erblickt, ebenso wie Parmenides, die Wirklichkeit als in sich widersprüchlich. Er wird nicht müde, die Gegensätze, die sich in der Welt zeigen, aufzuweisen: »Tag – Nacht, Winter – Sommer, Krieg – Friede, Überfluß – Hunger«, »Sterbliche – Unsterbliche«. Auch im einzelnen Seienden finden sich solche Gegensätzlichkeiten. »Meerwasser ist das reinste und das schmutzigste; für Fische trinkbar und heilbringend, für Menschen untrinkbar und verderblich.« Vor allem der Fluß wird zum Symbol dieser durchgängigen Gegensätzlichkeit. »Denen, die in denselben Fluß steigen, strömt immer anderes Wasser zu«; »in dieselben Flüsse steigen wir und steigen wir nicht; wir sind und wir sind nicht«. So ist auch der Mensch zwiespältig und in sich widersprüchlich. Und nun spricht Heraklit diese innere Gegensätzlichkeit in allem Wirklichen im Leitwort des Krieges aus. »Der Krieg ist der Vater von allem, der König von allem; die einen zeigt er als Götter, die anderen als Menschen; die einen macht er zu Sklaven, die anderen zu Freien.« Kurz: Die Welt ist eine zerrissene Welt.

Parmenides – man erinnert sich – wird durch eine verwandte Sicht auf die Wirklichkeit dazu gebracht, die Welt als bloßen Schein überhaupt zu verwerfen. Im Unterschied dazu hält Heraklit daran fest: Die Welt in ihrer ganzen Gegensätzlichkeit und Widersprüchlichkeit darf nicht einfach übersprungen werden; sie ist die Wirklichkeit, in der der Mensch lebt. Dennoch kann der Philosophierende diesen Aspekt nur als vorläufig ansehen. Es gilt, die Gegensätzlichkeit tiefer zu deuten: auf das hin, was letztlich in ihr waltet.

Der Weg, den Heraklit in dieser Richtung einschlägt, führt dahin, daß offenkundig wird: Die Gegensätzlichkeit ist nicht das letzte; vielmehr sind die Glieder der Gegensätze je aufeinander bezogen. So stehen Leben und Tod in inniger Berührung miteinander. Vom Menschen heißt es: »Lebend rührt er an den Toten, wachend rührt er an den Schlafenden.« In diesem Sinne berichtet ein antiker Gewährsmann, Heraklit habe gelehrt, alle Dinge seien »durch ihr gegensätzliches Verhalten miteinander zusammengefügt«. Dazu kommt die Beobachtung, daß die Gegensätze immer wieder ineinander umschlagen. »Das Kalte erwärmt sich, Warmes kühlt sich ab; Feuchtes trocknet sich, Dürres feuchtet sich.« Und nun, in tiefsinniger Formulierung: »Unsterbliche sind sterblich, Sterbliche unsterblich; sie leben einander ihren Tod und sterben einander ihr Leben.« So ist denn die ganze Welt ein einziger Kreislauf von Verwandlungen. »Für Seelen ist es Tod, Wasser zu werden, für Wasser aber Tod, Erde zu werden; aus Erde aber wird Wasser, aus Wasser Seele.« Schließlich findet Heraklit das zentrale Symbol für diese ständigen Verwandlungen: Die ganze Welt ist ein Feuer, das aufglimmt und verlöscht, wieder aufglimmt und wieder verlöscht, in ewigem Kreislauf.

Doch das ist noch nicht das letzte Wort Heraklits. Er entdeckt vielmehr, daß im Bezogensein der Gegensätze aufeinander eine tiefere, diese haltende Einheit sichtbar wird. Er ist also nicht, wie die Tradition will, einfachhin der Philosoph des Werdens gegenüber Parmenides als dem Philosophen des Seins. Auch er dringt hinter die Ebene des Werdens zurück in die des Seins. Darum sagt er im Blick auf die Zerrissenheit der Wirklichkeit: »Unsichtbare Harmonie ist stärker als sichtbare«, oder: »Das Auseinanderstrebende vereinigt sich, und aus dem Verschiedenen entsteht die schönste Harmonie.« Schließlich wird der Gedanke in der kurzen Formel zusammengefaßt: »Alles ist eins.« Damit rückt Heraklit in eine erstaunliche Nähe zu Parmenides. Und doch bleibt der Unterschied bestehen. Denn auch wenn Heraklit auf die Einheit blickt, läßt er die Vielheit nicht, wie sein großer Zeitgenosse, im wesenlosen Scheine hinter sich. Das Werden wird vielmehr in das Sein mit aufgenommen: »Aus allem wird eins und aus einem alles.« So kann Heraklit schließlich von dem Einen, das in allen Verwandlungen sichtbar wird, sagen: »Sich wandelnd ruht es.« Es ist lebendig sich entfaltende und sich wieder in sich selber zurücknehmende Einheit. Als solche ist es die tiefere Wirklichkeit in der zerklüfteten Welt.

Blickt man von da aus noch einmal auf die Überschrift dieses Kapitels zurück, dann sieht man: Parmenides und Heraklit sind in der Tat geistige Zwillinge; denn es geht ihnen beiden zuletzt um das wahre Sein, das eine und ganze. Und doch bleibt ein Rest von Gegensätzlichkeit. Nicht als ob sie einander feindselig gegenüberstünden. Aber der eine, Parmenides, nimmt um des reinen Seins willen den völligen Weltverlust in Kauf, der andere, Heraklit, rettet die widerspruchsvolle Wirklichkeit in das lebendig verstandene Eine. Damit bilden diese beiden frühen Philosophen zwei Grundmöglichkeiten des metaphysischen Philosophierens aus, die dann in der ganzen späteren Geschichte der Philosophie in unendlichen Variationen wiederkehren: das versunkene und entsunkene Blicken auf das Absolute und den Versuch, von diesem her die rätselhafte Wirklichkeit zu deuten.

Sokrates
oder
Das Ärgernis des Fragens

Wer es unternimmt, über die philosophische Hintertreppe zu Sokrates hinaufzusteigen, dem kann es geschehen, daß ihm nicht dieser, sondern dessen Weib Xanthippe die Tür öffnet. Das ist sogar sehr wahrscheinlich; denn Sokrates ist viel unterwegs. Es hat aber auch von der Sache her gesehen seinen Sinn. Denn wenn Sokrates unter den Philosophen berühmt ist, so nicht minder Xanthippe unter den Philosophenfrauen. Nun mag man sagen: Berühmt ist sie wegen ihres berühmten Gatten. Sicherlich. Aber vielleicht ist es doch auch ein wenig umgekehrt; vielleicht wäre auch Sokrates nicht Sokrates geworden, wenn er nicht Xanthippe gehabt hätte. So wenigstens sieht es Nietzsche, der Philosoph mit dem psychologischen Spürsinn: »Sokrates fand eine Frau, wie er sie brauchte ... Tatsächlich trieb ihn Xanthippe in seinen eigentümlichen Beruf immer mehr hinein.«

Ist das aber richtig? Wenn man den antiken Berichten glauben darf, tut Xanthippe doch genau das Gegenteil: Sie bietet alles auf, um ihren Gatten gerade nicht zu seinem philosophischen Handwerk kommen zu lassen. Zu Hause macht sie ihm die Hölle heiß, und wenn er dann genug hat und sich mit seinen Freunden zu philosophischem Gespräch treffen will, ist sie es auch nicht zufrieden. Gelegentlich schüttet sie ihm aus dem Fenster einen Eimer mit schmutzigem Wasser über den Kopf, oder sie läuft ihm gar nach und reißt ihm auf öffentlichem Markt den Mantel vom Leibe.

Die Freunde empören sich darüber und nennen Xanthippe das unerträglichste Weib, das je gelebt habe und je leben werde. Sokrates aber nimmt dergleichen häusliche und außerhäusliche Gewitter mit philosophischem Gleichmut hin. Als ihn der Wasserguß von oben trifft, äußert er nur: »Sagte ich nicht, daß Xanthippe, wenn sie donnert, auch Regen spendet?« Und als der geniale Jüngling Alkibiades einmal meint: »Die keifende Xanthippe ist unausstehlich«, antwortet Sokrates: »Auch du läßt dir doch das Geschrei der Gänse gefallen.« Im übrigen meint er, der Umgang mit einem widerspenstigen Weibe habe auch sein Gutes; denn wer mit Xanthippe fertig geworden sei, werde leichthin auch mit den andern Menschen zurechtkommen.

Spätere Biographen haben mit Sokrates mehr Mitleid, als er sich selbst gegenüber aufbringt. Um ihm doch auch ein wenig Liebesglück zukommen zu lassen, erfinden sie eine hübsche Geschichte. Die Athener hätten nämlich, als die Einwohnerzahl ihrer Stadt nach einem verlorenen Kriege allzusehr reduziert war, beschlossen, jeder Bürger dürfe von zwei Frauen Kinder haben. So habe auch Sokrates, den Gesetzen gehorsam, sich ein zweitesmal vermählt, und zwar mit einem Mädchen, das den schönen Namen Myrto trug. Aber die Geschichte ist recht unwahrscheinlich, und Sokrates hätte vermutlich auch über diese seine zweite Ehe gesagt, was er einem, der ihn fragte, ob er heiraten solle oder nicht, zur Antwort gibt: »Was du auch tust, du wirst es bereuen.«

Um noch einmal auf Xanthippe zurückzukommen: Was erreicht sie schließlich mit all ihrem Schelten? Nichts anderes, als daß Sokrates um so williger das unfriedliche Heim verläßt und um so eiliger zu seinen philosophischen Gesprächen entweicht. Damit aber wird Sokrates erst zu Sokrates. Denn er ist ein Athener, und in dieser Stadt Athen mit ihrer Lust am öffentlichen Leben gilt nur, wer selber in die Öffentlichkeit tritt. Hätte sich Sokrates in seine Studierstube vergraben, er wäre nie der berühmte Sokrates geworden. So verkehrt sich die Absicht Xanthippes in ihr Gegenteil; in ihrem Tun ist, wenn man es im Geiste Hegels deuten darf, eine gewisse »List der Idee« wirksam. Was diesen Philosophen am Philosophieren hindern will, bringt ihn nur immer tiefer zum Philosophieren. Wenn Xanthippe meint, ihr Donnern und Wassergießen seien Abschreckungsmittel, so täuscht sie sich. Nietzsche hat auch darin recht: »Tatsächlich trieb ihn Xanthippe in seinen eigentümlichen Beruf immer mehr hinein, indem sie ihm Haus und Heim unhäuslich und unheimlich machte.«

Doch was tut Sokrates eigentlich, wenn er außer Hause geht? Dem äußeren Anscheine nach nichts, als daß er Märkte und Sportplätze besucht, um mit den Leuten zu schwatzen. Er ist also ein rechter Müßiggänger. Das eben ist es, was Xanthippe wurmt. Statt sich um das Haus, um die Frau und die Söhne zu kümmern, statt den Beruf des Steinmetzen auszuüben, den er doch vom Vater erlernt hat, kurz, statt einen ordentlichen bürgerlichen Lebenswandel zu führen, zieht Sokrates herum und fängt mit allen möglichen Leuten nichtsnutzige Gespräche an. Mag er auch gelegentlich, wie man berichtet, auf der Straße Geldstücke finden und damit in nicht eben landesüblicher Weise zur Finanzierung des Haushaltes beitragen – das ist schließlich doch nicht das gleiche, wie wenn einer mit einem ehrlichen Handwerk seine Familie ernährt. Nicht einmal Schuhe kann er sich leisten, weshalb ihn der Komödiendichter Aristophanes barfuß auf der Bühne erscheinen läßt. Solche Genügsamkeit mag noch hingehen, soweit es seine eigene Person betrifft. Aber kann man es einem Weibe zumuten, im Anblick all der vielen in der Stadt verführerisch ausgelegten Waren, für die doch kein Denar da ist, die gleiche Gelassenheit zu bewahren, von der der Ausspruch des Sokrates zeugt: »Wie zahlreich sind doch die Dinge, deren ich nicht bedarf!« Und kann man verlangen, daß Xanthippe sich gar zu der philosophischen Höhe jenes anderen Wortes erhebe: »Wer am wenigsten bedarf, ist den Göttern am nächsten«?

Das eigentlich Aufreizende am Verhalten des Sokrates ist übrigens, daß er von Natur aus ganz und gar nicht der Typ des schlaffen Nichtstuers ist. Er treibt eifrig Gymnastik, und sogar im Tanzen stellt er seinen Mann; freilich übt er es, wie man berichtet, lediglich der Gesundheit wegen aus. Noch ein später Gewährsmann rühmt seine »vortreffliche körperliche Verfassung«. Kurz, Sokrates ist ein Mann, zu echtem männlichen Tun geschaffen. Das beweist er auch in den Feldzügen, die er als einfacher Soldat mitmacht. Man erzählt sich Wunderdinge von seiner Härte im Ertragen von Strapazen. Wenn andere sich wegen der Kälte dick vermummen, geht er mit bloßen Füßen über das Eis. Einmal auch, als alles um ihn her in wilder Flucht sich davonmacht, schreitet er als einziger neben seinem General gelassen einher, »ruhig umherschauend nach Freund und Feind«.

Freilich, auch als Soldat fällt Sokrates durch Absonderlichkeiten auf. Alkibiades berichtet darüber aus gemeinsamer Kriegskameradschaft: »Über etwas nachdenkend stand er vom Morgen an auf derselben Stelle und bedachte es, und da es ihm nicht voranging, ließ er nicht ab, sondern blieb nachforschend stehen. Es wurde Mittag, und die Leute wurden aufmerksam, wunderten sich und sagten einer zu dem anderen, Sokrates stehe vom Morgen an da und sinne über etwas nach. Schließlich trugen einige Jonier, als es Abend war und nachdem sie gegessen hatten, ihre Schlafdecken hinaus – denn es war damals Sommer –, teils um im Kühlen zu schlafen, teils um ihn zu beobachten, ob er wohl auch die Nacht über stehen bleiben werde. Er aber blieb stehen, bis die Morgenröte kam und die Sonne aufging. Daraufhin entfernte er sich und betete im Weggehen zur Sonne.« So also verhält sich Sokrates im Kriege. Nun aber, in friedlichen Zeiten, ist von Tapferkeit und Männlichkeit offenbar nichts mehr zu merken. Nun ist Sokrates, wenigstens in den Augen Xanthippes, nicht mehr als ein Herumtreiber, ein Schwätzer und ewiger Diskutierer.

Er selber erblickt freilich eben darin die einzige Möglichkeit, sein philosophisches Handwerk auszuüben. Kaum erspäht er jemanden auf der Straße, so geht er auf ihn zu und beginnt, sich mit ihm zu unterhalten. Dabei ist es ihm gleichgültig, ob sein Partner ein Staatsmann ist oder ein Schuster, ein General oder ein Eseltreiber. Er meint offenbar, das, was er zu sagen habe, gehe jeden an. Was er aber zu sagen hat, ist der eindringliche Hinweis darauf, daß es auf das rechte Denken und auf nichts anderes ankomme. Rechtes Denken nun heißt für ihn zunächst und vor allem: daß man verstehe, was man sagt, daß man sich über sich selbst Rechenschaft ablege. Denn Sokrates ist der Überzeugung, es gehöre zum Menschen, über sich selber wirklich Bescheid zu wissen. Wie er die anderen darauf aufmerksam macht, schildert nach einem Bericht Platons höchst lebendig der angesehene Feldherr Nikias: »Du scheinst mir nicht zu wissen, was geschieht, wenn jemand dem Sokrates ganz nahe ist und sich mit ihm auf ein Gespräch einläßt; auch wenn er sich zunächst über irgend etwas anderes unterhält, wird er notgedrungen und unaufhörlich von jenem durch Reden umhergeführt, bis er dahin geraten ist, daß er sich selber Rechenschaft darüber gibt, wie er jetzt lebt und wie er sein bisheriges Leben gelebt hat.« So wie mit Nikias macht es Sokrates mit aller Welt. Er fragt jeden, ob er denn auch wisse, wovon er rede: den einen, der von der Frömmigkeit spricht, einen anderen, der immerzu das Wort »Tapferkeit« im Munde führt, einen dritten, der meint, er kenne sich im Staatswesen oder in der Kunst der überzeugenden Rede aus. Wenn sich diese Leute einmal auf die Unterhaltung eingelassen haben, sind sie rasch verloren. Denn dann zeigt ihnen Sokrates mit Ironie und mit vielerlei dialektischen Künsten, daß sie im Grunde nichts von dem verstehen, wovon sie so selbstsicher daherreden, und daß sie am wenigsten sich selber begreifen.

Das ist – man kann es verstehen – den Befragten keineswegs immer angenehm. Goethe und Schiller haben mit ihrem Distichon aus den ›Xenien‹ recht, mit dem sie auf den Spruch des Delphischen Orakels über Sokrates anspielen: »Dich erklärte der Pythia Mund für den weisesten Griechen. / Wohl! Der Weiseste mag oft der Beschwerlichste sein.« So wird denn auch berichtet, die Athener hätten den Sokrates häufig verächtlich behandelt und verlacht, ja gelegentlich sogar unsanft angefaßt und zerzaust. Wer läßt sich auch gern seine Unwissenheit vor Augen führen und dazu noch auf offenem Markt? Nur ein paar junge Adlige, rechte Müßiggänger auch sie, halten zu ihm und begleiten ihn unermüdlich auf seinen Streifzügen durch die Stadt. Die andern aber, die ehrbaren Bürger, wollen damit nichts zu tun haben. Und die Dichter machen sich zu ihren Wortführern. »Weltverbessernder Schwätzer«, nennen sie den Sokrates, »Erfinder spitzfindiger Rede«, »Nasenrümpfer« und

»Flausenmacher«, und sie ergießen über seine »gespreizten, leeren Phrasen«, seine »Tüfteleien«, seine »Quengeleien« ihren Spott.

Was sie aber nicht begreifen und was auch die große Menge der Athener nicht sieht, das ist, daß es diesem »mächtigen Querkopf«, wie ihn Nietzsche nennt, zuletzt nicht um den Streit der Worte geht und nicht darum, im dialektischen Gefecht der Argumente und Gegenargumente recht zu behalten. Was Sokrates sucht, ist die Wahrheit. Von der Frage nach ihr ist er besessen. Zu seinem Freunde Kriton sagt er noch kurz vor seinem Tode: »Ganz und gar nicht haben wir das zu bedenken, was die Vielen über uns sagen, sondern das, was der sagt, der sich auf das Gerechte und das Ungerechte versteht: der Eine und die Wahrheit selbst.« Er will um alles in der Welt herausbekommen, wie es in Wahrheit um den Menschen und sein künftiges Schicksal steht. Denn, so meint er, davon, daß man dies wisse, hänge alles ab. Das bekennt er selber in seiner Verteidigungsrede vor dem athenischen Gerichtshof: »Solange ich noch atme und dazu imstande bin, werde ich nicht aufhören zu philosophieren, euch ermahnend und entlarvend, wem immer unter euch ich begegne, und ich werde reden, wie ich es gewohnt bin: ›Bester Mann, der du ein Athener bist, aus der größten und an Weisheit und Macht angesehensten Stadt, du schämst dich nicht, dich um möglichst viel Geld, Ruhm und Ehre zu sorgen, aber um Einsicht, Wahrheit und darum, daß die Seele so gut wie möglich werde, sorgst und kümmerst du dich nicht?‹« Und weiter: »Es ist das größte Gut für den Menschen, jeden Tag von der Tugend zu sprechen und von all dem andern, worüber ihr mich reden hört, wenn ich im Gespräch mich und die andern prüfe; ein Leben ohne Prüfung aber ist für den Menschen nicht lebenswert.«

Das also ist die Leidenschaft des Philosophen Sokrates. Nur die Freunde begreifen etwas davon. So berichtet Xenophon, der schriftstellernde Feldherr: »Er unterhielt sich stets über die menschlichen Dinge und untersuchte, was fromm sei und was gottlos, was schön und was schimpflich, was gerecht und was ungerecht, was Besonnenheit und was Wahnsinn, was Tapferkeit und was Feigheit, was ein Staat und was ein Staatsmann, was Herrschaft über Menschen und was ein Herrscher über Menschen; er fragte auch nach allem anderen, wovon er glaubte, daß diejenigen, die es wissen, recht und gut seien.« Noch eindrucksvoller schildert es Alkibiades: »Wenn jemand den Reden des Sokrates zuhören will, dann dürften sie ihm wohl zuerst ganz lächerlich erscheinen; in solche Substantive und Verben sind sie äußerlich eingehüllt wie in das Fell eines übermütigen Satyrs. Von Lasteseln spricht er und von Schmieden, Schustern und Gerbern, und er scheint immerzu dasselbe durch dasselbe auszudrücken, so daß jeder unerfahrene und unverständige Mensch seine Reden verlachen muß. Wenn aber einer sieht, wie diese Reden sich auftun, und wenn er in sie eindringt, dann wird er zunächst finden, daß sie allein von allen Reden Sinn in sich tragen, sodann, daß sie ganz göttlich sind und mehr als anderes Standbilder der Tugend in sich enthalten und daß sie sich auf das meiste oder vielmehr auf alles erstrecken, was zu betrachten dem ziemt, der schön und gut werden will.«

Was also will Sokrates mit seiner lästigen Fragerei? Nichts anderes, als den Menschen dahin bringen, daß er verstehe, wie er sich verhalten müsse, um in Wahrheit Mensch zu sein. Rechtes Denken soll zum rechten Handeln führen. Das scheint dem Sokrates zu keiner Zeit so notwendig zu sein wie in seiner Gegenwart. Mit Schrecken sieht er die Anzeichen des Verfalls im Leben der Griechen, sieht die Ratlosigkeit, in die sich seine Zeit verstrickt, sieht die Heraufkunft einer tiefgreifenden Krisis des griechischen Geistes. Dafür öffnet er seinen Schülern und Freunden den Blick. So schreibt denn Platon, noch ganz unter dem Eindruck des Sokrates, in einem seiner Briefe: »Unser Staat wurde nicht mehr gemäß den Sitten und Einrichtungen der Väter verwaltet ... Alle jetzigen Staaten insgesamt werden schlecht regiert; denn der Bereich der Gesetze befindet sich in ihnen in einem fast unheilbaren Zustand.«

Eben weil Sokrates das erkennt, liegt ihm so viel daran, daß man wieder ehrlich zu fragen beginne. Denn Fragen heißt: sich nicht von den Illusionen in Schlummer wiegen lassen. Fragen heißt: den Mut haben, auch die Bitternis der Wahrheit zu ertragen. Diese Radikalität des Fragens, diese Einsicht in die Not der Zeit, dieses Wissen um die wahren Erfordernisse des Menschseins, das ist es, was dem Sokrates die leidenschaftliche Zuneigung seiner Schüler verschafft. Es gibt dafür kein ergreifenderes Beispiel als die Rede des jungen Alkibiades, die Platon in seinem ›Symposion‹ wiedergibt. Alkibiades vergleicht den Sokrates mit dem flötenspielenden Halbgott Marsyas. »Dieser bezauberte die Menschen durch seine Instrumente mit der Kraft seines Mundes ... Du aber unterscheidest dich von ihm allein insoweit, als du ohne Instrumente eben dasselbe mit nackten Worten ausrichtest ... Wenn einer, sei es ein Weib, ein Mann oder ein Knabe, dich selbst oder einen andern, der von deinen Worten berichtet, hört, auch wenn der Berichtende ganz unbedeutend wäre –, dann sind wir außer uns und hingerissen. Ich wenigstens, ihr Männer, wenn ich nicht völlig betrunken erschiene, würde schwören und euch sagen, was ich selber von seinen Reden erlitten habe und noch jetzt erleide. Denn wenn ich sie höre, klopft mir das Herz noch viel stärker als den korybantischen Tänzern, und Tränen entströmen mir unter seinen Worten. Auch sehr viele andere sehe ich das gleiche erleiden ... Von diesem Marsyas also bin ich oft in einen solchen Zustand versetzt worden, daß es mir schien, es lohne sich nicht zu leben, wenn ich so bliebe, wie ich bin ... Denn er zwingt mich einzugestehen, daß mir noch vieles fehlt und daß ich überdies mich selber vernachlässige, indem ich die Sache der Athener betreibe. Mit Gewalt halte ich mir die Ohren zu wie vor den Sirenen und schicke mich an zu fliehen, damit ich nicht bei ihm sitzen bleibe, bis ich alt bin. Bei ihm allein von allen Menschen ist mir widerfahren, was wohl keiner in mir suchen würde: daß ich mich vor irgend jemandem schäme; ich schäme mich aber allein vor ihm. Denn ich bin mir bewußt, daß ich ihm nicht entgegnen kann, man müsse nicht tun, wozu er auffordert ... Ich entlaufe ihm also und fliehe ihn, und wenn ich ihn sehe, schäme ich mich dessen, was ich eingestehen muß. Und oftmals würde ich es gerne sehen, wenn er nicht mehr unter den Menschen weilte; wenn das aber geschähe, wäre ich, wie ich wohl weiß, noch viel betrübter. Ich weiß also nicht, wie ich es mit diesem Menschen halten soll.«

So also wirkt Sokrates auf junge Leute wie Alkibiades, und dieser ist nicht der einzige, den er so bezaubert. Freilich, der Grund dieser Bezauberung bleibt rätselhaft. Denn Sokrates gibt seinen Anhängern gerade das nicht, was sie doch meinen erwarten zu dürfen: eine hieb- und stichfeste Antwort auf die Fragen, die sie bewegen und die er in ihnen aufrührt. Im Gegenteil: Kaum hat er sie in das Labyrinth der Probleme hineingeführt, da bricht er das Gespräch ab und läßt sie stehen. Sowenig wie seine Gesprächspartner kann also er selber angeben, was es denn in Wahrheit mit dem auf sich hat, wonach sie miteinander fragen: mit dem Guten und mit dem Gerechten, mit dem Menschen und mit dem rechten Handeln. Wenn man ihn festhalten will, gibt er seine Unwissenheit sogar ausdrücklich zu. Und es ist ihm ernst damit. Vor Gericht erzählt er, wie es ihm dabei zu gehen pflegt: »Im Weggehen überlegte ich bei mir selber, daß ich wissender sei als jener Mensch. Denn keiner von uns beiden scheint etwas Gutes und Rechtes zu wissen; jener aber meint zu wissen und weiß doch nicht; ich jedoch, der ich nicht weiß, glaube auch nicht zu wissen; ich scheine somit um ein Geringes wissender zu sein als er, weil ich nicht meine zu wissen, was ich nicht weiß.« Und doch: Gerade in dieser freimütig zugestandenen, in dieser wissenden Unwissenheit besteht das eigentümliche Geheimnis der Wirkung des Sokrates. Denn darin wird offenbar, daß er sich selbst offenen Auges in die menschliche Situation stellt, zu der auch die Gefahr gehört, sich in der Unwegsamkeit des Nichtwissens zu verirren und in der Fragwürdigkeit gefangen zu bleiben. Indem Sokrates seine Schüler zu dem gleichen Mut aufruft, gewinnt er ihre Verehrung und Liebe.

Auf die andern muß er damit nur um so anstößiger wirken. Sie fragen: Wie kommt denn dieser Mann dazu, uns in so aufdringlicher Weise unsere Unwissenheit aufzudecken, um dann am Ende zu gestehen, er wisse selber nichts? Ist das nicht freche Gaukelei? Und weiter: Wenn Sokrates alles so sicher Gewußte fragwürdig macht, ist das nicht Aufruhr gegen das Überkommene, auf dem doch die Sicherheit des Daseins und die Festigkeit des Staates beruhen? Bringt er mit seinem zersetzenden Fragen nicht sogar die ohnehin schon gefährdete Religion zum Einsturz? Und schließlich: Wenn ein Mann, der selbst nichts Positives zu sagen weiß, einen so verzauberten Schwarm von Schülern um sich sammelt, muß man in ihm dann nicht einen gefährlichen Verderber der Jugend sehen? So kommt es, daß die Athener alles daransetzen, sich dieses verdächtigen Mitbürgers zu entledigen. Sie machen ihm den Prozeß; sie klagen ihn der Gottlosigkeit und der Verführung der Jugend an.

Diese Tatsache wirft eine ernste Frage auf, die an das Wesen des Philosophierens rührt. Philosophieren heißt ja: Infragestellen, und je philosophischer ein Philosoph ist, um so radikaler stellt er in Frage. Aber indem das Bestehende fragwürdig gemacht wird, wird es zugleich gefährdet. Kann man es den Anhängern des Bestehenden verargen, wenn sie alles aufbieten, um den Philosophen und sein beunruhigendes Fragen zum Verstummen zu bringen? Und doch: Wenn das Bestehende schon so weit unterhöhlt ist wie zur Zeit des Sokrates, dann hilft es nichts, davor den Blick zu verschließen. Dann hilft nur eines: der Mut zur radikalen Wahrhaftigkeit. Daß sie diesen Mut nicht finden, daß sie in Sokrates nicht den Mann sehen, der gerade durch die Radikalität seines Fragens dem Künftigen den Boden bereitet, das ist die geschichtliche Schuld der Athener.

Es ist nicht verwunderlich, daß die Anklage durchdringt. Sokrates verzichtet auf alle Versuche, seine Richter günstig zu stimmen; ja, er reizt sie durch seine Verteidigungsrede nur noch mehr. Als man ihm seine anstößige Fragerei vorhält, entschuldigt er sich nicht etwa, sondern behauptet kühnlich, was er tue, geschehe im Auftrage des Gottes Apollon. Und er fügt hinzu: »Ich glaube, daß euch in eurer Stadt kein größeres Gut zuteil geworden ist als mein Dienst an dem Gotte. Denn was ich tue, ist nichts anderes, als daß ich umhergehe und die Jüngeren wie die Älteren unter euch ermahne, sich weder um den Leib noch um Geld eher zu sorgen als um die Seele, daß sie nämlich so gut wie möglich werde ... Wenn ihr mich tötet, werdet ihr nicht leicht einen andern von dieser Art finden, der – mag es auch lächerlich klingen – geradezu der Stadt von dem Gotte beigegeben ist, wie einem großen und edlen Roß, das aber eben seiner Größe wegen eher träge ist und zu seiner Aufmunterung des Sporns bedarf. So, scheint mir, hat mich der Gott der Stadt beigegeben, als einen, der nicht aufhört, jeden einzelnen unter euch aufzuwecken, zu überreden und zu schelten.« Man kann sich die Empörung der Richter über ein so anmaßendes Gebaren des Angeklagten vorstellen. Und gar noch, als er vorschlägt, man solle ihm statt einer Strafe die Ehre der Speisung im Rathaus, die höchste Auszeichnung, die die Athener vergeben können, zuerkennen. So kann es nicht ausbleiben, daß der Gerichtshof ihn zum Tode verurteilt.

Als dann das Urteil gesprochen ist, zeigt sich, woher diesem Manne letztlich die Kraft zu seinem Dienst an der Philosophie kommt. Man rät ihm zu fliehen, und die Freunde bereiten alles dafür vor. Er aber lehnt ab. Es sei nicht recht, sagt er, ein Leben lang an den Wohltaten des Staates teilzunehmen, um dann, wenn einem die Sache unangenehm werde, den Gesetzen den Gehorsam aufzukündigen. Denn er wisse gewiß: gesetzwidrig zu handeln sei nichtswürdig und schändlich. Nach dieser Einsicht habe er sich sein Leben lang gerichtet. Als ihn die Regierung beauftragen wollte, einen politischen Gegner auszuliefern, habe er dieses Ansinnen abgelehnt, und als der athenische Gerichtshof nach einer Seeschlacht die Feldherrn gesetzwidrig zum Tode verurteilte, habe er als einziger dagegen gestimmt. Darum könne er auch jetzt im Angesicht des Todes unbeirrt sagen, man tue nicht recht daran, wenn man meine, »ein Mann, der auch nur ein wenig tauge, dürfe die Gefahr im Hinblick auf Leben und Sterben bedenken; er müsse vielmehr, wenn er handle, allein darauf achten, ob er gerecht oder ungerecht handle und ob seine Taten die eines guten oder eines schlechten Menschen seien«.

Weshalb es freilich so unbedingt gewiß ist, daß man nicht Unrecht tun darf, das kann Sokrates, der Wissend-Unwissende, nicht beweisen. Doch im Grunde bedarf es für ihn auch keines Beweises. Es ist eine Gewißheit, tiefer verwurzelt als alle noch so fein gesponnene theoretische Sicherheit. Es ist, was spätere Zeiten die Gewißheit des Herzens nennen. In ihr gründet Sokrates, und in ihr liegt auch zuletzt das Geheimnis seiner Wirkung verborgen. Damit wird er, wie Nietzsche es ausdrückt, zum »Wendepunkt und Wirbel der sogenannten Weltgeschichte«. Daß im Zerbrechen der Gewißheiten, wie es den Menschen in den Krisen seiner Geschichte immer wieder überkommt, doch ein Gewisses bleibt: die unbedingte Verpflichtung zum Rechttun, die unzerstörbar im Grunde des Herzens ruht –, das ist die große Entdeckung des Sokrates. Ihr ist er gehorsam bis zum Tode, um ihretwillen weicht er seinem Schicksal nicht aus. Das ist es, was die Gestalt des Sokrates über die Jahrhunderte hinweg noch heute zum Vorbild des Philosophierens macht.

Vielleicht hat Sokrates auch darin noch recht, daß er sein Wissen um das Gebot des Herzens zuletzt auf die Gottheit zurückführt. Jedenfalls berichtet er, alle Gewißheit – nicht nur über das sittliche Handeln, sondern über jegliches Tun, mag es auch noch so alltägliche Dinge betreffen – komme ihm aus einer inneren Stimme, die sich als unüberhörbare Warnung kundtue. Er nennt sie das Daimonion und verweist eben damit auf den Bereich des Göttlichen; denn die Dämonen sind ihm die Mittler zwischen Göttern und Menschen. Das aber, was er als seinen wesentlichen Auftrag versteht – die Befragung seiner Mitmenschen und die Entlarvung ihres vermeintlichen Wissens – deutet er unmittelbar als Gehorsam gegen eine Weisung der Gottheit. So auch will er seinen Tod verstanden wissen. »Wo einer sich selbst auf einen Posten stellt in der Überzeugung, das sei das Beste, da muß er, wie mir scheint, auf alle Gefahr hin ausharren und weder den Tod noch irgend etwas anderes bedenken außer der Schande. Ich nun würde seltsam handeln, ihr Männer von Athen, wenn ich da, wo mich ..., wie ich glaube und annehme, der Gott hingestellt hat, damit ich philosophierend lebe und mich und die andern prüfe, aus Furcht vor dem Tode oder vor irgend etwas anderem meinen Posten verließe.« In der getrosten Zuversicht, daß er sein Schicksal der Gottheit in die Hände legen dürfe, nimmt Sokrates den Giftbecher, in dem Geiste, von dem der Schluß seiner Verteidigungsrede Zeugnis ablegt: »Nun ist es Zeit wegzugehen: für mich, um zu sterben, für euch, um zu leben. Wer von uns dem besseren Zustand entgegengeht, ist jedem verborgen, außer dem Gott.«

Platon
oder
Die philosophische Liebe

Wenn heutzutage im Alltagsgespräch der Name Platon fällt, dann meist nur so, daß man von »platonischer Liebe« redet. Man versteht darunter jene Art von Liebe, in der nicht das sinnliche Begehren im Vordergrund steht, sondern die seelische Zuneigung, gegründet auf den Respekt vor der Person des Geliebten. Fragt man aber, warum diese Spielart der Liebe gerade den Namen Platons trägt, dann ist die Antwort nicht einfach zu geben. Ja, es scheint sogar, als berufe sich die »platonische Liebe« zu Unrecht auf diesen Philosophen.

Denn wo immer man die Werke Platons aufschlägt, nirgends finden sich Anzeichen eines besonderen Respektes vor der Frau. Im Gegenteil. Platon behauptet, die Frauen stünden an Tugend weit hinter den Männern zurück und sie seien, als das schwächere Geschlecht, auch weit hinterhältiger und verschlagener als jene. Er nennt sie oberflächlich, leicht zu erregen und leicht zu erbittern, zu Schimpfreden geneigt, dabei zaghaft und abergläubisch. Ja, Platon geht so weit zu behaupten, eine Frau zu sein müsse ein Fluch der Götter sein; denn diejenigen Männer, die sich im Leben nicht zu beherrschen wußten, sondern feige und ungerecht waren, würden zur Strafe dafür nach ihrem Tode als Weiber wiedergeboren.

Wer so von den Frauen denkt, der kann auch in der Ehe den zarteren seelischen Regungen nicht viel Raum geben. In der Tat betrachtet Platon die Ehe nicht unter dem Gesichtspunkt, daß zwei Menschen in Zuneigung und gemeinsamer Gesinnung ihr Leben gestalten, sondern lediglich im Hinblick auf Zeugung und Aufzucht von Kindern. Nicht Sympathie soll Mann und Frau zusammenführen, sondern die Aufgabe, einen möglichst tüchtigen und wohlgeratenen Nachwuchs hervorzubringen. Daher ist es Sache des Staates, dafür zu sorgen, daß die rechten Partner zusammenfinden; die Frauen werden den Männern als Lohn für kriegerische Tüchtigkeit zugewiesen oder, noch radikaler, sie werden als gemeinsamer Besitz der Männer betrachtet. Es ist also nicht gerade ein seelenvolles Bild, das Platon von der Liebe zwischen Mann und Frau entwirft.

Nun gibt es freilich im Griechenland der damaligen Zeit noch eine andere Art der Liebesbeziehung, in der, eher als zwischen Mann und Frau, die feineren erotischen Regungen ihren Ort finden können: das Verhältnis eines älteren Mannes zu einem Knaben. Man ist heute geneigt, derartige Verhältnisse mit skeptischem Blick zu betrachten. Bei den Griechen der Zeit Platons jedoch gehört es fast schon zum guten Ton, daß ein Staatsmann oder ein Feldherr sich für die schönen Jünglinge interessiert.

Ähnliches berichtet uns Platon von Sokrates, seinem verehrten Meister. Unablässig sucht dieser den Umgang mit schönen Knaben, und er gesteht einmal, in zwei Dinge verliebt zu sein: in den jungen Alkibiades, das genialische Wunderkind des damaligen Athen, und in die Philosophie. Als ein andermal Charmides, unbestritten der schönste unter den athenischen Jünglingen, sich neben ihn setzt, bekennt Sokrates: »Ich geriet in Verlegenheit, und meine vorherige Kühnheit, in der ich meinte, es werde mir ganz leicht sein, mit ihm zu reden, wurde zerschlagen.«

Doch das Verhältnis des Sokrates zu den Jünglingen ist nicht von der üblichen Art von Liebesbeziehungen. Wo Platon davon berichtet, wird etwas von dem sichtbar, was »platonische Liebe« bedeutet. Das kommt am schönsten zum Ausdruck in der Rede, die der junge Alkibiades auf Sokrates hält, und von der Platon in seinem Dialog ›Symposion‹ berichtet. Er erzählt dort, wie sich die führenden Köpfe des geistigen Athen zur Feier für einen unter ihnen versammeln, der soeben den Sieg im Tragödienwettbewerb errungen hat. Schon eine geraume Weile haben sie in Rede und Gegenrede den Gott Eros gepriesen. Da tritt, trunken und gestützt auf die Schultern einer Flötenbläserin, Alkibiades in den Kreis und beginnt, von Sokrates zu reden. In der Stimmung dieses besonderen Augenblicks offenbart er, was er sonst als Geheimnis verbirgt. »Ihr seht, daß Sokrates in die schönen Jünglinge verliebt ist und daß er immer um sie herum und von ihnen hingerissen ist.« Doch in Wahrheit »kümmert es ihn nicht, ob einer schön ist . . . oder reich oder ob er irgendeinen Vorzug hat, der von der Menge gepriesen wird. Er hält alle diese Güter für wertlos und uns selbst hält er für nichts – das versichere ich euch –; mit Ironie und Spott den Menschen gegenüber bringt er sein ganzes Leben zu.« So sei es auch ihm gegangen, fährt Alkibiades fort: »Ich glaubte, er bemühe sich um meine jugendliche Schönheit, und ich meinte, das sei ein unverhoffter Gewinn und ein wunderbarer Glücksfall für mich; denn wenn ich dem Sokrates zu Willen wäre, könnte ich alles zu hören bekommen, was er wisse; ich bildete mir nämlich wunder was auf meine jugendliche Schönheit ein. Dies also überlegte ich, und da ich vordem niemals allein ohne einen Diener mit ihm zusammen gewesen war, schickte ich einmal den Diener fort und war mit ihm allein . . . Ich glaubte, er werde nun sogleich so mit mir reden, wie ein Liebhaber mit dem Geliebten in der Einsamkeit redet, und ich freute mich. Aber nichts dergleichen geschah; er unterhielt sich vielmehr mit mir, wie er es gewohnt war, und nachdem er den ganzen Tag mit mir zugebracht hatte, ging er weg. Danach forderte ich ihn heraus, mit mir Gymnastik zu treiben, und zwar um dabei etwas zu erreichen. Er nun trieb mit mir Gymnastik und rang oftmals mit mir, ohne daß jemand zugegen gewesen wäre. Doch was soll ich sagen: Es half mir nicht weiter. Da ich dabei auf keine Weise etwas ausrichtete, schien es mir, ich müsse diesem Manne stärker zusetzen und ich dürfe nicht nachlassen, nachdem ich einmal damit angefangen hätte; ich müsse nunmehr wissen, was an der Sache sei. Ich forderte ihn also auf, mit mir zu speisen, und ich stellte ihm geradezu nach wie ein Liebhaber dem Geliebten. Aber nicht einmal darin willfahrte er mir sofort; nach einiger Zeit freilich konnte ich ihn dazu überreden. Als er das erstemal kam, wollte er nach der Mahlzeit weggehen. Ich schämte mich und ließ ihn gehen. Dann aber stellte ich ihm wiederum nach, und als wir gespeist hatten, unterhielt ich mich mit ihm unablässig bis tief in die Nacht hinein. Als er dann weggehen wollte, schützte ich vor, es sei spät, und ich nötigte ihn zu bleiben. Er legte sich also zur Ruhe auf das Lager neben dem meinigen nieder, auf dem er auch gespeist hatte, und kein anderer schlief in dem Gemach als nur wir beide ... Nachdem nun, ihr Männer, die Lampe erloschen war und die Sklaven draußen waren, schien es mir, ich brauchte mich ihm gegenüber nicht mehr zu zieren, sondern könne nun frei sagen, was ich dachte. Ich stieß ihn an und sagte: ›Sokrates, schläfst du?‹ ›Nein‹, antwortete er. ›Weißt du, was ich im Sinn habe?‹ ›Was denn‹, sagte er. Ich erwiderte: ›Du allein scheinst mir ein Liebhaber zu sein, der meiner würdig ist. Aber es sieht mir so aus, als zögertest du, um mich zu werben. Mit mir aber steht es so: Ich halte es für ganz unsinnig, dir nicht auch darin zu Willen zu sein ...; denn mir ist nichts wichtiger, als so gut wie möglich zu werden; dafür aber, glaube ich, gibt es keinen berufeneren Helfer als dich. Wenn ich also einem solchen Manne nicht zu Willen wäre, würde ich mich schämen ...‹ Als er mich gehört hatte, erwiderte er sehr ironisch und so recht nach seiner gewohnten Weise: ›Mein lieber Alkibiades, du scheinst mir wirklich nicht übel zu sein, wenn das wahr sein sollte, was du über mich sagst und über die Kraft in mir, durch die du besser werden könntest. Denn dann sähest du eine unermeßliche Schönheit in mir, die sich ganz und gar von deiner Wohlgestalt unterscheidet. Wenn du das aber nun einsiehst und doch versuchst, mit mir in Gemeinschaft zu treten und Schönheit gegen Schönheit einzutauschen, dann gedenkst du mich nicht wenig zu übervorteilen. Du versuchst, statt des Scheines die Wahrheit über das Schöne zu gewinnen, und du denkst tatsächlich, Gold gegen Erz einzutauschen. Aber sieh genauer zu, mein Bester, damit dir nicht etwa entgehe, daß nichts an mir ist . . .‹ Ich hörte das und sagte: ›Was mich angeht, so bleibt es dabei; ich habe nichts anderes gesagt, als wie ich es meine. Du selbst nun beschließe, wie es dir für dich und für mich am besten dünkt.‹ Er erwiderte: ›Du hast wohl gesprochen; denn in Zukunft wollen wir beschließen und tun, was hierin und in allem andern uns beiden das Beste scheint.‹ Als ich das gehört und gesagt hatte und nachdem ich sozusagen meine Pfeile abgeschossen hatte, glaubte ich, er sei verwundet. Ich stand auf und ließ ihn nicht weiterreden. Ich warf meinen Mantel über ihn – denn es war Winter –, legte mich unter seinen Mantel und umschlang mit beiden Armen diesen wahrhaft göttlichen und wunderbaren Mann, und so lag ich die ganze Nacht über . . . Obwohl ich aber dies tat, blieb mir dieser so sehr überlegen, und er verachtete und verlachte meine jugendliche Schönheit . . . Denn bei den Göttern und den Göttinnen, ihr müßt wissen: Nachdem ich neben Sokrates geschlafen hatte, stand ich nicht anders auf, als wenn ich neben meinem Vater oder meinem älteren Bruder geschlafen hätte.«

Diese Geschichte wäre nicht wert, eigens erinnert zu werden, wenn sie nur eine Absonderlichkeit des Mannes Sokrates beträfe. Doch jenes eigentümliche Verhalten dem Geliebten gegenüber, jene Liebe, die mit voller Intensität sich auf den andern richtet und sich doch zugleich zurückhält, jene »platonische Liebe« also, hängt aufs innigste damit zusammen, wie Sokrates als Philosophierender existiert, und so auch damit, wie Platon, eben am Beispiel des Sokrates, das Wesen der Philosophie begreift. Denn Philosophie, wie Platon sie versteht, und wie sie seitdem, in mehr oder minder ausdrücklichem Rückgriff auf ihn, immer wieder verstanden worden ist, ist selbst eine Weise des Eros, ist vom Wesen her Liebe.

Die Erfahrung, die Alkibiades mit Sokrates macht, läßt zunächst einsichtig werden: der philosophische Eros ist nicht sinnliche Liebe. Diese wird zwar nicht schlechthin verworfen. Aber die erotische Beziehung bildet nur den Ausgangspunkt für eine andere Art von Liebe: für den Aufschwung nämlich, in dem Platon das Wesen des Philosophierens erblickt. Damit dieser anheben kann, ist es notwendig, daß die sinnliche Liebe nicht in sich selber verharre oder gar als Ausschweifung sich verfestige; sie muß überwunden werden, und zwar eben in jenes Höhere hinein.

Der Weg von der sinnlichen zur philosophischen Liebe kommt ergreifend in der Schilderung des Aufschwunges zum Ausdruck, die

Platon im ›Symposion‹ den Sokrates geben läßt, der seinerseits behauptet, damit zu berichten, was er als geheime Kunde von Diotima, einer Seherin aus Mantinea, erfahren habe. Sie habe ihn darüber belehrt, was das wahre Wesen des Eros sei: nämlich Sehnsucht nach dem Schönen, oder, noch genauer: Verlangen, im Schönen zu zeugen. Das aber, meint Diotima, sei das eigentlich Ewige und Unsterbliche im Menschen. Denn wer nach dem Schönen strebe, der wolle es für immer besitzen; darum gehöre es zur Liebe, daß der Liebende nach Dauer, nach Unsterblichkeit trachte. Eben dieser Wille zur Unsterblichkeit aber verwirkliche sich in den Stufen des Aufschwunges vom vergänglichen Schönen zum ewigen Urbild des Schönen an sich selber. Alle Menschen »lieben das Unsterbliche. Die nun dem Leibe nach zeugungsfähig sind, wenden sich den Frauen zu und betätigen da ihre Liebe; sie verschaffen sich, wie sie meinen, durch Kinderzeugen Unsterblichkeit, Andenken und Glück für alle Zukunft. Die aber den Seelen nach zeugungsfähig sind ... – wie steht es mit ihnen? ... Wenn einer von ihnen von Jugend an der Seele nach zeugungsfähig ist, als Jüngling und im Beginn der Reife, und wenn er nun zu befruchten und zu zeugen begehrt, dann, glaube ich, geht er umher und sucht das Schöne, in dem er zeugen könnte; denn im Häßlichen will er niemals zeugen. Zu den schönen Leibern fühlt er sich eher hingezogen als zu den häßlichen, wenn er zeugungsfähig ist; und wenn er darin auch noch eine schöne, edle und wohlgeratene Seele antrifft, fühlt er sich gänzlich zu beidem hingezogen. Diesem Menschen gegenüber findet er sogleich eine Fülle von Worten über die Tugend und über das, was ein guter Mensch sein und wonach er streben soll, und er versucht, ihn zu erziehen. Er rührt, meine ich, an das Schöne, geht mit ihm um und zeugt das, worauf sich schon vordem seine Zeugungsfähigkeit richtete. Anwesend und abwesend denkt er nur daran, und er zieht mit jenem zusammen das Gezeugte auf. Sie können daher miteinander in weit innigerer Gemeinschaft, als es die durch Kinder ist, und in festerer Freundschaft stehen; denn sie sind durch schönere und unsterblichere Kinder verbunden.«

Nun aber kommt Platon erst auf das eigentlich philosophische Geheimnis des Eros zu sprechen. Denn er läßt Diotima folgendermaßen fortfahren: »Soweit kannst vielleicht auch du, Sokrates, in die Mysterien der Liebe eingeweiht werden. Ob du aber zu den höchsten Feiern und Weihen fähig bist, derentwegen all jenes andere geschieht, wenn man es richtig darstellt, das weiß ich nicht. Ich nun«, sprach sie, »will es dir sagen, und ich werde es an Bereitwilligkeit nicht fehlen lassen; du aber versuche zu folgen, wenn du dazu imstande bist. Wer in der rechten Weise darauf zugeht, der muß in der Jugend damit beginnen, sich den schönen Leibern zuzuwenden. Zunächst muß er, wenn er richtig geführt wird, einen einzigen Leib lieben und da schöne Worte zeugen. Sodann muß er bemerken, daß die Schönheit irgendeines Leibes der eines anderen Leibes verschwistert ist; daß es ferner, wenn man verfolgen soll, was dem Wesen nach schön ist, von großem Unverstand zeugen würde, wenn man nicht die Schönheit in allen Leibern für ein und dieselbe hielte. Wenn er das begriffen hat, wird er sich als Liebhaber aller schönen Leiber zeigen, und er wird es verachten und gering davon denken, einem einzigen allzusehr nachzugeben. Darauf wird er die Schönheit in den Seelen für wertvoller halten als die im Leibe. Wenn einer an seiner Seele tüchtig ist, aber nur wenig jugendliche Schönheit besitzt, wird ihm das genug sein. Er wird ihn lieben, wird sich seiner annehmen und wird solche Worte zeugen und suchen, die die Jünglinge besser machen. Dadurch wird er gezwungen, auf das Schöne in den Lebenshaltungen und in den Gesetzen zu achten und zu sehen, daß all dies miteinander verwandt ist, so daß er das Schöne, das dem Leibe zukommt, gering achtet. Nach den Lebenshaltungen muß er sich zu den Erkenntnissen begeben, um wiederum deren Schönheit zu erblicken. Indem er nunmehr das Schöne in seiner Vielfalt schaut, wird er nicht nur einem einzigen dienen ... Er wird sich vielmehr auf das weite Meer des Schönen begeben und im Schauen viele schöne und großartige Worte und Gedanken gebären, in neidloser Liebe zur Weisheit, bis er dann gekräftigt und erwachsen jene einzige Erkenntnis erblickt, die auf das Schöne als solches geht ... Nunmehr in den Dingen der Liebe zum Ziel gelangt, wird er plötzlich etwas Wunderbares und seiner Natur nach Schönes erblicken: eben jenes, Sokrates, um dessentwillen auch alle früheren Anstrengungen gemacht wurden. Es ist zum ersten immerseiend, weder entstehend noch vergehend, weder wachsend noch abnehmend; sodann ist es nicht bald schön, bald häßlich ... Es ist vielmehr in der Weise immerseiend, daß es selber mit sich selber eines einzigen Wesens ist. Alles andere Schöne aber hat an ihm in gewisser Weise teil ... Wenn also einer durch die rechte Liebe zu Knaben von all jenem Geschilderten aus aufsteigt, beginnt er jenes Schöne zu erblicken und rührt damit beinahe an das Ziel. Denn das heißt auf rechte Weise auf die Dinge der Liebe zugehen oder von einem anderen dahin geführt werden, daß man von jenem einzelnen Schönen ausgehend des Schönen selber wegen immerzu gleichsam auf Stufen aufzusteigen beginnt: von einem schönen Leib zu zweien und von zweien zu allen, von den schönen Leibern zu den schönen Lebenshaltungen, von den Lebenshaltungen zu den schönen Erkenntnissen, von den Erkenntnissen schließlich zu jener Erkenntnis, die sich auf nichts anderes bezieht als auf jenes Schöne selber ... Hier, wenn irgendwo, ist das Leben für den Menschen lebenswert; denn er schaut nun das Schöne selber.«

Damit wird nun der tiefere Sinn der »platonischen Liebe« deutlich. Sie ist nicht einfach ein Zurückdrängen des sinnlichen Begehrens. Sie läßt vielmehr diesem sein begrenztes Recht, aber sie überschwingt es in eine höhere Form des Verlangens hinein: Über die Schönheit der Leiber, der Seelen, der Lebensführung und der Erkenntnis hinaus drängt sie zur Schönheit an sich selber. Der Eros, wie Platon ihn versteht, ist Streben nach dem Urbild des Schönen, an dem alles, was schön ist, teilhat, ist Streben nach der Idee des Schönen. So zeigt sich, daß die »platonische Liebe« aufs engste mit dem verbunden ist, was als die großartige denkerische Leistung Platons in das Bewußtsein des abendländischen Geistes eingegangen ist: mit seinem Gedanken von der Idee.

Der Weg freilich, auf dem Platon zu seiner Ideenlehre gelangt, ist zunächst nicht der des philosophischen Aufschwungs, sondern die Enttäuschung über die politische Situation seiner Zeit, über den überall sich ankündigenden Verfall des Staates. Als der junge Adlige dem Handwerker Sokrates begegnet und daraufhin, wie berichtet wird, seine Tragödien verbrennt, wendet er sich, betroffen von der Frage nach der Gerechtigkeit, leidenschaftlich der Politik zu. Dabei aber muß er erfahren, daß rings Ungerechtigkeit und Korruption herrschen. Am deutlichsten tritt ihm das vor Augen, als er sehen muß, wie Sokrates, dem es doch um nichts als um Tugend und Gerechtigkeit geht, verurteilt und hingerichtet wird. Wenn selbst der Mensch der höchsten Verantwortung im Zerfall des staatlichen Daseins zugrunde gehen muß, dann, so schließt Platon, muß das staatliche Dasein von der Wurzel her nicht in Ordnung sein. Dann aber gibt es kein anderes Heilmittel als eine radikale Besinnung auf die Fundamente des Staates, und das heißt: auf das Wesen der Gerechtigkeit.

Mit dieser Einsicht wird Platon zum Philosophen. Denn nun fragt er, was es denn mit der Gerechtigkeit als solcher auf sich hat und wie es mit den anderen Weisen des rechten Verhaltens, der Tapferkeit, der Besonnenheit, der Frömmigkeit, der Weisheit, steht. Bei solchem Nachdenken entdeckt Platon: Der Mensch weiß ursprünglich, was Gerechtigkeit ist und was die andern Tugenden sind. Er trägt in seiner Seele Urbilder all dieser rechten Weisen des Verhaltens. Und diese Urbilder können und sollen sein Handeln bestimmen.

Wie Platon dem weiter nachgeht, kommt ihm eine zweite Beobachtung zu Hilfe. Daß die eine Handlung gerecht ist und die andere ungerecht, daß ferner die eine Handlung gerechter ist als die andere, können wir nur von einem solchen Urbild der Gerechtigkeit her entdecken. Aber dieser Zusammenhang von Wirklichkeit und Idee gilt nicht nur im Felde des menschlichen Handelns. Auch was ein Baum ist, wissen wir nur, sofern wir ein Urbild des Baumes in uns tragen. Die Erkenntnis der gesamten Wirklichkeit wird allein dadurch möglich, daß der Mensch in seiner Seele Urbilder des Seienden besitzt. Im Blick auf diese kann er sagen: Das ist ein Baum, jenes ein Tier; das ist ein Verbrechen, jenes eine gute Tat.

Das aber heißt weiter: Alles Wirkliche ist, was es ist, sofern es an seinem Urbilde teilhat und sofern es danach strebt, diesem seinem Urbilde ähnlich zu werden. Der Baum will so sehr wie möglich Baum, der Mensch so sehr wie möglich Mensch, die Gerechtigkeit so sehr wie möglich Gerechtigkeit sein. Alles strebt danach, im Dasein seine ihm eigentümliche Idee zu verwirklichen. So gewinnt Platon ein lebendiges Bild von der Welt als dem Ort eines unablässigen Dranges zur Vollkommenheit, eines Eros zur Idee.

Wenn es aber so ist, dann, so schließt Platon, muß man zugeben: das eigentlich Seiende sind nicht die Dinge, sondern jene Urbilder. Die Dinge werden ja, was sie sind, nur dadurch, daß sie an den Urbildern teilhaben; so sind die Urbilder, die Ideen, das Urwirkliche. Die Dinge aber sind bloße Abbilder der Ideen und so von geringerem Grade an Wirklichkeit. Das eigentlich Wirkliche im Wirklichen ist die Tiefe der Wirklichkeit.

Ein weiteres kommt hinzu. Es gehört zum Sein der Dinge, daß sie vergänglich sind, daß sie entstehen, sich wandeln und vergehen. Das gleiche kann von den Urbildern nicht gelten. Die Idee der Gerechtigkeit bleibt immer, was sie ist, und ebenso die Idee des Baumes. So spricht es ja Diotima aus: Jenes Schöne an sich selber, das Urbild der Schönheit, ist »immerseiend, weder werdend noch vergehend, weder wachsend noch abnehmend«. Das Urwirkliche ist somit aller Vergänglichkeit enthoben. Ihm aber gilt alles Streben im Ganzen der Welt, aller Eros. Das Vergängliche strebt nach dem Ewigen: das ist für Platon das Geheimnis der Wirklichkeit.

Von diesem Gedanken her vermag Platon einen Einblick auch in das Wesen des Menschen zu gewinnen. Denn nun muß er fragen, woher denn die Urbilder stammen, die der Mensch immer schon vor Augen hat, wenn er das Wirkliche erkennt. Und er muß antworten: Der Mensch hat sie nicht selber geschaffen und entworfen. Er hat sie aber auch nicht aus der Erfahrung in seinem zeitlichen Dasein erhalten; denn noch ehe er eine gerechte Handlung als gerecht, einen Baum als Baum erfahren kann, muß er schon wissen, was Gerechtigkeit und was ein Baum von Wesen her sind, muß er somit schon die Urbilder der Gerechtigkeit und des Baumes kennen. Woher also, so erhebt sich erneut die Frage, stammt dieses Wissen? Platon antwortet: Es muß dem Menschen vor seiner zeitlichen Existenz zugekommen sein, in einem Dasein, das er schon vor seiner Geburt führte. Wenn er also ein Ding erkennt, wenn ihm bei dieser Gelegenheit das Urbild dieses Dinges aufleuchtet, dann heißt das: Er erinnert sich an eine ursprüngliche Schau dieses Urbildes, die vor seinem zeitlichen Dasein stattgefunden haben muß. Erkennen ist Wiedererinnern. So führt der Gedanke der Idee mit Notwendigkeit zur Annahme einer Präexistenz der Seele und von da aus zur Gewißheit der Unsterblichkeit.

Von diesem Dasein vor der zeitlichen Existenz, in dem der Mensch die Ideen schaut, spricht Platon in einem ungeheuren Bilde. Er erzählt im Dialog ›Phaidros‹, wie die Seelen im Gefolge der Götter oberhalb des Himmelsgewölbes einherfahren und dabei die Urbilder alles Wirklichen erblicken. »Zeus, der große Fürst im Himmel, zieht als erster aus, seinen geflügelten Wagen lenkend; er ordnet alles und sorgt für alles. Ihm folgt ein Heer von Göttern und Dämonen.« Ihnen schließen sich auch die menschlichen Seelen an, als Zwiegespanne mit einem Wagenlenker. Sie »fahren, wenn sie zur Höhe gekommen sind, hinaus und betreten den Rücken des Himmelsgewölbes. Wenn sie dort anhalten, führt sie der Umschwung herum, und sie schauen, was außerhalb des Himmelsgewölbes ist.« Der Geist »einer jeglichen Seele, die in sich aufnehmen will, was ihr gemäß ist, sieht so von Zeit zu Zeit das Sein. Er liebt und schaut das Wahre, nährt sich von ihm und genießt es, bis der Umschwung im Kreise wieder an dieselbe Stelle zurückgekehrt ist. Während des Umlaufs aber betrachtet er die Gerechtigkeit selbst, betrachtet die Besonnenheit, betrachtet die Erkenntnis . . . und das übrige wahrhaft Seiende und labt sich daran. Dann taucht die Seele wieder ein in den Bereich unterhalb des Himmelsgewölbes und fährt nach Hause. Wenn sie dort angelangt ist, führt der Wagenlenker die Rosse zur Krippe, wirft ihnen Ambrosia vor und tränkt sie überdies mit Nektar.«

Von dieser Schau her, die dem Menschen in der Präexistenz gewährt worden ist, bleibt ihm sein ganzes Leben hindurch eine Sehnsucht. Er strebt zurück zu dem Ursprünglichen, aus dem er herkommt. Daraus erwächst sein Bemühen, sich aus der Verfangenheit in die sinnliche Begierde freizumachen und im Anschauen der

Dinge schon in diesem irdischen Dasein zur Schau der Ideen selber zu gelangen.

Hier nun erhält das Schöne eine besondere Bedeutung. Platon sagt darüber im Dialog ›Phaidros‹: »Wenn einer die Schönheit hier sieht und sich dabei an das Wahre erinnert, wird er mit Flügeln versehen, und so geflügelt sehnt er sich danach, sich hinaufzuschwingen. Das aber vermag er nicht. Darum blickt er nur wie ein Vogel nach oben und vernachlässigt, was unten ist. Dann beschuldigt man ihn, er sei wahnsinnig. Das aber ist der beste aller Enthusiasmen.« Er entspringt daraus, daß jede menschliche Seele im Ursprung das wahre Sein geschaut hat. »Doch ist es nicht einer jeden Seele leicht, sich von den Dingen her wieder daran zu erinnern: weder denen, die damals und dort nur kurz geschaut haben, noch denen, die herabgestürzt und dabei verunglückt sind und sich nun in fragwürdigem Umgang der Ungerechtigkeit zuwenden und das Heilige vergessen, das sie dort geschaut haben. Nur wenigen bleibt eine ausreichende Erinnerung. Wenn diese aber etwas erblicken, was dem ähnlich ist, was sie dort gesehen haben, geraten sie außer sich und sind nicht mehr ihrer selbst mächtig.«

Der Weg des Enthusiasmus, auf dem der Mensch schon im irdischen Dasein wieder zum reinen Anschauen des Wesenhaften gelangen kann, ist für Platon das Philosophieren. Darum sagt er im Blick auf die Philosophie, es gebe »kein größeres Gut, das als Geschenk der Götter dem sterblichen Geschlecht zukam oder je zukommen wird.« Sie ist die höchste Vollendung des Eros zur Idee. Indem sie den Menschen hinausreißt aus einem alltäglichen Dasein und ihn hinaufreißt zu den Urbildern, gleicht sie zwar dem Wahnsinn. Aber von dieser Art des Wahnsinns sagt Platon, er sei herrlicher als jede besonnene Verständigkeit; denn diese habe ihren Ursprung im Menschen selber, der Wahnsinn des Eros zur Idee dagegen sei ein Werk der Götter. Ja, am Ende behauptet Platon gar, Eros sei selber von Wesen her Philosoph. Denn Philosophie heiße Liebe zur Weisheit. Die Weisheit aber gehöre zu den schönsten Dingen. Wenn es nun der Eros sei, der dem Schönen nachgehe, dann müsse gerade die Weisheit ein wesenhafter Gegenstand sein. Der Eros sei daher notwendig weisheitsliebend, und das heißt: philosophierend.

So gilt schließlich vom Philosophen, was Platon im ›Staat‹ sagt: »Von Natur strebt er zum Sein. Er kann nicht bei dem vielen Einzelnen verweilen, von dem man nur meint, es sei. Er geht vielmehr weiter und wird nicht entmutigt, noch läßt er vom Eros ab, ehe er die Natur von jeglichem, das ist, erfaßt hat ... Hat er sich nun dem wahrhaft Seienden genähert und mit ihm sich verbunden und hat er so Vernunft und Wahrheit gezeugt, dann ist er zur Erkenntnis gelangt. Dann lebt er wahrhaftig und wächst und wird so seiner Wehen ledig.«

Das also hat es zuletzt mit der »platonischen Liebe« auf sich. Sie ist die Leidenschaft des Philosophierenden, und ohne sie gäbe es kein wahres Suchen nach dem Ewigen. So mag denn Rousseau recht haben, wenn er sagt, die Philosophie Platons sei die wahre Philosophie für Liebende.

Aristoteles
oder
Der Philosoph als Mann von Welt

Aristoteles, neben Platon der größte unter den griechischen Philosophen, Aristoteles, von dem der berühmte Philologe Wilamowitz sagt, er sei der Mann, »den die Scholastik verehrt und die Kandidaten verfluchen, die sein System sich aus dürren Kompendien einpauken«, – dieser Aristoteles also wird im Jahre 384 oder 383 v. Chr. geboren, und zwar in Stageira. Man pflegt ihn deshalb den »Stagiriten« zu nennen; das ist ungefähr so, als wenn man von Schelling als dem »Leonberger«, von Nietzsche als dem »Röckener« und von Fichte als dem »Rammenauer« reden wollte, etwa in dem Sinne: in Berlin hält der große Rammenauer seine berühmten ›Reden an die deutsche Nation‹.

Was freilich Aristoteles angeht, so ist es nicht unwichtig, daß er aus Stageira stammt. Diese Stadt hat zwar außer ihrem Philosophen nichts weiter Bemerkenswertes hervorgebracht. Bedeutsam aber ist, daß Stageira fern in der Provinz liegt, irgendwo in Thrakien, und daß also Aristoteles, anders als sein großer Lehrer Platon, kein Bürger Athens, der geistigen Hauptstadt Griechenlands, ist, sondern ein Provinzler.

Er unterscheidet sich auch darin von Platon, daß er keinem aristokratischen Geschlecht angehört. Aber er ist nun doch auch kein Irgendwer, sondern ein Mann aus gutbürgerlichem Hause, Sohn eines Arztes, der immerhin den Titel eines Leibarztes des Königs von Makedonien trägt. Nichts liegt näher, als daß Aristoteles die Praxis seines Vaters übernommen hätte, zu der auch die Ausübung des Apothekergewerbes, das »Pillendrehen«, wie es antike Gewährsmänner nennen, gehört. Aristoteles aber will lieber nach Athen gehen. Die Familie läßt ihn denn auch ziehen, nicht ohne vorher das Orakel befragt zu haben, was er denn dort tun solle, und die göttliche Antwort erhalten zu haben, er solle Philosophie studieren. Nicht auszudenken, wie die abendländische Geistesgeschichte sich entwickelt hätte, wenn das Orakel anders gesprochen hätte.

Der Vater, vermögend wie er ist, stattet den Sohn für sein Studium tüchtig aus. Aristoteles legt übrigens zeitlebens Wert auf eine bequeme Lebensführung, auf ausreichende Bedienung, auf soliden Hausrat und auf gute Verpflegung, und dies, obgleich er Philosoph wird.

Sein Zeitgenosse Diogenes, derselbe, der dadurch berühmt wird, daß er statt eines Hauses eine Tonne bewohnt, erscheint ihm alles andere als vorbildlich; denn zur Glückseligkeit gehöre auch, schreibt er später, daß man ausreichenden Anteil an den Gütern dieser Welt habe. So wird denn von ihm berichtet, er habe sich stattlich gekleidet und es an Fingerringen und Haarpflege nicht fehlen lassen. Allerdings scheint in dieser ansehnlichen Aufmachung keine entsprechend imposante Figur gesteckt zu haben. Der Gewährsmann fügt hinzu: »Er war schwach auf den Beinen und kleinäugig« und »stieß beim Sprechen ein wenig mit der Zunge an«.

Dieser Mann also, von Stageira nach Athen kommend, beschließt, sich der Philosophie zu widmen. Das heißt damals freilich nicht: eine abseitige und absonderliche Wissenschaft zu treiben und ein versponnener Grübler zu werden. Philosophie ist vielmehr zur Zeit des Aristoteles eine umfassende Angelegenheit; zu ihr gehört im Grund alles Wissen und alle Wissenschaft. Ob einer Staatsmann oder Feldherr oder Erzieher werden will: er tut gut daran, sich erst einmal mit Philosophie zu beschäftigen.

Die große Chance, die sich dafür im damaligen Athen bietet, heißt Platon. Dieser hat in seiner Akademie, im heiligen Hain des Akademos, eine Schar von Schülern um sich versammelt, mit denen er gemeinsam philosophiert. In diese Gesellschaft nun tritt der siebzehnjährige Aristoteles ein und bleibt zwanzig Jahre dort, lernend, diskutierend, vor allem aber mit auffälligem Fleiß den Büchern hingegeben; »der Leser« soll der Spitzname gewesen sein, den Platon ihm gegeben hat. Er ist voll Verehrung für den Meister, und diese respektvolle Gesinnung hält sein ganzes Leben über an; noch in späten Jahren sagt er, Platon sei ein Mann, den die Schlechten nicht einmal loben dürften, und noch mehr: Platon sei ein Gott.

Freilich kann es nicht ausbleiben, daß ein so begabter Kopf wie Aristoteles auf die Dauer zu eigenen philosophischen Gedanken kommt und sich nicht mit allem einverstanden erklären kann, was der alternde Platon lehrt. Dieser sieht das mit leiser Resignation: »Aristoteles hat gegen mich ausgeschlagen, wie es junge Füllen gegen die eigene Mutter tun.«

Zum offenen Konflikt kommt es allerdings erst nach dem Tode Platons. Nicht Aristoteles, sondern ein anderer, Unbedeutenderer, wird zum neuen Haupt der Akademie ernannt. Aristoteles ist verstimmt, wandert aus und findet einen neuen Zufluchtsort bei einem kleinasiatischen Fürsten, der der Philosophie im platonischen Geiste von Herzen zugetan ist und seine philosophische Haltung auch im Tode bewährt. Denn als er von den Persern überfallen und zum

Tode am Kreuz verurteilt wird, läßt er noch aus dem Gefängnis seinen Freunden sagen, er habe bis an sein Ende nichts getan, was der Philosophie unwürdig sei.

Inzwischen aber hat Aristoteles die Residenz dieses Fürsten verlassen. Es kommt nun zu der zweiten bedeutsamen Begegnung seines Lebens. Nachdem er in Athen mit dem größten Philosophen zusammengetroffen ist, stößt er in Makedonien auf das größte militärische und politische Genie seiner Zeit: auf Alexander den Großen. Dieser ist freilich damals noch nicht der Große, sondern ein Knabe von dreizehn Jahren, und Aristoteles wird nicht sein politischer Ratgeber, sondern sein Erzieher. Wir wissen so gut wie nichts darüber, welchen Einfluß die pädagogische Kunst des Philosophen auf die Entwicklung des kommenden Staatsmannes und Feldherrn gehabt hat. Und doch bleibt es seltsam, sich zu vergegenwärtigen, daß für einige Jahre Macht und Geist in ihrer höchsten Ausprägung miteinander leben: der künftige Welteroberer und der Mann, der im universalen Sinne den geistigen Kosmos erobert.

Das Amt allerdings, das Aristoteles bekleidet, ist nicht ganz ungefährlich. Sein Nachfolger als königlicher Prinzenerzieher wird – ob zu Recht oder zu Unrecht, läßt sich nicht mehr genau feststellen – als Verschwörer verhaftet, sodann, verlaust und jeder Pflege bar, in einem eisernen Käfig durch die Lande geführt und schließlich den Löwen vorgeworfen. Die antike Klatschsucht hat dies betrübliche Ereignis zum Anlaß genommen, um den Aristoteles selber eines versuchten Giftmordes an Alexander zu beschuldigen. Daran ist vermutlich kein wahres Wort. Aber selbst wenn es zuträfe, hätten die Folgen den Philosophen nicht mehr zu bekümmern brauchen. Inzwischen hatte er nämlich den Königshof verlassen und war in die freie Stadt Athen zurückgekehrt.

Hier nun sammelt er eine Reihe von Schülern um sich. Sie treffen sich in einer Säulenhalle, und sie diskutieren, indem sie dabei auf und ab wandeln. Die Athener finden das so bemerklich, daß sie dem Aristoteles und seinen Anhängern den Beinamen »die Herumwandler« geben. Die Philosophiegeschichte hat sich dem angeschlossen und bezeichnet den Aristoteles und seine Schule als »die Peripatetiker«, was zwar vornehm klingt, in Wahrheit aber nichts anderes bedeutet als eben: »Herumwandler«.

Wie auch heute noch üblich, achten die Schüler insbesondere auf die Absonderlichkeiten ihres Meisters. In der Tat können sie einige seltsame Eigentümlichkeiten an ihm entdecken. Boshaft, wie Schüler nun einmal zu sein pflegen, beobachten sie ihren Lehrer besonders, wenn er schläft, und sie finden es kurios, daß er sich jedesmal einen Schlauch mit heißem Öl auf den Magen legt. Vermutlich hatte er es nötig, denn wenn die Berichte stimmen, ist Aristoteles an einer Magenkrankheit gestorben. Noch seltsamer finden die Schüler, nach welcher Methode der Meister seinen Schlaf abzukürzen und so rasch wie möglich sich wieder zum wachen und denkenden Dasein zu erwecken pflegt. Er nehme nämlich, erzählen sie, wenn er sich zur Ruhe lege, eine eherne Kugel in die Hand, unter der eine Schüssel aufgestellt sei; wenn dann beim Schlafen die Kugel in das Gefäß falle, werde er durch den Lärm aufgeschreckt und könne nun sein Philosophieren fortsetzen.

In solchen Anekdoten erschöpft sich freilich die Mitwirkung der Schülerschaft keineswegs. Im Gegenteil: Aristoteles zieht sie streng zur Mitarbeit an den eigenen Forschungen heran. So bildet sich hier zum erstenmal in der abendländischen Geistesgeschichte eine organisierte Forschergemeinschaft.

Lange freilich dauert dieser akademische Friede nicht. Mit dem Tode Alexanders ändern sich auch in Athen die politischen Verhältnisse; die Stadt entzieht sich dem makedonischen Einfluß, und wer es je mit den Makedoniern gehalten hat, wird nun der Kollaboration verdächtigt. Den Aristoteles wegen politischer Vergehen offen zu beschuldigen, reicht freilich das Belastungsmaterial nicht aus. So sucht man einen andern Grund, um ihm etwas am Zeuge zu flicken: Man bezichtigt ihn der Gotteslästerung. Aristoteles jedoch entzieht sich der Anklage durch die Flucht, der Legende nach mit dem ironischen Satz, er wolle die Athener daran hindern, ein zweites Mal, wie schon bei Sokrates, sich an der Philosophie zu versündigen. Er geht ins Exil und stirbt dort kurze Zeit darauf, mit 63 Jahren, nicht ohne ein ausführliches und fürsorgliches Testament zu hinterlassen, das auch die Sklaven und die Konkubine mit einbezieht.

Das also ist das Leben des großen Aristoteles. Bedenkt man, was alles mit ihm geschieht: mannigfacher Ortswechsel, zerstreuende Tätigkeit an Fürstenhöfen, Unterrichtsverpflichtungen vielfältigster Art, Gefährdungen und Anfeindungen, so muß man sich wundern, daß er überhaupt zur ruhigen Arbeit an den philosophischen Problemen kommt. Und doch hat man von keinem anderen unter den antiken Philosophen so sehr den Eindruck, daß er stetig und gelassen arbeitet. Unbekümmert um sich selber und um sein persönliches Schicksal, ist er ganz den Dingen und ihrer Erforschung hingegeben. Dafür ist charakteristisch, daß er einmal, als er von einer gegen ihn ausgesprochenen Verleumdung hört, sagt: »Wenn ich abwesend bin, mag er mir auch Geißelhiebe verabreichen.« Er blickt also nicht auf sich selber, um so mehr aber auf die Welt. Darum kann man sagen:

Er ist, gerade als Gelehrter, ein Mann von Welt. Sein ganzes Interesse ist der Wirklichkeit in der Vielfalt ihrer Erscheinungen zugewandt. Er untersucht die Tiere in ihren Gestalten und Verhaltungen, die Gestirne, die Staatsverfassungen, die Dichtkunst, die Rhetorik. Vor allem aber fragt er nach dem Menschen: Wie dieser denkt und handelt und wie er denken und handeln soll. Aber das alles bleibt nicht an der Oberfläche der bloßen Vielwisserei; in all dem ist Aristoteles Philosoph, und das heißt: Er fragt nach dem Wesen der Dinge und zuletzt nach dem, worin alles Wirkliche gründet, woraus es entspringt und worauf es zugeht.

Als Ergebnis seiner Forschungen hinterläßt Aristoteles ein umfangreiches Werk. Ein antiker Gewährsmann spricht von 400 Bänden, ein anderer gar von 1 000, und ein dritter, ein echter Gelehrter, macht sich die Mühe, die Zeilen, die Aristoteles geschrieben hat, zu zählen, und kommt dabei auf die stattliche Summe von 445 270. Mit diesem großen Werk wird Aristoteles zum Begründer der abendländischen Wissenschaft.

Nicht so sehr freilich mit den Resultaten, die er in seinen naturwissenschaftlichen Schriften niederlegt; in diesen ist das meiste veraltet. Mit ungeheurer Sorgfalt trägt Aristoteles im Verein mit seinen Schülern alles zusammen, was man über die Tiere weiß und was die genauere Untersuchung bei ihnen feststellen kann: aus welchen Teilen sie bestehen, wie sie gehen, wie sie sich vermehren und was für Krankheiten sie befallen können. Aber dabei kommt es oft zu recht kuriosen Feststellungen. Etwa daß es Tiere gebe, die in einer Art Urzeugung aus Schlamm und Sand entstehen, oder daß die Mäuse durch bloßes Lecken von Salz trächtig werden, oder daß die Rebhühner gar durch den vom Menschen ausgehenden Windhauch befruchtet werden.

Wie sich Aristoteles dann weiter dem Menschen zuwendet und ihn in anatomischer Hinsicht untersucht, findet er auch da einiges Seltsame. Etwa daß das Gehirn ein recht nebensächliches Organ sei. Das Geistige im Menschen habe seinen Sitz im Herzen; das Gehirn dagegen sei lediglich eine Art von Kühlapparat für das Blut; denn »es mäßigt die Wärme und das Aufwallen des Herzens«. Aber durch all diese Absonderlichkeiten hindurch zeigt sich doch ein großer und für die Folgezeit äußerst fruchtbarer Gedanke: daß man nämlich das Lebendige nicht als eine bloße Anhäufung von Teilen oder einen bloß maschinellen Apparat begreifen darf. Das Lebendige ist ein Organismus: ein Ganzes, das seinen Teilen erst den Sinn verleiht.

Über den Bereich des Lebens hinaus richten sich die Forschungen des Aristoteles auf das Ganze der Welt: auf den Himmel, auf die

Gestirne, auf die Erde. Bedeutsamer aber als all dies ist der Versuch, das Wesen der Natur überhaupt zu erfassen. Da kommt es zu Entdeckungen, die die Wissenschaft der späteren Zeit, vor allem des Mittelalters, aber auch noch der Neuzeit, entscheidend beeinflussen. Aristoteles knüpft an seine Untersuchungen über das Wesen des Organismus an. Dieser wird als ein eigentümliches Ganzes dadurch zusammengehalten und geleitet, daß er ein Ziel und einen Zweck besitzt. Aber Ziel und Zweck werden nicht von außen an ihn herangebracht, sondern er trägt sie ursprünglich in sich selber. Worin aber bestehen Ziel und Zweck des Organismus? In nichts anderem als darin, daß er danach strebt, sich im ganzen Umkreis seiner Möglichkeiten zu verwirklichen. Das Wesen einer Pflanze etwa liegt darin, daß sie den Umkreis der Möglichkeiten, Pflanze zu sein, zu verwirklichen strebt, daß sie sich also in Keim, Blüte und Frucht vollenden will. Dafür prägt Aristoteles den Begriff der Entelechie; er will damit sagen: jedes Lebewesen trägt Zweck und Ziel in sich selber und entfaltet sich dieser seiner inneren Zielstrebigkeit gemäß.

Was sich so am einzelnen Organismus zeigt, überträgt Aristoteles auf sein Bild von der ganzen Natur. Alles, was ist, strebt danach, sich in der Fülle seiner Möglichkeiten, auf die hin es angelegt ist, zu verwirklichen; die ganze Welt drängt zu ihrer eigensten Vollkommenheit. Darin liegt die Lebendigkeit, darin auch die Schönheit der Natur. Die Welt ist von einem Drang zur Vollkommenheit durchwaltet, ja die Natur selber ist nichts anderes als dieser Drang; sie ist ein ungeheures Geschehen der Selbstverwirklichung und Selbstvervollkommnung. Diese universale Teleologie ist der bedeutende Grundgedanke im Weltbild des Aristoteles.

Das nun gilt in vorzüglicher Weise auch für den Menschen. Denn nun greift Aristoteles die Frage auf, die den griechischen Geist schon so lange beschäftigt: Wie denn der Mensch handeln solle, im privaten wie im staatlichen Leben, und worauf es im Dasein des Menschen ankomme. Auch hier, so antwortet er, liegt, wie im Ganzen der Natur, alles an der Selbstverwirklichung. Auch den Menschen, wie alle Lebewesen, kennzeichnet ein ursprüngliches Streben: nach dem nämlich, was für ihn gut ist und worin er darum seine Glückseligkeit erblickt. Doch was ist wahrhaft gut für den Menschen? Was ist sein wahres Gutes? Aristoteles antwortet: daß er so sehr wie möglich verwirkliche und zur Vollendung bringe, was er vom Wesen her ist. Der Mensch muß in Wahrheit zum Menschen werden; das ist seine ihm eigentümliche Bestimmung.

Mit diesem Gedanken wird Aristoteles zum Ahnherrn jedes Humanismus, der sich das »werde, was du bist« zur Richtschnur macht. Eine solche Ethik ist freilich nur in einer Zeit möglich, in der der Mensch noch das Bewußtsein hat, daß es im Grunde richtig mit ihm stehe und daß er ohne Bruch in das Ganze der Welt eingefügt sei. Anders wird es, wenn mit dem Ausgang der Antike und mit dem Beginn des Christentums das Bewußtsein tiefgreifender Verlorenheit über die Menschheit hereinbricht. Aristoteles dagegen kann noch sagen: Der Mensch ist aus dem Grunde seines Wesens heraus gut; seine sittliche Aufgabe besteht deshalb darin, die ursprüngliche Güte seines Wesens zu verwirklichen.

Diese Bestimmung ist allerdings noch formal. Denn es fragt sich nun, was denn der Mensch vom Wesen her ist und was er demgemäß werden soll. Um das erfassen zu können, betrachtet Aristoteles den Menschen in seinem Unterschied zum Tier. Dabei kommt er zu dem Ergebnis: was den Menschen vor dem Tiere auszeichnet, sind Geist und Vernunft, ist der Logos. Und nun schließt Aristoteles weiter: wenn die Natur, die doch nichts Sinnloses unternehmen kann, außer den anderen Lebewesen auch noch den Menschen hervorbringt, dann deshalb, damit sich verwirkliche, was sich einzig im Menschen verwirklichen kann: eben Geist, Vernunft, Logos. So liegt denn der Sinn des menschlichen Daseins darin, daß der Mensch das ihm eigentümliche Vermögen der Vernunft ausbilde, daß er in Wahrheit werde, was er ist: das vernünftige Lebewesen.

Wenn Aristoteles im Logos das wahre Wesen des Menschen erblickt, dann ist es auch nicht verwunderlich, daß er sich um die Erforschung dieses Logos unablässig bemüht. Nicht der Zufall irgendwelcher wissenschaftlichen Interessen macht Aristoteles zum Vater der abendländischen Logik, sondern die Tatsache, daß er entdeckt: es kommt darauf an, daß der Mensch den Logos, sein eigenstes Wesen, in rechter Weise verwirkliche, und es ist darum wichtig, über diesen Logos Bescheid zu wissen.

Doch auch mit der bloßen Heranziehung des Logos ist das Wesen des Menschen noch nicht zureichend bestimmt. Es muß vielmehr genauer gefaßt werden, was Aristoteles unter dem Logos versteht. Die Antwort kann nur aus dem griechischen Verständnis von Welt und Mensch heraus gegeben werden. Der Logos ist für den Griechen die Fähigkeit, die Dinge zu erkennen und zur Erscheinung zu bringen, die Welt aufzuschließen. Wenn nun Aristoteles sagt: der Mensch ist das Wesen, das den Logos besitzt, dann heißt das: seine Bestimmung ist es, die Welt zu erkennen. Nicht also Weltbeherrschung, wie im neuzeitlichen Denken, sondern Welterkenntnis ist für Aristoteles und für das griechische Denken überhaupt der Sinn des menschlichen Daseins.

Von daher versteht man auch, daß es nicht Anmaßung des Gelehrten, sondern das Ergebnis eines eindringlichen Nachdenkens über den Menschen ist, wenn Aristoteles behauptet, die höchste menschliche Lebensform sei die des Erkennenden, nicht aber die des Handelnden. Über allen menschlichen Möglichkeiten steht ihm letztlich die Einsicht. Und wenn die Gegenwart noch etwas von einer Hochschätzung der Wissenschaft und des reinen Erkennens kennt, dann dankt sie das vorzüglich dem Weiterwirken dieses aristotelischen Gedankens.

Der Vorrang des Erkennens macht sich übrigens auch auf dem Gebiete des Handelns selber bemerkbar. Auch hier kommt es der Vernunft zu, die Herrschaft auszuüben. Sittlich ist nur ein Handeln, das sich nicht blindlings von den Leidenschaften leiten läßt, sondern in dem der Mensch besonnen und durch Vernunft sein Dasein gestaltet. Das auch – so meint Aristoteles, dieser Sohn eines höchst leidenschaftlichen Volkes – bietet allein die Gewähr, daß der Mensch sich nicht selber zerstört. Nur die Einsicht gibt das rechte Maß.

Doch in der Sorge um die Erkenntnis der Dinge, des Menschen und seines Handelns kommt das Bemühen des Aristoteles noch nicht zu seinem Ziel. Als Philosoph stellt er zuletzt die Frage: worin gründet denn all das, was sich in so verschwenderischem Reichtum vor den Augen auftut? Worin haben Welt und Mensch ihren wahren Ursprung? So stößt auch Aristoteles auf das Problem, mit dem der griechische Geist zu philosophieren begonnen hat: auf die Frage nach dem tieferen Grunde der Wirklichkeit.

Dabei wird jener Grundzug bedeutsam, den er überall in den Bereichen der Wirklichkeit entdeckt: jenes durchgängige Streben. Woher kommt eigentlich die große und umfassende Bewegung, die die ganze Welt durchwaltet? Was hält die Welt in ihrer durchgängigen Bewegtheit? Muß es nicht, so fragt Aristoteles, ein erstes Bewegendes geben, von dem alle Bewegung ihren Ausgang nimmt? In der Tat, antwortet er, die Welt muß so gedacht werden, daß sie in einem ersten Bewegenden gründet. Und dieses erste Bewegende darf nicht selber bewegt sein; sonst müßte man ja weiter fragen, wovon es denn seinerseits bewegt wird, und es wäre kein erstes Bewegendes.

Das erste unbewegte Bewegende läßt sich genauer fassen, wenn darauf geachtet wird, was von ihm hervorgebracht wird. Das nun ist ein unaufhörliches Streben. Wodurch aber kann ein solches Streben hervorgerufen werden? Offenbar nur durch das, wonach gestrebt wird, so wie ja auch die Liebe einzig von dem geliebten Gegenstand erwirkt wird. In dieser Weise also, meint Aristoteles, müsse man sich das erste unbewegte Bewegende denken; es ist das letztlich erstrebte Ziel alles Strebens in der Welt.

Aristoteles fügt dem noch eine Reihe von weiteren Bestimmungen hinzu. Alles Streben in der Welt geht auf Selbstverwirklichung. Also muß das letzte Ziel das Wirklichste des Wirklichen, die reine Wirklichkeit sein. Alles Streben in der Welt geht auf Vollkommenheit. Also muß das letzte Ziel das Vollkommenste sein. Was aber ist das Wirklichste und das Vollkommenste? Aristoteles antwortet: die Gottheit. In ihr also gründet und aus ihr entspringt jener Grundzug der Wirklichkeit, jenes ständige Drängen zur Verwirklichung und zur Vollkommenheit. »Alles, was von Natur ist, trägt etwas Göttliches in sich.«

Auch bei Aristoteles, dem nüchternen Erforscher der Dinge, dem Mann von Welt, ist also das letzte Wort nicht die Welt, sondern Gott. Freilich nicht der Schöpfergott im Sinne des Christentums, der von außen her die Welt ins Dasein ruft, sondern die Gottheit als das der Welt immanente letzte Ziel ihres Strebens. Diese Ferne zum christlichen Gottesbegriff hat etwa Luther deutlich verspürt, wenn er den Aristoteles einen »Fabeldichter« oder einen »ranzigen Philosophen« nennt. Und doch geht Aristoteles in seinem Gottesgedanken in einer Richtung, die es verständlich macht, daß sich die christliche Philosophie des Mittelalters auf ihn berufen, ja daß sie ihn sogar gelegentlich als »Wegbereiter Christi im Felde des Natürlichen« bezeichnen kann. Er fragt nämlich weiter, wie man denn das letzte Ziel, die Gottheit, des genaueren zu denken habe. Und er antwortet: Was der Mensch nur in unvollkommener Weise ist, was aber überhaupt das Höchste in der Welt ist, das muß die Gottheit in Vollkommenheit sein: Logos, Vernunft. So sagt denn Aristoteles ausdrücklich: »Gott ist Geist oder noch über den Geist hinaus.«

Ist die Gottheit aber denkender Geist, liegt ihr Wesen im Erkennen, dann fragt sich, was sie denn erkennt. Nicht die Welt; sonst wäre das letzte Ziel wiederum von seinem Gegenstande, der Welt, abhängig und wäre damit nicht mehr das letzte Ziel. Wenn die Gottheit aber nicht die Welt erkennt, was ist dann der Gegenstand ihres Erkennens? Aristoteles antwortet: Nichts als sie selbst. Die Gottheit ist reines Denken ihrer selbst, eine Art versunkenen Anschauens des eigenen Wesens. Mit dieser Einsicht hat das griechische Nachsinnen über den Ursprung des Wirklichen seinen höchsten Gipfel erreicht.

So hat denn das Denken des Aristoteles, dieses nüchternen Mannes der Hingegebenheit an die Welt, zuletzt einen religiösen Ursprung. Am Ende seines Lebens und im Rückblick auf die unablässige Mühe um die Erkenntnis des Wirklichen spricht er die seltsamen Worte aus: »Je mehr ich auf mich selbst zurückgeworfen und einsam bin, desto mehr werde ich zum Liebhaber des Mythos.« Wer genugsam die Welt betrachtet hat, muß sich am Ende im Wissen um die Gottheit genügen. Das aber ist, meint Aristoteles, die Aufgabe jedes Menschen. So sagt er am Schluß seiner Ethik: »Man darf nicht auf die Mahnung jener hören, die sagen, der Mensch solle nur an Menschliches, der Sterbliche nur an Sterbliches denken; wir sollen vielmehr uns bemühen, soweit dies möglich ist, unsterblich zu sein.«

Epikur und Zenon
oder
Pflichtloses Glück und glücklose Pflicht

Epikur und Zenon, diese beiden Denker aus der Spätzeit der griechischen Philosophie, die Begründer der epikureischen und der stoischen Weltanschauung, sind Antipoden oder, wie man mit dem grotesken deutschen Ausdruck sagt, Gegenfüßler. Das will heißen: Ihre Füße stehen auf entgegengesetztem Boden, und darum denken auch ihre Köpfe das Entgegengesetzte. Nur in einem sind sie sich einig. Es geht ihnen beiden, wie der Zeit des ausgehenden Griechentums überhaupt, nicht so sehr um die reine philosophische Erkenntnis, sondern darum, die rechte Stellung des Menschen und insbesondere des Philosophen in einer immer fragwürdiger werdenden Welt zu finden. Eben in dieser Frage aber kommen sie zu ihren entgegengesetzten Ergebnissen.

Was zunächst Epikur angeht, so gehört er zu den meistgeschmähten Philosophen der Antike. Übermäßige Lust am Essen und Trinken wird ihm nachgesagt; infolge der Überfülle des Magens müsse er sich mehrmals am Tage erbrechen. Überhaupt erschöpfe er seine Geisteskraft in nächtlichen Gelagen. Zudem wird ihm eine allzugroße Neigung zum Liebesgenuß vorgeworfen. Sein reger Briefwechsel mit Hetären, der noch in einigen Fragmenten erhalten ist und in dem er den Damen reizende Nettigkeiten sagt, wird beanstandet. Daß er mit einem dieser Frauenzimmer zusammenlebt, gilt als besonders gravierend. Schlimm ist auch, daß er seinen Bruder verkuppelt haben soll. Schließlich unterschiebt ihm ein böswilliger Gegner sogar ein paar Dutzend unzüchtiger Briefe. Über all diesen Untaten soll er ein ernstes Studium verabsäumt haben. Kurz: Man läßt keinen guten Faden an Epikur. Epiktet, der strenge römische Stoiker, nennt ihn schlicht und einfach einen »Wüstling«. Andere Spätere reden von ihm und von seiner Schule gar als von »epikureischen Schweinen«.

Gegen dieses Bild von ihrem Meister wenden sich dann freilich die Schüler ebenso wie die späteren Jünger. Epikurs Enthaltsamkeit wird gerühmt; man habe im Kreise der Schule höchstens hier und da einmal einen Becher Wein getrunken, im übrigen aber sich mit Wasser begnügt. In Notzeiten habe man einfache Bohnengerichte verzehrt. Einer der Schüler schreibt: »Wenn man das Leben Epikurs mit dem der anderen Menschen vergleicht, könnte man es um seiner

Milde und Selbstgenügsamkeit willen einen Mythos nennen.« Auch der sinnlichen Liebe gegenüber ist Epikur nach seinen eigenen Worten zurückhaltend: »Der Liebesgenuß bringt keinen Nutzen; man kann sogar froh sein, wenn er nicht schadet.« Weiter wird von dem Philosophen berichtet, er habe sich – was übrigens auch sein Testament bezeugt – fürsorglich um seine Familie und seine Freunde gekümmert. Auch seinen Sklaven gegenüber habe er sich menschlich verhalten; sie durften an den philosophischen Diskussionen teilnehmen, und im Testament wird ihre Freilassung verfügt. Was sodann seine wissenschaftlichen Studien angeht, so berichtet Epikur selbst, schon mit vierzehn Jahren habe er sich für die Philosophie interessiert und dieses Engagement zeitlebens nicht verloren. Eindrucksvoll spricht davon sein Abschiedsbrief: »Den hochgepriesenen Lebenstag noch einmal feiernd und ihn zugleich beendend, schreibe ich euch dies. Harnzwang und Ruhrbeschwerden sind eingetreten von einer solchen Schmerzhaftigkeit, daß ein höherer Grad nicht mehr möglich ist. All diesem aber hält die Freude meiner Seele stand in der Erinnerung an unsere philosophischen Gespräche.«

Beides, die Beschuldigungen wie die Rechtfertigungen, hat einen gemeinsamen Hintergrund: die Art nämlich, wie Epikur die Krisis seiner Zeit bestehen will. In der im späten Griechentum aufgebrochenen Ratlosigkeit des Menschen über den Sinn seines Daseins entscheidet er sich dafür, als das Wesentliche im menschlichen Leben das Glück anzusehen. Zum Glück aber gehört vor allem die Vermeidung von Schmerz und, positiv gewendet, die Lust. Darum kann Epikur sagen: »Die Lust ist Ursprung und Ziel des glücklichen Lebens.« Lust darf freilich nicht allein im Sinne des grobsinnlichen Vergnügens verstanden werden, obgleich Epikur auch dieses nicht verschmäht zu haben scheint. Lust richtet sich vielmehr vor allem auf die feineren Entzückungen des Geistes: das Gespräch, das Anhören von Musik, das Betrachten von Kunstwerken und insbesondere auf das Philosophieren.

Die wahre Lust und das wahre Glück bestehen für Epikur in einem ruhigen Gleichmaß der Seele. Das aber ist nur zu erreichen, wenn man die Leidenschaften zum Schweigen bringt: die Furcht, die Begierde und den Schmerz, all diesen »Wirbelsturm der Seele«. Gelingt diese Beschwichtigung, dann »schwindet aller Aufruhr aus unserer Seele«. Hierin nun hat die Philosophie ihre hohe Aufgabe; hier wird sie zu dem, als was Epikur sie versteht: zur Lebenspraxis. »Leer ist die Rede eines Philosophen, die nicht irgendeine Leidenschaft heilt, die nicht die Leidenschaften aus der Seele vertreibt.« Ist das aber erreicht, dann stellt sich die eigentliche philosophische

Haltung ein: die »Unerschütterlichkeit« des Geistes, die »Windstille« der Seele, die »Meeresstille«.

Wie vermag nun die Philosophie, dergestalt »Arznei der Seele« zu sein? Dadurch, daß sie aus dem Feld der Leidenschaften hinaustritt und sich auf die Ebene der Vernunft begibt. Damit aber verläßt sie den Bereich der Lust nicht; im Gegenteil: Eben aus der Vernunft entspringt ihr die höchste Lust. »Man kann nicht lustvoll leben, ohne zugleich vernünftig zu leben, und umgekehrt nicht vernünftig, ohne lustvoll zu leben.« So wird die Philosophie, verstanden als Einsicht und als Lebenspraxis, zum Gipfel des menschlichen Daseins. »Allein das klare Denken verschafft uns ein freudevolles Leben«; »die Vernunft ist unser höchstes Gut«.

Ist alles überwunden, was den Frieden der Seele stören könnte, dann lebt der Philosoph im Sinne Epikurs in Selbstgenügsamkeit, in der glücklichen Freiheit des Geistes. Denn »die schönste Frucht der Selbstgenügsamkeit ist die Freiheit«. Sie aber gewinnt der Mensch nur in der Unabhängigkeit von seiner Umwelt. Daher lautet der Wahlspruch der Epikureer: »Lebe im Verborgenen!« Gelingt dies, dann existiert der Philosophierende »wie ein Gott unter den Menschen«.

Der Rückzug ins Private hat zur Folge, daß sich der Philosoph den Anforderungen der Öffentlichkeit, insbesondere des politischen Daseins, nach Möglichkeit entzieht. Reichtum, Ehre und Einfluß sind keine Versuchung für ihn. Um die großen Weltläufe kümmert er sich nicht. Den öffentlichen Pflichten geht er, soweit er irgend kann, aus dem Wege. Das alles kann nur Verwirrung in der Seele stiften. »Man muß sich aus dem Gefängnis der Geschäfte und der Politik befreien.« Der epikureische Weise ist dennoch kein Eremit. An die Stelle der Öffentlichkeit tritt die Freundschaft, wie sie Epikur in seinem Versammlungsort, dem »Garten«, genießt und wie sie später alle Epikureer praktizieren. Denn »die Fähigkeit, Freundschaft zu erwerben, ist unter allem, was Weisheit zum Glück beitragen kann, bei weitem das Wichtigste«. »Die Natur hat uns zur Freundschaft geschaffen.« An diesem Punkte findet der sonst eher nüchterne Epikur hymnische Töne: »Die Freundschaft umtanzt den Erdkreis, uns allen verkündend, daß wir zum Glück erwachen sollen.«

Was außer dem öffentlichen Leben den Philosophen in seiner vernünftigen Seelenruhe stören könnte, ist vor allem eine Weltsicht, in der die Wirklichkeit als beunruhigend, als Spielplatz mächtiger Naturkräfte oder einer dunklen Notwendigkeit gesehen wird, die über alles Wirkliche und so auch über den Menschen Gewalt haben.

Epikur muß deshalb darauf bedacht sein, eine solche beängstigende Weltauffassung, wie sie vom Mythos sowie von einigen früheren Philosophen entworfen worden ist, nicht zuzulassen. In dieser Absicht – und nicht im reinen Drang nach Erkenntnis – wendet er sich der Naturphilosophie zu. »Es ist nicht möglich, jemanden von der Angst in bezug auf die wichtigsten Fragen des Lebens zu befreien, der nicht weiß, worin die Natur des Weltalls besteht, sondern der sich nur bedenkliche Vorstellungen nach den Mythen der Dichter darüber macht.«

In seiner Betrachtung der Natur nimmt Epikur die Atomlehre des alten Demokrit auf. Was in Wahrheit wirklich ist, sind nicht die entstehenden und vergehenden Dinge, sind auch nicht übermächtige Naturkräfte, sondern sind allein unsichtbare Urteilchen, Atome, die, unendlich an Zahl und verschieden nach Größe, Gestalt und Gewicht, sich miteinander verbinden und wieder voneinander trennen. Sie schwirren in ewiger Bewegung im unendlichen leeren Raum umher und schaffen in ihrem zufälligen Zusammentreten die Dinge. Da sie unendlich viele sind, bringen sie auch unendlich viele Welten hervor. Selbst die Seele besteht aus besonders feinen Atomen. Wird die Welt so begriffen, dann ist sie nicht mehr der gefährdete Wohnort des Menschen; dann vermag der Philosoph sie sich selber zu überlassen und braucht sich in der Ruhe des Geistes nicht weiter um sie zu kümmern.

Das wird von Epikur noch vertieft. Was die in sich ruhende Selbstgenügsamkeit des Philosophen in besonderem Maße stören könnte, wäre die Möglichkeit, daß Götter mit ihrem Zorn und ihren Strafen, aber auch mit ihrem Wohlwollen und ihren Belohnungen in das Dasein der Menschen eingreifen. Daher muß Epikur alles daran liegen, die Götter ihrer Macht über die Wirklichkeit zu entkleiden. Zwar leugnet er ihre Existenz nicht. Aber er drängt sie an den Rand des Daseins. Er weist ihnen einen Aufenthaltsort zu, von wo aus sie ungefährlich für den Menschen sind. Sie hausen in den Zwischenräumen zwischen den Welten; denn von dort her haben sie keine Möglichkeit, in die irdischen Geschehnisse einzugreifen, und der Mensch muß sich demgemäß auch nicht um sie kümmern. In ihrem Refugium führen sie ein seliges Leben, vergleichbar dem des Philosophen, nur viel vollkommener. »Die Gottheit ist ein unvergängliches und glückseliges Wesen.« »Die Lebensform der Götter ist ein Leben, wie es glückseliger und reicher an Gütern nicht gedacht werden kann.«

Doch noch bleibt ein Quell ständiger Unruhe: der Tod und die Vergänglichkeit des menschlichen Daseins. Beides gehört zu den

Grunderfahrungen des griechischen Geistes, beides auch vertieft sich in der Spätantike. Darum muß Epikur um des Friedens der Seele willen anstreben, die Angst vor dem Tode zu beseitigen. In einer Besinnung auf das Wesen des Todes zeigt er, daß dieser nicht zu fürchten ist. Er ist, genau betrachtet, ein Nichts, weil nur das, was wir empfinden, für uns Realität hat. Den Tod aber können wir nicht empfinden; denn »wenn wir sind, ist der Tod nicht, und wenn der Tod ist, sind wir nicht«. Eben diese Einsicht trägt wesentlich zur Lebensfreude bei. »Die Erkenntnis, daß der Tod ein Nichts ist, macht uns das vergängliche Leben erst köstlich.«

Aus dem gleichen Interesse an gleichmäßiger Seelenruhe wird auch der Gedanke einer Unsterblichkeit abgewiesen. Mit dem Tode löst sich die Verbindung der Atome auf, die den Leib und die Seele gebildet haben; das Individuum zerfällt. Hat der Mensch das eingesehen, dann schwindet für ihn die Angst vor einem Jenseits, in dem die Götter nach Willkür strafen oder belohnen könnten; dann gibt es überhaupt kein künftiges Schicksal. Nichts kann den Menschen dann daran hindern, das begrenzte Dasein in all seinen diesseitigen Freuden zu genießen.

Wenn aber darauf alles ankommt, und wenn eben die Besinnung des Geistes dahin führt, dann auch ist das Philosophieren für den Menschen notwendig. So beschließt denn Epikur seine Überlegungen mit der Mahnung: »Wer jung ist, soll nicht zögern zu philosophieren, und wer alt ist, soll nicht müde werden im Philosophieren. Denn für keinen ist es zu früh und für keinen zu spät, sich um die Gesundheit der Seele zu kümmern.«

Und nun der Antipode: Zenon. Er lehnt Lehre und Lebensweise Epikurs radikal ab. Die Lust, in der dieser das höchste Glück zu erblicken meint, ist ihm verdächtig; er nennt sie die »Verführerin so mancher jugendlichen Seele zur Weichlichkeit«. An ihre Stelle tritt für ihn die Pflicht.

Dem entspricht es, daß Zenon schon äußerlich streng und herb wirkt. Die antiken Gewährsmänner überbieten sich darin, seine bizarre Erscheinung zu schildern. Hager sei er gewesen, zwar mit dicken Waden ausgestattet, aber sonst nicht von kräftigem Körperbau, sondern eher etwas schwächlich. Den Kopf habe er immer etwas seitwärts gebeugt gehalten, was bei seiner nicht unbeträchtlichen Größe besonders auffällig erschienen sei. Warum ihn ein geistreicher Biograph nach solcher Beschreibung mit einer ägyptischen Klematis vergleicht, bleibt dunkel.

In diesem strengen Äußern steckt auch ein ernster Geist. In seinem Auftreten, so wird berichtet, habe Zenon etwas Finsteres gehabt. Das ist aber offenbar nicht auf seelische Grobheit zurückzuführen; man rühmt ihm nach, daß er zartbesaitet und sittsam gewesen sei. Als Beleg für das erstere wird eine allzugroße Schüchternheit genannt, die ihn alle großen Aufläufe, vor allem wenn sie seiner Person galten, habe meiden lassen. Für die zweite Eigenschaft spricht, daß er nur ein oder zweimal mit Freudenmädchen verkehrt habe, und dies letztere nur, um nicht als Weiberfeind zu erscheinen. Wie in der Liebe, so soll er auch beim Essen und Trinken sparsam und zurückhaltend gewesen sein. Von Gastereien habe er sich tunlichst gedrückt; seine Lieblingsspeisen seien grüne Feigen, Brot und Honig gewesen, wozu er eine kleine Portion Wein getrunken habe. Seinen Mantel fanden die Zeitgenossen arg ärmlich. Schließlich ging sogar die Redensart um: »enthaltsamer als der Philosoph Zenon«, wenn man einen ganz bedürfnislosen Menschen bezeichnen wollte. Jedenfalls aber muß diese Lebensweise gesund gewesen sein; der Philosoph wurde mit ihr 92 Jahre alt.

Trotz all seiner Skurrilität war Zenons geistige Erscheinung doch so bedeutend, daß er großen Zulauf, vor allem von jungen Leuten, erhielt. Selbst der König von Makedonien versäumte seine Vorlesungen nicht, sooft er sich in Athen aufhielt. So konnte es nicht ausbleiben, daß Zenon, was er nicht anstrebte, doch allmählich zu hohem Ruhme kam. Die Athener ehrten ihn dadurch, daß sie ihm die Schlüssel der Stadt zur Aufbewahrung übergaben; außerdem stifteten sie ihm einen goldenen Kranz, errichteten zu seinen Ehren eine Statue und bauten für ihn noch zu seinen Lebzeiten ein Grabmal.

Übrigens kam Zenon nur durch einen Zufall zur Philosophie. Ursprünglich war er offenbar erfolgreicher Handelsmann. Als er einmal mit einer Ladung Purpur Schiffbruch erlitt, nahm er in Athen bei einem Buchhändler Quartier und sah diesen in einem philosophischen Buch lesen. Das brachte Zenon selber zur Philosophie, und er pflegte seitdem Schiffbrüche als wohltätige Einrichtungen zu preisen. Im Philosophieren aber brachte er es weit. Ein antiker Gewährsmann berichtet von ihm: »Er war ein eifriger Forscher, der immer den Dingen auf den Grund ging.«

Der Treffpunkt für Zenon und seine Jünger war eine von Polygnot bemalte Säulenhalle, weshalb seine Schule den Namen »Stoa« erhielt. Auch das ist charakteristisch. Während Epikur, der Apostel der Lust, in einem Garten Hof hielt, begab sich Zenon, der Feind der Lust und der Mann der Pflicht, in die Obhut strenger und ernster Architektur.

Will man sich das philosophische Denken Zenons vergegenwärtigen, dann tut man gut daran, auch die damit übereinstimmenden Ansichten seiner nächsten Schüler mit hinzuzuziehen; denn die antiken Gewährsmänner haben nicht scharf unterschieden. Dagegen wird man die Vertreter der sogenannten Mittleren stoischen Schule, Panaitos und Poseidonios, aber auch die römischen Stoiker, wie Seneca, Epiktet, Marc Aurel, beiseite lassen müssen; bei beiden Gruppen hat sich die Lehre weiter entwickelt. Die wichtigsten der frühen Schüler sind Kleanthes, ein ehemaliger Berufsboxer, etwas langsamen Geistes, ein bettelarmer Mann, der sich durch nächtliches Wasserschöpfen und Teigkneten am Leben hielt, zum andern Chrysipp, der, vom Rennsport herkommend, sich durch großen Scharfsinn auszeichnete, so daß man allgemein sagte, wenn die Götter philosophierten, müßten sie dies in der Weise des Chrysipp tun.

Nicht anders als die Epikureer gehen auch die frühen Stoiker von der Zeitsituation aus, in der die Frage nach einem Halt in der haltlos gewordenen Gegenwart den Vorrang gewinnt. Die Philosophie erhält daher bei ihnen unmittelbare Bedeutung für das menschliche Dasein. Sie ist »die Kunst der Lebensführung«. Nun finden aber die Stoiker den Sinn des Lebens nicht, wie Epikur, in der Lust und im Genuß, sondern in der Übereinstimmung mit sich selber. Dahinter steckt der Gedanke, daß sich der Mensch, nicht mehr sicher gegründet im Kosmos und in der Polis, nur noch auf sich selber stellen kann. Seine sittliche Aufgabe ist es, nicht eine allgemeine Tugend, sondern die in ihm als Individuum liegende besondere Idee des Menschen zu verwirklichen. Damit taucht zum erstenmal in der Geistesgeschichte der Begriff der Persönlichkeit auf, der dann später, im Durchgang durch das christliche Denken, vor allem im Zeitalter Goethes nicht ohne stoische Einflüsse zu großer Bedeutung gelangen wird.

Wie aber kommt der Mensch zur Übereinstimmung mit sich selber? Zenon antwortet: dadurch, daß er »übereinstimmend mit der Natur lebt«. Die Selbstverwirklichung ist also keine Sache der subjektiven Willkür, sondern gebunden an ein Gesetz: die Natur im Menschen; diese aber steht mit der großen Natur draußen im Einklang. Wer mit sich selbst übereinstimmend handelt und so die Natur in seinem Innern verwirklicht, der handelt zugleich in Übereinstimmung mit den umfassenden Gesetzen des Kosmos. Daraus entspringt das Interesse der Stoiker an der Erfassung der Natur. Es erwächst nicht aus reinem Wissensdrang; es dient vielmehr der Selbsterkenntnis des Menschen. Es ist aber ernster als das der Epikureer. Diese wollen nur darum die Welt erfassen, damit sie von ihr ausgehende Störungen vermeiden. Die Stoiker dagegen bedürfen der

Erkenntnis des Wesens der Natur, um zur ethischen Einsicht in das eigene Wesen zu gelangen. »Zu keinem anderen Zwecke ist es nötig, Naturerkenntnis zu betreiben, als zur Scheidung des Guten und Schlechten.«

Auch das Wesen der Natur verstehen die Stoiker anders als Epikur. Sie ist ihnen nicht das Spiel der Atome mit seinem sinnlosen Zufall, sondern sie ist von einer inneren Lebendigkeit durchwaltet. Es gibt ein mächtiges Naturprinzip, das viele Namen trägt: Feuer heißt es und Lebenshauch, aber auch Geist, Vernunft und Schicksal. Schließlich wird es als die Gottheit bezeichnet und mit dem obersten Gott identifiziert. »Eins ist Gott und der Geist und das Schicksal und Zeus, und es gibt noch viele andere Namen.« »Gott ist ein unsterbliches, mit Vernunft und Geist begabtes Lebewesen, vollkommen in seiner Glückseligkeit, unzugänglich für alles Schlechte, vorsorgend für die Welt und für das, was in der Welt ist.« Die Götter hausen demgemäß auch nicht, wie bei Epikur, fern von der Welt; sie sind gegenwärtig und sind wirksam. »Durch ihre Vorsehung wird die Welt regiert; sie kümmern sich um die menschlichen Dinge, und zwar nicht nur um die der Gesamtheit, sondern auch um die der Einzelnen.«

Das mächtige und göttliche Prinzip ist in allem Wirklichen lebendig anwesend. »Gott ist in die Welt einbegriffen, er ist ihre Seele.« Er ist »der Schöpfer der Welt und der Vater von allem«. Ja, »die ganze Erde und der ganze Himmel sind das Sein Gottes«; Gott wohnt »selbst in den Abwässern, den Spulwürmern und den Verbrechern«, die Welt ist so ein lebendiges Ganzes, »ein allumfassendes, vernunftbegabtes Lebewesen«; weil »die Vernunft jeden Teil der Welt durchdringt«, ist diese »vernünftig und beseelt und verständig«. Kurz: Die stoisch gedachte Natur ist selber »göttlich«. Aber um seiner unendlichen Schöpferkraft willen gestaltet sich das göttliche Prinzip nicht nur zu einer einzigen Welt, sondern zu unendlich vielen Welten, die einander in unaufhörlichem Kreislauf folgen.

Noch größeren Wert als auf den Gedanken der Göttlichkeit der Welt legen die Stoiker auf die Einsicht, daß auch und gerade der Mensch in einer vorzüglichen Weise vom Göttlichen her bestimmt ist. Eben diese innere Göttlichkeit ist die Natur in ihm. »Aus der Natur des Alls stammt auch die des Menschen.« In diesem Sinne sagt Kleanthes im Blick auf den Gott: »Wir sind deines Geschlechts«, ein Wort, das der Apostel Paulus in seiner Areopagrede zitiert. »Der Mensch ist durch seine Vernunft mit Gott verwandt.« Weil er so an der allgemeinen Weltvernunft teilhat, kann er auch in sich selber die Vernunft erwecken. Das ist sogar seine vornehmste Aufgabe; denn

»in der Vernunft ist das wahre Wesen des Menschen beschlossen«. In diesem Gedanken wurzelt auch die Möglichkeit der Wahrheit. Weil die Vernunft im Innern des Menschen der in aller Wirklichkeit waltenden Weltvernunft entspricht, hat der Mensch die Gewähr, daß das, was er erkennt, wahr ist.

Doch diese Idee des Eingebettetseins des Menschen in die große Notwendigkeit der Natur führt zu Schwierigkeiten. Wie soll damit die Freiheit vereinbar sein, die doch auch die Stoiker täglich erleben? Sie versuchen eine Lösung, indem sie den Begriff der Freiheit genauer bestimmen. Freiheit ist nicht blanke Willkür, sondern Sein aus eigenem Ursprung. »Frei ist nur der Mensch, der innerlich frei ist und nur das tut, was seine Vernunft wählt.« Handelt der Mensch wirklich aus sich selber heraus, dann handelt er von dem Selbst her, das natürlich, vernünftig und göttlich ist, und eben dann verwirklicht er im Rahmen der weltumfassenden Notwendigkeit seine Freiheit. Freiheit ist so freiwillige Fügung in die göttliche Ordnung.

Es kommt also alles darauf an, daß der Mensch der Vernunft in seinem Innern gehorche. Denn »es gibt ein Sittengesetz als das Gebot der höchsten Vernunft, das befiehlt, was zu tun, und verbietet, was zu lassen ist«. Es ist »der Einklang des in der Brust des Einzelnen wirkenden Dämons mit dem Willen dessen, der das All durchwaltet«. Diesem inneren göttlichen Prinzip sich zu unterwerfen ist das Wesen der Tugend; sie ist »die mit der Vernunft im Einklang stehende seelische Haltung«; sie bedeutet »die volle Entfaltung des Vernunftwesens und eben darum sein Endziel und sein Glück«. Dabei darf der Mensch freilich nicht auf Belohnung schauen; »die Tugend ist um ihrer selbst willen zu erstreben; sie verlangt keinen Lohn«.

Darum auch darf sich der Mensch auf keine Weise von seinen Leidenschaften unterjochen lassen; denn diese sind darauf aus, ihn von seinem innersten Prinzip abzubringen. »Man muß beherzigen, daß das Vernunftwesen von Natur dazu bestimmt ist, der Vernunft zu folgen und nach der Weisung der Vernunft zu handeln.« Das schränkt die Triebe ein; denn »die Affekte hindern uns am vernunftgemäßen Handeln und stören die Harmonie der Seele«; sie sind die »Krankheiten der Seele«. Das Lebensideal des Stoikers ist daher die »Leidenschaftslosigkeit«, die »Unerschütterlichkeit«, auch und gerade gegenüber den Schlägen des Schicksals. Viele Stoiker haben das in ihrer Existenz bewährt. Es ist die stoische Haltung, wie sie noch heute vorbildhaft wirksam ist. Über allem steht der Gedanke der Pflicht, des »Geziemenden«. Die Pflicht erfüllen aber heißt: der göttlichen Stimme im Innern gehorchen.

Geht es um die Pflicht, dann ist der Rückzug in die private Sphäre, wie ihn die Epikureer vornehmen, nicht mehr möglich. Dann muß man sich den öffentlichen Aufgaben stellen. »Der tugendhafte Mann wird nicht in der Einsamkeit leben; denn er ist von Natur gesellig und für das tätige Leben geschaffen.« Daher ist es »eine Forderung der Natur, sich in die Gemeinschaft der Vernunftwesen einzuordnen und diese mit allen Kräften zu fördern«. »Wir sind von Natur zum Zusammenschluß, zur Vereinigung, zur Staatenbildung veranlagt.« Daraus erwächst dann auch eine allgemeine Menschenliebe, »eine naturhafte Zuneigung, die alle Menschen als Menschen miteinander verbindet«. Diesen Gedanken der Pflicht im öffentlichen Dasein geltend gemacht zu haben, ist eines der großen Verdienste des Philosophen Zenon, dieses ernsten und strengen Mannes in den letzten Zeiten des Griechentums.

Plotin
oder
Die Gesichte des Entrückten

Porphyrios, selber ein Philosoph von hohen Graden, beginnt die Biographie seines Lehrers Plotin, des bedeutendsten Denkers aus dem dritten Jahrhundert nach Christus, mit dem Satz: »Plotin, der Philosoph unserer Tage, glich einem Manne, der sich schämt, im Leibe zu sein.« Anschließend gibt er Beispiele für diesen Abscheu vor der körperlichen Existenz. Plotin habe niemals von seiner Herkunft, seinen Eltern oder seiner Heimat erzählt. Auch seinen Geburtstag, den Tag des Eingangs der Seele in den Leib, habe er nicht verraten, damit man nicht etwa darauf komme, ein so bedauerliches Ereignis auch noch zu feiern. Auch habe er es nie geduldet, daß man ein Bild von ihm verfertige; die Schüler bringen deshalb den berühmtesten Maler der Zeit heimlich in seine Vorlesungen, und der hält nach dem Gedächtnis die Züge des Meisters fest. Aber die Verachtung des Leibes geht bei Plotin noch weiter. Er lehnt es ab, gegen eine Darmkolik, die ihn heftig quält, mit Spülungen vorzugehen. Überhaupt weigert er sich, bei Krankheiten Medikamente zu nehmen. Ja selbst die anfangs gewohnten täglichen Massagen gibt er auf, worauf er noch kränker wird. Auch im Essen ist er äußerst mäßig; manchmal vergißt er sogar das Stück Brot, das er sich bereitgelegt hat, was sich dann freilich durch Schlaflosigkeit rächt. Das Ergebnis dieser Verachtung des Leibes ist, daß Plotin dahinzusiechen beginnt und daß ihm, als er älter wird, die Stimme versagt und Hände und Füße eitern. Das bringt ihn übrigens in Schwierigkeiten im Umgang mit den Schülern; denn er hat die Gewohnheit, sie zur Begrüßung zu umarmen. Porphyrios berichtet, die Anhänger hätten sich deshalb allmählich zurückgezogen.

Zu philosophieren beginnt Plotin mit 28 Jahren, angeregt durch den Philosophen Ammonios, der, wie Sokrates, keine Schriften verfaßt und der, weil er sich seinen Lebensunterhalt als Gärtnergehilfe verdient, den Beinamen »der Sackträger« führt. Seine Lehrtätigkeit übt Plotin zunächst in Alexandrien aus, um dann nach Rom überzusiedeln und dort öffentliche Vorlesungen zu halten. Übrigens geht es bei diesen recht lebendig, ja gelegentlich sogar arg turbulent zu. Der Biograph berichtet: »Der Unterricht war voll von Durcheinander und vielem Reden, weil Plotin die Hörer anregen wollte, selber zu fragen.« In Rom nun sammelt sich eine große Zuhörerschaft um seine Lehrkanzel. Es kommen nicht nur Schüler im eigentlichen Sinne; auch die große Welt, darunter eine erhebliche Zahl von Senatoren, drängt sich in Plotins Vorlesungen. Selbst der Kaiser samt Gemahlin besucht das Auditorium. Daß auch Frauen Zutritt zu seinen Vorlesungen erhalten, vermerkt der Biograph Plotins übrigens als Zeichen seiner besonderen Aufgeschlossenheit.

Von den Hörern wird berichtet, daß sie in der Art, wie sie die Lehren des Meisters in die Praxis umsetzen, ihre besonderen Eigentümlichkeiten haben. Der eine, ein vornehmer Senator, gibt alle seine Ämter auf, entläßt seine Diener, zieht aus seiner Villa aus und lebt in der Abkehr vom Erdendasein so asketisch, daß er nur jeden zweiten Tag Nahrung zu sich nimmt; was übrigens den Nebenerfolg hat, daß er von der Gicht geheilt wird. Ein anderer, ein Advokat, ist dagegen weniger enthaltsam; er kann – was im Kreise der Schüler heftig getadelt wird – seine Leidenschaft für Geld- und Wuchergeschäfte nicht bezähmen. Ein dritter hat starke politische Leidenschaften, die Plotin zu dämpfen versucht. Ein vierter schließlich will aus Mißgunst dem Meister durch magische Beschwörungen Schädigungen zufügen, was freilich mißlingt; denn der Zauber wendet sich gegen den Beschwörer selbst.

Übrigens werden Plotin merkwürdige okkulte Fähigkeiten zugeschrieben. So soll er jenen magischen Angriff leibhaft gespürt haben; die Glieder hätten sich ihm zusammengepreßt wie ein Geldbeutel beim Schließen. Einmal auch versucht ein ägyptischer Priester, den Plotin einwohnenden Dämon zu beschwören; was aber erscheint, ist kein Dämon, sondern ein Gott, worauf die Umstehenden in Anbetung versinken. Auch im alltäglichen Leben ist Plotin seltsam hellsichtig. Diebe etwa vermag er auf den ersten Blick zu erkennen, und die innere Verfassung, ja sogar die künftigen Schicksale seiner Umgebung errät er in einem Augenblick.

Den Tod Plotins deuten die Schüler wiederum unter dem Gesichtspunkt der Feindschaft gegen das Körperliche. Sie verstehen ihn als Abwerfung des Leibes und als Befreiung der unsterblichen Seele. Als Zeichen dessen sehen sie die Tatsache an, daß in dem Augenblick, in dem Plotin sein Leben aushaucht, eine Schlange durch eine Ritze in der Mauer entschwindet. In diesem Sinne ist auch das letzte Wort Plotins gesprochen: »Jetzt will ich versuchen, das, was göttlich in mir ist, eingehen zu lassen in das Göttliche im All.«

Die Verachtung des Leibes und der Sinnlichkeit, die letztlich von Platon herkommt, entspringt bei Plotin einer grundsätzlichen Tendenz im Ursprung seines Philosophierens: dem Drang nach Abwendung von der Welt, und zwar aus einem Überdruß an den irdischen

Dingen. Das Dasein in der Welt ist »Verbannung und Fluch«. Diese Abkehr geschieht aber nicht nur in theoretischen Reflexionen, sondern auch und vor allem in gewissen besonderen Erfahrungen. Porphyrios berichtet, Plotin habe in den sechs Jahren, in denen er mit ihm umging, viermal ein ekstatisches Erlebnis gehabt: einen Aufschwung seines Innersten über alle Welt hinaus. Da sei ihm »jener Gott erschienen, der keine Gestalt und keine Form hat und der oberhalb des Geistes und der ganzen geistigen Welt thront«.

Wenn Plotin jedoch sagen will, was er da geschaut hat, gerät er in unüberwindliche Schwierigkeiten. Denn alle menschlichen Worte sind aus der Begegnung mit der Welt gewonnen; so können sie das nicht treffen, was alle Welt übersteigt. Die Gottheit ist »das in Wahrheit Unaussprechliche«. Nicht einmal, daß sie *ist*, kann man zu Recht von ihr aussagen; denn sie ist über alle menschlichen Begriffe vom Sein hinaus. Noch weniger kann man Gott als Geist bezeichnen; denn auch den Begriff des Geistes nimmt der Mensch aus seiner endlichen Selbsterfahrung. Kurz: Die Gottheit ist »anders als alles, was nach ihr ist«.

Und doch will Plotin nicht darauf verzichten, von dem, was er im Aufschwung erfahren hat, Kunde zu geben. Er findet auch eine Weise, wie das annähernd möglich ist: den Weg der Verneinung. Von Gott können wir »nur sagen, was er nicht ist; was er aber ist, können wir nicht sagen«. Das Göttliche selber wird also in dieser Methode der Negation nicht verneint. Verneint wird im Gegenteil das, was nicht göttlich ist: das Weltliche, das Endliche, die eigene zeitliche Existenz. Wird alles, was von diesen Endlichkeiten gilt, weggenommen, dann kommt es zu einer ungefähren Ahnung von dem, was über alles Endliche hinausragt. So kann Plotin im Hinblick auf die Erfahrung Gottes die Anweisung geben: »Tu alle andern Dinge fort, wenn du ihn aussagen oder seiner innewerden willst. Und wenn du alles fortgetan und nur ihn selber belassen hast, dann suche nicht danach, was du ihm etwa noch beilegen könntest, sondern danach, ob du nicht vielleicht etwas noch nicht von ihm fortgetan hast in deinem Denken.«

Wie Plotin diesen Weg der Verneinung beschreitet, entdeckt er, daß man der Gottheit einige negative Prädikate zuschreiben kann: Sie ist unendlich, unbegrenzt, unteilbar, unräumlich, unzeitlich, ohne Bewegung und ohne Ruhe, gestaltlos, kein Dieses, ohne Größe, ohne Beschaffenheit, ohne Denken, willenlos, unbedürftig. Aber damit hat Plotin noch nicht den ihm wesentlichen Gottesbegriff erreicht. Dieser ergibt sich vielmehr daraus, daß man sieht: Das endlich Wirkliche, und zwar das sinnliche wie das geistige, ist immer ein Mannigfaltiges. Vielheit zu sein ist für Plotin geradezu der Grundcharakter der endlichen Wirklichkeit. Eben aus der verneinenden Entgegensetzung dazu gewinnt Plotin seinen eigentlichen Begriff von der Gottheit. Ist die endliche Wirklichkeit Vielheit, dann muß die Gottheit Einheit sein; so wird sie denn von Plotin als »das reine Eine« gefaßt. Als solches ist sie über alles endlich Wirkliche hinaus, selbst über Sein und Geist. Das ist der höchste Gottesbegriff dieses Denkers, der damit freilich keine definitive Benennung, sondern nur einen Hinweis geben kann. Denn es bleibt: Im Grunde ist das, was das Eine genannt wird, namenlos; »es ist mehr und größer, als wir überhaupt aussagen können«.

Plotin erörtert nun die darin liegende Problematik in höchst schwierigen Gedankengängen. Er betont zunächst: Das Eine kann nicht das wahre Eine sein, solange es so gedacht wird, als habe es die endliche Vielheit als etwas selbständig Seiendes sich gegenüber. Also muß das Eine, und zwar in der Weise der Einfachheit, das Viele in sich befassen. »Vor dem Vielen ist das Eine, von dem her auch das Viele ist«; denn »das Viele kann nicht sein, wenn das Eine nicht ist, von dem her oder in dem das Viele ist«. Darum ist das Eine als die Gottheit nicht von der Art der leeren mathematischen Eins. Es ist vielmehr das, was als Eines und Einfaches die grenzenlose Fülle von allem in sich enthält. Als solchen »Ursprung, in dem zugleich alles, und zwar alles als ganzes, befaßt ist«, erfährt es der Philosophierende im Aufschwung.

Demgemäß läßt der Mensch im Augenblick der ekstatischen Einung mit dem Einen die Welt der Vielheit hinter sich; er vergißt sie gleichsam. Aber er kann ja, solange er noch im Leibe lebt, nicht ständig in dieser Erfahrung verharren. Kehrt er jedoch zurück, dann tritt ihm wieder die zerspaltene und in sich widerstreitende Wirklichkeit entgegen. Aber er sieht sich nun, nachdem er das Eine geschaut hat, gezwungen, diese Wirklichkeit unter dem Aspekt des Einen zu sehen; denn er weiß: »Alles Seiende ist seiend durch das Eine.« Damit aber scheint sich ein Widerspruch aufzutun. Denn wenn das Eine alles in allem ist, dann kann es doch, genau betrachtet, die Welt des Vielen gar nicht geben. Dieses Dilemma stellt Plotin vor die Aufgabe, zu zeigen, wie vom Einen her die Vielheit möglich wird, wie also das Eine sich zu einer Vielheit entfaltet; er muß nach dem Einen als dem »Ursprung von allem« forschen. Das Problematische an diesem Unterfangen ist: Das Eine darf auf keinen Fall ein selbständig Seiendes aus sich entlassen; sonst wäre es nicht mehr alles in allem. Und doch muß es Ursache einer Welt sein.

Plotin sieht, daß an diesem Punkte die Möglichkeiten des begrifflichen Erfassens versagen. Daher kann er die Genesis der Wirklichkeit aus dem Einen nur noch in Bildern verdeutlichen. So nennt er das Eine die Quelle, die überfließt und doch im Überfließen nicht weniger wird, oder die Sonne, die das Licht aussendet und doch im Ausstrahlen sich nicht vermindert. Oder er vergleicht die Entfaltung des Einen damit, wie ein Gegenstand sich spiegelt, ohne in der Spiegelung das mindeste von seiner Substanz zu verlieren. In solchen Bildern kommt die Sicht Plotins auf die Welt zum Ausdruck. Diese ist weder, wie im gnostischen Denken, etwas ursprünglich Eigenständiges, noch ist sie, wie in der christlichen Auffassung, in eine relative Selbständigkeit entlassen. Die Welt kommt vielmehr unmittelbar aus der Gottheit, und sie ist zugleich in ihr gehalten. Sie fließt aus dem Einen aus, aber so, daß sie ineins damit in ihm befaßt bleibt. Sie geht vom Ursprung aus, ohne sich von ihm zu trennen. Das Eine ist im Vielen »zugleich anwesend und zugleich von ihm getrennt«.

Warum aber kann denn die Gottheit nicht in sich selber bleiben? Weshalb muß sie sich überhaupt zur Welt entfalten? Doch offenbar deshalb, weil auch der Philosophierende die Welt als wirklich erfährt, und weil er auf der anderen Seite die Erfahrung des aller Welt überlegenen Einen nicht verleugnen kann. Deshalb muß er versuchen, beides zu verbinden. Das ist der Ursprung des Gedankens der Entfaltung des Einen. Aber mit dieser subjektiven Begründung ist das Problem noch nicht gelöst. Denn der innebleibende Hervorgang der Welt aus dem Einen muß auch so betrachtet werden, wie er von diesem her geschieht; es muß auch gefragt werden, warum das Eine von sich selber her zu seiner Weltwerdung kommt. Plotin antwortet: Nicht etwa deshalb, weil es irgendein Bedürfnis empfände, zur Welt zu werden. Bedürfnis wäre ein Zeichen des Mangels; dem in sich vollkommenen Einen kann jedoch nichts mangeln. Weltursprung kann auch nicht die Liebe Gottes sein, in der der christliche Glaube den Grund der Weltschöpfung erblickt; denn auch in der Liebe, die Plotin als Sehnsucht deutet, steckt ein Gefühl des Nichthabens, des Mangels. So bleibt nichts übrig, als anzunehmen, die Welt entspringe aus der göttlichen Fülle. Da das Eine »von vollkommener Reife ist – es sucht ja nichts, es hat nichts, es bedarf nichts –, so ist es gleichsam übergeflossen, und seine Überfülle hat ein anderes hervorgebracht«.

Plotin führt den Gedanken der Weltwerdung des Einen so weiter, daß er einen nicht zeitlichen, sondern nur als paradox zu verstehenden ewigen Prozeß annimmt. Dieser vollzieht sich in Stufen, in deren Folge die Vollkommenheit immer mehr abnimmt. Die erste Stufe ist das Eine als solches und so, wie es rein in sich selber ist. Der

Prozeß nun kommt dadurch in Gang, daß das Eine sich selber erblickt. Dadurch entsteht die zweite Stufe, der Geist und die in ihm enthaltene geistige Welt, die Welt der Ideen. Diese beiden, eng miteinander verbunden, sind Abbilder des Einen, aber sie verlieren dessen Reinheit. Denn nicht nur trägt die geistige Welt die Fülle der Ideen in sich, auch der Geist ist als das Gesamt aller Einzelgeister eine Vielheit; zudem liegt schon in der Scheidung von Geist und Ideenwelt eine Zweiheit. Die dritte Stufe kommt dadurch zustande, daß der Geist hinabblickt; dadurch entsteht die Weltseele. Sie befaßt eine große Mannigfaltigkeit in sich, sofern ihre Teile die einzelnen Seelen sind. Die Weltseele nun, noch immer dem ewigen Bereich angehörig, blickt ihrerseits hinab und läßt dadurch den Kosmos, die endliche Sinnenwelt, die Welt der Dinge in ihrer ungeheuren Mannigfaltigkeit entstehen. Das ist die vierte Stufe.

Wegen ihrer Herkunft aus der Weltseele ist die Welt schön und vollkommen, wie Plotin insbesondere gegenüber der christlichen Weltverachtung betont. Doch durch den Hinzutritt der Materie wird diese Schönheit und Vollkommenheit beeinträchtigt. Aber was ist nun die Materie für Plotin? Nicht ein gegengöttliches, selbständiges Prinzip, wie in einigen Strömungen der gleichzeitigen Gnosis; auch ist sie nicht, wie in der christlichen Schöpfungslehre, aus nichts geschaffen. Sie ist vielmehr gleichsam der äußerste Horizont alles Hinabblickens, die fernste Grenze, die die Weltseele sich selber setzt, vergleichbar der Art, wie das Licht die Finsternis als seine Grenze bildet.

Betrachtet man nun das Gesamt der Stufen, dann zeigt sich: Die ganze Wirklichkeit, auf den Ebenen des Geistes, der Seele, wie der sinnlichen Dinge, ist für Plotin eine einzige Entfaltung des Einen; sie existiert nur, sofern sie in je verschiedener Vollkommenheit dessen Abbild ist. So kommt es zu einer völligen Gotthaftigkeit der Welt; alles, was ist, ist in der Gottheit befaßt.

Doch wie bestimmt Plotin die Stellung des Menschen in diesem Prozeß der Weltwerdung des Einen? Er antwortet, indem er einen Weg beschreibt, den die Seele einschlagen kann und einschlagen soll. Den Ausgangspunkt bildet die Tatsache des Verfalls der Seele. Sie, die ursprünglich dem ewigen Bereich angehört, hat am Hinabblikken der Weltseele Anteil. Sie kann sich vermöge ihrer Freiheit in diesen Anblick verlieren, kann sich dem Leibe hingeben und dadurch ihren Ursprung vergessen. Das ist sogar das gewöhnliche alltägliche Dasein des Menschen; er treibt sich im weltlichen Tun herum. Aber auch darin bleibt der Seele, wie allem Weltlichen, die Sehnsucht nach dem Einen, die aus der Erinnerung an ihre Herkunft erwächst. »Da die Seele aus Gott stammt, verlangt sie mit Notwendigkeit nach diesem.« Dadurch wird sie veranlaßt, sich aus ihrer weltlichen Verstrickung zu lösen, »das Kleid auszuziehen, das sie beim Abstieg angetan hat«, und die Rückkehr in ihren Ursprung anzutreten. Sie wendet sich zunächst zu sich selber als ewiger und am Ende zur Gottheit, zum Einen. Das aber ist eben der Weg des Philosophierens.

Auch die Rückkehr vollzieht sich, wie die Herabkunft, in vier Stufen. Die erste besteht darin, daß sich der Mensch vom individuellen Daseinsgenuß abwendet und sich den Tugenden des Miteinander, der Tapferkeit, der Gerechtigkeit, der Besonnenheit, der Weisheit zukehrt. Auf der zweiten Stufe kommt es zu einer völligen Abwendung vom Sinnlichen, von allen Leidenschaften und Trieben; hier reinigt sich die Seele, zieht sich auf sich selber zurück und gelangt dadurch auf die Ebene des Übersinnlichen, auf der sie ursprünglich beheimatet ist. Die dritte Stufe bringt den Aufstieg vom bloß Seelischen des Ich zu dessen geistigem Wesen; hier entspringt die theoretische, die philosophische Existenz, die ihre Freude an der Schau der Ideen hat. Die vierte Stufe schließlich besteht darin, daß man alles einzelne, selbst die Ideen, fahren läßt, daß man aus der Welt entrückt wird, daß das Wissen von sich selbst erlischt, daß man »in das Unbetretbare der Seele« gelangt; hier wird es dann möglich, daß der Mensch und die Gottheit wahrhaft eines werden.

Diese vierte Stufe bringt das entscheidende Geschehnis: daß wir »an allem, was nicht Gott ist, vorübergehend mit unserem reinen Selbst jenes Obere rein erblicken, ungetrübt, einfach, lauter«. Sie wird aber weder im endlichen Anschauen noch im endlichen Denken erreicht. Wir müssen »gleichsam die Augen schließen und ein anderes Gesicht in uns erwecken«. Wir müssen uns selber zur Einfachheit bringen. Im Blick auf das Eine müssen wir »stille werden, bis es erscheint«. Dann können wir »mit dem Ewigen, das wir in uns tragen, die Ewigkeit und das Ewige schauen«. Eben das geschieht in jenen plötzlichen Momenten der Entrückung. »Zu dem Höchsten gelangen wir erst dann, wenn wir bei vollkommener Vertiefung in uns selbst, auch über das Denken uns erhebend, im Zustande der Bewußtlosigkeit, der Ekstase, des Einfachwerdens von dem göttlichen Lichte plötzlich erfüllt und mit dem göttlichen Urwesen selbst so unmittelbar eins werden, daß jeder Unterschied zwischen ihm und uns verschwindet.« Dann werden wir »vereint mit jenem Gotte, der lautlos gegenwärtig ist«. Damit vollendet sich die Verkündigung Plotins.

Augustinus
oder
Die Dienlichkeit der Sünde

Ein Zeitgenosse des Augustinus, der ihn als jungen Mann gekannt hätte, wäre wohl kaum auf die Vermutung gekommen, daß dieses Weltkind einmal ein Kirchenvater, und gar noch der größte des Westens, werden könne. Zu sehr erweckt der junge Augustinus den Eindruck, daß er sich in den Zerstreuungen der Welt mit Vergnügen umhertreiben läßt. Zwar daß er in der Schule ungern Griechisch lernt und daß er in einem fremden Garten Birnen stiehlt, mag noch hingehen; das unterscheidet ihn höchstens von der fragwürdigen Klasse der Tugendbolde. Aber als er zum Studium der Rhetorik nach Karthago geht, schließt er mit einer wilden Gruppe von Studenten, die sich die »Umstürzler« nennen, Freundschaft, wenn er auch vorsichtig genug ist, sich nicht selbst an ihren nächtlichen Überfällen auf harmlose Passanten zu beteiligen. Selber tätig wird er dagegen – neben dem Verfassen von Schauspielen – in vielfältigen Liebschaften, mit denen er seine Tage und Nächte vergeudet. Aber auch als Augustinus in geordnetere Verhältnisse kommt, als er Lehrer der Rhetorik in Karthago und in Rom und schließlich in dem gleichen Fach Professor in Mailand wird, führt er kein einwandfreies Leben. Er wohnt mit einer Konkubine zusammen. Obgleich er diese – wie wir aus seinem eigenen Zeugnis wissen – zärtlich liebt und obwohl aus dem Verhältnis ein Sohn hervorgeht, bekommt Augustinus Skrupel. Die Mutter, später hochberühmt als die Heilige Monika, unterstützt diese Bedenken, vermutlich weniger aus sittlicher Entrüstung als darum, weil sie ihrem Sohn eine standesgemäße Ehe wünscht. Die Freundin wird also – nicht ohne Tränen auf beiden Seiten – verstoßen; Augustinus beabsichtigt, sein Leben zu normalisieren, und das heißt, ein Mädchen aus vornehmem Hause zu heiraten. Aber als sich die Verlobungszeit allzulange hinzieht, nimmt er sich rasch eine neue Geliebte. Kurz: Dieser junge Augustinus, ein Mann des 4. Jahrhunderts nach Christus, ist ein typischer Römer der Spätzeit, jener Epoche, der die Strenge altrömischer Tugend abhanden gekommen ist und in der eine wenn auch gemäßigte Libertinage das Ideal des Mannes darstellt.

Aber dann: Welch anderes Bild bietet der spätere Augustinus. Aus seinem zwischen geistiger Arbeit und sinnlichem Genuß hin- und herschwankenden Dasein wird er durch eine plötzliche Bekehrung herausgerissen. Mit 33 Jahren läßt er sich taufen. Er verläßt die angesehene Stellung, die er in Mailand innehat, und kehrt in seine Heimat, nach Afrika, zurück. Dort gründet er eine Art von Laienkloster, um sich in der Einsamkeit, nur von Freunden und Gleichgesinnten umgeben, mit theologischen und philosophischen Studien zu befassen. Aber es ist ihm nicht beschieden, sein Leben in der Stille zu verbringen. Als in der benachbarten Stadt Hippo ein Gehilfe des Bischofs gewählt werden soll, wird Augustinus unter den Teilnehmern der Versammlung erkannt, mit Gewalt nach vorn gezerrt und wider seinen Willen mit dem Amte betraut. Später übernimmt er das Bischofsamt in Hippo, das nicht nur eine Fülle von geistlichen Pflichten in Predigt und Seelsorge mit sich bringt, sondern auch die mühevolle Aufgabe der Verwaltung der weitläufigen Kirchengüter. Doch dieser Tätigkeit als Kirchenfürst kann Augustinus nur einen geringen Teil seiner Zeit widmen. Unermüdlich wirkt er daneben mit der Feder, verfaßt eine Fülle von theologischen und philosophischen Schriften und greift mit Leidenschaft in die geistigen und religiösen Auseinandersetzungen seiner Zeit ein. Mit zweiundsiebzig Jahren zieht er sich dann von der Öffentlichkeit zurück. Kurz darauf befällt ihn eine Krankheit, die er zum Anlaß nimmt, sich völlig in die Einsamkeit zu begeben. Dort stirbt er, im Jahre 430, in der Ferne von der Welt, der er doch in seiner Jugend so leidenschaftlich zugetan war.

Als Augustinus später auf seine Jugendzeit zurückblickt, erscheint ihm, was damals geschah, als eine einzige Kette von Sünden. Damit meint er nicht bloß die augenfälligen Untaten, etwa seine ein wenig verantwortungslosen Liebeleien, oder den allzu großen Ehrgeiz, in der Redekunst vor anderen zu glänzen. Alles vielmehr, auch das scheinbar Harmloseste, sieht er nun als Schuld an: etwa daß er als Schüler das Spielen dem Lernen vorzog, oder daß er sich lieber mit dem Brand von Troja als mit dem Einmaleins beschäftigte, oder daß er so gern ins Theater ging. Ja, er fragt sich sogar, ob es nicht schon Sünde war, daß er als Säugling allzu ungeduldig nach Nahrung schrie. Sicherlich wünscht der spätere Augustinus, das, was in jenen frühen Tagen geschah, könne ungeschehen gemacht werden.

Sollen auch wir, wenn wir uns die Gestalt dieses Mannes vergegenwärtigen, uns diesem Wunsche anschließen? Wäre Augustinus verehrungswürdiger, wäre er heiliger gewesen, wenn er von Anfang an der gewesen wäre, der er erst durch seine Umkehr geworden ist? Vielleicht. Eines aber wäre er sicherlich nicht: er wäre nicht menschlicher gewesen. Denn die Menschlichkeit eines Menschen ermißt sich ja unter anderem daran, wie weit der Umkreis von Möglichkeiten ist, den er durchschreiten kann und faktisch durchschreitet. So kann man denn nicht ganz zu Unrecht behaupten: Eben jene Wildheit seiner Jugend, die Augustinus so bitter beklagt, läßt ihn Möglichkeiten kennenlernen, die er sonst niemals in solcher Unmittelbarkeit erfahren hätte. Daß ihm wenig Menschliches fremd geblieben ist, wirkt mit an der Größe des Menschen Augustinus.

Es wirkt auch mit an der Größe des Denkers Augustinus. Denn was dieser auch immer auf dem Felde des theologischen und philosophischen Gedankens leistet, eines verschafft ihm seine eigentümliche denkerische Intensität: daß er mit einer Lebendigkeit, wie keiner vor ihm, sich selber zum Gegenstand seines Nachdenkens macht. In diesem Sinne sagte er einmal: »Ich war mir selbst zur Frage geworden.« Darum ist Augustinus der erste, der eine wirkliche Selbstbiographie schreiben kann: als ehrliche und nichts beschönigende Darstellung des eigenen Lebens; es sind die berühmten ›Bekenntnisse‹. In ihnen aber will Augustinus nicht nur zeigen, was ihm in seinem Leben widerfahren ist. Er will vor allem deutlich machen, wie er in all den Geschehnissen, die er schildert, sich selber begegnet und sich selber verstehen lernt.

Aber auch darüber geht Augustinus noch hinaus. Die Züge, die er im Blick auf sich selber entdeckt, begreift er als Momente, die zum Wesen des Menschen gehören. Eben die Frage nach dem Menschen ist es, die ihn zum Philosophieren treibt und im Philosophieren hält. Seine Grundüberzeugung ist: Zur Wahrheit gelangt der Mensch nur im Blick auf sich selber: indem er in sich selbst hineinblickt. So wird Augustinus, eben in der Lebendigkeit seines eigenen inneren Lebens, der große Entdecker der menschlichen Innerlichkeit. Darum kann er schreiben: »Geh nicht aus dir hinaus; in dich selber kehre ein; denn im inneren Menschen wohnt die Wahrheit.«

Mit dieser Wendung zur Innerlichkeit, wie sie sich gerade bei Augustinus vollzieht, beginnt in der Geschichte der Philosophie eine neue Epoche. Er betrachtet den Menschen nicht, wie die griechischen Philosophen insgemein, als Glied des Kosmos, auch nicht bloß, wie Sokrates und seine Nachfolger, als den im Miteinander Handelnden, auch nicht nur, wie die Neuplatoniker, als in die Welt versprengten Teil der Gottheit. Augustinus geht es vielmehr vorab um den Menschen in denjenigen Bestimmungen seines Wesens, die sich ihm im Blick auf das eigene Innere eröffnen, um den Menschen, wie er sich in der Selbsterfahrung zeigt.

Was aber entdeckt Augustinus am Menschen? Zunächst nicht viel mehr als dies, daß mit ihm etwas nicht stimmt. Gerade in der Erinnerung an die Wirrnisse seiner Jugend begreift Augustinus: mit dem Menschen ist etwas nicht in Ordnung; er lebt in der Verkehrung. Zugleich aber sehnt sich der Mensch aus diesem Zustand hinaus; er findet es unerträglich, in seiner verkehrten Situation zu bleiben. Aus beidem, aus Verwirrung und Sehnsucht, erwächst, was ihn von seinem Wesen her kennzeichnet: die Unruhe. Daher faßt Augustinus seine Überlegungen in den knappen Satz zusammen: »unser Herz ist unruhig«. Liest man diesen Satz freilich im Zusammenhang, dann wird der Horizont sichtbar, vor dem alles, was Augustinus sagt, letztlich steht: »Du hast uns zu dir hin geschaffen, und unser Herz ist unruhig, bis es ruhe in dir.« Wo immer Augustinus vom Menschen spricht, auch wenn dies in der Weise der philosophischen Aussage geschieht, redet er also nicht als bloßer Anthropologe, sondern zugleich als philosophischer Theologe. Insofern ist er ein echtes Kind seiner Zeit: jener Spätantike, die so stark das Elend und die Ohnmacht des Menschen erfährt und die darum so innig bemüht ist, diesen in der Gottheit zu bergen.

In diesem Verlangen ist Augustinus aber auch zugleich und vor allem ein christlicher Denker. Das ist er freilich nicht von Anfang an. Er kommt zur Philosophie über den Eklektizismus Ciceros, er verstrickt sich, von der eigenen Erfahrung des Bösen bedrängt, in die dunkle Weltdeutung des Manichäismus, für den alle Wirklichkeit den Kampf eines guten Urprinzips mit einem bösen darstellt; er gelangt sodann an den Rand eines völligen Skeptizismus, bis er schließlich im Neuplatonismus und in dessen Grundgedanken einer jenseitigen, wahren Welt die ihm angemessene Weise des Philosophierens findet. Von da aus ist es nur ein Schritt bis hin zum christlichen Denken: denn auch von den Neuplatonikern wird der Mensch völlig in der Beziehung zur Gottheit gesehen, wie es auf ihre Weise die christliche Menschendeutung tut. So ist Augustinus schon im Zeitpunkt seiner Zuwendung zum Christentum philosophischer Theologie; in dieser Zuwendung selber aber wird er zum größten christlichen Philosophen der westlichen Welt. In seiner christlichen Philosophie verbindet sich beides, die Frage nach dem Menschen und die Frage nach Gott, zu dem einen großen Problem, das er selber so formuliert: »Gott und die Seele will ich erkennen. Sonst nichts? Nein, gar nichts.«

Unter dem Aspekt des Gottesgedankens kommt jene Verkehrung im Wesen des Menschen, von der Augustinus ausgeht, zuallererst in ihrem verhängnisvollen Charakter ganz zum Vorschein. Denn wenn sie mit Gott in Beziehung gebracht wird, muß sie als Sünde begriffen werden; darum legt sich ja der spätere Augustinus so unablässig seine jugendlichen Verfehlungen zur Last. Weil aber diese sündige

Verkehrung den Menschen von Anbeginn seines Daseins an bestimmt, akzeptiert Augustinus die paulinische Lehre von der Erbsünde. Er lehrt nun, der Mensch sei zwar ursprünglich als ein gutes Wesen geschaffen, die Sünde Adams aber habe ihn von Grund auf verderbt, so daß er seitdem schlechterdings keine Fähigkeit mehr habe, ohne Sünde zu sein; er stehe unentrinnbar unter dem Verhängnis der allgemeinen Sündhaftigkeit. Damit aber rückt die Auslegung des Wesens des Menschen durch Augustinus in die äußerste Ferne zum griechischen Denken. Für dieses, wie es sich mit besonderer Deutlichkeit in Sokrates ausspricht, ist der Mensch von Natur gut, und es bedarf, damit er auch im wirklichen Handeln das Gute tue, nur der Besinnung auf seine ursprüngliche Güte.

Wenn allerdings Augustinus das Problem der Verwirrung im Wesen des Menschen durch die Heranziehung der Lehre von der Erbsünde löst, dann führt das in erhebliche Schwierigkeiten für das Denken. Die Sündhaftigkeit kraft der Erbsünde soll ein unentrinnbares Verhängnis sein; dann aber kann der Mensch im Grunde nichts dafür, daß er verkehrt handelt; dann untersteht sein Tun nicht seiner eigenen Verantwortlichkeit und Freiheit. Andererseits muß die Sünde doch, soll ihr Begriff nicht völlig seiner Bedeutung entleert werden, als Schuld verstanden werden. Schuld aber kann offenbar nur zugerechnet werden, wenn der Handelnde für sein Tun selber verantwortlich ist, und das heißt, wenn er als ein freies Wesen verstanden wird. Der Gedanke der Erbsünde und der Gedanke der Freiheit treten somit in der Frage nach dem Menschen in schroffen Widerstreit miteinander.

Augustinus hat nicht zu allen Zeiten in gleicher Weise über dieses Problem gedacht. In seinen Frühschriften ist ihm daran gelegen, Freiheit und Selbstverantwortlichkeit des Menschen zu betonen. Aber dann wird ihm dieser Standpunkt zweifelhaft. Wird die Allmacht Gottes konsequent gedacht, dann muß doch offenbar die menschliche Freiheit in nichts zerrinnen. So gelangt Augustinus schließlich zu der Annahme einer göttlichen Prädestination, der gemäß alles menschliche Tun und alles menschliche Geschick von vornherein festgelegt sind: im unerforschlichen Ratschluß Gottes, der errettet, wen er will, und verdammt, wen er will. Das ist es, was der späte Augustinus mit aller Leidenschaft denen gegenüber verficht, die, wie er meint, dem Menschen zuviel Ehre antun, indem sie ihm Freiheit zuschreiben, und die damit zugleich die Ehre Gottes schmälern. Der zu Ende gedachte Gedanke Gottes fordert, daß man ihm, und ihm allein, die absolute Freiheit zuspricht, mag dies auch für den menschlichen Verstand schwer begreiflich sein. Es gilt – das ist das letzte Wort des Augustinus in dieser Frage –, sich vor den göttlichen Geheimnissen zu beugen.

Daß Gott für das menschliche Erkennen in Dunkel gehüllt ist, ist eine der frühesten Einsichten des Augustinus, die er nicht ohne den Einfluß des neuplatonischen Denkens gewinnt. An diesem Gedanken hält er auch sein ganzes weiteres Leben hindurch fest. Gott ist »unbegreiflich und unsichtbar«, »höchst verborgen«. Besonders eindrucksvoll kommt die Überzeugung von der grundsätzlichen Unerfaßbarkeit Gottes zum Ausdruck, wenn sie von Augustinus in paradoxer Gestalt, im Sinne einer negativen Theologie, formuliert wird: Von Gott gibt es »kein Wissen in der Seele, außer daß sie weiß, wie sie ihn nicht weiß«.

Das aber besagt: Das bloße philosophische Nachdenken, die natürliche Vernunft, kann kein sicheres Wissen über Gott erlangen. Ein solches kommt dem Menschen nur durch die Offenbarung zu, die er im Glauben hinzunehmen hat. In der Frage nach der Wahrheit über Gott findet also das Philosophieren des Augustinus sein Ende; es mündet in die Theologie des Glaubens ein. »Wir sind zu schwach, um mit der bloßen Vernunft die Wahrheit zu finden; deshalb ist uns die Autorität der Heiligen Schriften vonnöten.«

Die Überordnung des Glaubens über das Denken wird auch dadurch nicht aufgehoben, daß Augustinus immer wieder einschärft, der Glaube könne die Einsicht nicht entbehren. Denn die Einsicht, an die Augustinus dabei denkt, ist vom Glauben abhängig; sie setzt diesen voraus und ist die denkende Aneignung der Wahrheiten, die ursprünglich im Glauben ergriffen werden. Sie trägt daher ihre Gewißheit nicht in sich selber, sondern wird sich ihrer selbst nur von Gnaden des Glaubens gewiß.

Augustinus zieht freilich nicht immer diese schroffe Konsequenz der Unterordnung der Vernunft unter den Glauben. Er hat sich in seiner Frühzeit zu tief mit dem philosophischen Gedanken eingelassen, als daß er diesen einfachhin beiseite legen könnte. So beläßt er denn der natürlichen Vernunft, trotz ihrer grundsätzlichen Schwäche, doch eine gewisse Möglichkeit, Gott zu erfassen. Diese philosophische Gotteserkenntnis ist freilich, verglichen mit dem Glauben, höchst unzulänglich. Vor allem besteht sie nicht, wie die Neuplatoniker meinen, in einem unmittelbaren Schauen Gottes. Wenn Augustinus gelegentlich von Stufen des Aufstiegs zu Gott spricht, auf deren höchster Gott selbst geschaut werden könne, so bleibt dieser Gedanke vereinzelt und wird zudem von Augustinus selber am Ende seines Lebens ausdrücklich zurückgenommen. Im Ganzen seines Werkes spricht er die Auffassung aus, der Mensch könne von

Gott nicht auf Grund eines unmittelbaren Schauens, sondern nur in indirekter Weise reden: so nämlich, daß er, ausgehend von der Selbsterfahrung, sich selber und seine Situation in der Welt betrachtet und nun fragt, wie Gott gedacht werden müsse, wenn der Mensch und die Welt ihm das Dasein verdanken.

Auf diesem Wege nun, so meint Augustinus, läßt sich immerhin auch für die natürliche Vernunft einsichtig machen, daß Gott existiert. Die Eigenart des Gottesbeweises, den zu führen Augustinus unternimmt, besteht darin, daß er nicht, wie etwa später Thomas von Aquino, von der Annahme ausgeht, daß die Existenz der endlichen Welt nicht in sich selber gründe und daher auf einen Schöpfergott hinweise. Augustinus gewinnt seinen Gottesbeweis vielmehr, entsprechend der Grundtendenz seines Denkens, aus der Selbsterfahrung des Menschen. Dieser entdeckt im Hineinblicken in sich selber, daß es Wahrheit gibt. Also muß es auch einen Maßstab geben, an dem gemessen werden kann, ob die Vernunft in der Wahrheit ist. Dieser Maßstab nun, dessen Urteil die Vernunft unterworfen ist, muß eben darum höher sein als diese. Was aber die Vernunft übersteigt, ist Gott. Also, schließt Augustinus, muß Gott, der Maßstab der Wahrheit, existieren.

Aber nicht nur das Dasein, auch das Wesen Gottes hält Augustinus für erkennbar, wenn auch nur im vagen Umriß. Auch hier wieder geht er von der Selbsterfahrung aus. Wir wissen, daß wir sind; das ist sogar die einzige Gewißheit, die jedem Zweifel standhält. Gott aber ist es, der uns, wie alles andere Wirkliche, ins Dasein gebracht hat und im Dasein erhält. Also muß er als das höchste Seiende verstanden werden. Wir erfahren ferner an uns selber, daß wir aus dem Grunde unseres Herzens heraus – in jener Unruhe, die den Menschen kennzeichnet – nach dem streben, was für uns gut ist; ebenso strebt alle andere Kreatur nach dem Guten. Auch dieses Streben muß so verstanden werden, daß es von Gott hervorgerufen wird. Also muß Gott das höchste Erstrebte, das Ziel aller Sehnsucht, das höchste Gut sein.

Augustinus meint, auf dem Wege des natürlichen Denkens auch über die Erkenntnis dieser allgemeinsten Wesensbestimmungen Gottes noch hinausdringen zu können. Dazu bedarf er freilich einer besonderen Erkenntnisweise, die er als Einsicht durch Analogie bezeichnet und als erster in größerem Stile entwickelt. Auch dabei geht er wiederum vom Menschen aus. Wenn dieser sich selber richtig versteht, dann muß er sich als geschaffen begreifen, und zwar, wie die christliche Tradition behauptet, als geschaffenes Ebenbild Gottes. Auch alles andere Wirkliche muß vom Gedanken Gottes her als

Geschöpf verstanden werden. Das Geschaffene nun – so denkt Augustinus weiter – trägt die Spuren des Schöpfers. So sucht er denn in aller Wirklichkeit, vor allem beim Menschen, nach Anzeichen, die auf den hindeuten, der alles ins Dasein gebracht hat. Lassen sich solche Spuren finden, dann kann man in gewisser Weise vom Menschen und von der Welt, also von den Werken Gottes her, auf den Urheber dieser Werke schließen.

Diese indirekte Erfassung des Wesens Gottes auf Grund der Methode der Analogie wird insbesondere da fruchtbar, wo es sich darum handelt, auf dem Wege der natürlichen Einsicht etwas von dem dreieinigen Gott, wie ihn der christliche Glaube lehrt, zu begreifen. In der Tat meint Augustinus, das philosophische Denken sei dazu imstande. Wenn der Mensch sich selber betrachtet, entdeckt er, daß sein Wesen dreifach strukturiert ist; es besteht aus Gedächtnis, Willen und Einsicht. Auch alles andere Wirkliche ist von dreifacher Struktur; jedes Ding ist eines, unterscheidet sich von anderem und steht zugleich mit diesem in Beziehung. Wird nun diese Dreieinigkeit im Wesen des Menschen und aller Kreatur mit Hilfe der Analogie als Spur Gottes verstanden, dann läßt sich darin wenigstens seiner Grundverfassung nach der dreieinige Gott erkennen, und dies nicht erst im Glauben, sondern schon im natürlichen Begreifen.

All den genannten Möglichkeiten, zu philosophischen Aussagen über Gott zu gelangen, liegt der Gedanke zugrunde, daß der Mensch, und mit ihm alles übrige Wirkliche, von Gott geschaffen ist. Das hat Augustinus nie bezweifelt; darum auch meint er es nicht eigens begründen zu müssen. Daß Gott der Schöpfer der Welt ist und daß die Welt die Schöpfung Gottes ist, ist die erste Voraussetzung, auf der nicht nur das theologische, sondern auch das philosophische Denken des Augustinus beruht.

Eben diesen Gedanken der Schöpfung nun faßt Augustinus in einer Radikalität, wie sie vordem bei den griechischen Philosophen nie erreicht worden ist. Für Platon etwa ist Gott der Weltbildner, der das Chaos ordnet und gestaltet; das Chaos ist ihm also vorgegeben. Augustinus aber sieht: Dadurch wird die Macht Gottes beeinträchtigt. An dieser jedoch ist ihm alles gelegen. Wird nun die Macht Gottes unumschränkt gedacht, dann kann es nichts geben, was seinem schöpferischen Willen vorherginge, also auch kein an sich bestehendes Chaos. Dann muß die Schöpfung wahrhaft als Schöpfung aus dem Nichts verstanden werden. In diesem für das antike Denken höchst paradoxen Gedanken gipfelt die Vorstellung Gottes als des absolut Mächtigen, zu der Augustinus immer wieder gedrängt wird, sooft er über Gott nachdenkt.

Mächtig ist Gott auch über die Geschichte. Das ist für Augustinus von besonderer Bedeutsamkeit. Denn ihm liegt nicht, wie den griechischen Philosophen, vornehmlich an der Welt der Natur; es geht ihm vielmehr vor allem um die Welt der Geschichte. Auch das hängt damit zusammen, daß das Denken des Augustinus durchgängig auf den Menschen gerichtet ist. Dieser aber wird nun nicht als ungeschichtliches Vernunftwesen, sondern als der geschichtliche Mensch gesehen. Von diesem Gedanken ausgehend, entwirft Augustinus eine umfassende Deutung der Geschichte, die ihn als den ersten großen Geschichtstheologen und Geschichtsphilosophen des Abendlandes erscheinen läßt. Die Geschichte der Menschheit ist für ihn der Schauplatz eines ungeheuren Streites zwischen dem Gottesreich und dem Reich der Welt und des Teufels; die Epochen der Geschichte stellen die Stadien dieses Kampfes dar. Aber auch hier wieder wendet sich der Blick des Augustinus über die menschliche Ebene hinaus auf den göttlichen Bereich. Die Geschichte beginnt nicht erst mit dem Menschen, sondern sie fängt mit dem Abfall der bösen Engel an. Sie findet ihre Mitte in der Herabkunft Christi, und sie endet im Weltgericht, in der Verdammung der Bösen und in der vollen Verwirklichung des Gottesreiches. In all dem aber ist, wie es in der Sicht des Augustinus nicht anders sein kann, letztlich nicht das Tun des Menschen, sondern der Wille Gottes das, was die entscheidenden Geschehnisse heraufführt.

So spannt sich das Denken des Augustinus in allen Fragen, an die es rührt, zwischen dem Bereich des Menschen und dem Bereich Gottes aus, in einer ungeheuren Anstrengung, vom Menschen her zu Einsichten über die göttlichen Dinge zu gelangen. Daß er dabei, wie wenige vor ihm, in die Geheimnisse Gottes einzudringen vermag, gründet darin, daß sich ihm die Geheimnisse des Menschen in einer Tiefe erschließen, in die kein früherer Denker gelangt ist. Die Geheimnisse des Menschen aber errät nur der, der selber ein Mensch ist, auch und gerade, wie es Augustinus ist: ein Mensch mit allen Menschlichkeiten des Menschen.

Anselm
oder
Der bewiesene Gott

Im Leben Anselms von Canterbury, des großen Philosophen und Theologen aus dem 11. Jahrhundert, geht es immerfort stürmisch zu. Das beginnt schon früh. Der Fünfzehnjährige wünscht ins Kloster einzutreten. Aber der Vater, ein lombardischer Edelmann – von dem man übrigens nicht viel mehr weiß, als daß er, im Gegensatz zu seiner sparsamen Frau, arg verschwendungssüchtig ist –, wendet sich dagegen. Da sinnt der junge Anselm auf eine fromme List. Er bittet Gott, ihn krank werden zu lassen, damit der Abt des Klosters gerührt werde und seinem Wunsch willfahre. Anselm fällt auch wirklich in eine schwere Krankheit. Der Abt, aufgestachelt vom Vater, läßt sich jedoch nicht erweichen. So bleibt Anselm nichts übrig, als wieder gesund zu werden. Was denn auch tatsächlich rasch geschieht.

In reiferen Jahren tritt Anselm dann doch in die Abtei Bec in der Normandie ein und wird rasch Prior und Abt. In seinen Amtsgeschäften bewährt er sich sehr, weil er, wie sein zeitgenössischer Biograph berichtet, infolge seiner Erkenntnis Gottes auch eine große Menschenkenntnis besitzt; nur daß er den Klosterschülern lateinische Deklination beibringen muß, ärgert Anselm. Schließlich wird er Erzbischof von Canterbury und damit der führende Kopf der englischen Kirche. Auch das vollzieht sich nicht ohne dramatische Begleitumstände. Anselm will das Amt ablehnen. Da inszenieren seine geistlichen und weltlichen Freunde eine Art von Überfall. Als er sich am Krankenlager des Königs befindet, halten sie ihn fest, öffnen ihm mit Gewalt die Faust und drücken ihm den Krummstab in die Hand. Dann tragen sie ihn in die Kirche und stimmen das Tedeum an. Aller Protest Anselms hilft nichts. Am Ende muß er gute Miene zum bösen Spiel machen und Erzbischof werden.

Übrigens hat Anselm allen Grund, sich vor der erzbischöflichen Würde zu scheuen. Er wird damit notgedrungen in die hohe Politik verwickelt, und das bringt ihm fast nichts als Streitigkeiten ein. Es geht vor allem um die Frage, ob der König das Recht habe, den Bischöfen die Investitur zu erteilen. Dadurch kommt Anselm, dem König und dem Papst zugleich verpflichtet, in eine schwierige Lage; immerzu ist er von der Absetzung bedroht. Gegen Ende seines Lebens wird er sogar für einige Zeit aus England verbannt. Die Situation spitzt sich so zu, daß der König, als Anselm nach Rom reist, sein Gepäck untersuchen läßt, unter dem Verdacht, er wolle Geld oder Wertsachen ins Ausland bringen. Schon vorher schreibt Anselm verzweifelt an den Papst: »Nun bin ich schon vier Jahre Erzbischof und habe gar nichts erreicht; ich habe unnütz in ungeheuren und abscheulichen Wirren meiner Seele gelebt, so daß ich täglich eher wünsche, fern von England sterben zu dürfen, als dort leben zu müssen.«

Um so bewundernswürdiger ist, daß Anselm in all diesen Stürmen Zeit und Ruhe findet, seine gewichtigen Schriften zu verfassen. Mit ihnen legt er den Grund für die mittelalterliche Philosophie und Theologie, und dies so sehr, daß man ihn in späteren Zeiten als den »Vater der Scholastik« bezeichnet. Vor allem zwei Gedankenkreise sind es, in denen diese Grundlegung sich vollzieht: Das Verhältnis des Denkens zum Glauben wird ins Reine gebracht, und Anselm versucht sich an Beweisen für das Dasein Gottes.

Was zunächst das Verhältnis von Glauben und Denken angeht, so behauptet Anselm, angeregt durch Augustinus, keine dieser beiden Fähigkeiten des Menschen reiche für sich genommen aus, um die Wahrheit zu erfassen. Das bloße Wissen könne nicht zum Wesentlichen vordringen; es müsse im Glauben wurzeln. Aber auch das bloße Glauben sei unzulänglich, solange es sich nicht mit dem Wissen verbinde; es komme entscheidend darauf an, daß der Glaube sich selbst durchsichtig werde. Darum lautet der Grundsatz Anselms: »Ich glaube, damit ich einsehe«; im gleichen Sinne redet er von dem »Glauben, der nach Einsicht sucht«. Der Glaube also bildet den unumgänglichen Ausgangspunkt alles tieferen Wissens, und vom Glauben her wird der Mensch notwendig zum Wissen gedrängt.

Doch wie begründet Anselm diese seine Behauptungen? Was zunächst die zweite betrifft, die These, daß der Glaube sich aus sich selber heraus auf Erkenntnis verwiesen finde, so greift Anselm dabei auf den Begriff der Liebe zurück. Wer liebt, will das Geliebte erkennen; also will auch, wer Gott liebt, Gott erkennen. Darum schließt Anselm mit dem Satz: »Es scheint mir eine Nachlässigkeit zu sein, wenn wir, nachdem wir im Glauben befestigt sind, nicht danach trachten, das, was wir glauben, einzusehen.«

Die erste These besagt, daß der Glaube dem Erkennen vorangehen muß. »Die rechte Ordnung verlangt, daß wir zunächst an die Tiefen des christlichen Glaubens glauben, ehe wir es wagen, sie mit der Vernunft zu untersuchen.« Auch diese Behauptung wird mit dem Hinweis auf die Liebe begründet. Die Erkenntnis Gottes ist ja kein neutrales Wissen, sondern sie ist eine an Gott unendlich interessierte Einsicht. Darum bedarf sie als Voraussetzung einer liebenden

Zuwendung zu Gott, und eben diese ist der Glaube. Darum sagt Anselm: »Nie könnte ich verstehen, wenn ich nicht glaubte.«

Aus diesen wechselseitigen Beziehungen geht hervor, daß es keinen Zwiespalt zwischen Vernunft und Glauben geben kann. Anselm begründet diesen Gedanken theologisch: Gott ist sowohl der Urheber des Glaubens wie der Schöpfer der Vernunft; also ist kein Widerspruch zwischen diesen beiden möglich. Man darf somit der Vernunft, auch wo sie sich auf göttliche Dinge richtet, volles Vertrauen entgegenbringen. Eben darum traut sich Anselm auch zu, aus bloßer Vernunft, ohne Zuhilfenahme der Offenbarung, also auf rein philosophischem Wege, Beweise für das Dasein Gottes zu finden. Das hält er freilich, nach dem Zeugnis eines zeitgenössischen Biographen, zunächst für eine Versuchung des Teufels. Aber dann, so wird weiter berichtet, habe ihm die Gnade Gottes geholfen, die Aufgabe zu bewältigen.

Bei dem Versuch, das Dasein Gottes zu erweisen, hält sich Anselm zunächst ganz an die Linie, die von Augustinus vorgezeichnet ist. Er geht davon aus, daß in der Wirklichkeit alles mehr oder minder gut, mehr oder minder vollkommen ist. Das aber könnte der Mensch nicht mit Sicherheit feststellen, wenn er nicht einen Maßstab des Guten und Vollkommenen, und zwar einen absoluten Maßstab hätte. Also muß es ein höchstes Gutes geben, an dem alles Gute gemessen wird, und das nicht, wie das endliche Gute, von einem anderen Guten her betrachtet wird, sondern das durch sich selber gut ist. Nun gilt für Anselm weiter, daß alles, was wir gut nennen, diese Eigenschaft dadurch besitzt, daß es an jenem obersten Guten teilhat. Also ist dieses höchste Gute auch das schöpferische Prinzip, und so kann es Anselm als Gott bezeichnen. Entsprechend versucht er, zu zeigen, daß alles Große ein absolut Großes und überhaupt alles Seiende ein absolut Seiendes voraussetzt, das wiederum als Gott begriffen werden muß.

Bedeutsamer für die Folgezeit ist ein weiterer Beweis Anselms für das Dasein Gottes. Er sucht dabei als Ausgangspunkt einen Beweisgrund, der nun wirklich voraussetzungslos ist. Er findet ihn im reinen Begriff von Gott. Jeder Mensch, selbst der Tor und der Ungläubige, muß Gott als »etwas, über das hinaus Größeres nicht gedacht werden kann«, verstehen. Also existiert im menschlichen Geiste die Idee Gottes als des absolut Größten, wobei unter Größe nicht ein quantitatives Verhältnis, sondern die größtmögliche Fülle der Seinsmöglichkeiten verstanden wird. Und nun die Schlußfolgerung: Wenn Gott im Verstande existiert, dann muß er auch in der Wirklichkeit existieren. Denn nur im Verstande existieren ist geringer als sowohl im Verstande wie auch in der Wirklichkeit existieren. Dem bloß vorgestellten Gott würde eine Vollkommenheit, nämlich das Sein, mangeln. Gott als das denkbar Größte muß demnach auch wirklich sein. »Es existiert also ohne Zweifel etwas, über das hinaus man nichts Größeres denken kann, sowohl im Verstande wie in der Wirklichkeit.«

Eindrucksvoll schildert Anselm, wie dieser Gedanke in seinem Geiste entstanden ist. »Ich habe oft und angestrengt darüber nachgedacht; manchmal glaubte ich schon erfaßt zu haben, was ich suchte, und dann entschlüpfte es wieder ganz und gar dem Zugriff meines Geistes. Ich wollte schließlich dieses Unternehmen aufgeben, da ich daran verzweifelte und es mir unmöglich erschien, mein Ziel zu erreichen. Wie ich aber versuchte, mir diese Gedanken aus dem Kopf zu schlagen, damit nicht eine nutzlose Beschäftigung meinen Geist von einer möglicherweise erfolgreicheren abhalte, da stürmten sie mehr und mehr, obgleich ich nicht wollte und mich dagegen wehrte, mit Eindringlichkeit auf mich ein. Als ich nun eines Tages des Widerstandes gegen diesen heftigen Ansturm schon müde geworden war, bot sich mir inmitten des Kampfes der Gedanken eben das dar, woran, es durch eifriges Nachdenken zu finden, ich schon verzweifelt hatte und was ich darum geflissentlich zurückgedrängt hatte.«

Der Beweis aus dem Begriff Gottes, die eigentümlichste Schöpfung Anselms, wird eine lange und wechselvolle Geschichte haben. Schon Thomas von Aquino lehnt ihn ab. Kant wendet sich dagegen, indem er das berühmte Beispiel von den hundert Talern anführt: Hundert gedachte Taler sind nicht weniger als hundert wirkliche Taler, nur daß bei diesen das Sein hinzutritt; das Sein aber ist kein sachhaltiges Prädikat, dessen Hinzufügung die Sache vollkommener machen könnte. Andere dagegen, Descartes, Spinoza, Leibniz und vor allem Hegel, nehmen Anselms Beweisgang wieder auf. Hegel freilich versteht ihn nicht als einen rationalen Beweis, sondern als eine »denkende Erhebung des Geistes zu Gott«. So aber hat ihn letztlich auch Anselm gemeint.

Übrigens äußerst ein Mönch, Gaunilo mit Namen, schon zu Lebzeiten Anselms Bedenken gegen dessen Gottesbeweis. Er meint, wenn man diesen zulasse, dann könne man schließlich auch beweisen, daß eine vollkommenste Insel notwendig existiere; denn auch die erreiche ja nur dann den höchsten Grad von Vollkommenheit, wenn ihr das Dasein zukomme. Seine Kritik am Gottesbeweis bekommt Gaunilo freilich recht schlecht; er erhält dafür Klosterhaft. Woraus hervorgeht: Sich mit Gottes Dasein zu beschäftigen ist nicht immer ungefährlich.

Thomas
oder
Der getaufte Verstand

Unter einem Philosophen pflegt man sich einen Menschen von abgezehrtem Leibe vorzustellen, mit hageren, eingefallenen Wangen, so, als habe der in ihm residierende Geist die Leiblichkeit fast völlig aufgezehrt. Von solcher Statur mag etwa Immanuel Kant gewesen sein. Will man sich dagegen die äußere Gestalt des Thomas von Aquino, dieses bedeutenden Denkers aus dem 13. Jahrhundert, vor Augen halten, dann muß man umlernen. Er ist von einer imposanten Leibesfülle gewesen. An seinem Pult – so wird überliefert – muß ein runder Einschnitt angebracht werden, damit er überhaupt daran sitzen und studieren kann. Man darf das erwähnen, ohne den Respekt vor dem großen Manne zu verletzen; denn Thomas selber hat sich gelegentlich selbstironisch über seine ungeheure Leiblichkeit geäußert.

Dem etwas ungeschickten Äußeren entspricht die Art, wie sich Thomas unter den anderen Menschen bewegt. Er redet kaum; seine Kommilitonen nennen ihn den stummen Ochsen. Seine Schweigsamkeit aber kommt nicht davon her, daß er nichts zu sagen hätte. Sie entspringt vielmehr dem Wunsche, um keinen Preis aufzufallen. Daß in ihm mehr steckt als in einem gewöhnlichen Adepten der Theologie und Philosophie, kommt nur durch einen Zufall heraus. Ein Mitstudent nämlich meint, er müsse diesem unbeholfenen Kommilitonen Nachhilfeunterricht geben, und entdeckt dabei, daß dieser die Dinge besser erklären kann als er selber, ja sogar als der hochmögende Professor. Thomas aber bittet den Kommilitonen inständig, er möge diese seine Entdeckung nur ja geheimhalten.

Darin kommt ein charakteristischer Zug des Thomas zum Ausdruck. Er macht sich nichts aus sich selber. Ihn interessiert nur die Sache, nicht die eigene Person. Das geht so weit, daß er gelegentlich sogar in Situationen, in denen das höchst unpassend ist, ins Nachdenken versinkt und seine Umwelt völlig vergißt. Es gibt darüber eine kennzeichnende Anekdote. Thomas ist vom französischen König Ludwig dem Heiligen zur Tafel geladen. Er schweigt wie üblich, schlägt dann aber plötzlich mit der Faust auf den Tisch und schreit: »So muß man gegen die Häresie der Manichäer argumentieren.« Man kann sich das erstarrte Verstummen der Höflinge denken. Der König aber erweist sich in diesem Augenblick wahrhaft als der künftige Heilige. Er zitiert einen Schreiber herbei und läßt das Argument gegen die Lehre der Manichäer, das dem Thomas soeben eingefallen ist, aufzeichnen.

Die selbstlose Hingabe an die Sache zeichnet schon die Jugend des Thomas von Aquino aus. Er stammt aus einem vornehmen süditalienischen Geschlecht, das sich der Verwandtschaft mit den Staufenkaisern rühmen kann. So stehen ihm die glänzendsten Laufbahnen offen. Die Familie bestimmt ihn, den jüngsten Sohn, für den geistlichen Stand; da soll er zumindest Abt eines reichen und angesehenen Klosters werden. Aber Thomas setzt sich in den Kopf, zu den Bettelmönchen zu gehen; er tritt in den eben erst gegründeten Orden der Dominikaner ein. Anstelle alles äußeren Glanzes erwartet ihn hier das Ideal der Armut. Aber eben dieser asketische Zug der neuen Bewegung, dieser Versuch, inmitten einer satt gewordenen Christenheit ein Leben nach dem Evangelium zu führen, ist es, was die lebendigsten Köpfe unter der damaligen Jugend, und darunter nun auch Thomas, unwiderstehlich anzieht.

Die Zugehörigkeit zu einem solchen Bettelorden ist freilich mit viel Selbstverleugnung verbunden. Thomas muß all seine Reisen, die ihn mehrere Male von Neapel und Rom nach Paris führen, zu Fuß unternehmen. Ja, der Orden kann ihm nicht einmal genügend Papier für die Niederschrift seiner Werke zur Verfügung stellen, so daß er oftmals gezwungen ist, seine Gedanken auf kleine Zettelchen zu notieren. Hinzu kommt, daß die neue und als revolutionär empfundene Bewegung sofort die Kräfte des Alten und Beharrenden auf den Plan ruft. Thomas selber bekommt davon einiges zu spüren. Die vornehme Pariser Universität verweigert ihm die Aufnahme in ihren Lehrkörper und verbietet den Studenten den Besuch seiner Antrittsvorlesung.

Die gleiche Feindschaft der konservativen Kräfte zeigt sich schon im Augenblick seines Entschlusses, in den Orden der Dominikaner einzutreten. Die Familie ist über soviel Verrat an der Standesehre entsetzt. Die Brüder überfallen Thomas unterwegs und halten ihn auf einem einsamen Schloß gefangen. Dort versuchen sie, ihn seinem Vorhaben abspenstig zu machen, freilich mit Mitteln, die beweisen, daß sie wenig von der Entschlossenheit ihres Bruders begreifen. Sie schicken ihm eine hübsch aufgemachte Kurtisane ins Zimmer. Die junge Dame, die sich ein Schäferstündchen erwartet, mag nicht wenig erschrocken sein, als ihr der riesige junge Mann entgegentritt, ein brennendes Holzscheit in der erhobenen Hand, das er aus dem Kamin gerissen hat.

Die in dieser Geste zum Ausdruck kommende Leidenschaft der

selbstlosen Hingabe an seinen Entschluß bestimmt das ganze Leben des Thomas. Vom äußeren Dasein erwartet er sich nichts; selbst den ihm angebotenen erzbischöflichen Stuhl von Neapel lehnt er ab. Es geht ihm nur darum, die innere Freiheit zu bewahren, um sich ganz seiner Sache widmen zu können. Diese seine Sache aber ist der Versuch einer neuen Grundlegung der christlichen Philosophie und Theologie. Die Unbeirrtheit, mit der er an dieser Aufgabe festhält, macht es, daß er, wenn auch zu seiner Zeit mannigfach bekämpft, doch am Ende eine Autorität erhält, wie sie auf diesem Felde außer ihm nur noch, fast ein Jahrtausend vorher, Augustinus erlangt hat. Von dieser künftigen Bedeutung läßt schon der junge Thomas etwas ahnen. Jedenfalls hat dies sein Lehrer, der große Theologe und Philosoph Albertus Magnus, hellsichtig erspürt. Auf die Spötteleien der Studenten erwidert er: »Ihr nennt ihn den stummen Ochsen; ich aber sage euch, das Brüllen dieses stummen Ochsen wird so laut werden, daß es die ganze Welt erfüllt.«

Die Zeitsituation braucht ersichtlich einen solchen Denker von höchster Konzentration. Denn die Epoche des Thomas ist eine Zeit schwerer Gefährdungen des Geistes, und zwar gerade auf dem Felde der Theologie und Philosophie. Durch alle Streitigkeit hindurch hat sich hier in den vorangehenden Jahrhunderten eine gewisse Übereinstimmung herausgebildet. Es ist eine christliche Philosophie entstanden, erwachsen aus der Berührung des griechischen Geistes mit der christlichen Grunderfahrung. Sie hat in dem gewaltigen und gewaltsamen Denken des Augustinus ihre erste große Gestalt gefunden und ist zuletzt in Anselm von Canterbury zu voller Wirksamkeit gelangt. Diese christliche Philosophie beruht auf einer Synthese der natürlichen Vernunft und des Glaubens, aber so, daß die Vernunft sich dem Glauben unterordnet, um dann freilich, eben in dessen Dienst, sich voll entfalten zu können.

In dieses ausgewogene System christlicher Philosophie bricht nun, schon geraume Zeit vor Thomas, ein störendes Moment ein. Man lernt eine Philosophie genauer kennen, die sich nicht ohne weiteres dem christlichen Glauben einfügen läßt: die Philosophie des Aristoteles. Von dieser ist bis dahin im Abendland nur wenig bekannt. Die arabischen Philosophen dagegen haben die Kenntnis des ganzen Aristoteles überliefert, und diese dringt nun auch in das abendländische Denken ein. Das aber hat weitreichende Konsequenzen, ja, es droht zu einer geistigen Revolution zu werden. Denn nun begegnet man einer Weltdeutung, die sich dagegen zu sträuben scheint, Hilfsmittel der Theologie zu sein. Sie stellt vielmehr ein in sich geschlossenes System dar, das alle Wirklichkeit, von den Dingen über den Menschen bis hin zu Gott, in sich befaßt. Die Gefahr, die daraus für eine christliche Philosophie erwächst, ist offenkundig. Hier scheint sich neben der Wahrheit des Glaubens eine rein weltliche Wahrheit behaupten zu wollen: eine Wahrheit des bloßen Verstandes. In der Tat wird diese Möglichkeit eines Nebeneinander ernstlich erwogen, und zwar nicht von irgendwelchen gelehrten Sonderlingen, sondern von angesehenen Professoren der Pariser Universität, des damaligen Zentrums der Wissenschaft. Zur gleichen Zeit, in der Thomas Lehrer der Theologie in Paris ist, gerät der bedeutende Denker Siger von Brabant, auch er Professor in Paris, in die Nähe der Lehre von einer doppelten Wahrheit, der des Glaubens und der der Vernunft. Wird aber so von zwei widerstreitenden Gesichtspunkten behauptet, sie seien beide wahr, dann muß dies zu einer heillosen Zerreißung des menschlichen Geistes führen. Das wird als äußerst beunruhigend empfunden. Bonaventura, auch er einer der großen zeitgenössischen Denker, gleichzeitig mit Thomas Lehrer der Theologie in Paris und eng mit ihm befreundet, weist warnend auf den Traum des heiligen Hieronymus hin, in dem dieser beim Jüngsten Gericht gegeißelt wird, weil er an der Philosophie Ciceros Gefallen gefunden hat.

In dieser Situation der äußersten Gefährdung nicht nur der Möglichkeit einer christlichen Philosophie, sondern der Einheit des menschlichen Geistes überhaupt, tritt Thomas von Aquino auf den Kampfplatz. Er macht sich an die Aufgabe, die beiden widerstreitenden Weltsichten miteinander zu versöhnen, und zwar so, daß keine von beiden ihres Rechtes beraubt wird. Er will also sowohl dem aristotelischen Denken den ihm gebührenden Platz einräumen wie auch zugleich die Wahrheit des Glaubens bewahren. In unermüdlicher, jedes Detail der Fragen bedenkender Arbeit gelingt ihm die Synthese, nach der das Zeitalter verlangt. Er legt sie in umfangreichen Werken nieder, deren bekanntestes die große ›Summe der Theologie‹ ist, der, mit gleichem Gewicht, die stärker philosophisch ausgerichtete ›Summe wider die Heiden‹ zur Seite tritt. In diesen groß entworfenen, behutsam gefügten und tief durchdachten Werken findet sich der bedeutendste mittelalterliche Entwurf einer christlichen Philosophie: die Verschmelzung eines mehr als tausend Jahre lang gelebten und erprobten Glaubens mit einer seit mehr als anderthalb Jahrtausenden andauernden philosophischen Bemühung.

Soll eine solche Synthese von Vernunft und Glauben gelingen, dann gilt es, diese beiden erst einmal je für sich in ihrer Reichweite zu untersuchen. Thomas gelangt dabei zu dem Ergebnis, daß jede von beiden ihren eigenen Bereich besitzt. Der Glaube hat es mit den übernatürlichen Wahrheiten zu tun; im Felde der Erkenntnis der Weltdinge hat er unmittelbar nichts zu suchen. Die natürliche Vernunft dagegen richtet sich primär eben auf diese Weltwirklichkeit. In deren Bereich – so postuliert Thomas – muß es vernünftig zugehen. Hier bedarf es auch nicht, wie die Vertreter eines augustinischen Philosophierens behaupten, einer Erleuchtung durch Gott. Der Ausgangspunkt der Welterkenntnis ist vielmehr die allen zugängliche sinnliche Erfahrung, und das Kriterium ihrer Wahrheit ist die rationale Einsichtigkeit.

Die natürliche Vernunft wird freilich nicht völlig von der Erfassung des Übersinnlichen ausgeschlossen. In bestimmten Grenzen ist auch sie zu einer Erkenntnis Gottes fähig. Diese Grenzen reichen allerdings nicht so weit, wie es Augustinus und die von ihm bestimmten mittelalterlichen Denker meinen. Weder die Trinität noch die Erbsünde, noch die Inkarnation kann der Mensch von sich selbst her und ohne Hinzutreten der Offenbarung und des Glaubens erkennen. Aber das Dasein Gottes und gewisse allgemeinste Bestimmungen seines Wesens lassen sich auch auf natürliche Weise einsehen. Freilich auch dies nur so, daß das Erkennen von der Weltwirklichkeit ausgeht.

Wie Thomas so Vernunft und Glauben voneinander scheidet, könnte es den Anschein haben, als wolle auch er auf die Behauptung einer doppelten Wahrheit hinaus. Es gelingt ihm jedoch, die Gefahr einer solchen Zerreißung des menschlichen Geistes zu vermeiden. Das geschieht mit Hilfe des Gedankens, daß beide, Vernunft und Glaube, von Gott stammen. Dieser schafft einerseits den Glauben, andererseits ist er der Schöpfer der natürlichen Vernunft. Beide also, Vernunft und Glaube, kommen in ihrer Wurzel, in Gott, überein. Darum können sie nicht in Widerstreit zueinander stehen. Der Glaube ist nicht widervernünftig; die Vernunft ihrerseits kann, wenn sie sich recht versteht, nichts lehren, was dem Glauben widerspricht.

In dieser Synthese kommt freilich dem Glauben ein gewisser Vorrang zu. Wäre es anders, so wäre Thomas kein christlicher Philosoph im betonten Sinne. Die Wahrheit des Glaubens ist vollkommener als die Wahrheit der natürlichen Vernunft. Diese ist auf den Glauben hingeordnet; sie enthält die »Präambeln des Glaubens«. Dieser aber bringt die Vernunft allererst in ihre eigensten Möglichkeiten. »Die Gnade hebt die Natur nicht auf, sondern vollendet sie.«

Das für die Geschichte des philosophischen Gedankens entscheidend Wichtige ist nun, daß im Denken des Thomas die welthafte Wirklichkeit in weitem Umfang für das natürliche Erkennen freigegeben wird. Daher kommt es, daß dieser Denker, der uns doch im Rückblick so sehr als ein Bewahrer der Tradition vorkommt, in den Augen seiner Zeitgenossen als ein kühner Neuerer gilt. Er läßt es zu, daß sich die Grundtendenzen des griechischen, also eines heidnischen Philosophierens im christlichen Denken weiter auswirken, als es für die immer noch maßgebende, von Augustinus herkommende Philosophie und Theologie erträglich erscheint.

Das zeigt sich schon an dem Thema, das Thomas der Philosophie stellt. Zwar ist auch für ihn, nicht anders als für Augustinus und die großen griechischen Philosophen, Gott der vornehmste Gegenstand der Philosophie. Aber das nächstwichtige Thema ist für Thomas nicht, wie für Augustinus, die der Welt enthobene Seele, sondern, wie für die griechischen Denker, die Welt, in die die menschliche Seele, wenigstens zu einem Teile, mit hineingehört. Die Welt nun sieht Thomas, wie schon die Griechen sie geschaut haben: in der ganzen Fülle ihrer Gestalten, wie sie sich den Sinnen darbietet. Darin liegt, was man die »Weltlichkeit« des Thomas genannt hat.

Dabei geht es ihm allerdings nicht nur darum, von den Dingen in ihrer Mannigfaltigkeit Kenntnis zu erlangen. Als Philosoph fragt Thomas vielmehr nach dem Wesen der Dinge. Diesem sucht er sich zu nähern, indem er, wie vor ihm Aristoteles, an den Dingen Stoff und Form unterscheidet. Den Stoff läßt Thomas fast ganz außer acht; er ist ihm nur wichtig als das Moment, durch das die Formen sich zu individuellen Gestalten ausprägen. Dagegen erblickt er in den Formen das Wesen der Dinge. Allerdings nicht so, als ob sie ein für allemal feststünden. Die Formen sind vielmehr für Thomas, ganz im Sinne des Aristoteles, insofern das Wesen der Dinge, als sie sich in diesen lebendig entwickeln.

Die Formen oder Wesenheiten nun – darin geht Thomas über seinen Lehrmeister Aristoteles hinaus – existieren ursprünglich als Ideen im Geiste Gottes, gleichsam als Vorentwurf der Schöpfung. Wenn nun die Philosophie, wie es ihre Aufgabe in der Welterkenntnis ist, die Wesenheiten aus der Wirklichkeit heraushebt, dann denkt sie damit die Gedanken nach, die Gott mit der Welt hat. Der Mensch vermag dies, weil er eine »teilhabende Ähnlichkeit mit dem göttlichen Geiste« besitzt. Das ist die Rechtfertigung, die Thomas für die Wahrheit des menschlichen Erkennens gibt. Zugleich liegt darin eine tiefe Einsicht in die Grenzen der Erkenntnis. Thomas ist weit entfernt von dem spätmittelalterlichen und neuzeitlichen Gedanken, daß der Mensch sich frei sein Weltbild entwerfen könne. Er hält streng daran fest, daß das Erkennen des Menschen an die von Gott gemäß den Ideen geschaffene Seinsverfassung der Wirklichkeit gebunden ist.

Im Nachdenken der Gedanken Gottes mit der Welt nun stellt sich diese für Thomas als ein Ganzes von stufenförmigem Aufbau dar. Jeder Wirklichkeitsbereich steht um so höher, je mehr in ihm die Form über den Stoff erhaben ist. Daher stellen die toten Dinge die niedrigste Seinsstufe dar; hier wird die Form dem Stoff bloß von außen her aufgedrückt. Höher steht die Pflanze; sie hat ihre Form in sich selber, als ihre vegetative Seele. Darüber erhebt sich das Tier, dessen Seele nicht nur ein vegetatives, sondern auch ein sensitives Vermögen, die Wahrnehmung, besitzt. Doch auch das Tier stellt noch eine verhältnismäßig niedrige Seinsstufe dar; denn seine Seele geht mit dem Leibe zugrunde. Anders steht es mit dem Menschen. Er hat zwar auch, wie Tier und Pflanze, in seiner Seele ein vegetatives und ein sensitives Vermögen, aber ihn zeichnet vor jenen aus, daß seine Seele im Grunde geistig und also unsterblich ist. In diesem Leben ist die Seele des Menschen freilich, auch in ihrem geistigen Teil, mit dem Leibe verbunden. Daher stehen noch höher als der Mensch die reinen körperlosen Geister: die Engel. Indes auch diese sind noch unvollkommen; sie sind zwar reine Geister, aber doch geschaffene Geister. Darum erhebt sich über allem der reine ungeschaffene Geist: Gott. Das ist das Bild der Wirklichkeit, wie es Thomas entwirft, gleich bestechend durch seine Einheitlichkeit wie durch die in ihm umgriffene Fülle.

Der geschilderte Stufenbau ist freilich kein Kennzeichen einer spezifisch christlichen Philosophie. Auch Aristoteles legt ihn seiner Weltsicht zugrunde, nur daß bei ihm an der Stelle der Engel die Gestirngeister stehen. Aristotelisch ist auch, daß Thomas den Stufenbau nicht statisch, sondern dynamisch denkt. Alles strebt zur Form, weg vom ungeformten Stoff. Wichtig ist dabei, daß dieser Vorgang mit Hilfe der Begriffe Möglichkeit und Wirklichkeit gedeutet wird. Der Stoff ist die bloße Möglichkeit, geformt zu werden. Je mehr Form etwas erhält, um so wirklicher wird es. Im Ganzen der Welt findet so ein unablässiges Streben von der Möglichkeit zur Wirklichkeit statt. Dieser Gedanke, daß die Wirklichkeit nicht im Stoff, sondern in der Form besteht, verbindet das antike mit dem mittelalterlichen Denken und setzt beide gegen die neuzeitliche Sicht ab.

Vor diesem Horizont muß nun auch der Gottesbegriff des Thomas gesehen werden. Wenn die ganze Welt ein unablässiges Streben von der Möglichkeit zur Wirklichkeit ist, dann muß das zuhöchst

Erstrebte die reine Wirklichkeit, ohne alle Möglichkeit, sein. Das aber ist, in seiner äußersten Vollendung, Gott. Von daher kommt es dann noch zu einer weiteren Wesensbestimmung Gottes. Sofern dieser als reine Form allem Stofflichen fern ist, muß er als reiner Geist begriffen werden. Auch hierin folgt Thomas dem Aristoteles.

Mit diesem engen Anschluß an Aristoteles aber droht die Philosophie sich dem christlichen Denken zu entfremden. Denn damit scheint Gott in gewisser Weise in das Weltgeschehen einbezogen zu werden, wenn auch nicht als ein Stück dieses Geschehens selber, so doch als das selbst nicht bewegte höchste Prinzip, auf das hin sich alles bewegt. Von daher legt sich eine pantheistische Fassung des Gottesbegriffes nahe, wie sie in der Tat in bestimmten Strömungen der arabischen und auch der abendländischen Philosophie zur Zeit des Thomas konzipiert wird. Wollte Thomas aber einen solchen Pantheismus übernehmen, dann ginge der Gedanke der absoluten Erhabenheit Gottes über die Welt unter, und das hieße: eines der wesentlichen Momente im christlichen Gottesbegriff verschwände.

Hier zeigt sich wieder die hohe Kunst der Synthese, die Thomas eigen ist. Um den pantheistischen Konsequenzen zu entgehen, greift er auf den Schöpfungsgedanken zurück. Gott hält nicht nur, wie Aristoteles meint, als das zuhöchst Erstrebte alles Streben in der Welt in Gang, er steht auch am Anfang alles Geschehens, als der Schöpfer der Welt. Dies kann Thomas freilich nicht mehr auf philosophischem Wege erweisen. Zwar erscheint ihm einsichtig, daß die Welt ihren Ursprung in Gott haben muß; denn alles Wirkliche hat sein Sein durch Teilhabe an Gott als der absoluten Wirklichkeit. Aber auch diese Teilhabe könnte noch pantheistisch gedeutet werden. Der Schöpfungsgedanke im strengen Sinne dagegen setzt voraus, daß es zwischen Schöpfer und Geschöpf einen unendlichen Abstand gibt. Ein solcher aber läßt sich auf keine Weise vermöge der natürlichen Vernunft dartun. Der Schöpfungsgedanke ist so eine Voraussetzung, die Thomas aus der christlichen Tradition übernimmt und die er nur auf dem Wege des Glaubens bewahrheiten kann.

Wird aber diese Voraussetzung der Geschöpflichkeit der Welt erst einmal akzeptiert, dann läßt sich von da aus, wie Thomas behauptet, das Dasein Gottes auf dem Wege der natürlichen Vernunft einsehen. Hier setzen die berühmten Gottesbeweise des Thomas ein. Sie gehen nicht, wie der Gottesbeweis des Augustinus, von der Wahrheit in der Seele aus. Sie setzen vielmehr – und das ist wiederum charakteristisch für Thomas – in der Weltwirklichkeit ein. Sie wollen zeigen, daß die endliche Welt ihren Grund nicht in sich selber haben kann, sondern auf Gott als auf ihren Urheber zurückverweist. Zum Beispiel – so argumentiert Thomas – läßt sich einsehen, daß alles, was existiert, eine Ursache dafür haben muß, daß es existiert. Diese Ursache muß wiederum von einer höheren Ursache abhängen. Man kann jedoch, wie Thomas behauptet, in der Kette der Verursachungen nicht ins Unendliche zurückgehen. Also muß es eine erste Ursache geben, und diese ist Gott.

Aber nicht nur das Dasein, auch das Wesen Gottes meint Thomas in gewisser Weise auf natürlichem Wege erkennen zu können. Auch hier geht er von der Weltwirklichkeit aus, und zwar benutzt er dabei den Weg der Analogie. Der Mensch ist von Gott geschaffen; schaffen aber heißt: dem Geschaffenen etwas vom eigenen Wesen mitteilen. Also kann man vom Geschöpf her in gewisser Weise auf den Schöpfer schließen. Das Gutsein des Menschen etwa erlaubt einen Rückschluß auf die Güte Gottes. Thomas argumentiert hier freilich mit äußerster Vorsicht. Zwischen dem endlichen Menschen und dem unendlichen Gott besteht ein so großer Abstand, daß in der Analogie das Endliche zugleich negiert und überhöht werden muß. Die Güte Gottes ist zwar analog zu dem menschlichen Gutsein; aber sie ist zugleich ganz anders als dieses und unendlich darüber erhaben. So erfaßt der Mensch auf dem Wege der Analogie etwas vom Wesen Gottes, aber doch nur in schwachem Umriß.

Eine vollständigere Erkenntnis Gottes kann nur der Glaube erlangen. Aber auch er ist noch keine vollkommene Einsicht. Erst im Jenseits wird der Mensch Gott so schauen, wie er ist. Demgegenüber erscheint alle philosophische und theologische Erkenntnis wie ein Schatten. »Das höchste Wissen von Gott, das wir in diesem Leben erlangen können, besteht darin, zu wissen, daß er über allem ist, was wir von ihm denken.«

Das hat Thomas am Ende seines Lebens unmittelbar erfahren. Noch vor der Vollendung seines großen Werkes, der ›Summe der Theologie‹, legt er die Feder nieder. Als eines seiner letzten Worte wird überliefert: »Ich kann nicht mehr; vor dem, was ich gesehen habe, erscheint mir alles, was ich geschrieben habe, wie Spreu.«

Eckhart
oder
Gott als Nichtgott

Philosophie, so hat man lange gemeint, sei ein Privileg für Männer. Doch das hat schon vor 650 Jahren einer widerlegt: der Meister Eckhart. Er hält zwar auch lateinische Vorlesungen vor Adepten des geistlichen Standes. Aber der Orden, dem er angehört, veranlaßt ihn, auch in Frauenklöstern zu predigen, und zwar in deutscher Sprache. Da benutzt er denn ein von ihm selber mannigfaltig bereichertes Vokabular, um die braven Nonnen mit seinen theologischen und philosophischen Ideen vertraut zu machen. Sie danken es ihm mit rührend einfältigen Gedichten. Eine gar bekennt noch auf dem Totenbett, sie habe von Eckhart wesentliche Anregungen erhalten; doch habe sie dabei »so hohe und unbegreifliche Dinge« erfahren, daß ihr Verständnis und ihr Empfinden ausgesetzt habe.

Abgesehen von solchen rein persönlichen Dingen hat man vom Lebensgang Eckharts nur die notdürftigste Kenntnis. Um 1260 muß er geboren sein, als »Eckhart von Hochheim« einem ritterlichen Geschlecht entstammend. Schon früh tritt er in das Dominikanerkloster in Erfurt ein. Soweit man vermuten kann, studiert er anschließend in Straßburg und Köln. Er wird Prior seines Heimatklosters, übernimmt sodann einen Lehrauftrag in Paris und wird 1302 Magister; von diesem Titel leitet sich die Bezeichnung »Meister Eckhart« her. Von Paris zurückgekehrt, wird er zum Leiter der neu errichteten Ordensprovinz Sachsen ernannt, die sich von den Niederlanden bis Livland erstreckt. Zugleich wird er Generalvikar für Böhmen, wo er mit der Aufgabe einer Reform der Ordensklöster beauftragt wird. Er geht noch einmal nach Paris, übernimmt sodann die Leitung der ordenseigenen Hochschule in Straßburg und lehrt schließlich an der Universität Köln. Er stirbt um das Jahr 1327; sein Grab kennt man nicht. Seine geistige Hinterlassenschaft ist umfangreich; sie besteht aus gelehrten lateinischen Schriften und aus deutschen Traktaten und Predigten.

Das entscheidende Ereignis im Leben des Meisters Eckhart ist sein Streit mit der offiziellen Kirche. Diese erträgt es ja von eh und je nur schwer, daß ein Denker selbständige Gedankenwege geht. Überall, wo sich einer nicht in den traditionellen Bahnen hält, wird sie mißtrauisch und greift schließlich mit all ihrer Macht ein. Das geschieht auch bei Eckhart. Es passiert das Aufregende, daß man einen führenden Kopf des Dominikanerordens der Inquisition unterwirft, eines Ordens, der sich selber in der Inquisition mannigfach hervorgetan hat. An den Meister wagt man sich freilich nicht sogleich heran. Man verfolgt zunächst Laien, die, zum großen Teil von Eckharts Ideen angeregt, ähnliche Gedanken aussprechen; man ertränkt sie, statt sie sanftmütig eines Besseren zu belehren, oder man stellt sie auf den Scheiterhaufen. Schließlich beschwert sich der Erzbischof von Köln auch über Eckhart selber beim Papst. Ein Inquisitionsgericht wird eingesetzt. Zunächst allerdings wird Eckhart absolviert; sein Orden tritt energisch für ihn ein, und er selber erklärt feierlich, daß er niemals häretische Ansichten gehabt habe. Nach Eckharts Tod jedoch erläßt der Papst eine Bulle, in der achtundzwanzig Sätze des Meisters teils als ketzerisch, teils als höchst mißverständlich verdammt werden.

Die Ereignisse zu Ende seines Lebens führen dazu, daß Eckhart lange Zeit fast verschollen bleibt. Auch heute noch werden seine Bedeutung und seine Wirkung weithin unterschätzt; in den gängigen Darstellungen der Geschichte der Philosophie wird er recht stiefmütterlich behandelt. Was dort vor allem traktiert wird, ist der Gang des rationalen Philosophierens. Die Philosophen von Profession übersehen leicht, daß sich durch die ganze Philosophiegeschichte ein unterirdischer und nur selten an die Oberfläche tretender Strom eines andern, des mystischen Philosophierens zieht. Eckhart ist nicht der erste, der auf diese Weise denkt. Ihm voran gehen Plotin aus dem dritten, Dionysios Areopagita aus dem fünften, Eriugena aus dem achten Jahrhundert nach Christus. Und die Denkweise Eckharts setzt sich, abgesehen von seinen unmittelbaren Schülern, in Nicolaus von Cues, in Jakob Böhme, in Franz von Baader fort. Aber das mystische Philosophieren reicht weit über das Feld hinaus, in dem es sich unmittelbar darstellt. Etwa das Denken des späten Fichte oder das von Schelling und Hegel wäre ohne jene Weise des Philosophierens, wie Eckhart sie vorbildlich repräsentiert, nicht möglich geworden.

Doch was ist mystisches Philosophieren? Es genügt doch offensichtlich nicht, in ihm nur Absonderlichkeiten und Unverständlichkeiten, dunkle Spekulation und verworrene Schwärmerei zu erblikken. Denn damit hätte man seinen eigentümlichen Charakter nicht erfaßt. Statt dessen muß man sehen: Das mystische Philosophieren ist eine Art von Erfahrung, und zwar Erfahrung im wörtlichen Sinne: daß sich einer auf eine Fahrt macht, einen Weg beschreitet; eben auf diesem Wege tritt in die Erscheinung, was er erfährt. So muß man, will man verstehen, was der Meister Eckhart lehrt, seinen

Weg der Erfahrung betrachten, und zwar so, daß man ihn nicht als einen abstrakten Gang, sondern als einen wirklich zu begehenden Weg begreift.

Er führt zunächst zur Absage an die gesamte welthafte Wirklichkeit. Dadurch gelangt der Mensch zur »Abgeschiedenheit«. Das ist ein Grundbegriff Eckharts: »So oft ich predige, pflege ich von Abgeschiedenheit zu sprechen.« Der mystische Weg Eckharts ist also zunächst ein Weg der Abscheidung, des Abschiednehmens. Der Mensch soll sich nicht mehr um Äußeres kümmern und sich nicht mehr durch Äußeres bekümmern lassen. Er soll »leer sein aller Kreatur«, »abgeschieden von allen Dingen«; er soll zu einer reinen »Vergessenheit aller Kreaturen« gelangen.

Im Beginn der mystischen Erfahrung geht es also nicht um ein ekstatisches Transzendieren, das nur wenigen Auserwählten gelänge. Die Abgeschiedenheit ist eine Aufgabe für jeden Menschen. Sie muß praktisch vollzogen werden, im inneren Handeln ebenso wie im alltäglichen Dasein. Mitten in der Welt muß sich der Mensch vom Verfallensein an die Dinge freimachen: »bei dem Feuer und in dem Stalle«. In diesem Sinne kann Eckhart sagen: »Ein Lebemeister gilt mehr denn tausend Lehrmeister.«

Wer diese Freiheit von der Welt erreicht, der gewinnt die reine Innerlichkeit. Das mystische Verhalten ist »eine Sammlung, ein Heimrufen aller Kräfte aus den zerstreuten Dingen in ein inwendiges Wirken«; denn »der Mensch trägt alle Wahrheit wesentlich in sich«.

Doch nun folgt auf diesem mystischen Wege eine zweite Stufe: die Abgeschiedenheit auch von sich selbst, die Selbstaufgabe. Der Mensch muß seinen Neigungen und Wünschen, seinem eigenen Willen entsagen, er muß sich von sich selber lossagen. Er muß »sich selber gelassen« haben und darin »ganz gelassen« geworden sein. Er muß zur »Gelassenheit« gefunden haben, die nicht nur eine Stille der Seele ist, sondern auch und ursprünglich ein Gelassenhaben seiner selbst. In ihr steht der Mensch in einer »Armut des Geistes«, die »nichts will und nichts weiß und nichts hat«.

Dieser Weg hat freilich seine besondere Gefährlichkeit. Denn wenn der Mensch alles lassen soll, was er will, was er weiß, was er hat, was bleibt dann noch von ihm übrig? Führt der mystische Weg, wie ihn Eckhart verkündet, nicht schließlich zur reinen Nichtigkeit? Eckhart fordert dennoch, daß er gewagt werde. Die »Abgeschiedenheit will nichts sein«; sie »steht auf einem bloßen Nichts«; sie »rührt so nahe an das Nichts, daß zwischen vollkommener Abgeschiedenheit und dem Nichts kein Ding zu sein vermag«. Und sofern sich in ihr das eigentliche Wesen des Menschen verwirklicht, kann Eckhart sagen: »All unser Wesen liegt in nichts als in einem Zunichtewerden.«

Das besagt freilich nicht, daß in solcher äußersten Negation der Welt und des Selbst das Ich völlig zugrunde ginge. Im Gegenteil: Eben im Abschied von Welt und Selbst wird erst dem Eigentlichen im Menschen, dem »Innersten der Seele«, dem »Grunde der Seele«, die Möglichkeit gegeben, zum Vorschein zu kommen. In immer neuen Wendungen versucht Eckhart, dieses unfaßbare Innerste des Menschen zu beschreiben; er nennt es das »Haupt der Seele«, das »Licht des Geistes«, die »Vernünftigkeit«, das »Bürglein in der Seele«, oder auch und vorzüglich das »Fünklein der Seele«. Doch alle diese Bezeichnungen vermögen das Gemeinte nicht voll zu treffen; es ist »mehr ungenannt, als es Namen hätte, und ist mehr unbekannt, als es bekannt wäre«.

Hier ist freilich ein Punkt erreicht, an dem das Denken Eckharts für die offizielle Kirche anstößig werden muß. Es geht um die Frage, ob dieser mit so vielen Namen benannte Seelengrund geschaffen oder ungeschaffen ist; würde er als ungeschaffen verstanden, dann gäbe es etwas im Menschen, dem eine Eigenschaft zukäme, die dem strengen Begriff nach Gott vorbehalten bleiben muß. Eckhart äußert sich darüber nicht eindeutig. Das Fünklein der Seele wird sowohl als »geschaffen von Gott« wie auch als »ungeschaffen«, als »ungeschöpflich« bezeichnet. Es ist nicht verwunderlich, daß der zweite Gedanke sich unter den Vorwürfen findet, die die Vertreter der Kirche Eckhart machen.

Eckhart wendet nun seinen Gedanken vom Innersten der Seele ins Theologische. Wenn der Mensch in die Tiefe seines Selbst hinabsteigt, dann findet er dort, im Seelengrunde, eine unmittelbare Beziehung zu Gott; »niemand rührt an den Grund der Seele denn Gott allein«. Das ist Eckharts Grunderfahrung. Sie bestimmt auch das Bild, das er von der Seele entwirft. Diese ist im Grund von göttlicher Art; es gibt etwas in der Seele, das Gott verwandt ist; sie trägt in sich ein »Bild göttlicher Natur«, ja sie ist selbst von göttlicher Art, sofern »Gott verborgen liegt in dem Grunde der Seele«.

Daher ist der Seelengrund der Ort, an dem die Seele ursprünglich Gott erkennen kann; »das Fünklein der Seele begreift das göttliche Licht«. Diese Gotteserkenntnis aber wird einzig und allein in der Erfahrung der Abgeschiedenheit erreicht. »Wer in Gottes Grund kommen will, der muß in seinen eigenen Grund kommen.« Doch wer so zu vollkommener Abgeschiedenheit gelangt, der kommt in die »Nähe der Gottheit«, ja zu einer »lauteren Einung« mit Gott.

»Gott geht hier ein in die Seele in dem Grunde.« Und zwar vollzieht sich diese Begegnung mit der göttlichen Wirklichkeit in der vollen Hingabe nicht nur des Menschen, sondern auch Gottes. Dieser ist »in dem Grunde der Seele mit aller seiner Gottheit« anwesend.

Eckhart wird nicht müde, dieses völlige Einswerden des Seelengrundes mit Gott zu preisen. »Die Nähe Gottes und der Seele, die hat in Wahrheit keinen Unterschied«, so wenig, daß »keine Einung größer« ist. »Hier ist Gottes Grund mein Grund und mein Grund Gottes Grund«; »Gott und ich, wir sind eins.« Solche Aussagen muß die offizielle Kirche nun freilich wiederum als Ketzerei brandmarken.

Vom Gedanken der Einung mit Gott her erhält auch jenes Zunichtewerden des Ich, wie es in der Abgeschiedenheit sich vollzieht, seinen Sinn. Es ist keine absolute Vernichtung, sondern ein Untergang in Gott und damit eine Neugeburt. »Die Seele wird zunichte, die in der Gottheit begraben wird«; »sie wird still ganz und allein in dem Wesen Gottes«. Eben im völligen Verschwinden der Eigenheit des Ich kann die Gottesgeburt in der Seele geschehen; da »gebiert Gott der Vater seinen Sohn im Grunde der Seele und in ihrem Wesen und vereinigt sich so mit ihr«. So vollkommen ist die in der Gottesgeburt geschehende Einung, daß Eckhart sagen kann: Gott »gebiert mich als sich und sich als mich und mich als sein Wesen und seine Natur«.

Wie das geschehen soll, läßt sich freilich nicht mehr mit den überlieferten Mitteln des Denkens begreifen. Die Seele »empfindet wohl, daß es ist, weiß aber nicht, wie und was es ist«. Hier bleibt also nur das »Unwissen«, das »unerkannte Erkennen«. Aber »wiewohl es doch ein Unwissen heißt und eine Unerkanntheit, so hat es doch mehr in sich, als alles Wissen und Erkennen außerhalb seiner«. Denn dieses Nichtwissen ist das eigentliche und wahre Wissen von Gott. »Vom Wissen soll man kommen in ein Unwissen, und dann wird unser Unwissen mit dem übernatürlichen Wissen geadelt und geziert.«

Von der mystischen Grunderfahrung aus kann sich entfalten, was bei Eckhart Philosophische Theologie genannt werden kann: die Spekulation über Gott. Von diesem wird zunächst gesagt, daß er das Sein ist; das entspricht der Tradition des christlichen Philosophierens. »Dem, der im Hinblick auf Gott fragt, was oder wer er ist, wird geantwortet: Er ist das Sein.«

Daß Gott »das Sein schlechthin« ist, bedeutet, daß er der »Ursprung aller Dinge« ist. Eckhart geht aber über diesen für alles christliche Denken selbstverständlichen Gedanken noch hinaus.

Gott ist nicht nur der Schöpfer des Seienden, sondern auch, was schon problematischer ist, das Sein im Seienden; denn die geschaffenen Dinge sind an sich selbst nichts, sie sind nur von Gnaden des Seins Gottes. Dieser ist »aller Naturen Natur, er ist das Licht der Lichter, er ist das Leben der Lebenden, er ist das Wesen der Wesenden, er ist die Rede der Redenden«. Schließlich wagt Eckhart den kühnen, wiederum pantheistisch und darum ketzerisch klingenden Satz: »Alle Dinge sind Gott selber.« Demgemäß wird denn auch in einem großartigen Gesamtaspekt die ganze Wirklichkeit als auf Gott hin orientiert verstanden. »Alle Kreaturen sind ein Sprechen Gottes. Alle Kreaturen möchten Gott nachsprechen in allen ihren Werken. Sie haben alle ein Rufen, wieder dahinein zu kommen, daraus sie geflossen sind. All ihr Leben und ihr Wesen, das ist ein Rufen und Eilen wieder zu dem, von dem sie ausgegangen sind.« Das trifft in besonderer Weise auf den Menschen zu. »Gottes Wesen ist mein Leben. Ist mein Leben Gottes Wesen, so muß das Sein Gottes meines sein und Gottes Wesenheit meine Wesenheit.«

Hier stößt Eckhart jedoch auf eine Schwierigkeit. Denn wenn man Gott nicht einfach den Dingen gleichsetzen will, dann darf man sein Sein nicht im Sinne des Seins der geschaffenen Dinge verstehen. Eckhart sagt darum ausdrücklich – in scheinbarem Gegensatz zu dem oben zitierten Satz –: »Gott kommt nicht das Sein zu, noch ist er ein Seiendes, sondern er ist etwas Höheres als das Seiende«; er würde sonst den seienden Dingen einfach gleichgesetzt. Dieses Höhere aber, so meint Eckhart, kann nur das Geistige, die »Einsicht«, der »intellectus« sein; denn Gott wird ja in der christlichen Tradition vom Wesen her als Geist verstanden. Daher ist Eckhart die wahre Seinsweise Gottes das »Einsehen«, das »höher ist als das Sein«. Der Begriff des Seins wird im Hinblick auf Gott ganz in den Begriff des Einsehens verschlungen. »Gott ist reine Einsicht, deren ganzes Sein das Einsehen selbst ist.«

Doch auch diese Bestimmung des Seins Gottes als der Einsicht wird der Erfahrung nicht voll gerecht, die der Mensch in der Abgeschiedenheit macht. Aus dieser Erfahrung erwächst vielmehr ein Denken, das noch hinter den als Sein und Einsicht verstandenen Gott zurückdringt. Es stößt auf den »Grund der Gottheit«, auf die »stille Wüste«, auf Gott in seiner »grundlosen Tiefe«, in dem »Meer seiner Grundlosigkeit«.

Hier versagt freilich die Sprache. Eckhart kann nur noch auf die »Unerkanntheit der verborgenen Gottheit«, auf die »verborgene Finsternis der ewigen Verborgenheit« hinweisen. »Gott ist namenlos, denn von ihm kann niemand etwas sagen noch verstehen.« Ja, das Denken, das das Äußerste erfassen will, muß auch noch über den Begriff Gottes hinausdringen. Denn Gott ist »ein überschwebendes Wesen und eine überwesende Nichtheit«.

Die wesentliche Weise, Gott zu erkennen, besteht so paradoxerweise darin, »daß wir Gottes ledig werden«. »Wenn du Gott liebst, wie er Gott ist, wie er Geist ist, wie er Person ist, wie er Bild ist – es muß alles weg.« »Du sollst ihn lieben, wie er ist: ein Nichtgott, ein Nichtgeist, eine Nichtperson, ein Nichtbild; mehr noch, wie er ein lauteres, reines, klares Eines ist, gesondert von aller Zweiheit, und in diesem Einen sollen wir ewiglich versinken von Nichts zu Nichts.«

Damit ist die Abgeschiedenheit in ihre äußerste Möglichkeit gelangt. Denn »das Höchste und das Nächste, was der Mensch lassen kann, das ist, daß er Gott lasse wegen Gott«.

Nicolaus
oder
Der Nomenklator Gottes

Nur selten ist ein Großer im Geiste auch ein Großer auf der Bühne der Welt. Bei Nicolaus von Cues ist das der Fall. Der äußere Glanz ist ihm allerdings nicht in die Wiege gelegt worden. Er ist 1401 in Cues als Sohn eines – freilich nicht unvermögenden – Moselfischers und Handelsmannes geboren, gehört also nicht zu den adeligen Kreisen, denen im damaligen Europa die höheren geistlichen und weltlichen Würden vorbehalten sind. Nicolaus ist denn auch zeitlebens stolz darauf, daß er, der einfache Fischerssohn, es weit gebracht hat; ob er dabei des Petrus, seines obersten geistlichen Ahnherrn, gedenkt, steht dahin. Tatsache aber ist, daß ihm von seinem Vaterhaus her der Sinn für Geld und für gesicherte finanzielle Verhältnisse anhaftet, und dies, obwohl er, wie die Zeitgenossen etwas verwundert rühmen, für sich persönlich recht bedürfnislos ist. Seine Tafel ist nur kärglich bestellt; statt Kerzen verwendet er die billigeren Öllampen. Wenn es sein muß, vielleicht aber auch, weil es größeren Eindruck macht – ganz weiß man derlei bei diesem undurchsichtigen Manne nie –, kann er auch einmal auf einem Esel statt auf einem Pferd in eine Stadt einreiten, vermutlich nicht ohne Reminiszenz an den triumphalen Einzug seines Meisters in Jerusalem.

Von der Jugend des Nicolaus ist nicht viel bekannt; eigentlich nur, daß er einmal, als sein Vater ihn im Streit aus dem Kahn ins Wasser wirft, von zu Hause durchbrennt, ohne sich allerdings für längere Zeit ins Vagabondieren zu verlieren. Im Gegenteil: Er geht, wenn man der Überlieferung trauen darf, brav in die Schule von Deventer, eine damals sehr angesehene Lehranstalt, an der er sich rasch besonders hervortut. Dann, mit fünfzehn Jahren, entschließt er sich, Rechtswissenschaft zu studieren, bringt damit und mit humanistischen Studien einige Jahre in Heidelberg und an der gerade im Fach der Jurisprudenz hochberühmten Universität Padua zu, erwirbt dort auch, nunmehr zweiundzwanzig Jahre geworden, den Doktorgrad und läßt sich dann in seiner Heimat als Rechtsanwalt nieder. Aber nicht für lange. Das Unglück will es, daß er gleich seinen ersten Prozeß verliert. Er zieht daraus die extremste Konsequenz und läßt fortan die Hände vom rein juristischen Handwerk. Auch die kurz darauf erfolgende Berufung auf einen Lehrstuhl für kanonisches Recht an der Universität Löwen lehnt er ab. Statt dessen wendet er sich dem geistlichen Stande zu und wird, ohne noch die Weihen empfangen zu haben, mit einer Pfarrei in der Diözese Trier betraut. Daran schließt sich rasch, den Bräuchen der Zeit folgend, die Übertragung einer Reihe weiterer Pfründen an, weit mehr, als er aus eigenen Kräften seelsorgerisch betreuen kann.

Aus dem engen heimatlichen Kreis tritt Nicolaus zum erstenmal tätig hinaus, als er, von einem ihm befreundeten Kardinal eingeladen, am Konzil von Basel teilnimmt. Dort schließt er sich sofort der Partei an, die die Rechte des Konzils gegenüber dem Papst verteidigt. Zur Untermauerung der konziliaren Ansprüche schreibt er nach intensivem Quellenstudium ein umfangreiches Werk, ›Von der katholischen Eintracht‹, das großes Aufsehen erregt. Doch kurze Zeit darauf sieht man Nicolaus, zur größten Verwunderung der Zeitgenossen, als eifrigen Parteigänger des Papstes. Wodurch diese plötzliche Wandlung bewirkt wird, wissen wir nicht. Ehrgeiz wird vermutlich mit im Spiele sein, wie er Nicolaus nie gefehlt hat. Aber doch wohl auch die Überlegung, daß in einer Zeit allgemeiner Verwirrung die Dinge der Kirche am besten bei einem einheitlichen Oberhaupt aufgehoben seien.

In Basel eröffnet sich Nicolaus ein weites Feld kirchenpolitischer Betätigung. Nicht nur die Fehden zwischen Papst und Konzil beschäftigen ihn, sondern etwa auch Streitigkeiten um die Besetzung des Trierer Erzbistums oder die Versöhnung der hussitischen Kirche in Böhmen mit Rom. Seine Tätigkeit reicht aber auch weit in weltliche Bereiche hinein. So wird er damit beauftragt, zwischen den bayerischen Herzögen, ja selbst zwischen Spanien und England zu vermitteln. Auch außerhalb der Kirche wird das Verhandlungsgeschick des Nicolaus geschätzt; sogar als Heiratsvermittler für fürstliche Personen wird er tätig. Neben all dem beschäftigt ihn das Problem einer Kalenderreform, wobei er nach ausgiebigen Berechnungen zu dem Ergebnis kommt, die Auferstehung der Toten werde zwischen 1700 und 1734 stattfinden.

Zu den wichtigsten Aufgaben, in denen Papst und Konzil einig sind – wenn sie sich auch in der Durchführung darüber streiten –, gehört die Aussöhnung Roms mit den Ostkirchen. Nicolaus wird ein führendes Mitglied einer Delegation, die zu Verhandlungen nach Konstantinopel fährt. Auf der Heimfahrt geht ihm, wie er berichtet, im Angesicht der Weite des Meeres als »Geschenk von oben, von dem Vater des Lichts« die entscheidende philosophische Entdekkung seines Lebens auf: daß nämlich die Einheit vor aller Zersplitterung den Vorrang habe, und zwar auf allen Gebieten der Wirklichkeit, und daß diese Einheit letztlich im Unendlichen, in Gott, liegen müsse. Zurückgekehrt, zieht er sich in die Einsamkeit zurück und schreibt sein Werk ›Von der wissenden Unwissenheit‹.

In der Folgezeit vertritt Nicolaus, inzwischen zum päpstlichen Legaten ernannt, die Sache des Papstes auf den rasch aufeinander folgenden Reichstagen, auf denen immer wieder die Kirchenreform diskutiert wird. In eindrucksvollen Reden legt er seine Auffassung dar und kann sich eines beträchtlichen Erfolges rühmen. Kein Wunder, daß ihm nunmehr der Papst die höchste von ihm zu vergebende Ehrung zuteil werden läßt; er ernennt ihn zum Kardinal; gleichzeitig schickt er ihm tausend Dukaten zur Bestreitung der mit dem neuen Amt verbundenen Kosten. Für das Ansehen, das Nicolaus genießt, zeugt auch, daß er in dem Conclave zur Papstwahl vorübergehend als Kandidat erörtert wird. Als besondere Aufgabe weist ihm der Papst die Reform des kirchlichen Lebens in Deutschland, vor allem der Klöster, zu. Das ist freilich eine mühevolle Angelegenheit. Denn in vielen Klöstern sind arge Mißstände eingerissen: Trinkgelage mit leichtfertigen Damen, Konkubinate, böse Verbrüderungen zwischen Männer- und Frauenklöstern. Hinzu kommt, daß ein Übermaß von Aberglauben in die religiöse Verehrung in den Kirchengemeinden eindringt; Blutmirakel werden allüberall gefeiert. Nicolaus greift rigoros durch, ohne sich zu schonen; es wird berichtet, daß er seinen Nachtschlaf auf vier Stunden reduziert. Doch manchmal übermannt ihn der Zorn. Er kann seine Gastgeber brüskieren, indem er die Empfangstafel mit Käse und Brot umwirft. Oder, was noch bedenklicher ist: Er läßt einen armen Kleriker, der sich das Bischofsamt anmaßt, im Rhein ertränken.

Die nächste Epoche im Leben des Nicolaus ist durch häßliche Fehden verdüstert. Der Papst ernennt ihn – gegen den vom Kapitel Erwählten – zum Bischof von Brixen. Damit wird er, da mit dem Bistum erhebliche Ländereien verbunden sind, zum Landesfürsten. In dieser Situation aber stößt er mit dem Herzog von Tirol zusammen, der in nicht ganz geklärtem Untertanenverhältnis zum Bistum steht und doch die Oberherrschaft über dieses fordert. Der Konflikt weitet sich aus; es kommt zu Handgreiflichkeiten, in die der Bischof selber verwickelt wird. Die Drohungen, ja sogar die Überfälle häufen sich. Schließlich wird Nicolaus in einer seiner Burgen, in die er sich zurückzieht, belagert; die Festung wird beschossen und erobert. Nicolaus glaubt sich dem Tode nahe. Die Sache endet dann aber doch mit einem Kompromiß, wenn auch einem mühseligen und unbefriedigenden. Auch mit einem adeligen Frauenstift und dessen streitbarer Äbtissin gerät Nicolaus wegen seiner Reformpläne in heftige Auseinandersetzungen. Diese nehmen ebenfalls kriegerische

Formen an, als die geistliche Dame Söldner gegen Nicolaus anwirbt. Dieser seinerseits läßt sich so weit hinreißen, daß er eine Schar von Bauern, die der Äbtissin zu Hilfe eilen, niedermetzeln läßt.

Endlich wird Nicolaus all dieser Schwierigkeiten müde und geht »aus Schnee und dunklen Tälern« nach Rom. Dort wird er Verweser des Papsttums, solange der Papst selber von der Stadt abwesend ist. Dadurch wird er in vielfältige Konflikte zwischen den italienischen Kleinstaaten verwickelt. Außerdem beteiligt er sich durch Reisen zu den Reichstagen an den Vorbereitungen zu einem Kreuzzug gegen die Türken, die damals eben Konstantinopel erobert haben. Auch in Preußen muß er angesichts der Widerspenstigkeit des Deutschritterordens, der sich leichtfertig in einen Krieg mit dem König von Polen eingelassen hat, Ordnung schaffen. Selbst zwischen Frankreich und England sucht er in deren Hundertjährigem Krieg als Beauftragter des Papstes zu vermitteln, freilich ohne nachhaltigen Erfolg. Und wieder beschäftigt ihn neben all dem eine grundlegende Reform der Kirche, die er in einer Denkschrift bis in alle Einzelheiten ausarbeitet. Dann aber, als er gerade unterwegs ist, um das Auslaufen der Flotte der Kreuzfahrer zu beschleunigen, ereilt ihn, 1464, mit 63 Jahren, der Tod. Sein Leib wird in Rom, in der Kirche S. Pietro in Vincoli, sein Herz in seiner Heimatstadt Cues beigesetzt.

Wie es Nicolaus fertigbringt, neben der geschilderten vielfältigen und zerstreuenden kirchlichen und diplomatischen Tätigkeit seine Werke zu verfassen, ist erstaunlich, zumal diese sich so lesen, als seien sie aus ungestörter Versenkung geschrieben. Auch ihre Zahl ist beträchtlich. Außer den bereits genannten gibt es, um nur einige zu nennen, Schriften mit den Titeln: ›Von der Jagd nach der Weisheit‹, ›Der Laie über die Weisheit‹, ›Der Laie über den Geist‹, ›Vom Suchen nach Gott‹, ›Vom Gipfel der Schau‹, ›Vom Ursprung‹, ›Vom verborgenen Gott‹, ›Vom Frieden des Glaubens‹.

Der Gehalt des Denkens von Nicolaus wird durch jene Entdekkung bestimmt, die er auf der Rückreise von Konstantinopel macht. Hat er hier den Gedanken Gottes als des Unendlichen gefaßt, so muß ihm das Problem der Unendlichkeit überhaupt bedeutsam werden. Ihm geht er schon im Bereich der Mathematik nach. Nicolaus versucht sich an einer Infinitesimalrechnung, wie sie erst lange nach ihm, bei Newton und Leibniz, zur vollen Ausarbeitung gelangt. Überhaupt weist Nicolaus, als ein Mann des Übergangs vom Mittelalter zur Neuzeit, in seinen Forschungen auf Zukünftiges hin. Gegenüber der Tendenz auf qualitative Bestimmungen, wie sie in Antike und Mittelalter vorherrscht, propagiert er bereits die neuzeitliche Methode des Messens und Wägens. Mit aller Überzeugungskraft vertritt er auch die revolutionäre Lehre von der Bewegung der Erde. Zu epochalen Entdeckungen auf dem Gebiet der Mathematik und Naturwissenschaft gelangt er allerdings nicht; beide Wissenschaften stehen doch nur am Rande seines Interesses.

Dagegen vertieft Nicolaus die Problematik der Philosophischen Theologie – damals der zentralen Disziplin der Philosophie – in einer Weise, wie vor ihm kaum einer. Unablässig stellt er die eine und einzige Frage, was Gott, der Unendliche, sei und wie er erfaßt werden könne? Immer wieder aber erfährt er das Scheitern seines Bemühens. Mag für Augenblicke etwas von Gottes Wesen begreiflich werden – es sinkt wieder ins Unbegreifliche zurück. Dennoch versucht Nicolaus immer erneut, Gott zu ergreifen, und eben darin liegt die Größe dieses Denkers.

Die Unmöglichkeit, Gott begrifflich eindeutig zu fassen, zeigt sich etwa, wenn Nicolaus Gott als »die absolute Unendlichkeit« zu begreifen versucht. Wird die Unendlichkeit als absolut bezeichnet, dann heißt das: Ihr Begriff soll in seinem vollen und uneingeschränkten Sinne verstanden werden. Dann aber kann neben ihr nicht noch ein selbständiger Bereich der Endlichkeit bestehen; durch einen solchen wäre ja die Unendlichkeit selber begrenzt und damit verendlicht. Doch nun wird auch deutlich: In ihrer reinen Gegensatzlosigkeit ist die Unendlichkeit für ein endliches Denken »unzugänglich, unbegreiflich, unnennbar und unsichtbar«.

Das gleiche tritt ein, wenn Nicolaus Gott als »die absolute Einheit« bezeichnet. Auch hier wieder gilt, daß die Einheit nicht im Gegensatz zu einer an sich bestehenden endlichen Vielheit verstanden werden darf; sonst wäre sie nicht mehr die absolute Einheit. So aller Vergleichbarkeit entrückt, ist Gott jedoch wiederum »unnennbar, unsagbar und unaussprechlich«. Auch der Begriff Gottes als der absoluten Einheit erweist sich demnach als unangemessen.

Die Schwierigkeit im Auffinden eines angemessenen Gottesbegriffs besteht darin, daß Gott, als absolute Unendlichkeit und als absolute Einheit erfaßt, nichts Endliches neben sich duldet, daß es aber dieses Endliche als die Welt der Gegensätze, in welcher Gestalt auch immer, doch gibt. So versucht Nicolaus, in einem weiteren Denkversuch Gott als den »Zusammenfall aller Gegensätze« zu fassen. Doch mit diesem Gottesgedanken ist das Endliche nicht wirklich im Unendlichen aufgehoben. Daher betont Nicolaus, »daß Gott sogar noch über dem Zusammenfall des Widersprüchlichen steht«.

So versucht denn Nicolaus, Gott als das zu begreifen, »über das hinaus nichts größer sein kann«: als »das absolut Größte«. Damit wird Gott aller Relation zu endlichen Größen enthoben. Denn zum Begrenzten gehört es, vermehrt werden zu können; für das absolut Größte dagegen gibt es kein Mehr. Doch so verstanden steht Gott immer noch in einem Gegensatzverhältnis, nämlich zum absolut Kleinsten. Auch dieser Widerspruch muß im wahren Begriff Gottes aufgehoben werden. Nicolaus betont daher konsequenterweise, wenn auch im paradoxen Ausdruck, daß Gott ebensosehr das Größte wie das Kleinste ist.

Der Begriff Gottes als des Größten und Kleinsten zugleich ist jedoch noch zu statisch gedacht. Das ist vermutlich der Grund, weshalb Nicolaus über ihn hinausgeht und nach einer neuen Bezeichnung für das Wesen Gottes sucht. In ihr muß das Moment der unendlichen Schöpferkraft enthalten sein: das Element des Könnens. Aber dieses Können darf nicht bloße Möglichkeit sein. Denn was Gott sein kann, das ist er auch. Diesem Zusammenhang sucht Nicolaus dadurch gerecht zu werden, daß er – in einer gewagten Wortfügung – Gott als das »Können-Ist« bezeichnet. Als solches befaßt Gott alle Wirklichkeit in sich; denn das Wirkliche »ist nicht in Wirklichkeit, außer es ahme die Wirklichkeit des Können-Ist nach«.

Diese Beziehung des Können-Ist auf das endliche Werdende scheint jedoch für Nicolaus die Gefahr in sich zu bergen, daß das göttliche Können mit dem welthaften Können auf eine Stufe gestellt werde. Darum versucht er nun, Gott als das »Nicht-Andere« zu fassen. Jedes endliche Seiende hat immer ein anderes sich gegenüber und ist im Hinblick auf dieses selber ein anderes. Das nun kann auf Gott nicht zutreffen; darum ist er als das Nicht-Andere von allem Endlichen getrennt. Von diesem Begriff sagt Nicolaus, daß er »den unnennbaren Namen Gottes in größerer Nähe darstellt, so daß er in ihm wie in einem kostbaren Rätsel den Suchenden widerstrahlt«.

Wiederum aber will es Nicolaus scheinen, als werde mit der Bezeichnung Gottes als des Nicht-Anderen das statische Element im Wesen Gottes einseitig betont. Stärkeres Gewicht erhält daher das dynamische Moment, das Können in Gott. Aber nicht nur, wie im Können-Ist, in der Hinsicht, daß Gott Können und Sein zugleich ist. Entscheidend wird vielmehr für Nicolaus jetzt der Begriff des reinen Könnens; Gott ist »das Können selbst«. Nicolaus fügt hinzu: »Ich glaube nicht, daß ihm ein anderer klarerer, wahrerer oder leichter zugänglicher Name gegeben werden kann.« Damit hat er, wie er meint, die höchste Möglichkeit dessen erreicht, was über Gott ausgesagt werden kann. Und doch bleibt auch dieser Gottesbegriff, wie jeder andere, unzugänglich.

In all seinen Versuchen, Gott im Begriff zu fassen, verliert Nicolaus die Welt fast völlig aus dem Blick. Zwar betont er immer wieder, daß alle Wirklichkeit unter dem Aspekt Gottes betrachtet werden müsse; »alles endlich Entsprungene kommt aus dem unendlichen Ursprung«. Doch dies nicht so, als ob Gott etwas aus sich entließe und so eine selbständige Welt schüfe. Er trägt vielmehr »eingefaltet« alles Wirkliche in sich; die Welt ist bloß seine »Ausfaltung«, die als solche göttlich bleibt. So gilt denn, »daß die Welt in Gott ist«.

Wenn Nicolaus eine solche Fülle von Bestimmungen vom Sein Gottes gibt, die doch alle immer wieder problematisch werden, dann erhebt sich für ihn die Frage, wie es denn überhaupt möglich ist, Gott zu erkennen. Von vornherein ist klar, daß das nicht auf dem Wege des Verstandes geschehen kann; denn dieser bewegt sich auf der Ebene der Gegensätze; er trennt immer das eine vom anderen ab. Gott aber ist über alle Gegensätze und Trennungen erhaben. Eher als der Verstand scheint die Vernunft einer Gotteserkenntnis fähig zu sein. Denn so, wie Nicolaus sie versteht, umfaßt sie die Gegensätzlichkeit gerade in ihrer jeweiligen Einheit. Aber auch die Vernunft erblickt Gott doch immer nur unter dem menschlichen Aspekt, nicht wie er in sich selber ist. Wenn nun Verstand und Vernunft die charakteristischen menschlichen Erkenntnisvermögen sind, dann bedeutet ihre Abweisung: Gott ist im endlichen Erkennen überhaupt nicht erfaßbar. »Ich weiß, daß all das, was ich weiß, nicht Gott ist, und daß all das, was ich begreife, ihm nicht ähnlich ist.«

Und nun ist der kühne Gedanke des Nicolaus: Wenn wir Gott nicht im Wissen ergreifen können, dann vielleicht im Nichtwissen. »Die Vernunft muß also unwissend werden, wenn sie dich sehen will.« Nichtwissen heißt aber für Nicolaus nicht, resignierend auf das Wissen verzichten. Vielmehr fordert er, daß man in der Frage nach Gott das Nichtwissen ausdrücklich als solches ergreife; das aber heißt: Es muß »wissendes Nichtwissen« werden. Das ist die legitime Weise, sich Gott zu nähern; »zu dem unbegreiflichen Gott gelangt man durch dieses Wissen des Nichtwissens«.

Die Philosophische Theologie des Nicolaus wird so zur »negativen Theologie«, einer Disziplin der Philosophie, die schon vor ihm eine lange Geschichte hat. Ihr Wesenszug ist, daß sie nur in verneinenden Aussagen von Gott zu sprechen erlaubt; alles, was wir als Seinsbestimmungen der endlichen Wirklichkeit kennen, wird in bezug auf Gott negiert. Aber eben dadurch bekommt das Sein Gottes selber negative Prädikate. Gott wird zuletzt so viel wie das Nichts, weil derjenige, »der zum unendlichen Gott aufsteigt, sich eher dem Nichts als dem Etwas zu nähern scheint«. Darum gilt von

Gott, »daß er weder ist, noch nicht ist, noch auch daß er ist und nicht ist«. Dieses Paradox ist die äußerste Zuspitzung einer Philosophischen Theologie, die den unendlichen Abstand Gottes von allem Endlichen zu Ende zu denken versucht.

Wenn aber Gott gänzlich unerkennbar ist, mit welchem Recht spricht man dann überhaupt von ihm? Angesichts dieser Frage wird wichtig, daß Nicolaus die Kenntnis von Gott in ein anderes Feld verlegt, als es das Wissen, selbst in der Gestalt des wissenden Nichtwissens, ist. Der Mensch kann sich Gott in der »Sehnsucht« nähern. Denn es gibt »ein unablässiges Sehnen aller nach dem Einen«. Darin ist in gewisser Weise das Ersehnte, Gott, gegeben. Doch eine solche Sehnsucht ist kein wirkliches Erfassen Gottes, sondern lediglich eine Richtung auf Gott zu. So bleibt es auch hier bei der Unerfaßbarkeit Gottes.

Zuletzt sieht sich Nicolaus auf die mystische Erfahrung, auf das reine Schauen, verwiesen. Um dahin zu gelangen, muß man »über jede Grenze, jedes Ende und Endliche hinaufsteigen«. Geschieht das, dann zeigt sich: »Wir haben ein geistiges Sehen, welches in das schaut, was früher ist als alle Erkenntnis.« Gott wird »im Dunkel gesehen«, und zwar »in einer unbegreiflichen Schau gleichsam auf dem Wege einer augenblicklichen Entrückung«. Doch auch dieser Weg führt letztlich nicht zum Ziel. Es bleibt dabei, daß Gott auch »für jede Art der Schau unsichtbar« ist.

So scheitert am Ende alle Bemühung des Nicolaus, Gott auf irgendwelche Weise, sei es im philosophischen Denken, sei es in der negativen Theologie, sei es in der Sehnsucht, sei es in der mystischen Schau zu erfassen. Sein letztes Wort ist: Wenn alle menschliche Initiative versagt, kommt es einzig und allein auf die Initiative Gottes an. Alle Möglichkeit, mit Gott in Berührung zu kommen, entspringt aus dessen eigenster Offenbarung. »Wenn der verborgene Gott nicht mit seinem Licht das Dunkel vertreibt und sich offenbart, bleibt er gänzlich unbekannt.« Das aber heißt: Der Glaube wird allem Erkennen und selbst dem Schauen übergeordnet. Zuletzt gibt sich die Philosophische Theologie zugunsten der Offenbarung auf. Die äußerste Auskunft des Nicolaus über die Möglichkeit einer Erkenntnis Gottes lautet: »Gott ist verhüllt und verborgen vor den Augen aller Weisen, aber er offenbart sich den Kleinen oder Demütigen, denen er Gnade gibt.« Mag so die philosophische Frage nach Gott nicht zum Ziel führen, so bleibt doch zu bedenken, daß sie von Nicolaus in einer Intensität gestellt wird, wie sie wenige aufbringen. Darum zählt er zu den Großen auf dem Felde der Philosophie als Philosophischer Theologie.

Descartes
oder
Der Philosoph hinter der Maske

Von Descartes, dem bedeutendsten Philosophen aus dem Beginn des 17. Jahrhunderts, dem Denker, den man den Begründer der neuzeitlichen Philosophie nennt, gibt es ein merkwürdiges Wort: »Wie die Schauspieler eine Maske aufsetzen, damit auf ihrer Stirne nicht die Scham erscheine, so betrete ich das Theater der Welt – maskiert.« Ein Philosoph – maskiert? Einer, der doch die Aufgabe hat, die Dinge und den Menschen zu offenbaren, versteckt hinter einer Maske? Was hat er zu verbergen?

Fragt man die Zeitgenossen – sie wissen es nicht. Descartes erscheint ihnen undurchsichtig. Immerzu muß er in Briefen und Schriften Mißverständnisse und Verdrehungen seiner Gedanken abwehren. Über die Bedeutung seiner Lehren herrscht völlige Uneinigkeit. Manche behaupten, seine Gedanken stünden in voller Übereinstimmung mit den Wahrheiten der Heiligen Schrift; doch die Reformierte Synode von Holland und einige Universitäten verbieten seine Werke, und die Katholische Kirche setzt sie auf den Index der verbotenen Bücher. Man vergleicht sein philosophisches Tun mit den Werken Gottes an den sechs Schöpfungstagen und ihn selber mit Moses, dem Gesetzgeber des Alten Bundes; aber man beklagt sich auch über Unglauben, Atheismus und Sittenlosigkeit. So geht es fort bis zur Gegenwart. Von seinen Erklärern nennt der eine Descartes einen »christlichen Philosophen, der für die Ehre und den Ruhm Gottes und seiner Kirche streitet«; ein anderer dagegen findet, mit seiner Philosophie beginne »der Aufstand gegen das Christentum«. Die Maske ist also auch heute noch nicht gelüftet. Wer aber ist denn nun in Wahrheit dieser rätselhafte Philosoph, dieser Verberger seiner selbst und seines Werkes? Wer ist Descartes?

Um mit dem Äußerlichsten anzufangen, so ist zu berichten, daß er im Jahre 1596 geboren wird. Damit wäre freilich seine Biographie beinahe schon zu Ende; denn sein Drang zur Verborgenheit geht so weit, daß er sofort wieder vom Schauplatz dieser Erde verschwinden will, und dies mit solchem Eifer, daß die Ärzte die Hoffnung aufgeben. Daß es dennoch einen Descartes, einen Begründer der neuzeitlichen Philosophie, und damit also auch diese neuzeitliche Philosophie selber gibt, dankt man einer Amme, die das Kind trotz der Ärzte gesund pflegt.

Einen Vorteil behält Descartes vom schwächlichen Beginn seines Lebens: Er muß sich ständig schonen, und so darf er während der Schulzeit, zum Neid seiner Mitschüler, des Morgens lange im Bett bleiben, eine Gewohnheit, die er für sein ganzes Leben beibehält, bis er sie dann doch, durch höhere Gewalt gezwungen, am Ende zu seinem Schaden aufgeben muß. Doch davon weiter unten.

Die Schule, die er besucht, ist übrigens zu ihrer Zeit hochberühmt: ein Jesuitenkolleg, in dem die Wissenschaften nach guter, alter, scholastischer Manier betrieben werden. Descartes gilt nach kurzer Zeit als Musterschüler: gehorsam, pflichtbewußt und lernbegierig. Aber schon damals beginnt es, daß er sich eine Maske aufsetzt. Denn hinter dem äußeren Anschein des braven Lernknaben verbirgt sich ein rebellischer Geist. Heimlich lehnt er sich gegen die unlebendig gewordene Tradition auf. Alles, was ihm als frageloses Wissen dargeboten wird, erscheint ihm höchst fragwürdig, vor allem die Philosophie. Man könne sich, schreibt er später, nichts noch so Seltsames und Unglaubhaftes denken, das nicht von irgendeinem Philosophen irgendwann einmal gesagt worden wäre. Statt mit der Schulweisheit beschäftigt sich Descartes insgeheim mit der eben aufkommenden, aber im Jesuitenkolleg verpönten, revolutionären Wendung in Wissenschaft und Philosophie, der er dann später das tiefere Fundament schaffen wird.

Ehe das geschieht, wendet sich Descartes allerdings für eine Weile von den Wissenschaften ab. In einem späteren Rückblick berichtet er: »Sobald mein Alter es mir erlaubte, mich von der Unterwerfung unter meine Lehrer freizumachen, gab ich das gelehrte Studium völlig auf. Ich entschloß mich, kein anderes Wissen mehr zu suchen als dasjenige, das sich in mir selbst oder in dem großen Buche der Welt finden könne. Ich verwandte den Rest meiner Jugend darauf, zu reisen, Höfe und Heere zu sehen, mit Menschen von verschiedener Art und Stellung zu verkehren, mannigfache Erfahrungen zu sammeln, mich in den Ereignissen, die das Geschick mir darbot, zu erproben und überall über das, was mir begegnete, so nachzudenken, daß ich davon Gewinn hätte.«

Das »Buch der Welt« findet Descartes zunächst in Paris. Denn wenn irgendwo, dann kann er hier der großen Welt begegnen. Er trifft ein, »begleitet von einigen Dienern«, wie ein Biograph vermeldet, stürzt sich in den Strudel der Vergnügungen, reitet, ficht, tanzt, spielt. Aber auch das scheint nur eine neue Maske zu sein: plötzlich verschwindet er von der Bühne der Gesellschaft, lebt in der Einsamkeit, keiner weiß wo, selbst nicht die Freunde, selbst nicht die

Familie; er geht kaum aus dem Hause, um nicht erkannt zu werden, und arbeitet verbissen an mathematischen und philosophischen Problemen.

Dann aber lockt ihn wieder die weite Welt. Er beschließt zu reisen und findet, die beste Gelegenheit dazu sei der Kriegsdienst. Descartes wird also Kriegsmann. Ob er freilich je den Degen gegen einen Feind gezogen hat, wissen wir nicht; man berichtet nur von einem siegreichen Strauß mit räuberischen Schiffern, die ihn bei einer Seefahrt überfallen. Er beginnt auch nicht als einfacher Soldat, sondern sofort als Offizier, als ein vornehmer sogar, der es sich leisten kann, auf jeglichen Sold zu verzichten. Im übrigen ist es ihm gleichgültig, für welche Ideale gerade gefochten wird; er dient ebenso unter katholischen wie unter protestantischen Feldherren. Er will ja weniger »acteur« als »spectateur«, weniger »Handelnder« als »Zuschauer« sein, und was ihn am Kriegshandwerk interessiert, ist nicht so sehr, *daß* sich die Leute totschlagen, als vielmehr, *wie* sie es tun, wie nämlich die diesem Zweck dienenden Waffen konstruiert sind. So zieht er durch Holland, Deutschland, Österreich und Ungarn, als eine Art militärischer Tourist. Eben darum sind ihm die Monate, in denen das Wetter Kriegstaten erlaubt, weniger lieb als die Zeiten der Winterquartiere; denn, so schreibt er, da »blieb ich den ganzen Tag über allein im warmen Zimmer eingeschlossen und hatte jegliche Muße, mich mit meinen Gedanken zu unterhalten«.

In einem solchen Winterquartier, in Neuburg an der Donau, macht Descartes denn auch eine entscheidende Entdeckung, die, so kann man vermuten, den Keim zu seinen späteren philosophischen Gedanken legt. »Es ist mir«, schreibt er, »das Licht einer wunderbaren Einsicht aufgegangen.« Merkwürdige und bedeutungsvolle Träume folgen. Descartes ist von alldem so ergriffen, daß er eine Wallfahrt nach Loreto gelobt, die er auch ausführt, nachdem er das Kriegshandwerk aufgegeben hat. Als Zivilist bereist er sodann die Schweiz und Italien und begibt sich schließlich wieder nach Paris zurück, freilich nur, um sich auch dort vor den Leuten zu verstekken. Doch dieses Refugium genügt ihm bald nicht mehr, weil ihn »die Atmosphäre von Paris immer zu Chimären statt zu philosophischen Gedanken stimmt«.

Auf diese aber kommt es ihm an. Denn nachdem er das »große Buch der Welt« durchstudiert hat, wendet sich Descartes nun der Erforschung des eigenen Selbst zu. Dazu braucht er völlige Stille. Er zieht sich nach Holland zurück, um dort, »einsam in der Einsamkeit«, nur den Entdeckungen im Bereich des menschlichen Geistes zu leben, was nun freilich »den umfassendsten und gründlichen

Umsturz all meiner bisher gehegten Überzeugungen fordert«. Zu solcher produktiven Einsamkeit scheint ihm gerade Holland wie geschaffen; »unter der Menge eines großen und sehr tätigen Volkes, das sich mehr um seine eigenen Angelegenheiten als um fremde kümmert ..., konnte ich ebenso einsam und zurückgezogen leben wie in den entlegensten Wüsten«; »ich könnte hier mein ganzes Leben zubringen, ohne daß irgend jemand mich bemerkte«. Nur eine weitläufige Korrespondenz, vorsichtshalber unter Deckadressen geführt, verbindet ihn mit der Welt. Doch eben diese Einsamkeit verschafft ihm ein Glück, das er bisher vergebens gesucht hat. »Das Vergnügen, das man in der Betrachtung des Wahren findet, ist fast das einzige reine und durch keinerlei Schmerz getrübte Glück in diesem Leben«; »ich schlafe hier alle Nacht zehn Stunden, ohne daß je eine Sorge mich aufweckte«.

In dieser Stille nun schreibt Descartes seine Werke. Freilich auch dies in der steten Sorge, sich seinen Frieden nicht stören zu lassen. Als er eben ein Buch fertiggestellt hat und hört, daß Galilei, der über den gleichen Gegenstand Ähnliches sagt, deswegen von der Kirche verurteilt worden sei, hütet er sich ängstlich, das Werk an die Öffentlichkeit gelangen zu lassen. Denn, schreibt er an einen Freund, »mein Wunsch geht auf Ruhe ... Die Welt wird das Werk nicht eher zu sehen bekommen, als hundert Jahre nach meinem Tode«. Worauf der Freund erwidert, dann bleibe offenbar nichts übrig, als einen Philosophen, um seine Bücher früher lesen zu können, so rasch wie möglich totzuschlagen.

So eifersüchtig Descartes seine Einsamkeit auch hütet, es bleibt doch nicht aus, daß er, kaum veröffentlicht er schließlich ein Weniges von seinen Überlegungen, angefeindet und des Atheismus und der Gotteslästerung angeklagt wird. Selbst die Obrigkeit wendet sich gegen ihn, beeinflußt von der öffentlichen Meinung, die »Bart, Stimme und Augenbrauen der Theologen fürchtet«. Er kann sich freilich mit Recht über die Absurdität der Angriffe beklagen: »Ein Pater hat mich des Skeptizismus beschuldigt, weil ich die Skeptiker widerlegt habe, ein Prediger hat mich als Atheisten verschrien, weil ich versucht habe, die Existenz Gottes zu beweisen.« Letztlich aber sucht Descartes die Schuld an solchen Angriffen bei sich selber: »Wäre ich so klug gewesen, wie nach der Meinung der Wilden die Affen sind, so würde kein Mensch in der Welt wissen, daß ich Bücher schreibe. Die Wilden nämlich, so sagt man, bilden sich ein, daß die Affen sprechen könnten, wenn sie nur wollten; sie täten es aber absichtlich nicht, damit man sie nicht zum Arbeiten zwinge. Ich bin nicht so klug gewesen, das Schreiben zu lassen. Darum habe ich nicht mehr so viel Ruhe und Muße, als ich durch Schweigen behalten hätte.«

Schließlich hält es Descartes auch in Holland nicht mehr aus. Er nimmt das Angebot der Königin Christine von Schweden an, an ihren Hof überzusiedeln. Da muß er nun freilich seine Lebensgewohnheiten gründlich ändern. Während bis dahin sein Tag erst gegen Mittag begonnen hat, wünscht die Königin schon um 5 Uhr morgens mit ihm zu philosophieren. Dazu kommt das ungewohnte Klima; er seufzt, Schweden sei ein »Land der Bären, mitten unter Felsen und Eis«. Kurz: Descartes fühlt sich im Norden nicht wohl. Aber noch ehe er den Entschluß zur Rückreise fassen kann, stirbt er, mit 54 Jahren.

So ist das Leben des Descartes ein unaufhörlicher Kampf um die Verborgenheit. Das Gleiche zeigt sich in seinem Werk, denn auch dieses ist unter einer seltsamen Vieldeutigkeit verhüllt. Das liegt zutiefst in der Sache selber begründet, um die es Descartes geht. Mit ungeheurem Wagemut macht er sich an eine radikale Neubegründung der Philosophie. Dann aber schreckt er vor dem Abgrund zurück, der sich vor ihm auftut, und biegt wieder in die Bahnen des alten Denkens und des alten Glaubens ein. Aber vielleicht kann es bei einem Denker an der Wende der Zeiten nicht anders sein, als daß er auf der Spur des Neuen doch dem Vergangenen verhaftet bleibt. Jedenfalls liegt in solchem zwiespältigen Wissen um die Verpflichtung an das Kommende und um die Verantwortlichkeit vor dem Gewesenen das eigentliche Geheimnis der rätselhaften Erscheinung des Descartes. Eben damit wird er einer der Großen der Geschichte der Philosophie, ja noch mehr: der Geschichte des menschlichen Geistes überhaupt.

Das betrifft freilich nicht in erster Linie das Gebiet der Mathematik und der Naturwissenschaften, wenngleich Descartes auch auf diesem Felde Bedeutendes leistet, vor allem durch die Erfindung der analytischen Geometrie. Wichtiger ist, daß er sich bemüht, die exakte Methode der Mathematik auf die Philosophie zu übertragen, damit es diese an Gewißheit und Evidenz den geometrischen Wissenschaften gleichtun und dadurch aus der bisherigen Unsicherheit sich widerstreitender Meinungen herauskommen könne; er setzt sich damit, wie er es einmal formuliert, kein geringeres Ziel, als die Philosophie aus dem Dunkel, in dem sie begraben liege, wieder ans Licht zu bringen.

Aus diesem hohen philosophischen Anspruch aber entstehen nun die Schwierigkeiten. Denn hier geht es um eine ganz andere Art von Problemen, nämlich um die metaphysischen Fragen, vorab nach dem Dasein Gottes und nach dem Wesen der menschlichen Seele. Diese uralten Themen der Philosophie will Descartes mit seinen neuen, am Beispiel der Mathematik gewonnenen methodischen Einsichten wieder aufgreifen, überzeugt, sie einer gültigen Lösung zuführen zu können. Daß sie aber unumgänglich sind, ist ihm gewiß. Er schreibt einmal, wenn man zu leben versuche, ohne zu philosophieren, dann sei das, als halte man die Augen geschlossen, ohne daran zu denken, sie zu öffnen. Philosophieren aber heißt für Descartes: die metaphysischen Fragen stellen. Zunächst gilt es, ein sicheres Fundament zu schaffen, nämlich einen Punkt zu finden, der, gleich den mathematischen Axiomen, unmittelbar gewiß und einleuchtend ist und darum den ganzen Bau der Philosophie tragen kann. Will man aber so an einen absoluten Anfang gelangen, dann müssen zunächst alle vorläufigen Gewißheiten zerstört werden; was bisher als unbezweifelte Wahrheit gegolten hat, muß in Zweifel gezogen werden. Descartes sieht es daher als seine Aufgabe an, »alles von Grund auf umzustürzen und von den ersten Fundamenten aus neu zu beginnen«. Er stellt sich entschlossen und auf alle Gefahr hin in die Freiheit des zweifelnden Gedankens. Die Unerschrockenheit, mit der er dies unternimmt, macht es, daß in seinem radikalen Zweifel der entscheidende Umbruch zur neuzeitlichen Philosophie hin geschehen kann, die sich, Descartes folgend, auf das Subjekt und seine Freiheit gründet.

Wie sich Descartes daran macht, die Haltbarkeit des bislang so selbstverständlich für gewiß Gehaltenen zu prüfen, spürt er, daß alles zu wanken beginnt. »Ich bin«, schreibt er, »unversehens gleichsam in einen tiefen Strudel geraten und bin nun so verwirrt, daß ich weder auf dem Grunde Fuß fassen noch an die Oberfläche emporschwimmen kann.«

Als fragwürdig zeigt sich zunächst das Sein der Außenwelt: daß die Dinge in Wahrheit so sind, wie sie dem Menschen erscheinen, ja, daß sie überhaupt existieren; oft erfahren wir ja, wie uns die Sinne täuschen. Doch bleibt in diesem Zweifel wenigstens die Gewißheit der eigenen, leibhaften Existenz bestehen. Aber auch sie bricht bei genauerem Zusehen in sich zusammen; was wir als unser leibliches Dasein ansehen, könnte ja nur geträumt sein; vielleicht ist »der wahnwitzige Gedanke« wahr, daß »das ganze Leben ein beständiger Traum« ist. Doch auch aus diesem Zusammenbruch rettet sich noch einmal eine Gewißheit. Es gibt ja unaufhebbar Wahres, das auch im Traume beharrt: der Satz etwa, daß $2 + 3 = 5$ ist, oder die allgemeinsten Grundbegriffe wie Ausdehnung, Gestalt, Zeit, Raum. Aber selbst diese alles Erkennen gründenden Wahrheiten sinken im

Zweifel dahin, wenn er in seine Radikalität gelangt. Zwar sind sie unzertrennlich mit der Struktur des menschlichen Geistes verbunden. Aber es könnte sein, daß der Mensch vom Grunde seines Wesens her sich sogar über das täuschte, was ihm als das Gewisseste erscheint.

Wie der Zweifel so in dreifachem Schritt seinen tiefsten Punkt erreicht, zeigt sich, worum es letztlich geht. Gesetzt, der Mensch lebe in grundhafter Täuschung, und gesetzt, man hielte – wie dies Descartes tut – an der Geschöpflichkeit des Menschen fest, dann hieße das, daß Gott ihn in eine wesenhafte Verkehrung und Unwahrheit hineingeschaffen hätte. Dann aber wäre Gott nicht, was doch Theologie und Philosophie unaufhörlich behaupten, der »Quell der Wahrheit«, sondern ein »täuschender Gott« oder gar ein »böswilliger Dämon«.

Descartes schreckt freilich davor zurück, diesen Gedanken als Behauptung auszusprechen. Doch ist es tief bedeutsam, daß er ihn, wenn auch nur in der Weise des Fragens, zu denken wagt. Denn in ihm wird deutlich, was im Problem der Gewißheit und damit im Überschritt des Geistes in seine neuzeitliche Epoche auf dem Spiele steht: das Wissen des geschaffenen Menschen um seine Geborgenheit in der Hand des Schöpfers und um sein Befaßtsein in der Wahrheit Gottes. Wird dieser tiefste Grund der Gewißheit im radikalen Zweifel erschüttert, dann droht die Gefahr, daß der Mensch in die Nacht der endgültigen Skepsis versinkt. So sieht sich Descartes denn auch, am Ende seines zweifelnden Weges, von »undurchdringlichen Finsternissen« umschlossen.

Das Gefährliche dieses Unterfangens hat einer der Korrespondenten des Descartes deutlich empfunden, wenn er es auch auf eine absonderliche Weise ausdrückt. Das Buch, in dem Descartes seinen Zweifel in der ganzen Schärfe entwickelt, die ›Meditationen‹, findet nach dem Durchschreiten des Zweifelsweges doch noch zu einer haltbaren Gewißheit. Was aber geschähe, so fragt der Freund, wenn jemand nur bis zu der Stelle läse, an der der Zweifel im Nichts endet, und wenn er in diesem Augenblick stürbe? Müßte er dann nicht der ewigen Seligkeit verlustig gehen, und dies durch die Schuld des Philosophen, der ihn aller Gewißheit beraubt hat?

Descartes kann freilich darauf hinweisen, daß eben an dem Punkte selber, an dem alle Sicherheit des Wissens zerbrochen ist, eine neue Gewißheit entspringt. In dem Dialog ›Die Suche nach der Wahrheit‹ läßt er einen der Teilnehmer zu seinem Partner sagen: »Aus diesem universalen Zweifel, wie aus einem festen und unbeweglichen Punkt, habe ich die Erkenntnis Gottes, deiner selbst und aller Dinge, die es in der Welt gibt, herzuleiten beschlossen.« Die Bewegung des Gedankens, die dahin führt, ist einer der entscheidenden Wendepunkte in der Geschichte des abendländischen Bewußtseins. Dies vor allem darum, weil Descartes den Halt in der Erschütterung des Wissens nicht dadurch gewinnt, daß er dem Zweifel ausweicht. Er hält ihm vielmehr so lange stand, bis der Zweifel aus sich selber heraus die ursprüngliche Gewißheit gebiert. Mag auch alles, was ich mir vorstelle, jeder Gegenstand, den ich zu erkennen glaube, fragwürdig sein – es existieren doch meine Vorstellungen von diesem Gegenstand, und damit existiere auch ich, der ich diese Vorstellungen habe. Selbst der Zweifel, und gerade der Zweifel, erweist mir mein Dasein; denn solange ich zweifle, muß ich, der Zweifelnde, existieren. Diese innigste Gewißheit meiner selbst kann sogar der Gedanke, Gott könne ein Betrüger sein, nicht zerstören; mag er mich auch täuschen, so existiere doch ich, der Getäuschte. So kommt Descartes zu seinen berühmten Sätzen: »ich denke, also bin ich«; »ich zweifle, also bin ich«; »ich werde getäuscht, also bin ich«.

Die Skepsis ist somit nicht das letzte in der Krisis des Bewußtseins, in der sich die Neuzeit ankündigt. Descartes gelingt der Durchbruch zu neuer Gewißheit. Im Wirbel der Fragwürdigkeiten bleibt ein Frageloses: das Faktum der eigenen Existenz. Daß aber Descartes den Ort der ursprünglichsten Gewißheit nicht mehr, wie es die Philosophie des Mittelalters fast durchgängig getan hat, in Gott findet, sondern daß er ihn in den Menschen verlegt, gibt der Philosophie nach ihm das entscheidende Gepräge. Seitdem gehört es zum neuzeitlichen Denken, daß es, wenn auch mehr oder minder ausdrücklich, den Menschen auf sich selber stellt und ihn allein derjenigen Gewißheit anheimgibt, die in ihm selber entspringt. Es ist die Autonomie des Ich, die in Descartes ihre erste und maßgebende philosophische Begründung erhält.

Mit der Selbstgewißheit ist jedoch nur das Fundament gelegt. Es kommt nun darauf an, auf ihm den Bau der Philosophie zu errichten. In dieser Absicht untersucht Descartes zunächst, was denn dieses Ich ist, das sich seiner selbst bewußt ist. Weil es im Denken zu sich selbst gefunden hat, wird es als denkendes Wesen definiert; so erfährt es sich ja selbst. Aber wie nun Descartes weiter darüber nachsinnt, bleibt er nicht bei der Selbsterfahrung stehen, sondern nimmt Begriffe zu Hilfe, die aus der Erfahrung der Weltdinge geschöpft sind. Er nennt das Ich ein »denkendes Ding«, versteht es also von der körperlichen Welt her, als ein Etwas, an dem sich die Eigenschaften des Denkens, Wollens und Fühlens in der gleichen Weise vorfinden wie Farbe oder Schwere an den Dingen der physischen Welt. Damit aber wird der Blick auf die Eigenart des Ich als des charakteristisch menschlichen Seins verstellt. So öffnet Descartes zwar für einen Moment den Ausblick auf eine eigenständige Auslegung des menschlichen Daseins, um ihn dann aber sofort wieder zu verdecken. Er erliegt dem Schicksal derer, denen ein neuer Gedanke aufgeht: daß sich ihnen das Geschaute allzu rasch unter dem Schleier der überkommenen Sehweise wieder verhüllt. Und doch weist Descartes mit seiner Entdeckung der Selbstgewißheit den Weg, auf dem in der folgenden Zeit nach dem besonderen Wesen des Menschen im Unterschied zu den Dingen gefragt wird.

Noch eine zweite verhängnisvolle Entwicklung bahnt sich in der Auffassung vom Menschen an, wie Descartes sie entwirft. Das Wesen des Ich ist für ihn Denken, sonst nichts; Denken freilich in der weiten Bedeutung, die auch Fühlen und Wollen, kurz, den ganzen Bereich des Bewußtseins umfaßt. Damit aber tut sich eine schwer überbrückbare Kluft auf zwischen dem Menschen als bewußtem Wesen, als »denkendem Ding«, und den anderen nicht bewußten, nicht denkenden Wesen. Das Ich ist nicht gesehen als der konkrete Mensch in seiner konkreten Welt. Das bloß im Bewußtsein lebende Ich verliert den Kontakt mit den Dingen. Mit Descartes also beginnt die neuzeitliche Zerreißung der Wirklichkeit in weltlose Subjekte auf der einen und bloße Objekte auf der anderen Seite, die noch heute das Philosophieren über den Menschen und über die Welt belastet.

Mit der Entdeckung der Selbstgewißheit und mit der Untersuchung des Wesens des Ich ist noch nicht alles getan. Denn noch bleibt die am Ende des Zweifelsweges aufgetauchte Möglichkeit, daß der Mensch sich grundlegend in der Verkehrung befinden könne. Mit der Ungewißheit, ob es sich in der Tat so verhält, wird Descartes vor das entscheidende Thema der Metaphysik gestellt: vor die Frage nach dem Ursprung aller Wirklichkeit, die Frage nach Gott. Denn jene grundlegende Verkehrung setzt ja, unter der Herrschaft des Schöpfungsgedankens, voraus, daß Gott als Betrüger gedacht wird. Descartes muß also zu zeigen versuchen, daß Gott wahrhaftig ist. Um das aber begründen zu können, muß er zuvor erweisen, daß Gott überhaupt existiert.

In dieser Absicht geht Descartes davon aus, daß der Mensch in seinem Innern die Idee eines höchst vollkommenen Wesens vorfindet. Diese Idee nun kann, so meint Descartes, nicht aus dem Menschen selber stammen; denn es ist ausgeschlossen, daß das unvollkommene Wesen »Mensch«, diese »Mitte zwischen Gott und dem Nichts«, die Idee des höchst vollkommenen Wesens aus sich hervorbringen kann. Woher also kommt dem Menschen diese Idee? Descartes antwortet: Sie kann ihm nur durch das höchst vollkommene Wesen selber eingepflanzt sein; dieses allein kann Urheber der Idee des Vollkommensten sein. Das aber besagt: Gott als der Ursprung der Idee Gottes im Menschen muß notwendig existieren. Wenn aber Gott vollkommen ist, dann kann er den Menschen auch nicht grundlegend in die Unwahrheit versetzt haben. Dann ist Gott kein Betrüger, sondern muß die reine Wahrheit sein. Jener totale Zweifel ist somit behoben.

Wie so die Gewißheit des Daseins und der Wahrhaftigkeit Gottes wiedergewonnen wird, weiß sich der Mensch, der sich für einen Augenblick in der gefährdeten Einsamkeit des Selbstbewußtseins gefunden hat, wieder in die bergende Ordnung der Schöpfung aufgenommen. Und doch bleibt diese Metaphysik untergründig bedroht. Denn der Beweis vom Dasein Gottes, wie ihn Descartes entwirft, enthüllt sich dem näheren Zusehen als Zirkelschluß. Descartes gründet ihn darauf, daß der Mensch unmöglich die Idee eines höchst vollkommenen Wesens aus sich selber heraus erzeugen könne; denn ein endliches Wesen, wie es der Mensch ist, könne nicht Ursache der Idee des Unendlichen sein, weil der Ursache mindestens ebensoviel Sein zukommen müsse wie dem von ihr Verursachten; dem Unendlichen aber komme eben als solchem unendlich viel mehr Sein zu als dem Endlichen. Von woher aber erhält diese Behauptung über das Verhältnis von Ursache und Wirkung ihre Wahrheit? Descartes antwortet: Sie ist unmittelbar einleuchtend, sie ist ursprünglich gewiß. Aber kann es denn ursprüngliche Gewißheit geben, solange noch die zweifelnde Frage offensteht, ob der Mensch nicht von Gott in eine grundlegende Verkehrung gesetzt ist, auch und gerade im Hinblick auf seine ursprünglichen Gewißheiten? Solange also der Beweis des Daseins und der Wahrhaftigkeit Gottes nicht gelungen ist, bleibt auch das Prinzip der unmittelbaren Einsichtigkeit fragwürdig. Wenn Descartes nun seinen Gottesbeweis eben auf dieses Prinzip gründet, das doch in Wahrheit erst aus ihm folgt, dann ist dieser Beweis in der Tat nichts anderes als ein Zirkelschluß. So scheitert der Versuch des Descartes, die Metaphysik neu zu bauen, schon im Beginn.

Mit alldem ist Descartes der große Anreger für die kommende Philosophie, in ihren metaphysischen Entwürfen ebenso wie in ihren aufklärerischen Tendenzen, in ihrem gläubigen Denken ebenso wie in ihrer nihilistischen Verzweiflung. So steht er seltsam zwielichtig vor unseren Augen.

Dem Neuen in der Leidenschaft des Geistes zugewandt, ruft er doch, wenn es ihm erforderlich erscheint, das alte Denken zu Hilfe. Wagend geht er bis an die Grenzen des auflösenden Gedankens und birgt sich doch, erschreckt über die Möglichkeiten, die sich da auftun, in der Gewißheit, die in Gott gründet. Er müht sich leidenschaftlich darum, die zerbrochene Metaphysik neu zu bauen und das verlorene Wissen um den Schöpfer wiederzuerhalten, und er gewinnt dabei die Überzeugung, daß die Gottesgewißheit ebenso ursprünglich zum Menschen gehört wie die Selbstgewißheit; aber in bedrohlicher Nähe zu solcher Gewißheit Gottes steht der Zweifel, der sich zuletzt gegen den Schöpfer selber wendet und der die Freiheit des Ich der Bodenlosigkeit auszuliefern droht.

Vielleicht vergräbt sich Descartes darum so ängstlich in die Einsamkeit, weil er etwas von der Not spürt, die seine neue Entdeckung heraufbeschwört und der er selber nur mühsam entgeht: daß eben jene unmittelbare Gewißheit der Existenz, der er die Aufgabe zuweist, die uralte metaphysische Sehnsucht des Menschen endlich in gewissem Wissen zu stillen, zwiespältig bleibt und die gefährliche Möglichkeit in sich birgt, die metaphysische Gewißheit endgültig zu zerstören. In solcher inneren Zweideutigkeit wird Descartes sich selber rätselhaft, wird er ratlos vor den eigenen Einsichten. Er sagt von sich selber, er sei »ein Mensch, der allein und in den Finsternissen geht«. Vielleicht, daß er sich darum hinter der Maske verbirgt.

Pascal oder Die gekreuzigte Vernunft

Blaise Pascal ist ein ausgesprochenes Wunderkind. Ein boshafter Berichterstatter könnte behaupten, das komme daher, daß er nie eine Schule besucht hat. Doch ohne Unterricht bleibt er nicht; der Vater, ein ansehnlicher Steuereinnehmer, bringt ihm die ersten Kenntnisse bei. Aber er ist streng; er zwingt ihn, Sprachen zu lernen. Was aber den jungen Pascal eigentlich interessiert, Mathematik und Naturwissenschaft, hält er von ihm fern. Da geht der Zwölfjährige her und erfindet, auf dem Fußboden liegend und mit Kreide Dreiecke und Kreise zeichnend, ganz selbständig die Euklidische Geometrie. So jedenfalls will es die Familienlegende. Mit 16 Jahren verfaßt Pascal eine Abhandlung über die Kegelschnitte, die unter den Gelehrten Aufsehen erregt und die auch heute noch von Bedeutung ist. Für die Steuerpraxis seines Vaters konstruiert er mit 19 Jahren die erste brauchbare Rechenmaschine. Er macht experimentelle Untersuchungen über die damals viel umstrittene Behauptung der Existenz eines leeren Raumes. Und weil er vor quälenden Zahnschmerzen meint, nichts Gescheites tun zu können, entwirft er rasch eine Theorie der Roulette, die für die Entwicklung der Wahrscheinlichkeitsrechnung wichtig wird. Schließlich befaßt er sich mit der Zykloide, d. h. der Kurve, die ein Nagel beschreibt, der auf der Peripherie eines rollenden Rades sitzt, und nähert sich damit der Infinitesimalrechnung, die später den Ruhm von Leibniz ausmachen wird. Übrigens beschränkt sich Pascals wissenschaftliches Interesse nicht auf das Feld der reinen Theorie. Er arbeitet den Plan für einen Omnibusverkehr quer durch Paris aus; ob dieses Projekt je ausgeführt wurde, ist nicht sicher überliefert.

Mit alledem hätte Pascal das Zeug gehabt, einer der Großen im Felde der Mathematik und der Naturwissenschaft zu werden. Doch immer wieder kommt ihm etwas anderes dazwischen. Seine eigentliche Leidenschaft nämlich gilt in wachsendem Maße der Philosophie. So sieht man, daß diese den Wissenschaften auch schaden kann. Zur Philosophie aber kommt Pascal, weil er sich vor allem anderen für den Menschen interessiert. »Man muß sich selbst erkennen«, lautet seine Devise. »Es ist eine übernatürliche Verblendung, zu leben, ohne danach zu suchen, was man ist.« Die Frage nach dem Menschen ist »das wahre Studium, das dem Menschen eigentümlich ist«.

Doch auch des reinen Philosophierens ist nicht lange. Ein mystisches Erlebnis bringt Pascal auf eine andere Bahn. Man weiß davon, weil man nach seinem Tode in seinem Rock einen Zettel eingenäht findet, auf dem er in abgerissenen Worten diese Erfahrung schildert. »Feuer« heißt es dort, »Gewißheit, Gewißheit, Empfindung, Freude, Friede«, »Vergessen der Welt und aller Dinge, ausgenommen Gott«, »vollkommene, innige Entsagung«. Der erste Satz aber lautet: »Gott Abrahams, Gott Isaaks, Gott Jakobs, nicht der Philosophen und der Gelehrten.« Jetzt beginnt Pascal ernstlich über die Dinge des Glaubens nachzusinnen. Jetzt verwickelt er sich in leidenschaftliche Auseinandersetzungen mit den Jesuiten. Jetzt schreibt er sein unvollendetes Werk, die ›Pensées‹, seinen eigentlich bedeutenden Beitrag zur Geschichte des Geistes. Und das alles, obgleich er seit seinem 18. Lebensjahr nie ohne Schmerzen ist. In seinen letzten Lebensjahren jedoch verstummt er. Er zieht sich von aller Geselligkeit zurück. Er geht eine Zeitlang ins Kloster. Er versenkt sich in das Gebet. Er betätigt sich in der Fürsorge für andere. Er verzichtet auf alle Dienstleistungen. Er duldet keine Bilder, keine Tapeten in seinem Zimmer. Er versagt sich seine Lieblingsspeisen. Er konstruiert einen stacheligen Gürtel, den er sich um den Leib legt. Mit neununddreißig Jahren, 1662, stirbt er.

Was erfährt Pascal in seinem philosophischen Nachdenken über den Menschen? Zunächst betrachtet er diesen so, wie er in die unendliche Welt eingebettet ist. Doch der Versuch, diese zu erfassen, stürzt das Denken in höchste Verlegenheit. Wendet man den Blick von der Erde weg auf den Umlauf der Sonne, dann erscheint die Erde wie ein Punkt. Aber auch der Umlauf der Sonne ist »nur ein sehr feiner Punkt im Vergleich mit dem Rollen der Gestirne am Firmament«. Und weiter: »Diese ganze sichtbare Welt ist nur ein unmerklicher Strich im Ganzen der Natur.« Das Naturganze aber ist von keiner menschlichen Vorstellungskraft zu erfassen, denn es ist unendlich. »Das Endliche vernichtet sich in der Gegenwart des Unendlichen und wird zum reinen Nichts.« Das Denken endet damit, »sich im Unendlichen zu verlieren«.

Das gleiche geschieht, wenn man nicht die Natur in ihrer unendlichen Ausdehnung, sondern die einzelne Naturerscheinung beobachtet. Nimmt man das kleinste Lebewesen – Pascal nennt als Beispiel die Milbe –, so zeigt sich: Auch sie hat noch Teile. Auch der kleinste Teil des Kosmos, das Atom, ist noch nicht der letzte Baustein der Wirklichkeit; denn auch das Atom kann weiter geteilt werden. Im Innern eines jeden Atombruchstückes gibt es »eine Unendlichkeit von Universen, deren jedes sein Firmament besitzt, seine Planeten, seine Erde, im selben Verhältnis wie die sichtbare Welt«. Auch hier also geht die Nachforschung ins Unendliche. Sie könnte nur beim Nichts enden. Aber auch dieses kann sie nicht erreichen. Daher gilt auch hier wieder: Der Gedanke muß sich »in diesen Wundern verlieren«.

Die Bedeutung dieses Gedankens der doppelten Unendlichkeit tritt mit besonderer Deutlichkeit vor dem Hintergrund des mittelalterlichen Denkens hervor. In diesem hat jegliches Ding seinen bestimmten Ort im Ganzen einer endlichen Welt. Jetzt aber verschwindet die Möglichkeit einer solchen Ortsbestimmung. Im Horizont des unendlich Großen schrumpft das Seiende zum unendlich Kleinen zusammen. Im Horizont des unendlich Kleinen bläht es sich zu unendlicher Größe auf. In beiden Hinsichten wird es unbegreiflich. »Alle Dinge sind hervorgegangen aus dem Nichts und hinaufgetragen bis zum Unendlichen. Wer will diesen erstaunlichen Schritten folgen? Nie erfassen wir das wahre Wesen der Dinge, stets nur irgendeinen Anschein von der Mitte der Dinge, in einer ewigen Verzweiflung darüber, weder ihren Ursprung noch ihr Ziel zu kennen. Ich sehe überall nichts als Dunkelheit. Die Natur bietet mir nichts, was nicht Anlaß zu Zweifeln und zu Unruhe wäre.« Alles »entflieht in einer ewigen Flucht«, alles verbirgt sich »in einem undurchdringlichen Geheimnis«.

Die Problematik intensiviert sich für Pascal noch, wenn er nun im Rahmen dieses Bildes von der Natur den Menschen betrachtet. Sieht man diesen vor dem Horizont des unendlich Großen, dann erscheint er als verschwindend klein, »nicht wahrnehmbar im All, das seinerseits unwahrnehmbar ist im Schoße des Ganzen«. Erblickt man den Menschen andererseits vor dem Horizont des unendlich Kleinen, dann muß er sich selber als »ein Koloß, eine Welt, oder vielmehr als ein Alles« erscheinen. Kurz: Der Mensch, betrachtet im Zusammenhang mit der Natur, in die er eingebettet ist, ist »ein Nichts im Hinblick auf das Unendliche, ein Alles im Hinblick auf das Nichts«; er schwebt »zwischen diesen beiden Abgründen des Unendlichen und des Nichts«. Aber er ist »gleichermaßen unfähig, das Nichts zu sehen, aus dem er gezogen, wie das All, in das er verschlungen ist«. So ist er »für sich selbst der wunderlichste Gegenstand der Natur«. »Das ist unser wahrer Stand im Dasein. Wir treiben dahin auf einer unmeßbaren Mitte, immer ungewiß und schwankend, von einem Ende zum andern gestoßen. An welcher Grenze wir auch immer gedachten, uns anzuheften und Halt zu gewinnen, sie wankt und läßt uns fahren; und wenn wir ihr folgen, entwindet sie sich unserem Zugriff, entgleitet uns und flieht in einer ewigen Flucht.«

Der Zwiespalt kennzeichnet das Dasein des Menschen nicht nur, wenn sich dieser im Zusammenhang der Natur betrachtet. Er reicht tief in die menschliche Existenz selber hinein. Menschsein heißt für Pascal Sein im Widerspruch. Da ist zum ersten die Macht des Denkens; im Gedanken umfaßt der Mensch alles Seiende, das All im ganzen. »Durch den Raum umgreift mich das All, durch das Denken umgreife ich es.« Daher gilt: »Die ganze Würde des Menschen liegt im Denken.« Aber zugleich damit zeigt sich die völlige Ohnmacht des Menschen. »Ein Dampf, ein Wassertropfen reichen hin, ihn zu töten«; er ist ein »denkendes Schilfrohr«. Und dann doch auch wieder das andere: Der Mensch ist auch seiner Ohnmacht denkend mächtig, er kann sie verstehend übernehmen. »Wenn das All ihn zermalmte, wäre der Mensch noch erhabener als das, was ihn tötet, weil er weiß, daß er stirbt, und welche Überlegenheit das All über ihn hat; das All weiß davon nichts.«

Diese Zwiespältigkeit zeigt sich nicht nur im Wesen des Menschen; auch dessen alltägliches Tun und Treiben gibt davon Kunde. Um das anschaulich zu machen, redet Pascal von den Lebenssituationen, in denen sich der Mann von Welt gemeinhin herumtreibt: von der Hasenjagd, vom Ballspiel, vom Tanz, vom Dienst in Ämtern. All diesen Beschäftigungen, und zwar den spielerischen ebenso wie den ernsthaften, eignet, so wie Pascal sie sieht, eine seltsame Doppelbödigkeit. Sie sind nicht nur das, als was sie erscheinen; die Hast und der Eifer, mit denen sie betrieben werden, weisen darauf hin, daß sie aus der fahrigen Sucht nach Zerstreuung erwachsen. Dem reichen Adeligen kann ja nichts an dem Hasen gelegen sein, den er jagt, auch nicht an dem Gewinn, den er im Spiel einstreicht. Er sucht vielmehr die Zerstreuung um der Zerstreuung willen.

Wie Pascal dem tiefer nachdenkt, entdeckt er: Letztlich steht dahinter die Angst vor dem Alleinsein. »Alles Unglück in der Welt kommt daher, daß man nicht versteht, ruhig in einem Zimmer zu sein.« Die Einsamkeit aber ängstigt deshalb, weil in ihr die Menschen unverdeckt sich selber gegenübergestellt werden. Darum suchen sie immerzu »eine ungestüme und hinreißende Beschäftigung, die sie davon ablenke, an sich zu denken«. Sie trachten ständig danach, sich selbst zu vergessen. Doch warum ist der Gedanke an sich selber so unaushaltbar? Darum, antwortet Pascal, weil sich darin dem Menschen die Trostlosigkeit seiner Existenz zeigt. In solchen Augenblicken des Alleinseins befallen ihn »die Langeweile«, »die Düsterkeit, die Traurigkeit, der Kummer, der Verdruß, die Verzweiflung«. Er fühlt »sein Nichts, seine Verlassenheit, seine Unzulänglichkeit, seine Abhängigkeit, seine Ohnmacht, seine

Leere«. Er ahnt die tiefe Bedrohtheit, die über allem menschlichen Dasein lastet: daß es unausweichlich dem Tode verfallen ist. »Alles, was ich weiß, ist, daß ich bald sterben muß; aber was ich am wenigsten kenne, das ist dieser Tod selber, dem ich nicht zu entgehen vermag.« So wird offenbar, daß das menschliche Leben »das zerbrechlichste Ding der Welt« ist und daß wir gleichwohl »sorglos in den Abgrund rennen«.

Doch auch hier findet Pascal inmitten des Elends etwas von der Größe des Menschen: daß dieser nämlich imstande ist, um sein Elend zu wissen. »Die Größe des Menschen ist darin groß, daß er sich als elend erkennt. Ein Baum erkennt sich nicht als elend. Das also heißt elend sein: sich als elend erkennen; aber es heißt groß sein, zu erkennen, daß man elend ist.« Aber dann sagt Pascal doch auch wieder: Der Mensch »will groß sein, und er sieht sich klein; er will glücklich sein, und er sieht sich elend; er will vollkommen sein, und er sieht sich voller Unvollkommenheit«.

Die durchgängige Widersprüchlichkeit in Wesen und Dasein des Menschen bringt es mit sich, daß dieser sich nicht eindeutig erfassen kann, ja daß er in einer grundhaften Ungewißheit lebt. »Wir trachten nach der Wahrheit und finden in uns nur Ungewißheit.« »Der Mensch ist nichts als ein Wesen voller Irrtum, der natürlich und unaustilgbar ist. Nichts zeigt ihm die Wahrheit.« »Wir brennen vor Begier, einen festen Stand und eine letzte, beständige Grundlage zu finden, um darauf einen Turm zu erbauen, der sich ins Unendliche erhebt; aber unser ganzes Fundament birst, und die Erde öffnet sich bis zu den Abgründen.« Nichts kann der Mensch von sich selber her sicher erkennen. »Ich sehe ringsum nichts als Dunkelheiten.« »Es ist unbegreiflich, daß Gott sei, und unbegreiflich, daß er nicht sei; daß es, zusammen mit dem Leibe, eine Seele gebe, und daß wir keine Seelen haben; daß die Welt geschaffen sei und daß sie nicht geschaffen sei.« Alles also bleibt im Widerspruch. Daher ruft Pascal den Menschen zu: »Erkennet, was für ein Paradox ihr für euch selbst seid!« Und er urteilt zusammenfassend: »Was für eine Chimäre ist also der Mensch! Was für eine Novität, was für ein Monstrum, was für ein Chaos, was für ein Subjekt des Widerspruchs, was für ein Wunder! Richter aller Dinge, einfältiger Erdenwurm; Verwalter des Wahren, Kloake der Ungewißheit und des Irrtums; Glanz und Auswurf des Alls.«

Angesichts dieser grundhaften Ungewißheit legen sich müde Resignation oder kraftloser Skeptizismus oder aber die Flucht in einen ungegründeten Dogmatismus nahe. Doch ebensowenig wie der Dogmatismus läßt sich der Skeptizismus strikt erweisen; »es ist nicht gewiß, daß alles ungewiß ist«. Der Mensch lebt zwischen beiden, zwischen Dogmatismus und Skeptizismus, »in einer zweideutigen Zweideutigkeit und in einer gewissen zweifelhaften Dunkelheit«. Doch darin kann er nicht bleiben. Und dies darum nicht, weil bei der Sache, um die es sich handelt, Entscheidendes auf dem Spiele steht. »Wenn ich die Verblendung und das Elend des Menschen sehe, wenn ich das ganze stumme All betrachte und den Menschen ohne Licht, sich selber überlassen und wie verirrt in diesen Winkel des Alls, ohne zu wissen, wer ihn dahin gestellt hat, wozu er dahin gekommen ist, was er werden wird, wenn er stirbt, unfähig zu jeder Erkenntnis – dann gerate ich in Entsetzen, wie ein Mensch, den man schlafend auf eine verlassene und schreckliche Insel gebracht hätte, und der erwachte, ohne zu erkennen, wo er ist, und ohne die Möglichkeit, von dort zu entkommen. Und überdies wundere ich mich, wie man über eine so erbärmliche Lage nicht in Verzweiflung gerät.« So taucht vor Pascal die Möglichkeit der Sinnlosigkeit des menschlichen Daseins auf. Sie aber tritt unter die Alternative von Gott und Nichts. »Wie ich nicht weiß, woher ich komme, so weiß ich auch nicht, wohin ich gehe; und ich weiß nur, daß ich, wenn ich aus dieser Welt gehe, entweder in das Nichts oder in die Hände eines erzürnten Gottes falle, ohne zu wissen, welche dieser beiden Möglichkeiten ewiglich mein Teil sein wird. So ist mein Stand im Dasein, voller Schwachheit und Ungewißheit.«

Die Vernunft also scheitert im ganzen Umkreis des Denkens; das Philosophieren gelangt an unüberschreitbare Grenzen. In dieser Situation wendet sich Pascal ernstlich der christlichen Botschaft zu. Denn er erkennt: »Der Mensch ohne Gott existiert in der Unwissenheit über alles.« Darum kann nur die Botschaft von Gott das Rätsel der menschlichen Existenz und deren »erstaunliche Widersprüche« auflösen. Sie sieht die Unbegreiflichkeit des Menschen nicht als eine ursprüngliche Wesensanlage, sondern als geschichtlich geworden; sie begreift sie als eine »seltsame Verirrung«, als die Folge der ersten Sünde der Menschheit. Der Mensch ist »sichtlich verirrt und aus seinem wahren Ort gefallen; er sucht ihn überall, in Unruhe und ohne Erfolg, in undurchdringlichen Finsternissen«. Im Ursprung also gibt es einen wahren Ort des Menschen; wir sind »auf einer Stufe der Vollkommenheit gewesen, von der wir unglückseligerweise herabgefallen sind«. Das nennt Pascal die »erste Natur« des Menschen. Von daher ist den Menschen eine verborgene Ahnung geblieben, »irgendwie ohnmächtiger Instinkt von dem Glück ihrer ersten Natur«; eben deswegen spüren sie so kummervoll die Misere ihres gefallenen Zustandes, »das Elend eines entthronten Königs«.

Der Mensch, so wie er jetzt ist, ist aus der Ordnung herausgefallen, der er ursprünglich und eigentlich angehört hat. Das ist seine »zweite Natur«. Daß diese aber letztlich in seiner ersten Natur gründet, das besagt, »daß der Mensch den Menschen unendlich übersteigt«.

Und nun wagt Pascal den Sprung zur christlichen Deutung der Existenz. Von der Erleuchtung her, die dem Menschen in der Gnade widerfährt, wird ihm die Unbegreiflichkeit des natürlichen Daseins durchsichtig. Doch auch damit sind die Schwierigkeiten nicht behoben. Denn auch die christliche Botschaft ist für das Erkennen dunkel und voller Rätsel. Die Erbsünde ist »das allerunbegreiflichste Geheimnis«. So wird Pascal über alle Möglichkeiten einer verstandesmäßigen Einsicht hinausgetrieben. Nicht die Vernunft, sondern ein anderes im Menschen bewirkt die Möglichkeit wahrhafter Gewißheit. Es ist der Glaube, und der Ort des Glaubens ist nicht die Vernunft, sondern das Herz. »Das Herz hat seine Vernunftgründe, die die Vernunft nicht kennt.« »Es ist das Herz, das Gott fühlt, und nicht die Vernunft; das ist der Glaube: Gott fühlbar dem Herzen, nicht der Vernunft.« Der Glaube hat freilich keine objektive Gewißheit; die Religion ist »nicht sicher«. Zwischen Gott und dem Menschen tut sich ein »unendliches Chaos« auf. Gott bleibt der »deus absconditus«, der verborgene Gott, offenbar nur in Jesus Christus. Darum ist der Glaube ein Wagnis, das freilich seine besondere Art von Gewißheit mit sich führt.

So wird für Pascal zuletzt zur eigentlich philosophischen Aufgabe, sich dem Glauben zu beugen. »Der letzte Schritt der Vernunft ist es, anzuerkennen, daß es eine Unendlichkeit von Dingen gibt, die sie übersteigen.« »Nichts ist der Vernunft so gemäß wie diese Verleugnung der Vernunft.« »Es geschieht nur durch die schlichte Unterwerfung der Vernunft, daß wir uns wahrhaft erkennen können.« Im universalen Scheitern bleibt nur die Selbstaufgabe des Denkens. »All eure Einsichten können nur dahin gelangen, zu erkennen, daß ihr in euch selber weder die Wahrheit noch das Heil finden werdet. Die Philosophen haben es versprochen, aber sie haben es nicht vollbringen können.« So ist der Verzicht auf Philosophie das legitime Ende des Philosophierens. »Sich mokieren über die Philosophie, das heißt wahrhaft philosophieren.« Das darf freilich nur einer sagen, der es sich mit dem Philosophieren so schwer gemacht hat wie Pascal.

Spinoza
oder
Der Boykott der Wahrheit

Wollte man in der Geschichte der Philosophie denjenigen Denker aufsuchen, auf den am meisten Beschimpfungen gehäuft werden, so ist kein Zweifel: es ist Spinoza. Sein Schicksal, geschmäht zu werden, beginnt schon zu seinen Lebzeiten, und es setzt sich noch lange fort. Ein Leipziger Professor der Philosophie, der bekannte Thomasius, redet von Spinoza als einem »lichtscheuen Schreiber«, einem »lästernden Erzjuden und völligen Atheisten«, einem »scheußlichen Ungeheuer«. Ein anderer namens Dippel, zu seiner Zeit ein hochberühmter Mann, Arzt und Chemiker, weiß sich nicht genug zu tun in Schimpfworten: »der dumme Teufel«, »der blinde Gaukler«, »der verblendete Tropf«, der »Narr, der das Tollhaus billig meritiert«, »dieser wahnwitzige und gleichsam trunkene Mensch«, der »philosophischen Lumpenkram«, »gaukelhafte Alfanzereien« betreibt, voll der »lahmsten und elendsten Fratzen« – so geht es Seite um Seite in einem dickleibigen Buch. Wo aber der Mediziner und Chemiker spricht, kann der Mathematiker und Physiker nicht schweigen. So braucht denn auch der Nürnberger Professor Sturm die gleiche Sprache und redet von Spinoza als einem »elenden Wicht«, einem »ausländischen Tier«, einem Menschen, voll von »fluchwürdigen Anschauungen«. Für dergleichen Schmähungen muß alles herhalten, die Werke Spinozas ebenso wie sein Lebenswandel. Wenn man aber an diesem nicht viel Tadelnswertes finden kann, werden selbst so harmlose Dinge, wie daß Spinoza des Nachts zu arbeiten pflegt, zum Anlaß der Beschimpfung; wenigstens kann sich einer der Biographen diese Tatsache nicht anders erklären, als daß Spinoza »Werke der Finsternis« betreibe. Wo aber die Finsternis heraufbeschworen wird, ist der Teufel nicht weit, und da beginnt das Feld der Theologen. So fragt denn auch einer von diesen, Musaeus, Professor der Theologie in Jena, »ob wohl unter denen, die der Teufel selbst zur Vernichtung alles göttlichen und menschlichen Rechts gedungen hat, irgendeiner zu finden ist, der bei diesem Zerstörungswerk tätiger gewesen wäre als dieser zum größten Unheil der Kirche und des Staates geborene Betrüger«. Noch wortgewaltiger läßt sich darüber, seinem Berufe gemäß, ein Professor der Beredsamkeit aus. Er schreibt über ein Buch Spinozas, es sei »voll von Frevel und Gottlosigkeit, wahrlich wert, in die Finsternis der Hölle zurückgeworfen zu werden, woraus es zum Schaden und zur Schande des Menschengeschlechts ans Licht gekommen ist. Der Erdkreis hat nicht Verderblicheres die Jahrhunderte her gesehen«. Aber selbst diese Zeitangabe will einem Getreidemakler aus Dordrecht, der sich nun unter den Chorus der Gelehrten mischt, nicht genügen. Nicht erst seit Jahrhunderten, sondern »solange die Erde bestanden hat, ist noch kein heilloseres Buch erschienen«, so sehr ist es »vollgepfropft mit gelehrten Greueln«.

Aber auch bedeutende Geister drücken ihren Abscheu vor Spinoza und seiner Philosophie in unmißverständlichen Worten aus. Voltaire meint, das System Spinozas sei »auf dem ungeheuerlichsten Mißbrauch der Metaphysik aufgebaut«. Leibniz nennt eines der Bücher dieses Philosophen eine »unerträglich freche Schrift«, ein »entsetzliches« Buch. Hamann schließlich, Zeitgenosse und Freund Kants, bezeichnet Spinoza als einen »Straßenräuber und Mörder der gesunden Vernunft und Wissenschaft«.

Doch dann geschieht das Merkwürdige: Dieser Phalanx von Hassern und Beschimpfern tritt plötzlich eine große Zahl glühender Bewunderer entgegen. Lessing sagt in einem Gespräch mit Jacobi: da »reden die Leute doch immer von Spinoza wie von einem toten Hunde«; aber »es gibt keine andere Philosophie als die Philosophie des Spinoza«. Herder schreibt an Jacobi: »Ich muß gestehen, mich macht diese Philosophie sehr glücklich«; »mir gehet das Herz auf, wenn ich von dieser leider nur allzu erhabenen Philosophie einen Laut höre«. Goethe äußert, er habe zu dem Menschen Spinoza »eine wahre Wut und Leidenschaft gehabt«; als er mit Frau von Stein zusammen Spinoza liest, schreibt er: »Ich fühle mich ihm sehr nahe, obgleich sein Geist viel tiefer und reiner ist als der meinige.« Schleiermacher fügt in seine ›Reden über die Religion‹ einen begeisterten Hymnus ein: »Opfert mit mir ehrerbietig eine Locke den Manen des heiligen, verstoßenen Spinoza! ... Voller Religion war er und voll heiligen Geistes.« Wie sehr die Menschen dieses Zeitalters von dem so lange verachteten Philosophen gepackt werden, dafür gibt es schließlich ein hübsches Zeugnis in einem Briefe des Berliner Philosophen Karl Solger: Spinoza »beschäftigt beinahe meinen ganzen Vormittag, und mein Bruder hat seinem dreijährigen Albrecht schon beigebracht: Spinoza sei ein kluger Kerl gewesen, und Onkel Karl sage, er hätte alles besser gewußt als die andern«.

Was also ist es mit diesem Philosophen Spinoza? Ist er Atheist oder Heiliger, ist er der teuflische oder der göttliche Spinoza? Was ist an diesem Menschen, daß einer seiner Verehrer um das Jahr 1800 schreiben kann: »Dieser bald verfluchte, bald gesegnete, bald beweinte, bald belachte Spinoza«?

Er ist, was man angesichts des Wirbels, den sein Denken hervorruft, am wenigsten vermuten sollte, alles andere als ein lauter und selbstbewußter Verfechter seiner Gedanken. Von allen Philosophen ist er vielleicht der einsamste und zurückgezogenste, der bescheidenste und stillste. 1632 wird er in Amsterdam geboren, in einer jüdischen, von Portugal nach Holland ausgewanderten Familie. Mit Vornamen heißt er Baruch; nach dem Brauch der damaligen Zeit nennt er sich auf lateinisch Benedictus. Beides bedeutet dasselbe: der Gesegnete.

Gesegnet ist Spinoza freilich nicht im Äußeren seines Lebens. Kaum erwachsen, gerät er in erbitterte Auseinandersetzungen mit der jüdischen Kultgemeinde seiner Heimatstadt. Den Anlaß dazu bieten kritische Bemerkungen zur biblischen Tradition. Das Alte Testament erscheint ihm voll von Widersprüchen und Ungereimtheiten, und er will und kann nicht anerkennen, daß es in all seinen Teilen nichts als die schlechthinnige Wahrheit enthalte. Die Gemeinde, die auf diesen scharfsinnigen jungen Mann große Hoffnungen gesetzt hat, wendet sich nun um so enttäuschter von ihm ab. Man läßt ihn durch Spitzel aushorchen, man versucht, ihn zu bestechen, und als das nicht hilft, wird sogar ein Mordanschlag auf ihn unternommen. Schließlich kommt es zur feierlichen Ausstoßung aus der Synagoge. In dem Großen Bannfluch, der über Spinoza ausgesprochen wird, heißt es: »Nach dem Beschlusse der Engel und dem Urteil der Heiligen bannen, verwünschen, verfluchen und verstoßen wir Baruch de Espinoza, mit Zustimmung des heiligen Gottes und dieser ganzen heiligen Gemeinde ..., mit dem Bannfluche, womit Josua Jericho fluchte, mit dem Bannfluche, womit Elisa den Knaben fluchte, und mit all den Verwünschungen, die im Gesetz geschrieben stehen. Verflucht sei er am Tage und verflucht sei er bei Nacht; verflucht sei er, wenn er sich niederlegt, und verflucht sei er, wenn er aufsteht; verflucht sei er bei seinem Ausgang und verflucht sei er bei seinem Eingang. Möge Gott ihm niemals verzeihen, möge der Zorn und der Grimm Gottes gegen diesen Menschen entbrennen ... und seinen Namen unter dem Himmel austilgen, und möge Gott ihn zu seinem Unheil ausscheiden von allen Stämmen Israels ... Wir verordnen, daß niemand mit ihm mündlich oder schriftlich verkehre, niemand ihm irgendeine Gunst erweise, niemand unter einem Dache mit ihm verweile, niemand auf vier Ellen in seine Nähe komme, niemand eine von ihm verfaßte oder geschriebene Schrift lese.«

Spinoza hat den Kampf nicht gesucht; Polemik um der Polemik willen liegt ihm fern. Er schreibt einmal: »Ich lasse einen jeden nach seiner Natur leben und, wer will, mag für sein Heil sterben: wenn nur ich für die Wahrheit leben darf.« Aber eben das ist es, was die Empörung hervorruft: daß einer seiner eigenen Wahrheit leben will, daß ihm die gängige Meinung gleichgültig ist, daß er sich nicht an das kehren will, was seit alters für wahr gegolten hat. Daß Spinoza so unerbittlich seiner Wahrheit verschworen ist, muß ihn in Feindschaft mit den Mächten seiner Zeit bringen; eben das verwickelt ihn in den Kampf mit der Synagoge; eben das trägt ihm schließlich den Haß seines ganzen Zeitalters ein. Aber gerade dies gehört zum Philosophieren: daß man der Wahrheit und nur der Wahrheit gehorcht, unbekümmert um das, was daraus folgen mag, ohne Furcht vor dem Urteil der Menschen. In diesem Sinne ist Spinoza ein wahrer Philosoph.

Die Ausstoßung aus der Gemeinschaft seines Volkes und seines Glaubens treibt Spinoza noch tiefer in die Absonderung, als es sein Hang zur Einsamkeit ohnehin fordert. Er lebt zurückgezogen und im Verborgenen zunächst in der Nähe von Amsterdam, dann in der Umgebung von Den Haag. Es wird berichtet, daß er innerhalb von drei Monaten nicht ein einziges Mal ausgegangen sei. Er ist, wie ein Besucher schreibt, »in seinem Studierzimmer gleichsam begraben«. »Ich rede aus der Ferne zu Euch, die Ihr ferne seid«, teilt er den Freunden mit. Deren hat er freilich nur wenige, und auch seine Korrespondenz ist spärlich; »selbst seine Schüler«, so berichtet einer seiner Biographen, »wagten nicht, sich offen zu ihm zu bekennen«. Um seinen Lebensunterhalt zu fristen, befaßt sich Spinoza mit dem Schleifen von optischen Gläsern. Angebote von Freunden, ihn durch Zuwendungen zu unterstützen, nimmt er nur widerstrebend und nur im Maße des unbedingt Notwendigen an. Man kann sich kaum ein bedürfnisloseres Leben denken als das seinige; in den letzten Lebensjahren besorgt er sogar seinen Haushalt selber. Nur eine Pfeife Tabak gönnt er sich von Zeit zu Zeit. Und doch entgeht auch dieses Leben in der Stille nicht der gehässigen Polemik der Gegner. Noch nach hundert Jahren schreibt einer von diesen: »Am allerwenigsten aber verdient seine beständige Einsiedlerei etwangiges Lob; denn dieses hat er aus keiner andern Ursache getan, als um ein verfluchtes Systeme, wodurch er den wahren Gott, sein Wort und alle Religion über einen Haufen zu werfen getrachtet, auszuklauben ... Wenn wir alles genau beim Lichte besehen, so hat seine hauptsächlichste Tugendverrichtung darinnen bestanden, daß er zwischen vier Wänden gotteslästerliche Bücher ausgeschwitzet.«

Seine Einsamkeit bewahrt Spinoza nicht vor Feindseligkeiten. Der Kampf gegen ihn bricht mit verschärfter Heftigkeit los, als er, freilich unter einem Pseudonym, eine Schrift mit dem Titel: ›Theologisch-Politischer Traktat‹ veröffentlicht. Es geht ihm dabei um die Verteidigung der Denkfreiheit; sie fordert er in einem Maße, das weit über das hinausgeht, was jenes nicht gerade tolerante Zeitalter einzuräumen imstande ist. Man hätte ihm allenfalls noch eine gewisse Freiheit des Denkens zugestanden, wenn er nur den Vorbehalt gemacht hätte, daß dabei die Lehre der Kirche nicht angetastet werden dürfe. Aber Spinoza ist überzeugt, die Suche nach der Wahrheit könne auch vor den Pforten der offiziellen Religion nicht haltmachen. Vollends aber muß es die Mächtigen seiner Zeit empören, wenn er dem Staate die Aufgabe zuweist, die Übergriffe der Kirche im Zaume zu halten und die Freiheit der religiösen und politischen Überzeugungen zu wahren; denn »der Zweck des Staates ist in Wahrheit die Freiheit«.

In diesem Zusammenhang spricht Spinoza Gedanken aus, die den Eindruck erwecken, als seien sie unmittelbar in unserer Gegenwart geschrieben: »Angenommen, diese Freiheit könne so unterdrückt werden und die Menschen könnten so in Schranken gehalten werden, daß sie ohne Erlaubnis der höchsten Gewalten sich nicht zu rühren wagten, so wird es doch nie so weit kommen, daß sie nur das denken, was jene wollen. Es würde aber notwendig folgen, daß die Menschen tagtäglich anders sprächen, als sie denken; damit würden Treu und Glauben, die doch im Staat vor allem nötig sind, verderben, und es würden verächtliche Heuchelei und Hinterhältigkeit herangezüchtet; daraus erwüchsen Betrug und Verderb aller guten Sitten ... Kann man sich ein größeres Unglück für einen Staat ausdenken, als wenn ehrbare Männer nur darum, weil sie anders denken und nicht zu heucheln verstehen, wie Verbrecher des Landes verwiesen werden? Was kann verderblicher sein, als wenn Menschen nicht wegen eines Verbrechens oder einer Übeltat, sondern nur weil sie freien Geistes sind, für Feinde erklärt und zum Tode geführt werden, und wenn der Richtplatz, das Schreckbild für die Bösen, zur schönsten Schaubühne wird, um das erhabenste Beispiel der Standhaftigkeit und Tugend zu bieten?«

Kaum erschienen, wird der ›Theologisch-Politische Traktat‹ verboten, und zwar von Universitätskanzleien ebenso wie von kirchlichen und staatlichen Behörden; dabei macht es keinen Unterschied, ob es sich um katholische oder um protestantische Instanzen handelt. Der holländische Statthalter untersagt unter Androhung strengster Bestrafung Druck und Verbreitung dieses Buches, weil es ein »gotteslästerliches und seelenverderbendes« Werk sei, »voll von grundlosen und gefährlichen Ansichten und Greueln«. Nicht einmal zustimmend erwähnen darf man dieses Buch. Der Verleger einer

Schrift, die das zu tun wagt, wird zu einer Geldstrafe von 3000 Gulden und acht Jahren Zuchthaus verurteilt. Eine Fülle von Pamphleten erscheint gegen den Traktat; ein fingiertes Bücherverzeichnis kündigt ihn folgendermaßen an: »Tractatus Theologico-Politicus. Von dem abtrünnigen Juden zusammen mit dem Teufel in der Hölle geschmiedet.«

Spinozas einzige Waffe all dem gegenüber ist das Schweigen. Resigniert schreibt er: »Wer sich bemüht, die Dinge der Natur als Gelehrter zu begreifen und nicht nur als Tor anzustaunen, der wird allenthalben für einen Ketzer und Gottesleugner gehalten.« In der Sache aber gibt Spinoza nicht nach und kann er nicht nachgeben. Zu den Freunden äußert er, ein Gedanke höre nicht auf, wahr zu sein, bloß weil er von den Vielen nicht anerkannt werde. »Es ist nicht erst seit heute, daß die Wahrheit teuer zu stehen kommt; üble Nachrede aber soll mich nicht dazu bringen, sie im Stich zu lassen.«

Doch auch in die verborgene Welt Spinozas dringt zuweilen eine Stimme der Anerkennung. Der Kurfürst Karl Ludwig von der Pfalz läßt bei ihm anfragen, ob er geneigt sei, an der Universität zu Heidelberg »die Stelle eines ordentlichen Professors der Philosophie zu bekleiden«. Der Anfragende, ein Professor der Theologie in Heidelberg, fügt hinzu: »Nirgends werden Sie einen Fürsten finden, der gegen ausgezeichnete Geister, wozu er Sie rechnet, huldvoller gesinnt ist. Sie werden die vollste Freiheit zu philosophieren genießen, im Vertrauen darauf, daß Sie diese nicht zur Störung der öffentlich anerkannten Religion mißbrauchen werden.« Das Angebot ist verlockend. Aber Spinoza hat Bedenken; er antwortet: »Wenn es je mein Wunsch gewesen wäre, eine Professur ... zu übernehmen, so hätte ich mir keine andere wünschen können als die, die mir von Seiner Durchlaucht dem Kurfürsten von der Pfalz durch Sie angeboten wird, namentlich wegen der Freiheit des Philosophierens, die der gnädigste Fürst mir einzuräumen geruht ... Da es jedoch nie meine Absicht gewesen ist, ein öffentliches Lehramt zu bekleiden, so kann ich mich nicht dazu entschließen, dieses glänzende Anerbieten anzunehmen ... Denn ich bedenke ..., daß ich nicht weiß, innerhalb welcher Grenzen die Freiheit des Philosophierens sich halten müsse, damit ich nicht den Anschein erwecke, als wolle ich die öffentlich anerkannte Religion stören. Zerwürfnisse entstehen weniger aus inniger Liebe zur Religion, als vielmehr aus der Verschiedenheit der menschlichen Affekte oder aus dem Widerspruchsgeist, womit man alles, ob es noch so richtig gesagt ist, zu verdrehen und zu verdammen pflegt. Da ich dies schon in meinem einsamen Privatleben erfahren habe, um wieviel mehr hätte ich es zu befürchten, nachdem ich zu dieser Würde emporgestiegen wäre. Sie sehen also, hochverehrter Herr, daß mich nicht etwa die Aussicht auf ein besseres Lebenslos zurückhält, sondern allein die Liebe zu einem ungestörten Dasein, die, um es mir einigermaßen erhalten zu können, mich veranlaßt, von öffentlichen Vorlesungen abzusehen.«

So bleibt Spinoza in der Stille seines einsamen Nachdenkens. Er ist, wie einer seiner früheren Biographen schreibt, »wie in einem Museum begraben«. Einsam auch stirbt er, mit 44 Jahren, nachdem er seit langem an der Schwindsucht gelitten hat.

Erst nach dem Tode Spinozas werden seine wichtigsten philosophischen Werke herausgegeben: der ›Traktat von der Vervollkommnung des Verstandes‹ und das große Hauptwerk, die ›Ethik‹. Da erst wird auch offenbar, woraus diesem Denker die Kraft kommt, angesichts der Feindschaft und des Hasses fast der gesamten Mitwelt doch sich selber und der von ihm gefundenen Wahrheit treu zu bleiben und ohne die Verlockung des Ruhmes in der Einsamkeit auszuharren. Das wird ihm darum möglich, weil er in seinem Denken schon immer der Welt und ihrem Getriebe entrückt ist. Sein Inneres ist von einer großen Sehnsucht erfüllt: hinaus über das Vergängliche und hin zum Ewigen, jener Sehnsucht, die, als Leiden an der Endlichkeit, zu allen Zeiten das Grundgefühl der Philosophen gewesen ist.

So fängt denn sein Traktat mit folgenden Worten an: »Nachdem mich die Erfahrung belehrt hatte, daß alles, was im gewöhnlichen Leben so oft begegnet, eitel und flüchtig ist ..., beschloß ich, zu erforschen, ob es ein wahres Gut gebe ..., von dem allein, nach Abwerfung alles Übrigen, die Seele wahrhaft angegangen werde; ja ob es etwas gebe, das, wenn ich es gefunden und erworben hätte, mir dauernde und höchste Freude auf immer verschaffen könnte.« Wovon sich Spinoza abwendet, ist der Umtrieb des alltäglichen Lebens, das Suchen nach Reichtum, nach Ehre, nach Lust; all das erscheint ihm eitel und leer, flüchtig und vergänglich. Er kann es nur mit inniger Trauer betrachten. Aber eben daraus erwächst ihm eine Sehnsucht über das Vergängliche hinaus, nach einem Zustande, in dem alle Betrübnis über die Vergänglichkeit hinter ihm geblieben wäre. Als er dieses wahre, beseligende Gut gefunden hat, schreibt er: »Die Liebe zu einem ewigen und unendlichen Ding nährt die Seele mit der einzig wirklichen Freude und ist aller Trauer ledig.«

Das also ist der Grundzug des Philosophierens Spinozas: aus der Erfahrung des Leidens an der Vergänglichkeit sich liebend nach dem Ewigen auszustrecken und in dieser Liebe zu ruhen. »Amor intellectualis erga Deum«, nennt er es: »geistige Liebe zu Gott«. Deshalb kann Novalis sagen: »Spinoza ist ein gotttrunkener Mensch.« »Der Spinozismus ist eine Übersättigung mit Gottheit.« So auch versteht Schleiermacher Spinoza: »Ihn durchdrang der hohe Weltgeist, das Unendliche war sein Anfang und sein Ende, das Universum seine einzige und ewige Liebe; in heiliger Unschuld und tiefer Demut spiegelte er sich in der ewigen Welt und sah zu, wie auch er ihr liebenswürdigster Spiegel war.« So denkt schließlich auch der französische Philosoph Victor Cousin; die Ethik Spinozas, schreibt er, ist »ein mystischer Hymnus, ein Aufschwung und ein Seufzen der Seele zu dem hin, der allein mit Recht sagen kann: Ich bin, der ich bin.«

Daher auch beginnt das große Hauptwerk Spinozas, die ›Ethik‹, mit dem Gedanken Gottes als der Ursache seiner selbst. Daß die Philosophie mit Gott anfängt, ist für Spinoza selbstverständlich, ganz im Gegensatz zu seinem Lehrer Descartes, der die Gottesgewißheit erst auf dem Wege über die Selbstgewißheit gewinnt. Demgegenüber behauptet Spinoza: »Wir können der Existenz keiner Sache gewisser sein als der Existenz des unbedingt unendlichen und vollkommenen Wesens, d. h. Gottes. Denn da seine Wesenheit alle Unvollkommenheit ausschließt ..., hebt sie dadurch jede Ursache, an seiner Existenz zu zweifeln, auf und gibt über diese die höchste Gewißheit.« In diesem Sinne gilt: »Gott, die erste Ursache aller Dinge und auch die Ursache seiner selbst, gibt sich selbst durch sich selbst zu erkennen.«

Wenn es aber so ist, woher kommt dann der Haß, mit dem die Vertreter des orthodoxen Judentums ebenso wie des kirchlichen Christentums diesen Philosophen zu seinen Lebzeiten und noch über sein Grab hinaus verfolgen? Daher, daß der Gott, den Spinoza als den Gegenstand seiner unendlichen Sehnsucht weiß, nicht der gleiche ist, von dem die christliche und die jüdische Religion reden. Es ist nicht der Gott, der in der Allmacht seines Willens eine Welt geschaffen und sie im Akt der Schöpfung an sich selber entlassen hat. Spinoza kann der Welt keine selbständige Existenz zugestehen; im Grundgefühl der Sehnsucht hat er erkannt, daß das Vergängliche eitel und flüchtig ist; ja, genau betrachtet, *ist* es gar nicht im eigentlichen Sinne des Seins und der Wirklichkeit. In Wahrheit ist Gott und nur Gott. So wird Spinoza über den Gedanken Gottes als des Schöpfers und der Welt als der Schöpfung hinausgetrieben. Wie kein anderer hat Fichte das aus verwandtem Denken heraus begriffen: »Dies war eben die Schwierigkeit aller Philosophie, die ... mit dem Suchen der Einheit Ernst machte, daß entweder wir zugrunde gehen mußten, oder Gott ... Der erste kühne Denker, dem hierüber das

Licht aufging, mußte nun wohl begreifen, daß, wenn die Vernichtung vollzogen werden sollte, wir uns derselben unterziehen müssen; dieser Denker war Spinoza.«

Aber, so könnte man einwenden, die Welt ist doch, und auch der Mensch *ist*. Das leugnet auch Spinoza nicht. Aber er fragt: Was sind denn Welt und Mensch, wenn im eigentlichen Sinne nur Gott *ist?* Und er antwortet: die Welt ist nichts als eine Weise, wie Gott selber existiert, und der Mensch ist nichts als eine Weise, wie Gott selber denkt. Wenn man sagt, ein Ding ist, so redet man unangemessen. Eigentlich müßte man sagen: in der Weise, wie dieses Ding mir erscheint, erscheint mir Gott, mir nämlich, der ich selber ein Gedanke Gottes bin. Denn Gott ist alles in allem, er ist in allem Wirklichen, in den Dingen wie im Menschen, anwesend. Oder, genauer ausgedrückt: Alles Wirkliche ist in Gott befaßt; »alles, was ist, ist in Gott«. In Spinozas Sprache: Die Dinge und die menschlichen Geister sind keine selbständigen Substanzen; Gott allein ist die eine und einzige Substanz; Dinge und menschliche Geister sind nur Modi dieser einen Substanz. Zu dieser Konsequenz muß Spinoza in seiner entschlossenen Abwendung von allem Vergänglichen notwendig kommen. »Über Gott und die Natur hege ich eine Meinung, die von der weit verschieden ist, die die neuerlichen Christen zu verteidigen pflegen. Denn ich halte Gott für die inwendige Ursache aller Dinge ..., nicht aber für die diese überschreitende Ursache. Ich sage, alles sei in Gott und werde in Gott bewegt. Das behaupte ich, wenn auch auf andere Weise, im Einverständnis mit Paulus und vielleicht auch mit allen alten Philosophen; ja, ich möchte wagen hinzuzufügen: auch mit allen alten Hebräern.«

Nun versteht man die Empörung des Zeitalters und der Nachwelt gegen Spinoza, nun begreift man, daß man sich nicht genug tun konnte, diesen gotttrunkenen Philosophen als verruchten Atheisten zu schmähen. Denn im Denken Spinozas ist kein Raum für einen persönlichen Gott und gar für einen Gott, der sich ausschließlich in den Propheten und in Jesus Christus offenbart. Die Offenbarung Gottes, so denkt Spinoza, geschieht in allem Wirklichen. Dieser Gedanke hat es aber auch vermocht, daß in einer veränderten Zeit Denker und Dichter wie Lessing und Goethe, Herder und Schleiermacher, Fichte, Novalis und Schelling sich auf den einsamen Philosophen von Amsterdam besinnen und, aus verwandter Erfahrung von Gott und von der Welt, sich ihm nahe wissen.

Freilich, die Unbegreiflichkeit Gottes und der Wirklichkeit wird auch von diesem Gedanken ihrer innigen Verflechtung her, wie ihn Spinoza denkt, nicht begreiflicher. Denn wenn Gott in allem Wirklichen anwesend ist, muß er dann nicht auch in den Streit und Kampf eingehen, der doch mit zur Wirklichkeit der Welt gehört? Das hat in drastischer Weise um 1700 ein Mann aus der Freien Reichsstadt Memmingen ausgesprochen: »Ich höre in der Welt von Kriegen und Kriegsgeschrei. So muß dann Gott Kriege wider sich selbst führen und in seine eigne Därmer rasen. Er muß sich selbst destruieren und umbringen. All der Greuel von Zorn, Haß, Grimm und Widerwärtigkeit der Menschen unter sich selbst müssen eine Passion Gottes gegen und wider sich selbst sein ... Man muß sagen, daß Gott in den Menschen lebe, leide, sterbe, geboren werde, esse, trinke, schlafe, beischlafe u.s.f., daß die Traurigkeit, Verzweiflung und das Ungemach der Menschen eben die Traurigkeit, Verzweiflung und das Ungemach Gottes seien ... All die tollen und widerwärtigen Gedanken der Menschen, die Blasphemien und erschrecklichen Chimären der in uns ewig schwätzenden Vernunft müssen Gedanken und Schildereien Gottes sein, in welchen er sich selbst abmalet und bespiegelt. Das Gespräch zweier oder mehr Menschen wird nicht anders sein als eine süße Unterredung Gottes mit sich selbst.«

Dieser bekümmerte Mann begreift allerdings nicht die ganze Tiefe des Gedankens Spinozas. Er versteht nicht, daß dieser in seiner unendlichen Sehnsucht zu Gott die Welt mit all ihrem Getriebe und all ihrem Streit längst hinter sich gelassen hat. Aber gerade an diesem Punkte gerät das Denken Spinozas in eine tiefere Gefährdung. Denn wer in solcher ausschließlichen Hingabe an das Ewige lebt, dem muß sich das Zeitliche in Nichts auflösen, dem muß die Wirklichkeit entgleiten, der muß schließlich selber unwirklich werden. Das ist es, was Spinoza widerfährt; das ist es, was sein Denken zu einem so gewagten Versuch macht, das Endliche in das Unendliche aufzuheben; das ist schließlich auch der tiefere Grund seiner gläsernen Einsamkeit. So hat vielleicht Hegel mit dem zunächst so befremdlichen Satze recht, den er im Blick auf den Tod Spinozas ausspricht: »Er starb den 21. Februar 1677, im 44. Jahre seines Alters, an der Schwindsucht, an der er seit lange gelitten – übereinstimmend mit seinem Systeme, in dem auch alle Besonderheit und Einzelheit in der Einen Substanz verschwindet.«

Leibniz
oder
Das Puzzlespiel der Monaden

Unter einem gewissen Aspekt kann man das 17. Jahrhundert das Zeitalter der Damen nennen. Auch das Leben von Gottfried Wilhelm Leibniz fügt sich in diese Perspektive ein. Nicht daß er es etwa mit Kurtisanen und Maitressen getrieben hätte; von irgendwelchen derartigen Exzessen wissen wir jedenfalls nichts. Auch hat er keine mehr oder minder bedeutende Frau geheiratet; im Gegenteil, er bleibt sein Leben lang ehelos, was ihn zu einer tristen Gasthausexistenz verurteilt. Aber er liebt es, seine naturwissenschaftlichen und philosophischen Entdeckungen und seine diplomatischen Erfolge hochmögenden Frauen mitzuteilen, mit denen er in eifrigem Umgang und weitläufiger Korrespondenz steht. Da ist eine Kaiserin und eine Königin; da sind Herzoginnen, Kurfürstinnen, Kurprinzessinnen; da sind gewöhnliche Prinzessinnen. Kaum je findet sich in den Briefen an diese Damen ein Wort der Galanterie oder der Courtoisie. Immer ist Leibniz auf die Sache gerichtet. Denn von ihr ist er besessen; er ist ganz und gar ein Mensch des Geistes.

Das fängt schon früh an. Wie Pascal ist auch Leibniz ein Wunderkind. Da ihm niemand das Latein beibringen will, buchstabiert er sich mit acht Jahren selber in diese Sprache hinein. Er stößt auf ein Buch von Livius, das mit Kupferstichen geschmückt ist, und errät aus den Unterschriften die Bedeutungen der Wörter. Dann wendet er sich dem Text zu und entziffert Wort für Wort den Sinn des Gesagten. Auch die Logik mit ihrem »Eintäfeln der Kenntnisse« findet sein lebhaftes Interesse. Schon mit fünfzehn Jahren geht er auf die Universität, um Jurisprudenz zu studieren. Aber das ist nicht seine einzige Absicht. Er stößt alsbald auf das philosophische Problem, das ihn von da an ständig beschäftigen wird. Die philosophische Wissenschaft steht damals zwischen Aristoteles, der den Zweckbegriff in den Mittelpunkt stellt, und Descartes, der von der mechanischen Kausalität ausgeht. Daß dazwischen eine Entscheidung notwendig ist, geht Leibniz auf einem einsamen Spaziergang im Rosental bei Leipzig auf. Mag er auch das Problem damals noch nicht gelöst haben, ja mag auch der spätere Leibniz nicht die Alternative, sondern die Synthese jener beiden widerstreitenden Positionen fordern: es bleibt, daß bereits der Fünfzehnjährige den entscheidenden Gesichtspunkt für seine künftige philosophische Arbeit findet. Daneben studiert er seine Jurisprudenz und will auch promovieren. Aber die hochgelehrten Herren Professoren der Universität Leipzig halten ihn für zu jung; nach anderen Berichten verhindert die Frau des Dekans aus Abneigung die Promotion. So ergreift er, wie ein Biograph berichtet, »den Wanderstab«, geht an die Universität Altdorf bei Nürnberg und legt dort, unter der Bewunderung der Professoren, ein glänzendes Examen ab. Man bietet ihm, dem Einundzwanzigjährigen, sofort eine Professur an; aber er will sich nicht in die Fesseln des akademischen Lehramtes begeben und lehnt ab.

Das weitere Leben von Leibniz ist höchst zerstreut. Vorübergehend ist er, obgleich Protestant, beim Kurfürsten und Erzbischof von Mainz als politischer Berater tätig. Dann nimmt er einen Ruf an den Hof von Hannover an und bleibt von da an bis zu seinem Tode in den Diensten des Welfenhauses. Seine Tätigkeit dort ist vielfältig. Sie umfaßt zu einem großen Teil diplomatische Missionen, die ihn nach Paris, nach Wien, nach Berlin, nach München führen. Seine Berichte darüber gehen übrigens häufig nicht nur an seine Auftraggeber, sondern auch an die eingangs genannten adeligen Damen. Außerdem wird Leibniz mit der Abfassung von Memoranden in politischen und juristischen Angelegenheiten beauftragt. Ähnliche diplomatische Tätigkeiten hatte Leibniz schon in Mainz ausgeübt. Aus dieser Zeit stammt die abenteuerliche Denkschrift, in der er dem König von Frankreich vorschlägt, Ägypten zu erobern – natürlich in der heimlichen Absicht, ihn dadurch von Deutschland abzulenken. Der französische König nimmt freilich von diesem Memorandum keine Notiz; aber Napoleon soll es mehr als ein Jahrhundert später bei seinen Plänen herangezogen haben. Charakteristisch für Leibniz ist, daß seine Absicht, wo auch immer er politisch tätig wird, stets auf Ausgleich ausgeht. Er strebt ein Völkersystem an, in dem jede Nation ihre eigentümliche Aufgabe im Verein mit den anderen erfüllen kann: eine Harmonie aller christlichen Völker, einen Weltfrieden.

Offiziell hat Leibniz die Stelle eines Hofbibliothekars inne, und zwar in Hannover und in Wolfenbüttel. Aber er ist ein seltsamer Bibliotheksleiter. Man erzählt sich, er sei höchst ungehalten gewesen, wenn jemand auf die absonderliche Idee kam, sich ein Buch zu entleihen. Daneben wird Leibniz auf seinen Vorschlag hin mit der Abfassung einer Geschichte des Welfenhauses beauftragt. Zwar kann er aus den Quellen einige für das Fürstenhaus wichtige Tatsachen feststellen. Aber dann verliert er sich ins Allgemeine. Die Geschichte des Welfenhauses, so argumentiert er, kann nicht ohne Zusammenhang mit der Geschichte des Bodens betrachtet werden,

den dieses Geschlecht beherrscht; darum muß man vor aller historischen Bemühung erst einmal Geologie betreiben. Aber auch das genügt ihm noch nicht. Denn der bestimmte Landstrich der Welfen ist ja ein Teil der Erde, und also muß man vor allen Dingen deren Entstehungsgeschichte untersuchen. So kommt der Historiker des Welfenhauses in einer ihm plausibel erscheinenden logischen Folge dazu, die Urgeschichte der Erde zu beschreiben. Kein Wunder, daß er nur wenig an die konkrete Geschichte kommt und daß der Kurfürst immer wieder ungeduldig nach dem Fortgang der Arbeiten fragt; ihm liegt ja, wie das bei Fürsten üblich sein soll, mehr am Ruhme seines Hauses als an der Entstehung der Welt.

Daneben beschäftigt Leibniz die Aufgabe einer Wiedervereinigung der getrennten Kirchen: zunächst der lutherischen und der reformierten, dann der protestantischen und der katholischen und schließlich der westeuropäischen und der griechischen. Auch das entspricht seinem harmonisierenden Denken. Auf diesem Felde hat er freilich wenig Glück. Die Gegensätze sind noch zu groß, als daß er sie durch seine versöhnlichen Schriften und durch seine konziliatorischen Verhandlungen überbrücken könnte.

Neben all dem gehen die wissenschaftlichen Bemühungen von Leibniz einher. Sie erstrecken sich in erheblichem Maße auf das Organisatorische. Er regt überall, in Wien, in Dresden, in Berlin, in Petersburg, die Gründung von Akademien an und entwirft genaue Pläne dafür. Doch nur die Preußische Akademie der Wissenschaften wird, vorerst noch unter anderem Namen, zu seinen Lebzeiten verwirklicht. Leibniz wird ihr erster Präsident. Zu ihrer Finanzierung schlägt er groteske Maßnahmen vor: Steuern auf Kalender und Feuerspritzen, auf Maulbeerbäume, auf Reisepässe und Branntwein. Doch all diese Anstrengungen dankt man Leibniz nicht. Er wird in wachsendem Maße aus der Arbeit der Akademie ausgeschaltet; nicht einmal zur Eröffnungssitzung wird er, der Präsident, eingeladen.

Verwunderlich, daß einem so vielseitig beschäftigten Manne noch die Zeit bleibt, in Ruhe wissenschaftliche Studien zu treiben. Das aber geschieht, und zwar in einem Umfang, wie er seit Aristoteles nicht mehr erreicht worden ist und auch nach Leibniz nie mehr verwirklicht werden wird. Friedrich der Große sagt von ihm: »Er stellte für sich eine ganze Akademie dar.« Mathematik, Physik und Mechanik, Geologie und Mineralogie, Jurisprudenz und Nationalökonomie, Sprachwissenschaft und Geschichtswissenschaft, Theologie und Philosophie werden von ihm in gleicher Weise betrieben. Auf dem Felde der Mathematik gelingt ihm eine wichtige Entdekkung: die Differentialrechnung. Daran schließt sich freilich ein unerfreulicher Streit mit Newton und dessen Anhängern an; jede Seite beansprucht für sich die Priorität der Erfindung. So nebenher gelingt Leibniz auch die Konstruktion einer Rechenmaschine und eines Unterseebootes. Dazu kommt eine ausgedehnte gelehrte Korrespondenz, die ihn mit fast allen verbindet, die in der wissenschaftlichen Welt Rang und Namen haben; nicht weniger als 15 000 Briefe sind noch erhalten.

Die eigentlich weiterwirkende Bedeutung von Leibniz liegt in seinen philosophischen Bemühungen. Er erfindet eine Gedankenschrift, ein »Alphabet der menschlichen Gedanken«, also Siglen für jeden Begriff, und wird damit zum Vorläufer für modernste Bestrebungen der Logistik und Semantik. Doch es bleibt bei Anregungen. Auch in der für ihn wesentlichen, der metaphysischen Philosophie, kommt es nicht zu einem großen abschließenden Werk. Die meisten seiner Abhandlungen sind Gelegenheitsschriften, Antworten auf Fragen und Äußerungen von Freunden, vor allem auch wieder hochmögenden Damen oder Männern von Einfluß wie dem Prinzen Eugen. Eine schon fertige Schrift gegen Locke hält Leibniz zurück, als er vom Tode seines Gegners erfährt. Als vollendetes Werk erscheint – neben einigen kleineren Schriften – lediglich die ›Theodizee‹, die, angeregt durch Gespräche mit der Königin Sophie Charlotte von Preußen, ihn in seiner Zeit berühmt macht.

Von seinem Äußeren berichtet Leibniz in einer fingierten Selbstbiographie: »Er ist hagerer, mittlerer Statur, hat ein blasses Gesicht, sehr oft kalte Hände, Füße, die wie die Finger seiner Hände nach Verhältnis der übrigen Teile seines Körpers zu lang und zu dünn sind, und keine Anlage zum Schweiß. Seine Stimme ist schwach und mehr fein und hell als stark, auch ist sie biegsam, aber nicht mannigfaltig genug; die Kehlbuchstaben und das K sind ihm schwer auszusprechen.« Ein zeitgenössischer Biograph ergänzt dieses Bild: »Er bekam auf dem Kopfe frühzeitig eine kahle Platte und hatte mitten auf dem Wirbel ein Gewächs von der Größe eines Taubeneies. Von Schultern war er breit und ging immer mit dem Kopfe gebückt, daß es schien, als hätte er einen hohen Rücken. Er aß sehr stark und trank, wenn er nicht genötigt wurde, wenig. Wie er niemals eine eigene Wirtschaft geführt hat, so war er im Essen nicht wählerisch und ließ sich dasselbe aus den Wirtshäusern auf seine Stube bringen.«

Von den letzten Lebensjahren von Leibniz berichtet der gleiche zeitgenössische Biograph: »Er studierte in einem hin und kam oft tagelang nicht vom Stuhle. Ich glaube, daß sich davon am rechten Beine eine Fluxion oder offener Schaden bildete. Dies machte ihm beim Gehen Beschwerde; er suchte es sich also zuzuheilen, und zwar mit nichts anderem, als darauf gelegtem Löschpapier; aber sobald dieses geschehen, bekam er heftiges Podagra. Dieses suchte er durch stilles Liegen zu besänftigen, und damit er im Bette studieren könnte, zog er die Beine krumm an sich. Die Schmerzen aber zu verhindern und die Nerven unfühlbar zu machen, ließ er hölzerne Schraubstöcke machen und dieselben überall, wo er Schmerzen fühlte, anschrauben. Ich glaube, er habe dadurch seine Nerven verletzt, so daß er die Füße zuletzt gar wenig brauchen konnte, da er denn auch fast stets im Bette lag.«

Man sollte denken, ein so vielseitiger und in so mannigfaltigen Beziehungen und Verhältnissen stehender Mann, der zudem mit Höfen und Fürstenhäusern eng verbunden ist, erhalte auch ein prächtiges Begräbnis, als er 1716, mit 70 Jahren, stirbt. Aber nichts dergleichen ereignet sich. Der Hof hält sich fern. Fast unmerklich wird Leibniz unter die Erde gebracht.

Fragt man nun, worin die philosophische Leistung von Leibniz besteht, dann wird man vermutlich zur Antwort bekommen: im Entwurf einer Monadologie. Fragt man dann weiter, was das ist, dann lautet die Antwort etwa: eine etwas absonderliche Lehre von merkwürdigen Dingerchen, Monaden genannt, die das Prinzip der Wirklichkeit darstellen sollen. Wenn man dann aber noch weiterfragt, herrscht zumeist Stillschweigen. Darum muß die Darstellung des Denkens von Leibniz vor allem darauf aus sein, verständlich zu machen, was er mit seiner Lehre von den Monaden meint, und noch mehr: was ihn dazu veranlaßt, die Wirklichkeit in der ihm eigentümlichen Weise monadologisch zu deuten.

Zunächst gerät Leibniz an einem entscheidenden Punkte in einen Gegensatz zu seinem großen Vorgänger, dem französischen Philosophen Descartes. Dieser meinte, die Wirklichkeit der Dinge dann hinreichend zu erfassen, wenn er sie als ausgedehnt begreife. Diese Sicht, wendet Leibniz ein, ist jedoch ergänzungsbedürftig. Die bloße Ausdehnung erklärt nicht, daß ein Ding Widerstand leistet, wenn man es berührt, ja daß es, wie zum Beispiel ein Tier, aus sich selber heraus tätig werden kann. Um auch dieses Moment in die Deutung der Wirklichkeit mit hineinzunehmen, führt Leibniz den Begriff der Kraft ein. Jedes Ding ist darin wirklich, daß in ihm Kräfte, gleichsam Kraftpunkte, wirksam sind. Hinter der sichtbaren Wirklichkeit tut sich so eine eigentliche, wahre Wirklichkeit auf: die Welt der unsichtbaren Kräfte.

Damit ist ein erster Schritt in der Richtung auf ein Verständnis des Monadenbegriffs getan. Die Kraftpunkte, von denen her Leibniz die

Wirklichkeit deutet, sind kleinste Einheiten. Freilich nicht von der Art der Materie, von der Leibniz annimmt, daß man sie ins Unendliche teilen könne. Sie sind vielmehr unteilbare, ursprüngliche Einheiten. Nun lautet das griechische Wort für Einheit »Monás«. Darum bezeichnet Leibniz jene Kraftpunkte als Monaden.

Eine weitere Einsicht gewinnt er, indem er einen bestimmten Wirklichkeitsbereich besonders betrachtet: den der Lebewesen, der Organismen. Bei diesen kommt ja die ihnen innewohnende Kraft in vorzüglicher Weise zum Ausdruck. Jedes hat ein Zentrum, ein wirksames Prinzip, eine Einheit in sich, die alles lenkt und organisiert, was mit diesem Lebewesen geschieht. Nun muß man – so schließt Leibniz weiter – alle Wirklichkeit nach der Analogie mit dem Organismus denken; denn das Tote muß vom Lebendigen her begriffen werden, nicht umgekehrt das Lebendige vom Toten her. Dann aber sind die Kraftpunkte im toten Seienden von der gleichen Art wie die in den Organismen. Alle kleinsten Einheiten, alle Monaden, sind lebendig.

Unter diesem Blickpunkt kommt es zu einer großartigen Verlebendigung der Welt. »Die ganze Natur ist voller Leben.« Leibniz schildert das sehr anschaulich: »Jedes Stück Materie kann gleichsam als ein Garten voller Pflanzen oder als ein Teich voller Fische aufgefaßt werden. Aber jeder Zweig der Pflanze, jedes Glied des Tieres, jeder Tropfen seiner Säfte ist wieder ein solcher Garten und ein solcher Teich. Und obwohl die Erde und die Luft zwischen den Pflanzen des Gartens oder das Wasser zwischen den Fischen des Teiches weder Pflanze noch Fisch sind, enthalten sie doch auch noch Pflanzen und Fische, nur meistens von einer uns unerfaßbaren Feinheit. So gibt es nichts Ödes, nichts Unfruchtbares, nichts Totes im Universum.« Der unendliche Reichtum der Wirklichkeit aber ergibt sich aus der unendlichen Vielzahl der lebendigen Monaden, deren keine der andern gleich ist. Das veranlaßt Hegel zu der ironischen Bemerkung: »Der Satz, daß es nicht zwei Dinge gibt, die einander gleich sind, fällt dem Vorstellen auch nach der Anekdote an einem Hofe auf, wo ihn Leibniz vorgebracht und die Damen veranlaßt haben soll, unter Baumblättern zu suchen, ob sie nicht zwei gleiche finden. Glückliche Zeiten für die Metaphysik, wo man sich am Hofe mit ihr beschäftigte und wo es keiner andern Anstrengung bedurfte, ihre Sätze zu prüfen, als Baumblätter zu vergleichen!«

In seiner Betrachtung der Wirklichkeit hat Leibniz bis hierhin einen wichtigen Seinsbereich ausgelassen: das geistige Sein. Auch dieses gehört jedoch mit zur Wirklichkeit. Leibniz muß es daher nun in seine Konzeption mit aufnehmen. Ja, seinem Prinzip gemäß, daß das Niedere durch das Höhere zu deuten sei, muß er versuchen, alles Wirkliche nach Analogie mit dem Geiste zu erklären. Zum Wesen des Geistes gehört ein Doppeltes: daß er Vorstellungen hat und daß er von Vorstellung zu Vorstellung strebt. Wird nun das Wesen der Monade vom Geiste her gedeutet, dann muß man jeder Monade diese beiden Momente der Vorstellung und des Strebens zusprechen. So interpretiert Leibniz denn auch in der Tat die Wirklichkeit. Das eigentlich Wirkliche im scheinhaft Wirklichen ist die Monade als ein lebendiger Kraftpunkt, der durch Vorstellung und Streben ausgezeichnet ist.

Diese Konzeption ist befremdlich. Man soll annehmen, der Stuhl, der Tisch, das Bett seien gar nicht die materiellen Dinge, als die sie uns erscheinen. Das Wirkliche an ihnen seien vielmehr Kraftpunkte, mit Vorstellung und Streben begabt. Diesen Gedanken muß man jedoch in seiner ganzen Härte als die Grundidee von Leibniz gelten lassen. Er wird auch nur wenig dadurch gemildert, daß Leibniz anführt, die Kraftpunkte im toten Seienden hätten nur verworrene Vorstellungen, vergleichbar der Art, wie sich die Vorstellungen im Menschen durchhalten, auch wenn er in Ohnmacht fällt. Die Befremdlichkeit bleibt gleichwohl.

Dadurch, daß Leibniz in den Monaden verworrene und deutliche Vorstellungen unterscheidet, kommt er zu einer charakteristischen Stufung im Monadenbereich. Zuunterst stehen die Monaden mit ausschließlich verworrenen Vorstellungen, die »nackten Monaden«; sie bilden die anorganische Welt. Darüber erhebt sich die Welt des Lebendigen, der Organismen, deren Monaden neben vielen verworrenen schon einige deutliche Vorstellungen haben. Noch mehr ist das beim Menschen der Fall; sein Erkennen geht ja gerade so vor sich, daß seine Zentralmonade, d.h. die Monade, die alle anderen Monaden im Menschen regiert, von verworrenen zu deutlichen Vorstellungen übergeht. Gott aber, die Urmonade, hat ausschließlich deutliche Vorstellungen; er sieht die Wirklichkeit so, wie sie in Wahrheit ist: als das große Reich der Monaden.

Mit seiner monadologischen Konzeption stößt Leibniz jedoch auf eine Schwierigkeit; das Miteinander der Monaden wird zum Problem. Müßte man nicht annehmen, daß die Monaden aufeinander Einfluß nehmen, da ja auch in der sichtbaren Welt die Dinge einander beeinflussen? Leibniz jedoch leugnet diese Möglichkeit, und zwar darum, weil er den Begriff der Kraft konsequent denkt. Alles, was mit der Monade geschieht, entwickelt sich aus ihr selber heraus, so wie bei einer Feder alles, was sie ausübt, aus ihrer inneren Kraft kommt. Der Monade muß »alles aus ihrem eigenen Grunde erwachsen«. Dann aber kann keine Monade von einer anderen einen Einfluß erfahren und demgemäß auch keinen solchen Einfluß ausüben. Plastisch drückt Leibniz diesen Sachverhalt in dem Gleichnis von der Fensterlosigkeit der Monaden aus. »Die Monaden haben keine Fenster, durch die etwas in sie hineintreten oder aus ihnen hinaustreten könnte.« Sie sind völlig autark.

Dann aber muß Leibniz erklären, wie es in den mit deutlichen Vorstellungen ausgestatteten Monaden zur Annahme einer Außenwelt kommt. Zu diesem Zweck erfindet er die Hypothese, daß jede Monade von vornherein in ihrem Inneren in verworrener Weise die Vorstellung von allen anderen Monaden und damit von der ganzen Wirklichkeit enthalte. In ihr ist alle Welt präsent; sie ist »ein lebendiger, immerwährender Spiegel des Universums«, ein »Mikrokosmos«, ja, sofern sie alles umfaßt, »eine kleine Gottheit«. Zu dem, was sie immer schon vorstellt, gehört übrigens nicht nur, was je aktuell wirklich ist, sondern auch das, was jemals gewesen ist und was je sein wird; die Monade ist »schwanger von Zukunft, beladen mit Vergangenheit«. Das heißt konkret, daß etwa die Zentralmonade eines Europäers in sich die verworrene Vorstellung eines vor tausend Jahren an der chinesischen Küste angeschwemmten Holzstückchens trägt.

Ist das nicht eine allzu verwegene Weltsicht? Wenn jede Monade für sich abgeschlossen existiert, ohne Beziehung zu den anderen, muß es dann nicht zu einem vollendeten Solipsismus kommen? Wenn die andern Monaden sich nicht melden, woher weiß dann die mit Bewußtsein ausgestattete Monade, daß es die von ihr innerlich vorgestellte Welt auch in Wirklichkeit gibt? Ist dann die Welt am Ende nicht bloß eine Vorstellung, ohne wirkliche Existenz? Und wird nicht Leibniz so zu einem absoluten Idealismus gedrängt, demgemäß alle Wirklichkeit außer dem einen und einzigen Subjekt bloßer Schein ist?

Leibniz gibt darüber keine Auskunft mehr. Er hält ohne Begründung daran fest, daß es eine reale Welt mit unendlich vielen Monaden gibt. Er stellt jedoch noch die Frage, wie es möglich sei, daß in dieser Monadenwelt nicht völlige Unordnung, nicht ein reines Chaos herrsche. Er antwortet mit zwei Gedanken. Zum einen behauptet er, daß jeder Monade von ihrem Ursprung her ein inneres Gesetz mitgegeben ist, das alles regelt, was mit ihr geschieht. Zum andern führt er die Idee der prästabilierten Harmonie ein. Ihr gemäß ist von Anbeginn alles, was in den unendlich verschiedenen Monaden passiert, aufeinander abgestimmt. Wenn also etwa zwei Menschen einander erblicken, so heißt das im Sinne der Monadenlehre nicht, daß sie sich gegenseitig öffnen. Vielmehr besagt es: In der Zentralmonade des einen Menschen ist von ihrem Ursprung her angelegt, daß sie in diesem Augenblick die immer schon in ihr vorhandene verworrene Vorstellung von der Zentralmonade des andern Menschen zur Deutlichkeit erhebt, und in der Zentralmonade des andern Menschen geschieht das gleiche.

Doch worin gründet diese prästabilierte Harmonie? Worin ist das Ganze der Monaden in ihrer gegenseitigen Abgestimmtheit gehalten? Wie das in seiner Zeit nicht anders möglich ist, beantwortet Leibniz diese Frage, indem er den Begriff Gottes heranzieht. Wenn die inneren Gesetze der einzelnen Monaden und ihre Harmonie miteinander von Anfang an festgelegt sein sollen, dann kann das nur durch Gott als Schöpfer geschehen. Die Klammer, die das monadologische Denken zusammenhält, ist somit der Schöpfungsgedanke.

Um diese höchste Einheit seines Systems zu sichern, macht sich Leibniz daran, das Dasein Gottes zu erweisen. Der erste Gottesbeweis, der an Anselm von Canterbury erinnert, lautet: »Ich muß eine Idee von Gott oder von einem vollkommenen Wesen haben; nun schließt die Idee dieses Wesens alle Vollkommenheiten ein, und die Existenz ist eine davon; folglich existiert dieses Wesen.« Ein anderer Beweis geht davon aus, daß es ewige Wahrheiten oder Wesenheiten gibt, etwa die mathematischen Wahrheiten. Was in diesen ausgesprochen wird, muß einen Ursprung haben. Das aber kann nichts anderes als der Verstand Gottes, »die Region der ewigen Wahrheiten«, sein; denn dieser enthält »die Idee aller möglichen Dinge«. Weiterhin wird Gott als der Grund des Zufälligen in der Welt bewiesen; denn daß es etwas Zufälliges gibt, muß einen zureichenden Grund haben, der über das Zufällige hinausreicht: Gott. Schließlich geht ein letzter Gottesbeweis, der eigentümlich Leibnizsche, von dem System der prästabilierten Harmonie aus; dieses braucht einen anordnenden Geist, der alles, was in der Monadenwelt geschieht, aufeinander abstimmt, und eben das ist Gott.

Von der Monadenlehre und vom Gedanken der prästabilierten Harmonie her wird auch das Wesen und Walten Gottes bestimmt. Gott ist gleichsam der große Mathematiker, der alles, was Welt wird, kalkuliert, der die inneren Gesetze für jede Monade entwirft und das Ganze aller Monaden aufeinander abstimmt. Gott ist aber zugleich für Leibniz auch der Ursprung aller Monaden; diese entstehen aus ihm durch »ein beständiges Ausblitzen«, wobei, wie Schelling bemerkt, »Gott gleichsam wie eine von Realität schwangere Wolke gedacht wird«. In anderer Hinsicht wird die Schöpfung der Monadenwelt dadurch erklärt, daß Gott eine unendliche Fülle von Blickpunkten produziert, deren jeder eine Monade darstellt; in dieser Hinsicht ist die Welt die Vielfalt des göttlichen Schauens.

In diesem Zusammenhang kommt es zu der Frage, warum die Welt, wenn sie doch von Gott ausgeht, so viel Leiden, Übel und Böses enthält; es ist das Problem der Theodizee, der Rechtfertigung Gottes, das das Zeitalter besonders dringlich beschäftigt. Leibniz will es so lösen, daß er behauptet, im Ganzen einer endlichen Welt könne, eben um ihrer Endlichkeit willen, nicht alles gleich vollkommen sein. Es sei daher für Gott notwendig, unter das Gute auch das Böse und das Übel zu mischen. Dennoch ist Leibniz sicher: Gott hat aus der Fülle der möglichen Welten die bestmögliche ausgewählt. »Die Güte treibt Gott zum Schaffen; und diese selbe Güte, verbunden mit der Weisheit, bringt ihn dazu, das Beste zu schaffen.« Über diesen Optimismus wird dann freilich Voltaire in seinem ›Candide‹ im Anblick der Fragwürdigkeit der Wirklichkeit die Schalen seines Spottes ausgießen.

Auch Hegel ist voll von Kritik an Leibniz. Die Monadenlehre nennt er einen »metaphysischen Roman«. Und wie er bedenkt, daß von Leibniz alle Gegensätze scheinbar mühelos in Gott vereinigt werden, ohne als solche erst eigentlich aufgebrochen zu sein, schreibt er das böse Wort: »Gott ist gleichsam die Gosse, in der alle Widersprüche zusammenlaufen.«

Voltaire
oder
Die Vernunft in der Klemme

Voltaire, als der erklärte Fürst der Aufklärung ein Mann der Helligkeit und Klarheit, hat gleichwohl ein höchst verworrenes Leben geführt. Das fängt schon mit seiner Geburt an. Die Gelehrten sind sich noch immer nicht darüber einig, wann und wo er geboren ist und ob sein Vater wirklich sein Vater war. Die Verwirrung geht weiter. Weil ihn die Amme nicht für lebensfähig hält, tauft sie ihn rasch, und es kostet später einige Mühe, die reguläre Taufe nachzuholen. Man sieht: Schon im Säuglingsalter hat Voltaire Schwierigkeiten mit dem Himmel, mit dem er sich dann zeitlebens herumstreiten wird.

Denn immerzu lebt er in Querelen mit den Repräsentanten des Himmels, mit der Geistlichkeit, aber auch mit den Repräsentanten der irdischen Herrschaft, die der Kirche allzu gefügig sind. Lange Zeit kann er sich nirgends ruhig niederlassen; Paris wird ihm als Aufenthaltsort verboten. Man wirft ihn sogar gelegentlich in die Bastille, wo er freilich das Vorrecht genießt, an der Tafel des Gefängnisdirektors zu speisen. Man verleumdet und ächtet ihn, man verbannt ihn, man verbietet und verbrennt seine Schriften. Man nennt seine Werke tollkühn, areligiös, skandalös, man wirft ihm Böswilligkeit und Frivolität vor, man warnt vor ihm wie vor einem ansteckenden Gift. Ein Professor der Theologie hadert sogar mit der Vorsehung, daß sie es zugelassen hat, daß ein solcher Mensch das Licht der Welt erblickt. Aber Voltaire tröstet sich mit dem Gedanken, daß es nicht nur sein persönliches Schicksal ist, was all diese Widrigkeiten heraufbeschwört, sondern »daß die Philosophie, sobald sie auftaucht, Verfolgungen ausgesetzt ist«. Übrigens können viele seiner Werke nur anonym erscheinen, und wenn es herauskommt, wer sie verfaßt hat, sieht sich Voltaire gezwungen, die Autorschaft abzuleugnen. Das tut er denn auch ohne Gewissensskrupel: »Man muß lügen wie ein Teufel.« Aber er unternimmt noch mehr zur Tarnung seiner Absichten. Gelegentlich kann er, wenn es ihm zweckmäßig erscheint, seinen katholischen Glauben bekennen und sogar die Sakramente nehmen. Mit all dem bleibt er in der Zweideutigkeit. Und er gesteht seine Schwäche auch durchaus ein: »Ich will ganz gerne Bekenner sein; Märtyrer werden will ich nicht.«

Voller Wirrnis ist auch Voltaires privates Leben. Seine spitze

Feder wird ihm zum Verhängnis. Er verzankt sich mit aller Welt. Selbst den preußischen König, der ihn bewundert und nach Potsdam einlädt, verläßt er unter lauter Mißverständnissen und Intrigen, und dies nicht ohne eigene Schuld. Immer wieder gibt es auch neue verwirrende Liebesgeschichten: mit Marquisen, mit Schauspielerinnen, mit den Gattinnen der Freunde, mit braven Bürgerstöchtern, mit Damen der Halbwelt, schließlich sogar mit der eigenen Nichte. Voltaire gibt für diese seine hedonistische Lebensweise eine theologische Begründung: »Gott hat uns in die Welt gesetzt, damit wir uns amüsieren. Alles übrige ist platt und scheußlich und erbärmlich.« Zu solchem ständigen Amüsement braucht er freilich Geld, und an diesem Punkt hapert es lange. Trotz eines vermögenden Vaters fängt Voltaire mit Schulden an, und es dauert einige Zeit, bis er es zu einem soliden Vermögen bringt, das freilich manchmal auf etwas bedenkliche Weise erworben wird, das ihn aber doch zum Ende seines Lebens zu einem reichen Manne macht: mit einem Schloß, ein paar Landhäusern und einem Troß von 160 Bediensteten. Und doch bleibt auch dann noch der Wirrwarr. Der alte Voltaire schreibt: »Ich habe mich an die Unordnung des Leibes und der Seele gewöhnt.«

In all diesen Verwirrungen aber steigt sein Ruhm. Er wird im Felde des Geistes der berühmteste Mann des Kontinents. Fast ein Menschenalter lang ist er der geistige Herrscher Europas. Und noch in unseren Tagen rühmt ihn der Philosoph Dilthey als »den lebendigsten aller Menschen«. Mit Gott und der Welt steht er in persönlichem oder brieflichem Verkehr, freilich mehr mit der Welt als mit Gott, weil dieser ihm kein Objekt einer direkten Anrede zu sein scheint. Mehr als 20000 Briefe sind uns erhalten. Es gibt kaum ein Problem von Gewicht, über das Voltaire nicht in seinen Handschreiben oder in der Unzahl seiner Werke etwas Bedeutendes oder zumindest Anregendes zu sagen weiß. Hinzu kommen seine Dramen, immer wieder angefeindet und verboten und doch immer wieder unter großer Begeisterung des Publikums aufgeführt. Seine Romane erscheinen in einer Fülle von Auflagen. So kann Goethe von ihm sagen: »Alles, was von Fähigkeiten und Fertigkeiten auf eine glänzende Weise die Breite der Welt ausfüllt, hat er besessen und dadurch seinen Ruhm über die Erde ausgedehnt.«

Im Bereich des Geistigen ist Voltaires Leben ein einziger Kampf. Wofür er streitet, ist die Freiheit des Denkens, ist Toleranz, ist Vernunft, ist Frieden, ist das Glück der Menschen, ist die Abschaffung von Ungerechtigkeit und Unterdrückung. Kurz: Es ist Aufklärung, verstanden nicht als bloße Theorie, sondern als Praxis. »Bringen wir, wenn es möglich ist, ein schwaches Licht in diese Nacht des

Irrtums, in welche die Welt versunken ist.« Nietzsche nennt ihn im Blick darauf den »größten Befreier der Menschheit«.

Voltaires Hauptgegner ist die Kirche. Er wird nicht müde, die Absonderlichkeiten der christlichen Lehre aufzudecken, »das gefährliche Bild der heiligen Lügen, von denen die Erde erfüllt ist«. Die Kirche zeigt anstelle eines vernünftigen Gottes »ein Monstrum, das wir hassen müssen«. Gott »erschuf die Welt und ertränkte sie dann, nicht, um ein reineres Geschlecht hervorzubringen, sondern um sie mit Räubern und Tyrannen zu bevölkern. Und nachdem er die Väter ertränkt hatte, starb er für deren Kinder, allerdings ohne Erfolg, und bestrafte hundert Völker wegen der Unwissenheit über seinen Kreuzestod, in der er sie doch selber gehalten hatte«. »Dieser Herrscher, der das, was wir Gerechtigkeit nennen, in verschwenderischer Fülle besitzt, dieser Vater, der seine Kinder so unendlich liebt, dieser Allmächtige soll Wesen nach seinem Bilde geschaffen haben, um sie alsbald durch einen bösen Geist in Versuchung zu führen und der Versuchung erliegen zu lassen, um Wesen, die er unsterblich geschaffen hatte, sterben zu lassen, um ihre Nachkommenschaft mit Unglück und mit Verbrechen zu überhäufen? Und das ist noch nicht der empörendste Widerspruch für unsere schwache Vernunft. Wie kann Gott, der später das Menschengeschlecht erlöst durch den Tod seines einzigen Sohnes oder vielmehr, da er ja selbst Mensch wird und für die Menschen stirbt, durch seinen eigenen Tod, fast das gesamte Menschengeschlecht, für das er gestorben ist, dem Schrekken ewiger Qualen preisgeben? Betrachtet man diese Lehre als Philosoph, dann ist sie gewiß ungeheuerlich, abscheulich. Sie macht aus Gott die Bosheit selbst.«

Das sind nur zwei Beispiele unter vielen. Voltaire versucht, die gesamte christliche Lehre als Aberglauben zu entlarven. Dieser aber, so sieht er es, hat die gesamte Kirchengeschichte durchherrscht. »Der Aberglaube, entstanden im Heidentum und übernommen vom Judentum, hat die christliche Kirche von Anfang an verpestet.« Er ist »lächerlich und verabscheuenswert«, »der schlimmste Feind der reinen Verehrung, die wir dem höchsten Wesen schulden«. Darum »ist es an der Zeit, daß das Ungeheuer des Aberglaubens an die Kette gelegt werde«.

Noch verderblicher und gefährlicher erscheint Voltaire der Fanatismus. Er führt unausweichlich zu »blutdürstiger Leidenschaft«; er »fordert zum Verbrechen auf«; er ist ein »Höllenwahn«. »Die christliche Religion hat die Menschheit mehr als siebzehn Millionen Menschenleben gekostet, wenn man nur eine Million auf ein Jahrhundert rechnet.« Daher meint Voltaire, man solle »Gott morgens und abends bitten, uns von den Fanatikern zu erlösen«. Weil er aber in aller kirchlichen Macht einen solchen Fanatismus wittert, wendet er sich gegen »die ehrgeizigen Führer eines allzu leichtgläubigen Volkes, die ihre Interessen hinter den Interessen des Himmels verbergen«. Er behauptet, »daß jeder vernünftige Mensch, jeder Mensch guten Willens, die christliche Sekte mit Abscheu betrachten muß«. Am Ende geht er soweit, daß er – selber nicht ganz ohne Fanatismus – jeden seiner Briefe mit dem Kampfruf »Écrasez l'infâme, vernichtet die Schändliche!« unterschreibt. In diesem Sinne nennt er sich selber den »großen Umstürzler«.

Dieses Selbstbewußtsein Voltaires gründet sich auf die Zuversicht, daß es eines Tages möglich sein werde, die Übel der Gegenwart zu beseitigen. »Das Christentum wird vernünftiger werden, folglich weniger verfolgungssüchtig.« Voltaire ist überzeugt, daß diese Zukunftsvision keine ferne Utopie ist: »Eine neue Generation, die den Fanatismus verabscheut, ist im Werden. Einst werden Philosophen die ersten Stellen einnehmen. Das Reich der Vernunft wird schon vorbereitet.«

Voltaires Kampf gegen das Christentum ist keineswegs der Ausfluß einer prinzipiell irreligiösen Gesinnung oder gar eines ausgesprochenen Atheismus. Diesen bezeichnet er im Gegenteil als »gegen die Interessen aller Menschen« gerichtet und als ein »Monstrum«. Er schreibt ausdrücklich: »Ich bin kein Christ, aber nur deswegen nicht, um ihn, den Gott, um so mehr zu lieben.« Er betont die »Notwendigkeit, an ein höchstes Wesen zu glauben«. In die dabei auftauchenden Fragen wirft er seine ganze Leidenschaft: »Was die Menschheit angeht, das muß uns interessieren, weil wir Menschen sind. Die Probleme der Gottheit, der Vorsehung, sie gehen uns an.«

Was aber ist das für ein Gott, den Voltaire verehrt? Sicherlich nicht der Gott des Alten und des Neuen Testaments. Vielmehr ein Gott, der keiner besonderen Offenbarung bedarf, um sich dem Menschen kundzutun. Denn, so schreibt Voltaire: »Bedenke, daß die ewige Weisheit des Allerhöchsten mit eigener Hand deinem innersten Herzen die natürliche Religion eingeprägt hat.« In dieser wurzelt der Gottesgedanke; er geht aus dem »Gefühl« und aus der »natürlichen Logik« hervor. Der Mensch ist also von Natur aus einer Erkenntnis Gottes fähig. Was aber kann er nach Meinung Voltaires von Gott erfassen und aussagen?

Das erste ist, daß es dem Menschen möglich ist, mit Gewißheit zu erkennen, daß es ein solches höchstes Wesen gibt. Voltaire liefert sogar eine Art von Gottesbeweis: »Es gibt etwas, also gibt es etwas

Ewiges, denn nichts kommt aus dem Nichts.« Dieser Gedanke ist »eine gesicherte Wahrheit, auf die unser Geist sich verläßt«. Aber es sind noch weitere Einsichten in Gottes Dasein möglich, die zwar keine absolute, aber doch eine fast vollkommene Gewißheit besitzen. »Jedes Werk, das Mittel und Zweck erkennen läßt, kündet von einem Schöpfer; also deutet das Weltall, zusammengesetzt aus Kräften und Mitteln, die alle ihren Zweck haben, auf einen allmächtigen, allwissenden Urheber. Das ist eine Wahrscheinlichkeit, der größte Gewißheit zukommt.« Diesen Gottesbeweis sieht Voltaire durch die Entdeckungen Newtons bestätigt; denn »die vielen immer gleichbleibenden Gesetze lassen auf einen Gesetzgeber schließen«. So ermöglicht es die Vernunft, zu einem reinen Begriff von Gott zu gelangen. »Gott ist das notwendige Wesen, die in der Natur verbreitete Intelligenz, der große Geist im großen All.« Darüber hinaus können ihm mit einiger Sicherheit auch Einheit und Ewigkeit zugesprochen werden.

Weiter freilich kann die Erkenntnis Gottes nicht kommen. »Ist dieser höchste Schöpfer unendlich, ist er überall und an keinen Ort gebunden? Wie können wir diese Frage mit unserem beschränkten Verstande und mit unseren geringen Kenntnissen beantworten?« Unbeantwortbar ist auch die Frage nach Gottes Eigenschaften im einzelnen; immer steht der Mensch in der Gefahr, Gott menschliche Bestimmungen anzudichten. »Wir besitzen also keine angemessene Vorstellung von der Gottheit, wir bewegen uns mühsam von einer Vermutung zur anderen, von einer Wahrscheinlichkeit zur anderen und gelangen nur zu sehr wenigen Gewißheiten.« Doch immerhin: »Der Philosoph, der einen Gott anerkennt, hat eine Fülle von Wahrscheinlichkeiten für sich, die der Gewißheit gleichkommt.« Denn »die Philosophie lehrt uns, daß diese Welt von einem unbegreiflichen, ewigen und durch sich selbst bestehenden Wesen eingerichtet sein muß«.

In diesem Zusammenhang erfindet Voltaire einen Gottesbeweis, wie ihn vordem noch niemand erdacht hat. »Ich wundere mich, daß man unter so vielen überstiegenen Beweisen für das Dasein Gottes noch nicht darauf verfallen ist, das Vergnügen als Beweis anzuführen; das Vergnügen ist etwas Göttliches, und ich bin der Meinung, daß jedermann, der guten Tokaier trinkt, der eine schöne Frau küßt, mit einem Wort, der angenehme Empfindungen hat, ein wohltätiges höchstes Wesen anerkennen muß.«

Vor solchen Argumentationen des gesunden Menschenverstandes verblassen für Voltaire die »metaphysischen Spitzfindigkeiten«, wie sie aus der Geschichte überliefert sind. »Die Metaphysik ist das Feld der Zweifel und der Roman der Seele.« »In der Metaphysik schließen wir fast nur auf Wahrscheinlichkeiten; wir schwimmen alle in einem Meer, dessen Gestade wir nie gesehen haben.« »Wir schwimmen im Meer der Ungewißheit, und das muß so sein, da wir nur Tiere sind, ungefähr fünfeinhalb Fuß hoch und mit einem Gehirn von ungefähr vier Kubikzoll.«

An einem Punkte allerdings meint Voltaire, die Grenzen der durchgängigen Unwissenheit über Gott überschreiten zu können. Er schreibt in einer Anweisung für einen künftigen Herrscher: »Die Natur hat Ihnen das Dasein eines höchsten Wesens erwiesen; Ihr Herz muß Ihnen sagen, daß es einen gerechten Gott gibt.« Denn Voltaire ist, eben im Blick auf das ursprüngliche Wissen des Herzens, überzeugt »von der Existenz eines höchsten Wesens, das Verbrechen ohne Grausamkeit bestraft und tugendhafte Handlungen mit Güte belohnt«. In der Begründung dieses Gedankens wird Voltaire freilich zweideutig. Manchmal hat es den Anschein, als spreche er seine eigene innerste Überzeugung aus. Dann wieder schreibt er, er fordere nur deshalb einen solchen Gottesgedanken, weil er zur Erhaltung der staatlichen und gesellschaftlichen Ordnung nützlich sei. »Es ist für die Fürsten und die Völker unbedingt nötig, daß die Idee eines schöpferischen, lenkenden, belohnenden und rächenden höchsten Wesens sich dem Gehirn tief eingeprägt hat.« »Die Gesellschaft braucht diese Ansicht«; »das Volk braucht eine Religion«. In diesem Zusammenhang spricht Voltaire das berühmt gewordene Wort aus: »Wenn Gott nicht existierte, müßte man ihn erfinden.«

Weit hinaus über die allgemeine Skepsis in der Frage nach der Möglichkeit einer Erkenntnis Gottes geht es, wenn Voltaire dessen Verhältnis zur Welt betrachtet. Denn damit bricht in den Gottesgedanken eine verzweifelte Fraglichkeit ein. Sie beschäftigt Voltaire insbesondere nach dem großen Erdbeben von Lissabon. »Die Natur ist sehr grausam. Man kann sich kaum vorstellen, wie die Gesetze der Bewegung in der ›besten aller möglichen Welten‹ solche entsetzlichen Katastrophen bewirken können. Hunderttausend Ameisen, unsere Mitmenschen, werden mit einem Schlag in unserem Ameisenhügel zerschmettert, und die Hälfte von ihnen verendet, ohne Zweifel in unbeschreiblicher Agonie, unter den Trümmern, aus denen man sie nicht mehr hervorziehen kann. Was für ein erbärmliches Glücksspiel ist doch das Spiel des menschlichen Daseins!«

Die Nachricht vom Erdbeben von Lissabon, aber auch eigene Erfahrungen und der geschärfte Blick für die Wirklichkeit stürzen Voltaire in den Zweifel am Weltgeschehen. Schon die Natur macht unendlich viele Fehler: Mißgeburten, Pest, Gifte, öde Landstriche; »neben so viel Ordnung so viel Unordnung, neben solcher Gestaltungskraft so viel Zerstörung: von diesem Problem bekomme ich oft Fieber«. Im menschlichen Leben steht es nicht anders. Überall gibt es »Leiden der Individuen, Stein, Gicht, Verbrechen, Tod und Verdammnis; das verstehe, wer kann«. Vor allem taucht hier die Befremdlichkeit des Schmerzes und des Todes auf. Es gibt »eine Sintflut von Übeln, in denen wir ertrinken«. Auch die Geschichte zeigt fast nur Dunkelheit. Immerzu hat das Verbrechen Erfolg. Die Historie besteht fast nur aus blutrünstigen Szenen; sie ist eine »Kloake von Elend und Grausamkeit«, eine »fast nie unterbrochene Kette von Drangsalen«, »ein Haufen von Verbrechen und Dummheiten«. Die Welt ist also nicht, wie Leibniz will, die beste aller möglichen Welten; sie ist »die schlimmste aller Erdkugeln«. »Das Glück ist nur ein Traum, und der Schmerz allein ist real; seit 80 Jahren empfinde ich das und weiß nichts anderes, als mich darein zu ergeben und mir zu sagen, daß die Mücken da sind, um von den Spinnen gefressen zu werden, wie die Menschen vom Kummer. Diese Welt ist ein Jammertal.«

Von diesen Einsichten her wird Voltaire unausweichlich vor die Frage nach dem Sinn des Daseins gestellt. »Wäre das Nichts nicht besser als diese Masse Wesen, die geschaffen werden, um sich unaufhörlich wieder aufzulösen, diese Menge Tiere, geboren und wiedererzeugt, nur um andere zu verschlingen und selbst verschlungen zu werden, diese Menge gefühlsbegabter Wesen, die zu so vielen schmerzlichen Gefühlen bestimmt sind, und dann wieder diese Menge vernünftiger Wesen, die doch so selten Vernunft annehmen? Was hat das alles für einen Sinn?« Seiner Gesamtintention gemäß bringt Voltaire diese Frage in Zusammenhang mit dem Gottesproblem. Kann man an die Güte Gottes glauben, wenn sich doch so viel Sinnloses in der von ihm geschaffenen Welt zeigt? Voltaire macht verzweifelte Versuche, dieses Problem der Rechtfertigung Gottes, der Theodizee, zu lösen. Erst meint er, auch das viele Übel in der Welt lasse sich doch mit der Vorsehung Gottes vereinbaren: »Sollten wir Gott wegen eines Fieberanfalls leugnen?« »Für Gott existiert das Übel nicht, nur für uns.« Aber es zeigt sich bald, daß diese Ausflüchte nicht befriedigen können. Und so endet die Frage in der Einsicht in die Rätselhaftigkeit des Tuns Gottes. »Ich will nicht untersuchen, ob der große Baumeister der Welten gut ist; es genügt mir, daß es einen solchen gibt.« Doch auch das ist keine Lösung. Daher steht am Ende der Satz: »Die Frage des Guten und Bösen bleibt ein Chaos, das für den ehrlichen Forscher unentwirrbar ist.«

So triumphiert am Ende der Skeptizismus über das Wissen der Vernunft. »Alles um euch, alles in euch ist ein Rätsel, dessen Lösung zu erraten dem Menschen nicht gegeben ist.« Es bleibt nur die Resignation. »Manchmal bin ich nahe daran, in Verzweiflung zu versinken, wenn ich bedenke, daß ich nach allem Forschen nicht weiß, woher ich komme, was ich bin, wohin ich gehe, was aus mir werden wird.« »Was ich alles gesehen und getan habe, darin ist kein Schimmer von Verstand. Nachdem ich recht nachgedacht habe über die sechzig Jahre voll Torheiten, die ich erlebt und gemacht habe, kommt es mir vor, als sei die Welt ein Haufen von Eitelkeiten, der einem übel macht. Langeweile und Schaumschlägerei, das ist das Leben. Alt und jung, wir machen nichts als Seifenblasen. Wir sind Luftbälle, die die Hand des Geschicks aufs Geratewohl fortstößt; wir hüpfen ein paarmal auf, die einen auf Marmor, die andern auf Mist, dann ist es aus für immer.« »Wir sind alle in dieser Welt wie zum Tode verurteilte Kriegsgefangene, die sich im Augenblick auf ihrer Wiese vergnügen. Jeder wartet, daß die Reihe an ihn kommt, gehängt zu werden, ohne die Stunde zu wissen; und wenn die Stunde kommt, so findet sich, daß man ganz umsonst gelebt hat.«

Gelegentlich wandelt sich die Verzweiflung Voltaires angesichts des menschlichen Elends in milde Resignation. »Ich bin sehr spät glücklich geworden in dieser Welt; aber endlich bin ich es geworden; nur wenige werden das von sich sagen können.« »Nun habe ich erreicht, was ich mein Leben lang wollte: Unabhängigkeit und Ruhe.« Aber dann wieder kann er es doch nicht lassen, in die Kämpfe der Zeit einzugreifen. Denn »ich schreibe, um zu handeln«. Darin scheint ihm auch der Sinn des Philosophierens zu liegen. »Rottet euch zusammen, ihr Philosophen! Dann gebt ihr das Gesetz und werdet die Herren der Nation werden.« Doch dann überkommt ihn wieder die Bekümmerung. »Alles geht dahin, endlich geht man selbst dahin, um das Nichts aufzusuchen.« Nur noch die Philosophie als stille Besinnung kann helfen. »Ich bereite mich ziemlich philosophisch auf die große Reise vor.« Denn »die Philosophie ist zu etwas gut: sie tröstet«; sie »bewirkt die Ruhe der Seele«. Aber man muß sich entschlossen in das Philosophieren begeben. »Man muß auch etwas wagen können. Die Philosophie ist es wert, daß man Mut hat.«

Rousseau oder Der unglückliche Gefühlsdenker

Man kann über Gott nachdenken. Man kann über die Welt nachdenken. Man kann aber auch den Faden des Denkens an der eigenen Existenz festmachen. Das nun tut Jean Jacques Rousseau. Er ist vermutlich der egozentrischste Denker in der Geschichte der Philosophie. Er schreibt selber, er habe alle Kenntnis vom Menschen – und um diese geht es ihm vorzüglich – aus der Beobachtung seiner selbst gewonnen. »Woher auch sollte der Maler und Apologet der menschlichen Natur sein Vorbild nehmen, hätte er es nicht in seinem eigenen Herzen gefunden? Er hat die Natur so geschildert, wie er sie in sich selber fühlte.«

Darum auch sind die ›Bekenntnisse‹, in denen Rousseau sein Leben beschreibt und die erst nach seinem Tode herausgegeben werden, eines seiner bedeutendsten Werke. Er schildert darin seinen Werdegang und die Historien und Histörchen seines Weges mit schonungsloser Offenheit. Gleich zu Anfang heißt es: »Ich beginne ein Unternehmen, das ohne Beispiel ist und das niemand nachahmen wird. Ich will meinesgleichen einen Menschen in der ganzen Naturwahrheit zeigen, und dieser Mensch werde ich sein, ich allein.« »Ich habe das Gute und das Böse mit dem gleichen Freimut erzählt. Ich habe nichts Schlimmes verschwiegen, nichts Gutes zugesetzt.« So ist denn auch der weitere Fortgang der ›Bekenntnisse‹ eine Mischung aus berechtigtem Bewußtsein der eigenen Besonderheit und einer fast dämonischen Hybris. »Ich lese in meinem Herzen, und ich kenne die Menschen. Ich bin nicht wie einer von denen geschaffen, die ich gesehen habe; ich wage sogar zu glauben, daß ich nicht wie einer der Lebenden gebildet bin. Wenn ich nicht besser bin, so bin ich wenigstens anders. Ob die Natur wohl oder übel daran tat, die Form zu zerstören, in die sie mich gegossen hat, kann man erst beurteilen, nachdem man mich gelesen hat. Mag die Trompete des Jüngsten Gerichts wann immer erschallen, ich werde mit diesem Buch in der Hand mich dem obersten Richter stellen.«

Geboren ist Rousseau 1712 in Genf, gestorben 1778 in der Nähe von Paris. Die sechsundsechzig Jahre dazwischen sind eine einzige Kette von Wirrnissen, echtem und eingebildetem Unglück, erbitterten Auseinandersetzungen mit Freunden und Feinden. Abwechselnd wirft sich Rousseau in fieberhafte Tätigkeit oder versinkt in

Traum und bloßes, träges Dahinleben, oder er rettet sich vor der bösen Welt in nervöse Zusammenbrüche. In seiner Jugend übt er fast alle Berufe aus, die einem aus einem ehrbaren Bürgerhaus durchgebrannten jungen Mann offenstehen; er wird Schreiberlehrling, Handwerker, Priesterzögling, Musiklehrer, Kammerdiener, Sekretär, Erzieher, herumziehender Musikant, Angestellter am Katasteramt. Später wird er Sekretär im diplomatischen Dienst, Notenschreiber, bei welcher Gelegenheit er ein eigenes Notensystem erfindet, Dirigent, recht erfolgreicher Opernkomponist und Dramenverfasser; sogar am königlichen Hof von Versailles werden seine Werke aufgeführt, wobei der Autor freilich durch allzu saloppe Kleidung unangenehm auffällt. Während dieses unsteten Lebens irrt er umher zwischen Genf, Italien, Schweiz, französischer Provinz, Paris; alle paar Jahre, manchmal alle paar Monate wechselt er die Wohnung. Für diese ganze wirre Zeit schreibt er sich in seinem Ehrlichkeitsfanatismus allerlei Laster zu: Diebereien, Lügen, Anfälle von Faulheit, Verleumdung unbescholtener Mädchen, wahllose Romanlektüre, später ebenso wahlloses Lesen von philosophischen und historischen Büchern.

Auch über sein erotisches Leben gibt Rousseau in seinen ›Bekenntnissen‹ genaue Auskunft. Es spielt sich freilich seinem eigenen Geständnis nach eher in der Phantasie als in der Realität ab. Das entscheidende Erlebnis sind die Schläge, die er als Knabe von seiner Erzieherin erhält und die ihm das Geschlagenwerden für sein ganzes Leben zur höchsten Lust machen, wenn er es auch niemals wagt, eine Dame um diesen Liebesdienst zu bitten. Auch von seinem lebenslangen Hang zur Onanie und seiner Neigung zum Exhibitionismus, der ihm gelegentlich beinahe Prügel einträgt, berichtet er in aller Aufrichtigkeit, vielleicht sogar ein wenig stolz darauf. Schließlich lernt er eine etwas extravagante Dame der höheren Gesellschaft kennen, Madame de Warens, die ihn vorübergehend zur katholischen Kirche bekehrt, die ihm aber auch Unterkunft gewährt und ihm am Ende, dreizehn Jahre älter als er, für lange Zeit Mutter und Geliebte ersetzt; sie macht ihm freilich auch Kummer, weil sie nicht dazu geschaffen ist, sich mit einem einzigen Liebhaber zu begnügen. Von ihr schließlich getrennt, verbindet er sich, nach einigen Eskapaden mit venezianischen Kurtisanen, mit denen er sich unter steter Furcht vor der Syphilis einläßt, mit einem einfachen Mädchen, das er als Stubenfee in einem Hotel kennenlernt und dem er mühsam das Schreiben beibringt, bis er es endlich, nach dreiundzwanzig Jahren des Zusammenlebens, heiratet. Aber er, der große Theoretiker der Erziehung, weiß mit der Familie nichts anzufangen; er bringt seine fünf Kinder ins Findelhaus, weil sie ihm zu viel Lärm machen und zu hohe Kosten verursachen. Im übrigen hindern ihn weder die feste Liaison noch der Stand des Ehemannes daran, für adelige Damen zu entflammen, meist allerdings ohne Erfolg.

Der Sprunghaftigkeit seines Lebens entspricht auch eine Sprunghaftigkeit des Denkens Rousseaus. Er ist eher ein Mann der Einfälle als der stetigen Entwicklung der Gedanken. Daher auch sind seine entscheidenden Einsichten Eingebungen des Augenblicks. So schon die erste, die ihn mit einem Schlage berühmt macht. Die Akademie von Dijon schreibt eine Preisfrage aus: »Hat der Fortschritt der Wissenschaften und Künste zur Veredelung der Sitten beigetragen?« Die braven Akademiker erwarten natürlich, ganz im Geiste der Aufklärung, einen begeisterten Hymnus auf die Fortschrittlichkeit der kulturellen Errungenschaften. Rousseau dagegen bestreitet einen solchen Fortschritt abrupt. Der Fortgang in Wissenschaften und Künsten ist ihm nichts als ein Verfall im Menschlichen. Das aber muß auf die Zeitgenossen erschreckend wirken. Denn Rousseaus Antwort enthüllt die Hohlheit des auf sich selber so stolzen Zeitalters der Aufklärung. »Luxus, Zügellosigkeit und Knechtschaft sind zu allen Zeiten die Strafe für die hochmütigen Anstrengungen gewesen, die wir gemacht haben, um aus der glücklichen Unwissenheit herauszugelangen, in die uns die göttliche Weisheit versetzt hatte.« »Allmächtiger Gott, erlöse uns von den Kenntnissen und den unheilvollen Künsten unserer Väter, und gib uns die Ungewißheit, die Unschuld und die Armut zurück!«

Dieser sein zentraler Gedanke kommt Rousseau auf einem Gang zum Schloß Vincennes, in dem sein Freund Diderot seines vermuteten Atheismus wegen gefangen gehalten wird. »Wenn jemals etwas einer plötzlichen Inspiration glich, so war es die Bewegung, die mich ergriff. Mit einem Schlage fühlte ich mich von tausend Lichtern geblendet; eine Fülle von Ideen drängte sich mir auf einmal mit solcher Gewalt auf, daß ich in eine unbeschreibliche Unruhe geriet. Ich fühlte meinen Kopf von einer Verwirrung ergriffen, die an Trunkenheit grenzte. Eine heftige Beklemmung befällt mich, mein Atem geht schwer, und da ich nicht weiterzugehen vermag, lasse ich mich unter einem Baume nieder. Hier verbringe ich eine halbe Stunde in einer solchen Erregung, daß ich, als ich mich erhebe, meinen Rock von Tränen benetzt finde, ohne gespürt zu haben, daß ich sie vergoß. O hätte ich jemals nur einen Bruchteil dessen schildern können, was ich unter diesem Baum gesehen und gefühlt habe! Mit welcher Klarheit hätte ich dann all die Widersprüche unserer sozialen Ordnung aufzeigen können; mit welcher Kraft hätte ich alle

Mißbräuche unserer Einrichtungen darlegen, mit welcher Deutlichkeit hätte ich beweisen können, daß der Mensch von Natur gut ist und daß nur die Einrichtungen es sind, die ihn schlecht machen. Alles, was ich von der Fülle großer Wahrheiten, die mich unter diesem Baume erleuchteten, habe aufbehalten und in meinen Schriften darstellen können, ist nur ein schwacher Nachklang dessen, was mich damals bewegte.«

Mit diesem Erlebnis schießt das Zerstreute im Denken Rousseaus in einen Punkt zusammen. Er verfaßt zwei Schriften, die ihm Weltberühmtheit einbringen: ›Abhandlung über die Wissenschaften und die Künste‹ und ›Abhandlung über den Ursprung der Ungleichheit unter den Menschen‹. Was sich darin schon andeutet, wird in den folgenden Werken genauer ausgeführt: die grundsätzliche Kritik am ganzen Zeitalter und der Versuch, das Wesen des Menschen in seiner ursprünglichen Reinheit zu ergründen. Die Titel lauten: ›Julie oder Die neue Héloïse‹, ›Émile oder Über die Erziehung‹, ›Vom Gesellschaftsvertrag‹. Überall stellt sich für Rousseau das gleiche Problem: Wie sich das ursprüngliche Wesen des Menschen mit der Existenz in der Gesellschaft und im Staate und mit der Notwendigkeit der Erziehung vereinbaren lasse.

Sein äußeres Leben bleibt trotz wachsender Anerkennung seines Werkes unstet. Rousseau lebt nun schlecht und recht als freier Schriftsteller. Aber es quälen ihn Krankheiten. Melancholie und Hypochondrie, wie sie schon immer in seinem Wesen liegen, verstärken sich. Sein Mißtrauen gegen die Welt nimmt zu. Die Sehnsucht nach Einsamkeit wächst; er versucht, sie in ländlichen Aufenthalten zu stillen, ohne daß seine innere Verfassung und sein gesundheitlicher Zustand sich bessern. Er isoliert sich immer mehr, weist alle Besucher ab, die nun zu dem berühmten Manne strömen. Er überwirft sich mit den aufklärerischen Freunden: mit Voltaire, mit Diderot, mit d'Alembert, mit von Grimm. In aller wünschenswerten Deutlichkeit beschließt er einen Brief an Voltaire mit dem Satz: »Ich hasse Sie.« Voltaire freilich läßt es seinerseits nicht an Beschimpfungen fehlen. Er bezeichnet Rousseau als Erznarren, als Monstrum, als Charlatan, als Krebsgeschwür der Literatur, als Exkrement des Jahrhunderts, als wildes Tier, als Verleumder. Auch von den Pariser und den Genfer Behörden kommen Verfolgungen; wegen der Unchristlichkeit seiner Schriften wird ein Haftbefehl gegen Rousseau erlassen; die Bücher werden sogar öffentlich verbrannt. Manche der Nachstellungen, denen er sich ausgesetzt fühlt und unter denen er leidet, sind freilich nur eingebildet. Er wittert eine allgemeine Verschwörung gegen sich, sein Leben und seine Schriften. Er beklagt

»das Werk der Finsternis, von dem ich seit acht Jahren eingehüllt bin, ohne daß ich das schreckliche Dunkel zu durchdringen vermöchte«. Schließlich verfällt er in Verfolgungswahn. Auch ein Aufenthalt in England, wohin ihn der Philosoph David Hume einlädt, hilft nicht; selbst von diesem uneigennützigen Freunde trennt Rousseau sich im Streit. Auch im äußeren Habitus wird er ein wenig wunderlich; er trägt ein seltsames armenisches Gewand und eine Pelzmütze. Verbittert stirbt er schließlich. Eine seiner letzten Äußerungen lautet: »So bin ich denn allein auf der Erde, habe keinen Bruder, keinen, der mir nahesteht, keinen Freund, keine andere Gesellschaft als mich selbst. Der geselligste und der liebevollste unter allen Menschen ist durch einstimmigen Beschluß geächtet. Speien nicht die Vorübergehenden vor mir aus, statt mich zu grüßen? Belustigt sich nicht eine ganze Generation damit, mich lebendig zu begraben?« Rousseaus Nachruhm freilich ist unaufhaltsam. Während der Französischen Revolution werden seine Gebeine ins Pantheon überführt. Und kaum einer der Großen der Folgezeit, weder Herder noch Goethe, weder Kant noch die Philosophen des Deutschen Idealismus, weder Nietzsche noch Tolstoi wären ohne die Anregung durch Rousseau zu dem gekommen, was sie geleistet haben.

Das zwiespältige Wesen dieses Mannes, sein radikaler Drang nach Wahrheit und seine dämonische Gejagtheit und Unruhe, kommen aufs deutlichste in zwei zeitgenössischen Urteilen über ihn zum Ausdruck. Lessing schreibt: Rousseau »ist noch überall der kühne Weltweise, welcher keine Vorurteile, wenn sie auch noch so allgemein gebilligt wären, ansiehet, sondern geraden Weges auf die Wahrheit zugehet, ohne sich um die Scheinwahrheiten, die er bei jedem Tritte aufopfern muß, zu bekümmern«. Diderot dagegen äußert sich so: »Dieser Mensch erfüllt mich mit Unruhe; in seiner Gegenwart ist es mir, als stünde eine verdammte Seele neben mir. Ich will ihn nie wiedersehen; er könnte mich an Hölle und Teufel glauben machen.«

Rousseaus geistesgeschichtliche und philosophiehistorische Bedeutung liegt zunächst darin, daß er die Grundlagen erschüttert, auf denen das Denken der Aufklärung beruht. In der Vernunft sieht er eine kalte, unfruchtbare Verständigkeit, in der Form eine erstarrte Geste, in der Idee des Fortschritts eine Illusion, in der prätendierten Freiheit eine verdeckte Knechtschaft. Eben die Punkte also, in denen die Aufklärung ihren Ruhm erblickt, erscheinen ihm fragwürdig; sie zerstören seiner Überzeugung nach jede eigenständige Individualität. »In unseren Sitten wie im Denken herrscht eine niedrige und betrügerische Gleichförmigkeit. Alle Geister scheinen in die gleiche Form gepreßt. Ohne Unterlaß fordert die Höflichkeit, befiehlt der Anstand bestimmte Dinge; immer folgt man dem Usus, nie dem eigenen Genius. Man wagt nicht mehr zu scheinen, was man ist; und in diesem ständigen Zwang tun die Menschen, die jene Herde bilden, die man Gesellschaft nennt, unter gleichen Umständen alle das gleiche.«

Rousseaus kritische These lautet, in solcher Nivellierung und Verkünstelung des Miteinanders gehe alles Ursprüngliche und Natürliche unter. Darin sieht er den großen Irrweg der Aufklärung. »Wo gibt es noch einen Menschen der Natur, der ein wahrhaft menschliches Leben führt, der die Meinungen der anderen für nichts achtet und der sich nur von seinen Neigungen und von seiner Vernunft leiten läßt, ohne Rücksicht darauf, was die Gesellschaft, was das Publikum billigt oder tadelt? Man sucht ihn vergebens unter uns. Überall nur ein Firnis von Worten; überall nur das Haschen nach einem Glück, das lediglich dem Anschein nach besteht. Niemand kümmert sich mehr um die Wirklichkeit; alle setzen ihr Wesen in den Schein. Als Sklaven und Narren ihrer Eigenliebe leben sie dahin, nicht um zu leben, sondern um andere glauben zu machen, sie hätten gelebt.«

Demgegenüber liegt Rousseau alles daran, die Möglichkeiten eines echten Menschseins freizusetzen. Damit bringt er seiner Generation eine unerhörte Befreiung zu sich selber; was lange Zeit verdrängt war, kommt nun plötzlich wieder ans Licht. So kann Kant schreiben: »Rousseau entdeckte zuallererst unter der Mannigfaltigkeit der menschlichen angenommenen Gestalten die tief verborgene Natur des Menschen.«

Unter dieser Absicht steht Rousseaus eigentümlicher philosophischer Entwurf. Dessen Prinzip ist nicht der Verstand, sondern das Ursprüngliche im Menschen: das Gefühl. Denn Wahrheit liegt primär nicht im Denken, sondern im Fühlen, im unmittelbaren Einleuchten, in der Gewißheit des Herzens. »Ich will hier nicht in metaphysische Erörterungen eintreten, die über unseren Horizont gehen und im Grunde zu nichts führen. Ich wollte nicht philosophieren, ich wollte euch helfen, euer Herz zu befragen. Sollten alle Philosophen beweisen, daß ich unrecht habe, solltet ihr aber fühlen, daß ich recht habe, so wäre ich zufrieden.« So wird denn das Gefühl über alles gepriesen. ›Die neue Héloïse‹ ist ein einziger Hymnus auf die unmittelbare, alle Schranken der Konvention durchbrechende Liebe. Und dieser Gedanke des Vorrangs des Gefühls vor dem Verstande wirkt weithin; er wird gegenüber der bloßen Verständigkeit im Sinne der Aufklärung zur allgemeinen Haltung der Zeit.

Wenn alles darauf ankommt, daß der Mensch zu seiner Ursprünglichkeit zurückkehre, dann muß Rousseau ein anfängliches Gutsein des Menschen annehmen. Wo dieser sich seinem Herzen, seinem unmittelbaren Empfinden anvertraut, wo er sich nicht durch das Miteinander irritieren läßt, sondern wahrhaft mit sich allein ist, da ist er gut. »Nehmt uns unsere unheilvollen Fortschritte, nehmt uns unsere Irrtümer und Laster, nehmt uns das Menschenwerk, und alles ist gut.«

Dieser Gedanke hat gewichtige Konsequenzen für den Entwurf einer Ethik, wie ihn Rousseau unternimmt. Im ursprünglichen Fühlen nämlich finden sich Direktiven für das Handeln. »Ich entnehme diese Regeln nicht den Prinzipien einer hohen Philosophie, sondern ich finde sie im Grunde meines Herzens von der Natur in unauslöschlichen Zügen eingeschrieben. Ich bin es, den ich über das befrage, was ich tue und will. Alles, was ich als gut empfinde, ist gut; alles, was ich als böse empfinde, ist böse.«

Das heißt natürlich nicht, daß der Mensch jedem unmittelbaren Einfall nachgehen soll, daß alles, was ihm gerade beikommt, moralisch gerechtfertigt ist. Es gibt vielmehr für das Gutsein eines Gefühls und des aus ihm entspringenden Handelns eine letzte Instanz, die inappellabel über alles Fühlen und Tun urteilt. Sie trägt freilich keinen rationalen Charakter, sondern sie ist selber ein ganz und gar ursprüngliches Gefühl: das Gewissen. »Es gibt im Innern der Seele ein angeborenes Prinzip der Gerechtigkeit und der Tugend, nach dem wir, unseren eigenen Grundsätzen zum Trotz, unsere Handlungen und diejenigen anderer als gut oder böse beurteilen, und dies Prinzip nenne ich das Gewissen.«

Vergegenwärtigt man sich Rousseaus Äußerungen über das ursprüngliche Gutsein des Menschen, dann sieht es zunächst so aus, als huldige er einem leichtfertigen Optimismus. Doch dem genaueren Zusehen zeigt sich, daß die These, der Mensch sei von Natur gut, nicht ohne einen einschränkenden Gedanken gilt. Zwar schreibt Rousseau: »Alles ist gut, wie es aus den Händen des Schöpfers der Dinge hervorgeht.« Aber er fügt hinzu: »Alles verkommt unter den Händen des Menschen.« Auch für Rousseau also ist der Mensch ein zwiespältiges Wesen. Er ist »keine Einheit. Ich will und will nicht; ich fühle mich gleichzeitig als Sklave und als frei; ich sehe das Gute, ich liebe es, und ich tue das Böse; ich bin aktiv, wenn ich der Vernunft Gehör gebe, und passiv, wenn meine Leidenschaften mich fortreißen; und wenn ich unterliege, so besteht meine größte Qual darin, zu fühlen, ich hätte Widerstand leisten können«. Das von Rousseau angenommene ursprüngliche Gutsein des Menschen bedeutet also, daß er in der Möglichkeit des Guten und in der Bestimmung zum Guten steht, daß ihm aber zugleich die Möglichkeit des Bösen als drohende Gewalt und als Versuchung beigegeben ist.

Wenn Rousseau den Naturzustand des Menschen als einen Zustand des reinen Gutseins schildert, dann will er damit keine historische Behauptung aufstellen. Er behauptet nicht, das Dasein der Naturvölker vollziehe sich in vollendeter Lebensharmonie. Er will vielmehr aus der Idee eines ursprünglichen Gutseins einen Appell an den Menschen ableiten, daß er sie in seinem konkreten Dasein verwirkliche. Und dies nicht nur im individuellen Leben, sondern auch und vorzüglich im Leben der Gesellschaft. Rousseau hält seiner Zeit ein ideales Bild wie einen Spiegel vor, und zwar als Gegenbild gegen deren Verfallenheit. »Wer vom Naturzustand spricht, der spricht von einem Zustand, der nicht mehr existiert, der vielleicht niemals existiert hat und wahrscheinlich nie existieren wird und der gleichwohl gedacht werden muß, damit man die Gegenwart richtig begreifen kann.«

Von diesem Grundgedanken her wird Rousseaus Kampf gegen die Gesellschaft verständlich. Diese verdeckt, verfälscht und verhindert die ursprüngliche Möglichkeit des Menschen, gut zu sein. Denn in ihr hat die nackte Eigenliebe die Vorherrschaft. Sie aber ist die Wurzel alles Bösen. Auf diesem Wege findet Rousseau eine eigentümliche Lösung des Problems der Herkunft des Bösen, das seit alters die Philosophen in Atem hält. Das Böse ist nicht Gottes Werk; denn der Mensch ist gut geschaffen. Das Böse ist aber auch nicht das Werk einer selber bösen, gegengöttlichen Macht. Das Böse ist vielmehr Sache des Menschen, und zwar des Menschen allein; es wird erst durch dessen Vergesellschaftung hervorgerufen. Damit erscheint zum erstenmal in der Geschichte des Denkens ausdrücklich die Gesellschaft als Subjekt der Verantwortlichkeit. Von diesem Punkte her wird es dann auch begreiflich, daß sich sozialistische Theorien immer wieder auf Rousseau berufen und daß die Französische Revolution in ihm ihren Ahnherrn erblickt.

Aus der gleichen Wurzel erwächst auch die Erziehungstheorie Rousseaus. Ihre Quintessenz ist: Man muß im Zögling die ursprüngliche gute Anlage befördern und in dieser Absicht die schädlichen und bösen Einflüsse der Gesellschaft von ihm fernhalten. Vor allem sind aller Zwang und alle moralisierenden Vorschriften zu vermeiden; alles kommt auf die Entwicklung der Freiheit an, die für Rousseau die Garantie des Gutseins in sich trägt. Freilich sollen nun keineswegs Naturkinder gezüchtet werden. Wenn Voltaire bei der Lektüre des ›Émile‹ notiert, er bekomme richtig Lust, »auf allen

Vieren zu gehen«, so mißversteht er Rousseau. Dieser will darauf hinaus, Menschen zu erziehen, die alles, was sie sind und tun, aus sich selber heraus sind und tun, die sich alles ihnen Begegnende ursprünglich aneignen. Mit dieser Intention wird Rousseau zum Vorbild für eine ganze Epoche der Pädagogik.

Von seinem Bild des Menschen her ergibt sich, was Rousseau unter der Gesellschaft versteht und wie er sie beurteilt. Auch dabei ist festzuhalten: Es handelt sich nicht um Feststellungen mit dem Anspruch auf historische Wahrheit, sondern um den Entwurf eines Gegenbildes gegen zeitgenössische Entartungen. Ist der Mensch von Natur gut, dann muß sein ursprünglicher Zustand durch Freiheit und Glück gekennzeichnet sein. »Der Mensch wird frei geboren.« Aber Rousseau fügt hinzu: »Überall liegt er in Ketten.« Diese Knechtschaft beginnt mit der Schaffung des Eigentums. »Der erste, der ein Stück Land einzäunte und sagte: das gehört mir, war der Gründer des Staates und der Ungleichheit.« Denn dadurch wird eine gegenseitige Garantie des Eigentums notwendig. Diese ist aber nur möglich, wenn jeder Mensch ein Stück seiner Freiheit aufgibt. Eben mit diesem Verlust nun fängt das Leben in der Gesellschaft an. Diese aber ist unausbleiblich dem Verderb ausgesetzt. Von ihr gilt, daß sie »nur noch das Bild künstlicher Menschen und künstlicher Leidenschaften bietet, die das Werk dieses neuen Verhältnisses sind und die keine Wurzel in der Natur haben«.

Zugleich bricht jedoch ein Widerstreit zwischen der ursprünglichen Freiheit des Menschen und seinem gesellschaftlichen und staatlichen Dasein auf. Für das Dasein im Staate gilt: »Die Entäußerung muß ohne Reserve sein, und die Einheit so vollkommen, als sie nur irgend sein kann. Keiner der Verbundenen hat mehr etwas zu reklamieren.« Heißt das aber nicht, daß der Mensch, wenn er sich dazu entschließt, an der Bildung eines Staates mitzuwirken, seine Freiheit im ganzen Umfang aufgeben muß? Rousseau leugnet, daß das notwendig sei. Er versucht, das Wesen des Staates so zu denken, daß in ihm trotz der Notwendigkeit der Schranken gleichwohl Freiheit möglich ist. Wie aber können sich Freiheit und staatlicher Zwang vereinen lassen? Rousseau antwortet: so, daß der Staat selber in der Freiheit wurzelt. Ihm muß der allgemeine Wille zugrunde liegen: die Einheit der Freiheit von allen. So kommt Rousseau zum Postulat der Volkssouveränität. Sie drückt sich konkret darin aus, daß er den Staat in einem Staatsvertrag gründen läßt, den freie Menschen miteinander abschließen. So wird der Staat geradezu zu einem Element der Ermöglichung der Freiheit, die für Rousseau kein willkürliches Sichausleben ist, sondern ein Zusammenbestehen der Freiheit des einzelnen mit der Freiheit aller. »Indem sich jeder allen gibt, gibt er sich keinem besonders zu eigen; und da es kein Glied der Gesellschaft gibt, über das man nicht das gleiche Recht gewinnt als das, das man ihm über sich verstattet, so gewinnt jeder das, was er aufgegeben hat, im gleichen Maße wieder zurück, und er erhält zugleich eine verstärkte Kraft, sich zu behaupten und das, was er ist und was er hat, zu bewahren. Solange die Bürger nur solchen Bestimmungen unterliegen, denen sie selbst zugestimmt haben oder denen sie doch aus freier und vernünftiger Einsicht zustimmen könnten, gehorchen sie niemand anderem als ihrem eigenen Willen. Sie geben damit freilich die Ungebundenheit des Naturzustandes auf, aber sie tauschen sie gegen die wahre Freiheit ein, die in der Bindung aller an das Gesetz besteht.«

Diese Auffassung vom Staat hat gewichtige Konsequenzen. Der faktische Staat der Epoche Rousseaus beruht ja nicht auf dem reinen Gemeinwillen, sondern auf Unterdrückung der Armen durch die Reichen, der Ohnmächtigen durch die Mächtigen. So bietet Rousseaus Staatstheorie Zündstoff für die Revolution. Er selbst ist der Ansicht, daß diese unmittelbar bevorsteht; »wir nähern uns dem Zustand der Krisis und dem Jahrhundert der Revolutionen«.

Das philosophisch Entscheidende im Denken Rousseaus ist jedoch der neue Freiheitsbegriff, den er konzipiert. Ihm gemäß ist nicht so sehr entscheidend, was der Mensch hinter sich läßt und wovon er sich befreit. Rousseau betont im Gegensatz dazu das Wozu der Freiheit: daß sie das Element der Willkür abstreife und sich an ein Gesetz binde. Damit übt er einen großen Einfluß auf das künftige Philosophieren aus; darum kann etwa Kant sagen, er sei durch ihn »zurechtgebracht« worden. Und so besteht die eigentliche Leistung Rousseaus nicht so sehr darin, daß er das natürliche Sein des Menschen aufzeigt, obgleich auch dies eine philosophische Tat ist, als vielmehr darin, daß er den wahren Freiheitsbegriff entdeckt. »Der Gehorsam gegenüber dem Gesetz, das man sich vorgeschrieben hat, ist Freiheit.«

Hume
oder
Der skeptische Schiffbruch

David Hume, 1711 als Sohn eines schottischen Edelmannes geboren, ist Skeptiker. Unter einem solchen pflegt man sich einen leibarmen, spitznäsigen Mann mit verkniffenem Munde vorzustellen. Hume sieht ganz anders aus. Ein Zeitgenosse – übrigens ein Verehrer seiner Philosophie – schreibt: »Sein Aussehen spottete jeder Physiognomik, und der Tüchtigste in dieser Wissenschaft würde nicht die mindeste Spur seiner Geisteskräfte in den nichtssagenden Gesichtszügen haben entdecken können. Sein Gesicht war breit und fett, sein Mund groß und von einfältigem Ausdruck. Die Augen waren leer und geistlos, und beim Anblick seiner Korpulenz hätte man eher glauben können, einen Schildkröten essenden Ratsherrn als einen kultivierten Philosophen vor sich zu sehen. Die Weisheit hat sich sicherlich noch nie in eine so sonderbare Gestalt verkleidet.« Und doch bleibt bestehen: Trotz seines abweichenden Äußeren ist Hume Philosoph, und zwar skeptischer Philosoph. Er schreibt selber: »Wenn wir Philosophen sind, sollten wir es nur nach skeptischen Grundsätzen sein.«

Den Entschluß zu philosophieren faßt Hume schon früh. Angeregt durch eifrige Lektüre, schreibt schon der Sechzehnjährige, er wolle »wie ein Philosoph reden«. Dann freilich beginnt er, ein Jahr später, auf Wunsch der Familie mit dem Studium der Jurisprudenz. Doch der trockene Gegenstand widert ihn an. Er fängt an, sich ernstlich in philosophische Probleme zu vertiefen; sein großer Freund im Geiste wird Cicero. Dieses Ausweichen auf ein Nebengeleise bringt ihn freilich davon ab, Examen zu machen. Dagegen glaubt er sich auf dem Wege zu einer gewichtigen philosophischen Entdeckung. »Nach vielem Studium und Nachdenken schien sich mir schließlich, als ich ungefähr achtzehn Jahre alt war, eine ganz neue Gedankenwelt aufzutun. Ich war dabei nicht geneigt, mich irgendeiner Autorität in diesen Dingen zu unterwerfen, sondern wurde auf die Suche nach einem neuen Weg geführt, auf dem die Wahrheit wohl gefunden werden mag.« Worin dieser neue Weg besteht, ist allerdings nicht mehr sicher auszumachen; Hume verbrennt später alle Aufzeichnungen aus dieser Zeit.

Die Hinwendung zur Philosophie wird befördert, als Hume in eine vier Jahre dauernde, mit Depressionen verbundene Krankheit verfällt. Nur durch eiserne Selbstdisziplin erhält er seine Gesundheit wieder. Zu seiner Therapie gehört auch, daß er sich dazu zwingt, täglich ein paar Stunden philosophischen Reflexionen zu widmen. »Da ich jetzt Zeit und Muße hatte, meine erhitzte Phantasie abzukühlen, fing ich an, ernstlich darüber nachzudenken, wie ich in meinen philosophischen Untersuchungen vorwärts kommen könnte.«

Doch offenbar geht es damit nicht so rasch voran. Jedenfalls muß sich Hume, wieder genesen, nach einem ordentlichen Beruf umsehen. Er beginnt eine kaufmännische Ausbildung in einem Zuckerhandelshaus in Bristol. Doch bald merkt er, daß ihn diese Tätigkeit nicht befriedigen kann. Zudem überwirft er sich mit seinem Prinzipal, dessen Briefe er, statt sie einfach abzuschreiben, stilistisch und orthographisch zu überarbeiten sich anmaßt.

So versucht es Hume denn wieder mit einer rein philosophischen Existenz. Er geht für drei Jahre nach Frankreich, wo die Lebenskosten erschwinglicher sind als in England, und schreibt hier und anschließend in London sein erstes Werk, den ›Traktat über die menschliche Natur‹. Natürlich ist er, der Achtundzwanzigjährige, überzeugt, damit weltweite Anerkennung zu finden. Doch nichts dergleichen geschieht. Die Mitwelt nimmt von dem Werk überhaupt keine Notiz, was Hume sein ganzes Leben lang kränkt. Er fühlt sich nun aufs äußerste vereinsamt, ja er kommt schließlich zu der Auffassung, es sei bewußte Feindseligkeit gegen ihn, daß die Zeitgenossen so ostentativ schweigen. »Ich sehe mich durch die menschenleere Einsamkeit, in die mich meine Philosophie geführt hat, in Schrecken und Verwirrung gesetzt; ich könnte mir einbilden, ich sei ein seltsames, ungeschlachtes Ungeheuer, das, nicht geeignet, sich unter die Menschen zu mischen und mit Menschen zu leben, aus allem menschlichen Verkehr ausgestoßen und völlig einsam und trostlos gelassen ist. Ich habe die Feindschaft aller Metaphysiker, Logiker, Mathematiker und selbst der Theologen über mich heraufbeschworen. Wenn ich den Blick nach außen wende, sehe ich auf allen Seiten Streit, Widerspruch, Zorn, Verleumdung und Herabsetzung. Wenn ich mein Auge nach innen richte, finde ich nichts als Zweifel und Unwissenheit.«

Mehr Erfolg hat Hume mit Essais über Moral und Politik, die er in den folgenden Jahren veröffentlicht. Er bewirbt sich nun um eine Professur für Ethik und Politik; doch die Berufung scheitert am Widerstand klerikaler Kreise, die ihm Deismus, Skeptizismus und Atheismus vorwerfen, und an der unzureichenden Unterstützung durch die philosophischen Freunde. Dieser Mißerfolg mag dazu beigetragen haben, daß er einen ›Dialog über die natürliche Religion‹, den er in dieser Zeit verfaßt, bis zu seinem Tode zurückhält, um nicht neuen Anstoß zu erregen.

In den nächsten Jahren muß sich Hume in mannigfachen Tätigkeiten herumtreiben, die ihn nicht voll befriedigen können. Er wird Gesellschafter eines geisteskranken Marquis, eine Aufgabe, die er in seiner Selbstbiographie als die schrecklichste seines Lebens darstellt. Anschließend rückt er als Sekretär eines Generals, viel belächelt wegen der seinem ungeschlachten Körper so wenig angemessenen Uniform, zu Felde, wird Kriegsgerichtsrat und begibt sich sodann als Sekretär des inzwischen zum Gesandten beförderten Generals nach Wien und Turin. Zwischen all diesen Tätigkeiten findet er aber doch die Muße, sein Jugendwerk neu zu bearbeiten. Er läßt es nun unter den Titeln ›Untersuchung über den menschlichen Verstand‹ und ›Untersuchung über die Prinzipien der Moral‹ erscheinen. Jetzt hat er einen wenn auch bescheidenen Erfolg.

Humes unstetes äußeres Leben erhält eine gewisse Stabilität, als er Bibliothekar an der Juristenfakultät in Edinburgh wird. Doch auch diese Berufung auf einen verhältnismäßig unbedeutenden Posten gelingt nicht ohne Schwierigkeiten. Wieder wirft man ihm vor, er sei Deist, Skeptiker und Atheist. Die Angelegenheit wächst sich zu einem öffentlichen Streit aus. Hume findet es berichtenswert, daß eine Dame mit ihrem Liebhaber gebrochen habe, weil sich dieser solche Vorwürfe zueigen gemacht habe. In der neuen Tätigkeit hat Hume Gelegenheit, seine vierbändige ›Geschichte Britanniens‹ auszuarbeiten, die nun endlich seinen Namen bekannt macht. In seiner inneren Ruhe beeinträchtigen ihn auch nicht gewisse Anfeindungen, die daraus entstehen, daß er »die moderne unsittliche Literatur« in seiner Bibliothek bevorzugt anschaffen läßt.

Nach fünf Jahren gibt Hume seine Stellung auf und geht als Gesandtschaftssekretär nach Paris. Hier überfällt ihn plötzlich der Weltruhm. Die aufklärerische Gesellschaft der französischen Hauptstadt, an ihrer Spitze Madame de Pompadour, nimmt ihn mit offenen Armen auf. Er schreibt darüber an einen Freund: »Sie fragen mich nach meinem Leben. Ich kann nur sagen, daß ich nichts als Ambrosia esse, nichts als Nektar trinke, nichts als Weihrauch atme und auf nichts als auf Blumen wandle.« Ein zeitgenössischer Aufklärer, der Baron Grimm, berichtet: »Die Damen rissen sich förmlich um den ungefügen Schotten.« Ein anderer Beobachter erzählt, man habe in der Oper seine breiten Züge gewöhnlich zwischen den lächelnden Gesichtern junger Damen gesehen. Daß er es auf diesem Felde etwa zu weit getrieben haben könne, ist jedoch nicht zu befürchten; er nennt sich selbst einen »Courmacher, der weder

Ehemänner noch Mütter beängstigt«. Auch den Gedanken, seine Beziehungen zum schönen Geschlechte bis zu einer Heirat auszudehnen, weist er weit von sich; denn »eine Frau gehört nicht zu den unentbehrlichen Lebensbedürfnissen«.

Der Aufenthalt in Paris dehnt sich nicht allzu lange aus. Hume schreibt schon bald: »Ich bin mir bewußt, daß ich hier am unrichtigen Orte bin; ich sehne mich zwei- oder dreimal am Tage nach meinem Lehnstuhl und nach meinem Schlupfwinkel.« »Ich bin entschlossen, die feinen Leute zu verlassen, bevor sie mich verlassen.« So geht er denn nach England zurück, freilich zunächst noch nicht in die Einsamkeit seiner engeren Heimat. Er wird Unterstaatssekretär im Auswärtigen Amt, gibt diese Tätigkeit jedoch nach einem Jahr auf und zieht sich nun endgültig von der Öffentlichkeit zurück. Er lebt in Edinburgh, im Kreise seiner Freunde, philosophiert, ohne allerdings viel zu Papier zu bringen, und entfaltet dazwischen hinein sein »großes Talent zum Kochen«. 1776 stirbt Hume, »in völliger Ruhe des Geistes«, wie sein Freund Adam Smith schreibt, allen Ermahnungen, am Ende doch noch seinem Skeptizismus abzuschwören, bis zuletzt entschlossen Widerstand leistend.

Die Skepsis Humes wendet sich vor allem gegen die Metaphysik, jenes stolze Gebäude des Denkens, das von den Griechen her die Philosophie bestimmt hat. Ihr, und damit jeder Spekulation über übersinnliche Dinge, gilt sein schärfster Kampf. Die metaphysischen Ideen sind »entweder als Produkt unfruchtbarer Anstrengungen der menschlichen Eitelkeit, welche in Gegenstände einzudringen sucht, die dem Verstand durchaus unzugänglich sind, oder das Gespinst eines Aberglaubens, der auf offenem Felde sich nicht zu verteidigen vermag und daher das verworrene Dickicht aufsucht, um seine Blößen zu bedecken und zu schützen«. Diese Pseudophilosophie, so meint Hume, muß schonungslos entlarvt werden. Man muß ihre Scheinprobleme bis in ihre innersten Schlupfwinkel verfolgen. Mit dieser Tendenz ist Hume ein ausgesprochener und konsequenter Vertreter der Aufklärung, deren Absicht es ist, in das Dunkel des menschlichen Erkennens Licht zu bringen. Hume geht sogar so weit, eine öffentliche Ausmerzung der obskurantistischen metaphysischen Literatur zu fordern. »Sehen wir die Bibliotheken durch, wie müßten wir dann hier aufräumen! Nehmen wir etwa ein theologisches oder metaphysisches Buch zur Hand, so müßten wir fragen: Enthält es eine abstrakte Untersuchung über Größe und Zahl? Nein! Enthält es erfahrungsgemäße Erörterungen über Tatsachen und Existenz? Nein! So übergebe man es den Flammen, denn es kann nur sophistische Täuschungen enthalten.«

Was aber kann Hume an die Stelle der so hart befehdeten Metaphysik setzen? Oder hört für ihn mit dieser die Philosophie überhaupt auf? Keineswegs. Er meint vielmehr, der Philosophie gerade im Gegenzug gegen die Metaphysik ein neues Feld zuweisen zu können. Er will »eine beinahe gänzliche Umstellung in der Philosophie hervorbringen«. »Nur einen Weg gibt es, um die Forschung von diesen unfruchtbaren Fragen zu befreien, nämlich den: den menschlichen Verstand streng zu untersuchen und vermittels einer genauen Analyse seiner Kräfte und Fähigkeiten darzutun, daß er für solche entlegenen und dunklen Gegenstände durchaus ungeeignet ist.« Der menschliche Verstand soll also nicht in übersinnliche Regionen ausschweifen, sondern sich streng an das Feld der Erfahrung halten. Erforderlich ist eine »Beschränkung unseres Forschens auf solche Gegenstände, die der begrenzten Fähigkeit des menschlichen Verstandes am angemessensten sind. Die menschliche Phantasie ist von Natur schwungvoll; sie ergötzt sich an allem Entlegenen und Außerordentlichen und durcheilt ohne Kontrolle die entferntesten Teile von Raum und Zeit, um den durch Gewohnheit allzu vertrauten Gegenständen auszuweichen. Eine richtige Urteilskraft befolgt das entgegengesetzte Verfahren und beschränkt sich, alle weitliegenden und hohen Forschungen beiseite lassend, auf das gewöhnliche Leben und auf solche Gegenstände, die der täglichen Praxis und Erfahrung angehören«. Kurz: Hume ist ein entschlossener Empirist. »Unsere Vernunft kann niemals ohne den Beistand der Erfahrung irgendwelche Ableitungen in bezug auf wirkliches Dasein und Tatsachen vollziehen.«

Der Kampf gegen das metaphysische Denken intensiviert sich noch, wenn Hume sich nun der eingehenderen Untersuchung der Erfahrung zuwendet. Er fragt, was in dieser das Moment ist, das ihre Wahrheit gewährleistet. Und er antwortet: nicht das, was Verstand und Vernunft darbieten. So hatte es ja die unmittelbar vorhergehende kontinentale Philosophie des Rationalismus gewollt. Sie hatte angenommen, es gebe im menschlichen Geiste gewisse angeborene Ideen, die aus sich heraus wahr seien, ohne jeden Bezug auf die Erfahrung: etwa die allgemeinen Seinsbegriffe oder die Idee des Selbst oder der Gedanke Gottes. Dagegen wendet sich Hume mit Heftigkeit. Verstand und Vernunft können von sich selber her keine Wahrheit erfassen. Was aber bleibt dann noch übrig? Zuletzt allein die Sinneseindrücke, also die lebhaften Empfindungen, die wir haben, wenn wir hören, sehen, fühlen, lieben, hassen, begehren, wollen. Von ihnen geht alle Erkenntnis aus. Sie auch sind das letzte Bewahrheitende. Hinter sie kann man nicht mehr zurückgehen.

Man darf also auch nicht etwa nach einer Gegenständlichkeit suchen, die diese Empfindungen hervorriefe. Die Sinneseindrücke bilden allein und als solche die Grundlage für alles wahre Erkennen und zugleich dessen einzigen unmittelbaren Gegenstand.

Aus bloßen Sinneseindrücken kann sich jedoch kein Bild vom Ganzen einer Welt gestalten, wie es dem menschlichen Erkennen doch zukommt. Daher treten vermittelnd die Vorstellungen ins Spiel, also die Bilder von Gegenständen, von Akten und von deren Verbindungen. Sie aber sind nicht unmittelbar wahr, sondern lassen sich nur durch Rückführung auf die Sinneseindrücke bewahrheiten. Es bleibt dabei: Nur was sich vor diesen ausweist, kann Anspruch auf Wahrheit erheben. So ist denn auch die zentrale philosophische Aufgabe, alle Vorstellungen in unmittelbare Sinneseindrücke aufzulösen.

Der methodische Grundgesichtspunkt Humes wird insbesondere in zwei Richtungen bedeutungsvoll: im Blick auf das Problem des Ich und im Blick auf das Problem der Kausalität. Was die erste Frage angeht, so wendet Hume auch hier sein Prinzip an. Es gibt ursprünglich kein einheitliches, als solches erfaßbares Ich. Denn das Ich ist zwar der Ort der Sinneseindrücke, selber aber kein Sinneseindruck. »Unser Ich oder die Persönlichkeit ist kein Eindruck. Es soll ja vielmehr das sein, worauf unsere verschiedenen Eindrücke und Vorstellungen sich beziehen.« Was wir das Ich nennen, ist also für Hume nicht, wie für die metaphysische Philosophie, eine besondere Substanz. Es ist vielmehr nichts als ein Miteinander von Empfindungen, »ein bloßes Bündel oder eine Sammlung verschiedener Bewußtseinsinhalte, die sich mit unbegreiflicher Schnelligkeit folgen und beständig im Fluß und in Bewegung sind«.

Von größerer philosophiehistorischer Bedeutung ist die Kritik Humes am Grundsatz der Kausalität. Diese Kritik wirkt etwa auf Kant als entscheidender Anstoß, so daß er sagen kann: »Ich gestehe frei: Die Erinnerung des David Hume war eben dasjenige, was mir vor vielen Jahren zuerst den dogmatischen Schlummer unterbrach und meinen Untersuchungen im Felde der spekulativen Philosophie eine ganz andere Richtung gab.«

Hume geht davon aus, daß wir geneigt sind, alle Vorgänge unter dem Gesichtspunkt der Kausalität zu betrachten, also anzunehmen, daß das eine notwendig aus dem anderen folge. Das erst gibt uns die Vorstellung von einer geordneten Welt. Nun aber fragt Hume, was den Menschen denn zu der sicheren Annahme einer solchen kausalen Verknüpfung der Dinge und Vorgänge berechtige. Wahrheit soll ja bloß in den unmittelbaren Sinneseindrücken liegen; die Kausalität aber gehört nicht zu diesen. Was man mit Hilfe der Sinneseindrücke sagen kann, ist nur, daß eine Hand sich bewegt und ein Ball rollt; daß aber diese beiden Vorgänge miteinander in kausaler Verknüpfung stehen, läßt sich nicht ebenso sicher behaupten. »Kein Gegenstand enthüllt jemals durch die Eigenschaften, die den Sinnen erscheinen, die Ursachen, die ihn hervorgebracht haben, noch die Wirkungen, die aus ihm entspringen werden.«

Nun handeln wir im wirklichen Leben freilich so, als gäbe es derartige kausale Verknüpfungen; ja, ohne diese Annahme wäre überhaupt kein Handeln möglich. Das aber ist keine zuverlässige Gewißheit; das menschliche Denken kann sich darüber nicht ausweisen. Woher aber kommt dann jene Sicherheit im alltäglichen Tun? Hume führt sie auf die »Gewohnheit«, also auf ein rein subjektives Prinzip, zurück, das er auch als »Glauben« bezeichnet. Weil wir wiederholt feststellen, daß ein Zustand auf einen andern folgt, glauben wir schließlich, es handle sich um eine notwendige Verbindung, und wir bilden den Begriff der Kausalität, der damit im Grunde zu einer wohltätigen Täuschung wird.

Humes Skeptizismus in bezug auf die Kraft des menschlichen Erkennens ist charakteristisch für das Ende der Aufklärung. Diese begann mit dem Stolz des Menschen, der endlich aus der Nacht dunkler und verworrener Vorstellungen zur Helligkeit des Lichts der Vernunft findet. Jetzt aber wird diese Vernunft selber problematisch. Hume betont ausdrücklich, daß wir ihren »trügerischen Deduktionen« nicht mehr trauen können. »So ist die Einsicht in menschliche Blindheit und Schwäche das Resultat aller Philosophie.« »Das Ganze der Welt ist ein Rätsel, ein unerklärliches Mysterium. Zweifel, Ungewißheit, Enthaltung des Urteils sind das einzige Ergebnis, zu dem die schärfste und sorgsamste Untersuchung uns führen kann.«

Hume meint freilich, er könne auf dem von ihm eingeschlagenen Wege diesen Konsequenzen am Ende doch entgehen, wenn er auch sieht, wieviel er dabei aufgeben muß. »Ich komme mir vor wie ein Mann, der, nachdem er auf viele Sandbänke aufgelaufen und in einer schmalen Meerenge mit Mühe dem Schiffbruch entgangen ist, doch noch die Kühnheit besitzt, auf demselben lecken, vom Sturm mitgenommenen Schiff in See zu stechen, ja der unter so ungünstigen Umständen noch daran denkt, die Erde zu umschiffen.« Das ist ihm allerdings nur unvollkommen gelungen. So mag denn Kant recht haben, wenn er über Hume schreibt, daß er »sein Schiff, um es in Sicherheit zu bringen, auf den Strand (den Skeptizismus) setzte, da es denn liegen und verfaulen mag.«

Kant oder Die Pünktlichkeit des Denkens

Es ist eine verbreitete Ansicht, zu einem rechten Professor gehöre auch ein professorales Gehabe. Man versteht darunter eine Art von gravitätischer und steifer Würde, versetzt mit einem Schuß Vergeßlichkeit und Zerstreutheit, dazu noch eine ausgesprochene Weltferne, kurz: eine eigentümliche Pedanterie, die ebenso komisch wie rührend, ebenso verehrungswürdig wie belächelnswert erscheint. Fragt man dann nach einem Beispiel für solche professorale Pedanterie, so kann es nicht ausbleiben, daß der Name Immanuel Kants genannt wird.

In der Tat: Kant ist, wenigstens in seinen späteren Jahren, ein Genie der Pedanterie und Pünktlichkeit. Einer seiner zeitgenössischen Biographen berichtet von den Besuchen bei seinem Freunde Green: »Kant ging jeden Nachmittag hin, fand Green in einem Lehnstuhle schlafen, setzte sich neben ihn, hing seinen Gedanken nach und schlief auch ein; dann kam Bankodirektor Ruffmann und tat ein Gleiches, bis endlich Motherby zu einer bestimmten Zeit ins Zimmer trat und die Gesellschaft weckte, die sich dann bis sieben Uhr mit den interessantesten Gesprächen unterhielt. Diese Gesellschaft ging so pünktlich um sieben Uhr auseinander, daß ich öfters die Bewohner der Straße sagen hörte: es könne noch nicht sieben sein, weil der Professor Kant noch nicht vorbeigegangen wäre.«

Überhaupt ist der Tageslauf des alten Kant streng eingeteilt. Ein Freund erzählt davon: »Kant stand jeden Tag im Sommer und im Winter des Morgens um fünf Uhr auf. Sein Bedienter war pünktlich um drei Viertel auf Fünf vor seinem Bette, weckte ihn und ging nicht eher fort, als bis sein Herr aufgestanden war. Bisweilen war Kant noch so schläfrig, daß er den Bedienten selbst bat, er möchte ihn noch etwas ruhen lassen: aber dieser hatte von ihm selbst solche gemessene Befehle, sich dadurch nicht irre machen zu lassen, und ihm durchaus keinen längeren Aufenthalt im Bette zu gestatten, daß er ihn öfters zwang, pünktlich aufzustehen.« In geregeltem Wechsel folgen sodann Arbeit in der Studierstube und Vorlesungstätigkeit; nachmittags wird ein längeres Mahl im Kreise von Freunden eingenommen. Selbst das Schlafengehen, pünktlich um 10 Uhr, ist zeremoniell geregelt. Auch darüber berichtet ein Zeitgenosse: »Durch vieljährige Gewohnheit hatte er eine besondere Fertigkeit erlangt, sich in die Decken einzuhüllen. Beim Schlafengehen setzte er sich erst ins Bett, schwang sich mit Leichtigkeit hinein, zog den einen Zipfel der Decke über die eine Schulter unter dem Rücken durch bis zur andern und durch eine besondere Geschicklichkeit auch den andern unter sich, und dann weiter bis auf den Leib. So emballiert und gleichsam wie ein Kokon eingesponnen, erwartete er den Schlaf.«

Wie der Tageslauf Kants, so muß auch seine Umwelt aufs genaueste geordnet sein. Wenn eine Schere oder ein Federmesser in ihrer gewohnten Richtung auch nur ein wenig verschoben sind, oder wenn gar ein Stuhl an eine andere Stelle im Zimmer gerückt ist, gerät er in Unruhe und Verzweiflung.

Nichts kann Kant so sehr verärgern, als wenn wohlmeinende Freunde ihn in der Regelmäßigkeit seines Lebens stören. So lädt ihn einst ein Edelmann zu einer Spazierfahrt über Land ein, die sich so lange ausdehnt, daß Kant »erst gegen zehn Uhr voll Angst und Unzufriedenheit bei seiner Wohnung abgesetzt wird«. Als Philosoph setzt er dieses kleine Erlebnis sofort in eine allgemeine Lebensregel um, nämlich »sich nie von jemanden zu einer Spazierfahrt mitnehmen zu lassen«; der Biograph fügt hinzu: »nichts in der Welt wäre im Stande gewesen, ihn von seiner Maxime abzubringen«.

Schlimmer noch als solche programmwidrigen Ereignisse ist es, wenn die Umwelt sich durch allzu aufdringliche und dauernde Geräusche störend bemerkbar macht. Einmal ist es der Hahn des Nachbarn, der Kant irritiert. Er will daher dieses dem Denken so abträgliche Tier dem Besitzer abkaufen. Doch der Berichterstatter schreibt, daß es diesem »gar nicht begreiflich war, wie ein Hahn einen Weisen stören könnte«. So bleibt Kant nichts übrig, als die Wohnung zu wechseln. Aber auch das nützt nichts. Denn das neue Haus liegt neben dem Stadtgefängnis, und der Brauch der damaligen Zeit will es, daß die Gefangenen zu ihrer Besserung geistliche Lieder singen müssen, was sie denn auch bei offenen Fenstern und mit verbrecherisch lauten Stimmen tun. Kant beschwert sich bei dem Bürgermeister der Stadt, verärgert über die »Heuchler im Gefängnisse«: »Ich denke nicht, daß sie zu klagen Ursache haben würden, als ob ihr Seelenheil Gefahr liefe, wenn gleich ihre Stimme beim Singen dahin gemäßigt würde, daß sie sich selbst bei zugemachten Fenstern hören könnten.« Wie ärgerlich solche Störungen für Kant gewesen sein mögen, sieht man daran, daß er noch in seiner ›Kritik der Urteilskraft‹ darauf zu sprechen kommt. In die zweite Auflage dieses Buches fügt er die Anmerkung ein: »Diejenigen, welche zu den häuslichen Andachtsübungen auch das Singen geistlicher Lieder empfohlen haben, bedachten nicht, daß sie dem Publikum durch eine solche lärmende (eben dadurch gemeiniglich pharisäische) Andacht eine große Beschwerde auflegen, indem sie die Nachbarschaft entweder mit zu singen oder ihr Gedankengeschäft niederzulegen nötigen.«

Zu der ängstlichen Sorge um Ruhe und zu der Pedanterie in der Zeiteinteilung tritt eine strenge Selbstdisziplin, der sich der alte Kant aus freien Stücken unterwirft, freilich nicht ohne ihre Notwendigkeit exakt zu begründen. Zum Frühstück leistet er sich nur zwei Tassen Tee und eine Pfeife Tabak; das Abendbrot streicht er gänzlich. Der Tee ist übrigens, wie ein Gewährsmann berichtet, »ein äußerst schwacher Abzug von wenigen Teeblümchen«, und die Tabakspfeife wird »zugleich zur Beförderung der Evakuation« benutzt. Noch rigoroser ist Kant gegen sich selber, wenn es sich um den Kaffee handelt. »Kant hatte eine so große Neigung zum Kaffee, daß es ihn die größte Überwindung kostete, ihn nicht zu trinken, besonders wenn ihn in Gesellschaften der Geruch dazu reizte; aber er hielt das Öl des Kaffees für schädlich und vermied ihn daher gänzlich.« Zu seinen strengen Maximen gehört auch, ohne Rücksicht auf ärztliche Verordnungen nie mehr als zwei Pillen pro Tag einzunehmen, mag die Erkrankung auch noch so heftig sein. Kant pflegt in diesem Zusammenhang den Grabspruch eines Mannes zu erwähnen, der an übermäßigem prophylaktischen Gebrauch von Arzneien gestorben ist: »N. N. war gesund; weil er aber gesunder als gesund sein wollte, liegt er hier.«

Angeregt durch diese strenge Selbstdiät, entsteht ein kleines Buch mit dem Titel: ›Von der Macht des Gemüts, durch den bloßen Vorsatz seiner krankhaften Gefühle Meister zu sein‹. Es handelt, wie aus den Kapitelüberschriften hervorgeht, u. a. ›Vom Schlafe‹, ›Vom Essen und Trinken‹, ›Von dem krankhaften Gefühl aus der Unzeit im Denken‹, ›Von der Hebung und Verhütung krankhafter Zufälle durch den Vorsatz im Atemziehen‹. Die Begründungen für die Gesundheitsregeln sind freilich manchmal ein wenig seltsam. So heißt es etwa, »daß jedem Menschen von Anbeginn her vom Verhängnisse seine Portion Schlaf zugemessen worden, und der, welcher von seiner Lebenszeit in Mannsjahren zuviel ... dem Schlafen eingeräumt hat, sich nicht eine lange Zeit zu schlafen, d. i., zu leben und alt zu werden versprechen darf«. Eine andere seiner Gesundheitsmaximen beschreibt Kant folgendermaßen: »Ich war vor wenigen Jahren noch dann und wann vom Schnupfen und Husten heimgesucht, welche beide Zufälle mir desto ungelegener waren, als sie sich bisweilen beim Schlafengehen zutrugen. Gleichsam entrüstet über diese Störung des Nachtschlafs entschloß ich mich ...., mit festgeschlossenen Lippen durchaus die Luft durch die Nase zu ziehen; welches mir anfangs nur mit einem schwachen Pfeifen, und, da ich nicht absetzte oder nachließ, immer mit stärkeren, zuletzt mit vollen und freien Luftzuge gelang, worüber ich dann sofort einschlief. Was ... den Husten betrifft, vornehmlich den, welchen der gemeine Mann in England den Altmannshusten (im Bette liegend) nennt, so war er mir um so mehr ungelegen, da er sich bisweilen bald nach der Erwärmung im Bette einstellte und das Einschlafen verzögerte. Dieses Husten, welches durch den Reiz der mit offenen Munde eingeatmeten Luft auf den Luftröhrenkopf erregt wird, nun zu hemmen, bedurfte es einer nicht mechanischen (pharmazeutischen), sondern nur unmittelbaren Gemütsoperation: nämlich die Aufmerksamkeit auf diesen Reiz dadurch ganz abzulenken, daß sie mit Anstrengung auf irgend ein Objekt ... gerichtet und dadurch das Ausstoßen der Luft gehemmet wurde, welches mir, wie ich es deutlich fühlete, das Blut ins Gesicht trieb, wobei aber der durch denselben Reiz erregte flüssige Speichel (saliva) die Wirkung dieses Reizes, nämlich die Ausstoßung der Luft, verhinderte und ein Herunterschlucken dieser Feuchtigkeit bewirkte. – Eine Gemütsoperation, zu der ein recht großer Grad des festen Vorsatzes erforderlich, der aber darum auch desto wohltätiger ist.«

Auch gegen die Vergeßlichkeit, dieses Kardinallaster der Professoren, zieht Kant mit einer seltsamen Heilmethode zu Felde. Als er seinen Diener Lampe entlassen muß, kommt er nur schwer über die damit verbundene Veränderung seiner gewohnten Umwelt hinweg; er entschließt sich daher, nicht mehr daran zu denken. Um aber diesen Entschluß nicht wieder zu vergessen, schreibt er auf einen Merkzettel die lapidaren Worte: »Lampe muß vergessen werden!«

Überhaupt gibt es der Wunderlichkeiten viel im Leben dieses Philosophen. So verbietet er aus grundsätzlichen Erwägungen, sein Schlafzimmer zu lüften. Ein Biograph berichtet darüber: »Durch einen Fehler im Beobachten war er auf eine besondere Hypothese über die Erzeugung und Vermehrung der Wanzen geraten, die er aber für feste Wahrheit hielt. Er hatte nämlich in einer andern Wohnung zur Abhaltung der Sonnenstrahlen die Fensterladen stets geschlossen gehalten, vergaß aber bei einer kleinen Reise aufs Land, vor seiner Abreise die Fensterladen vorlegen zu lassen, und fand bei seiner Zurückkunft sein Zimmer mit Wanzen besetzt. Da er nun glaubte, vorher keine Wanzen gehabt zu haben, so machte er den Schluß: das Licht müsse zur Existenz und zum Fortkommen jenes Ungeziefers notwendig erforderlich und die Verhinderung der eindringenden Lichtstrahlen ein Mittel sein, ihrer Vermehrung vorzubeugen ... Auf der Wahrheit seiner Theorie bestand er indessen so fest, daß er jeden Zweifel, so leise, jede Bedenklichkeit, so klein sie auch sein möchte, übel empfand ... Ich ließ ihn bei seiner Meinung, sorgte für Reinigung seines Schlafzimmers und Bettes, wodurch die Wanzen sich verminderten, obgleich die Laden und Fenster, um frische Luft zu schaffen, fast täglich, wiewohl ohne sein Mitwissen, geöffnet wurden.«

Vielleicht trägt zur Absonderlichkeit Kants bei, daß er kaum je die Mauern seiner Heimatstadt Königsberg verläßt. Dort wird er im Jahre 1724 geboren; dort bringt er auch seine Studienjahre zu. Im Anschluß daran wird er erst einmal Hauslehrer bei adligen Familien. Ob er dabei freilich Erfolg hat, muß offen bleiben. Jedenfalls berichtet einer seiner Biographen: »Er hielt es für eine große Kunst, sich zweckmäßig mit Kindern zu beschäftigen und sich zu ihren Begriffen herabzustimmen, aber er erklärte auch, daß es ihm nie möglich gewesen wäre, sich diese Kunst zu eigen zu machen.«

Nach neun Jahren erst erreicht Kant das Ziel, das er sich gesetzt hat: die Lehrtätigkeit an der Universität. Seine amtlichen Verpflichtungen sind übrigens weit umfassender, als es die heutiger Professoren sind. Außer in Philosophie unterrichtet er in Mathematik, Physik, Geographie, Naturrecht, Mechanik, Mineralogie, und zwar zwanzig Stunden wöchentlich, weshalb er gelegentlich über diese zeitraubende Fron seufzt: »Ich meinesteils sitze täglich vor dem Amboß meines Lehrpultes und führe den schweren Hammer sich selbst ähnlicher Vorlesungen in einerlei Takte fort.«

Man darf sich Kant freilich keineswegs als einen trockenen Kathederphilosophen vorstellen. Zeitgenössische Berichte rühmen seine geistreiche Art. Herder schreibt: Kant »in seinen blühendsten Jahren hatte die fröhliche Munterkeit eines Jünglings, die, wie ich glaube, ihn auch in sein greisestes Alter begleitet. Seine offene, zum Denken gebaute Stirn war ein Sitz unzerstörbarer Heiterkeit und Freude; die gedankenreichste Rede floß von seinen Lippen; Scherz und Witz und Laune standen ihm zu Gebot, und sein lehrender Vortrag war der unterhaltendste Umgang ... Keine Kabale, keine Sekte, kein Vorteil, kein Namenehrgeiz hatte je für ihn den mindesten Reiz gegen die Erweiterung und Aufhellung der Wahrheit. Er munterte auf und zwang angenehm zum Selbstdenken; Despotismus war seinem Gemüt fremde. Dieser Mann, den ich mit größester Dankbarkeit und Hochachtung nenne, ist Immanuel Kant; sein Bild steht angenehm vor mir.«

Es bedrückt Kant allerdings, daß es im Äußeren nicht recht weitergehen will. Fünfzehn Jahre lang bleibt er Privatdozent. Zweimal bewirbt er sich um eine Professur, aber beide Male wird ihm ein anderer vorgezogen. Schließlich bietet man ihm einen Lehrstuhl für Dichtkunst an, mit der Verpflichtung, zu den akademischen und staatlichen Festen Gedichte zu verfassen. Kant lehnt ab, und es ist wohl kaum zu beklagen, daß die Nachwelt davon verschont geblieben ist, anstelle der ›Kritik der reinen Vernunft‹ – Kantische Gedichte lesen zu müssen. Mit 46 Jahren wird Kant dann endlich zum Professor berufen. In der gravitätischen Sprache des Jahrhunderts heißt es in der Ernennungsurkunde des Königs, er berufe ihn »wegen desselben Uns alleruntertänigst angerühmten Fleißes und Geschicklichkeit, auch besonders in den philosophischen Wissenschaften erlangten gründlichen Erudition«, unter der Voraussetzung, daß er »die studierende Jugend ... ohnermüdet unterrichten und davon tüchtige und geschickte Subjekta zu machen sich bemühen, wie nicht weniger derselben mit gutem Exempel vorgehen« werde.

Von da an fließt das Leben Kants geruhsam dahin. An äußeren Ereignissen geschieht nicht viel, außer einem Konflikt mit dem preußischen Kultusminister, der Kant verargt, daß er allzu freimütig über die Religion schreibt. Kant gibt rasch nach, mit der Begründung: »Wenn alles, was man sagt, wahr sein muß, so ist damit nicht auch Pflicht, alle Wahrheit öffentlich zu sagen.«

Angesichts der Konsolidierung seiner Lebensumstände hätte Kant wohl auch daran denken können, sich zu verehelichen. Aber zwei Versuche in dieser Richtung bleiben ohne Erfolg. Ein Zeitgenosse berichtet darüber: »Mir sind zwei seiner ganz würdige Frauenzimmer ... bekannt, die nach einander sein Herz und seine Neigung an sich zogen.« Aber er »zögerte mit dem Antrage, der wohl nicht abgewiesen worden wäre, und darüber zog eine von diesen in eine entferntere Gegend und die andere gab einem rechtschaffenen Manne sich hin, der schneller als Kant im Entschlüßen und Zusagefordern war«. Auch hierüber tröstet sich Kant mit allgemeinen Reflexionen, etwa der, »daß unverehelichte ... alte Männer mehrenteils länger ein jugendliches Aussehen erhalten, als verehelichte«, und er fügt mit leiser Bosheit hinzu: »Sollten wohl die letztern an ihren härteren Gesichtszügen den Zustand eines getragenen Jochs verraten?«

Im Jahre 1804 stirbt Kant in Königsberg, achtzigjährig. Sein letztes Wort lautet: »Es ist gut.«

Blickt man zurück, so muß Kants Leben als ein typisch deutsches Gelehrtendasein erscheinen, pedantisch und pünktlich geführt, altfränkisch und oftmals ein wenig wunderlich. Doch in diesem unscheinbaren Rahmen wird eine der größten Leistungen vollbracht, die die Geschichte der Philosophie kennt. Nachdem er sein Wort gesagt hat, kann nicht mehr im gleichen Sinne philosophiert werden wie vordem. So stellt sein Denken einen der Wendepunkte in der Geschichte des philosophischen Geistes dar. Das spricht Schelling in seinem Nachruf aus: »Unentstellt von den groben Zügen, welche der Mißstand solcher, die unter dem Namen von Erläuterern und Anhängern Karikaturen von ihm oder schlechte Gipsabdrücke waren, so wie von denen, welche die Wut bitterer Gegner ihm andichtete, wird das Bild seines Geistes in seiner ganz abgeschlossenen Einzigkeit durch die ganze Zukunft der philosophischen Welt strahlen.«

Worum aber geht es Kant in seinem Philosophieren? Diese Frage ist nicht einfach zu beantworten; es gibt fast ebenso viele verschiedene Kant-Deutungen, wie es Interpreten dieses Philosophen gibt. Vielleicht wird man seinen Intentionen am meisten gerecht, wenn man als sein eigentliches Interesse die Frage nach dem ansieht, was in der sichtbaren Wirklichkeit und hinter dieser das eigentlich Wirksame ist, nach dem Unbedingten in allem Bedingten und jenseits alles Bedingten. Das aber besagt: Kants Denken richtet sich vorzüglich auf das, was seit alters als Metaphysik bezeichnet wird: hinauszufragen über das unmittelbar Gegebene, hinabzufragen in die ersten und letzten Gründe der Wirklichkeit. Kant selber bestätigt das: Es ist »die Metaphysik, in welche ich das Schicksal habe verliebt zu sein«; auf ihr beruht »das wahre und dauerhafte Wohl des menschlichen Geschlechtes«; eben darum kann ihr Gegenstand »der menschlichen Natur nicht gleichgültig sein«.

Kant verdeutlicht die metaphysische Problematik in einer dreifachen Hinsicht: Er fragt nach dem Unbedingten im Menschen, nach dem Unbedingten in der Welt und nach dem Unbedingten schlechthin. Gibt es etwas im Menschen, das sein bedingtes, endliches Sein überragt, so, daß es auch das Sterben überdauern kann? So kommt es zur Frage nach der Unsterblichkeit der Seele. Gibt es in der Welt nur die Kette der Bedingtheiten oder bietet sie auch Raum für ein unbedingtes Handeln? So erhebt sich die Frage nach der Freiheit. Gibt es schließlich etwas, worin das Gesamt alles Bedingten, Welt und Mensch zumal, letztlich gründet? So stellt sich die Frage nach Gott. Kant bezeichnet daher als die »unvermeidlichen Aufgaben« des metaphysischen Denkens »Gott, Freiheit und Unsterblichkeit«.

Darüber also will Kant zur Gewißheit gelangen. Aber nun zeigt sich: Auf diesem Felde ist alles fragwürdig; in der langen Geschichte der Metaphysik läuft alles auf »ein bloßes Herumtappen« hinaus.

Wenn es aber so ist, dann kann man nicht unmittelbar mit metaphysischen Entwürfen beginnen. Dann muß man vielmehr zuvor fragen, woher denn jene Fragwürdigkeit der Metaphysik kommt und worin sie gründet. Das ist das Problem, das sich Kant in seinem großen Werke, der ›Kritik der reinen Vernunft‹, stellt. Das eigentliche Thema dieses Buches ist das Drama der metaphysischen Erkenntnis des menschlichen Geistes. Die Akteure sind die zentralen Fragen der Philosophie, und das Spiel handelt von den unablässigen Versuchen, zur Gewißheit zu gelangen, und vom ständigen ohnmächtigen Untergang all dieser Bemühungen. Schließlich entdeckt Kant: Daß man zu keinen gesicherten Antworten gelangen kann, liegt im Wesen der menschlichen Vernunft begründet. Diese ist nämlich nicht imstande, hinter die sichtbare Wirklichkeit zurückzugehen und in deren Grund hinabzublicken. Das zeigt sich etwa an der Frage nach der Freiheit. Man kann ebenso überzeugende Gründe dafür beibringen, daß der Mensch frei ist, wie dafür, daß er nicht frei ist. Ähnlich steht es mit den Fragen nach der Unsterblichkeit und nach Gott. Auch sie lassen sich mit Hilfe der theoretischen Vernunft nicht beantworten.

Am Ende zeigt sich: Das Fragen endet im Unwegsamen. Kant findet dafür deutliche Worte; er spricht von »Auftritten des Zwiespalts und der Zerrüttungen«, von einem »Skandal«, von einem »ewigen Zirkel von Zweideutigkeiten und Widersprüchen«, ja von einem »wahren Abgrund für die menschliche Vernunft«. Der Mensch geht also notwendig in die Irre, gerade da, wo es sich um die höchsten Interessen seines Geistes handelt: in den Fragen nach Gott, Freiheit und Unsterblichkeit. So vergleicht Kant schließlich die metaphysischen Versuche des Menschengeistes mit einer Seefahrt auf einem »weiten und stürmischen Ozeane ..., wo manche Nebelbank, und manches bald wegschmelzende Eis neue Länder lügt und, indem es den auf Entdeckungen herumschwärmenden Seefahrer unaufhörlich mit leeren Hoffnungen täuscht, ihn in Abenteuer verflechtet, von denen er niemals ablassen und sie doch auch niemals zu Ende bringen kann«.

Aber Kant überläßt sich nun nicht einer skeptischen Hoffnungslosigkeit. Er ist der Überzeugung, daß eine »neue Geburt« der Metaphysik bevorstehe. Sie aber kann nur aus einer Selbstbesinnung der menschlichen Vernunft erwachsen. Diese muß einsehen, wo ihr eigentümliches Feld und wo ihre Grenzen liegen. In solcher Absicht prüft die ›Kritik der reinen Vernunft‹ das »sehr vermischte Gewebe der menschlichen Erkenntnis«. In den mühseligen Untersuchungen, die Kant zu diesem Zweck anstellt, bewährt sich seine Pedanterie als die Tugend der Gewissenhaftigkeit. Er zeigt, daß das Erkennen keineswegs richtig beschrieben wird, wenn man es so versteht, als bilde sich die Wirklichkeit unmittelbar im menschlichen Geiste ab. Der Mensch bringt vielmehr von sich aus Entscheidendes in den Erkenntnisprozeß mit hinein: die Vorstellungen von Raum und Zeit und die Grundbegriffe des Verstandes. Indem der Erkennende diese Vorstellungen und diese Begriffe auf die Empfindungen anwendet, die ihm die Sinne vermitteln, entsteht ihm das Bild der Wirklichkeit. Das Erkennen besteht somit zu einem wesentlichen Teil aus eigenen Zutaten des erkennenden Subjektes.

Die bedeutsame Folgerung, die Kant daraus zieht, ist: Die Wirklichkeit zeigt sich dem Menschen nicht so, wie sie an sich selber sein mag, sondern nur so, wie sie ihm aufgrund der besonderen Art seines Erkenntnisvermögens erscheint. Wir erfassen nicht die Dinge an sich, sondern nur die Dinge als Erscheinungen. Das ist auf dem Felde des Erkennens das Schicksal des Menschen als eines endlichen Wesens. Jene metaphysischen Versuche aber zeigen sich von daher als Bemühungen, den dem Menschen zugewiesenen und angemessenen Erkenntnisbereich zu übersteigen; darin gründet letztlich ihr Scheitern. Immer wieder strebt der Mensch danach, seine Erkenntnis über seine Grenzen hinaus zu erweitern; immer wieder wird er im Fehlschlagen solcher Bemühungen auf den alleinigen Ort sicheren Wissens, die Erfahrung, zurückgetrieben. Er will »einen Turm« errichten, »der bis an den Himmel reichen sollte«, und er kann es doch nur zu einem »Wohnhaus« bringen, welches »zu unseren Geschäften auf der Ebene der Erfahrung gerade geräumig und hoch genug« ist.

Die Zeitgenossen erfassen, teils in begeisterter Zustimmung, teils in leidenschaftlicher Abwehr, die Bedeutung der ›Kritik der reinen Vernunft‹. Der Philosoph Mendelssohn etwa nennt Kant nicht ohne geheimen Respekt den »Alleszermalmer«. Herder dagegen findet in jenem Buche nur ein »Reich unendlicher Hirngespinste«, einen »Verderb junger Gemüter«, eine »Verödung der Seelen«. Dem setzt Fichte die Worte entgegen: »Sie schelten Kant, daß er nichts Rechtes ertappt habe. Mein Gott, er tappte gar nicht, sondern er sah; im Lichte aber sind die Dinge anders als in der Dunkelheit des Tappens.«

Daß es übrigens auch gefährlich sein kann, sich mit der ›Kritik der reinen Vernunft‹ zu beschäftigen, davon zeugt ein kurioser Vorfall, der sich in Jena zuträgt. Ein Student sagt zu einem Kommilitonen, dieses Buch sei so schwierig, daß er, der Kommilitone, noch dreißig Jahre studieren müsse, ehe er es verstünde. Der aber weiß sich gegen diese Unterstellung nicht anders zu wehren, als indem er den Beleidiger zum Duell fordert, getreu dem Prinzip, an die Stelle einer schlagfertigen Antwort eine Schlägerei zu setzen.

Sieht man auf das Ergebnis der ›Kritik der reinen Vernunft‹, dann erhebt sich freilich die Frage, ob die darin geforderte Beschränkung auf das Feld der Erfahrung das letzte Wort sein kann. Noch bleibt zu fragen, warum denn der Mensch so unablässig über die ihm gesetzten Grenzen hinausdrängt. Ist das nicht doch ein Anzeichen dafür, daß er in der Aufgabe, sich in der Welt zu orientieren, nicht sein volles Wesen erfüllen kann? In der Tat, es ist Kants Überzeugung, daß der Mensch vom Grunde seines Wesens her dazu getrieben wird, über sich und über die endliche Welt hinauszufragen; verzichtete er darauf, so wäre er nicht mehr Mensch und müßte in Barbarei und Chaos versinken.

Darum auch muß Kant einen neuen Atemzug metaphysischen Denkens tun. Zwar bleibt bestehen: Auf dem Wege des rein theoretischen Ergrübelns geht es nicht weiter. Aber der Mensch ist nicht bloß ein denkendes, sondern auch ein handelndes Wesen. Wie, wenn das, was dem bloßen Denken verschlossen bleibt, sich da offenbarte, wo der Mensch im Handeln steht und sich über dies sein Tun besinnt? Diese Sicht auf den handelnden Menschen ist die entscheidende Wendung, die Kant der metaphysischen Problematik gibt.

Kant ist nämlich überzeugt, gerade im Gebiet des Praktischen das Unbedingte finden zu können, das er im Felde des Theoretischen vergebens sucht. Er meint, wenn der Mensch ernstlich wissen wolle, wie er handeln solle, trete ihm ein unbedingtes Gebot, ein kategorischer Imperativ, entgegen, der ihn daran hindere, nach Willkür und Laune zu verfahren. Da werde ihm über alle rationalen Erwägungen hinaus unmittelbar gewiß: so und nicht anders mußt du handeln. Hier also zeige sich inmitten des bedingten Daseins des Menschen ein Unbedingtes: die Unbedingtheit des »Du sollst«.

Nachdem Kant so den Überschritt in den Bereich des Unbedingten grundsätzlich getan hat, kann er nun auch jene im Felde des theoretischen Ergrübelns unlösbaren Fragen nach Gott, Freiheit und Unsterblichkeit beantworten. Wenn ein Gebot an den Menschen ergeht, so weiß er sich damit in die Situation der Entscheidung versetzt; Entscheidung aber ist nur möglich, wenn es Freiheit gibt. So wird der Mensch, indem er das unbedingte Gebot vernimmt, seiner Freiheit gewiß. Das hat gewichtige Konsequenzen für die Metaphysik. Im Hören des unbedingten Gebotes und in der Freiheit, die darin gewährleistet wird, entdeckt der Mensch, daß er, mag er auch noch so sehr der Endlichkeit verhaftet sein, gleichwohl im Wesentlichen seines Wesens einer anderen, übersinnlichen Ordnung angehört, und daß ihm dies seine eigentümliche Würde gibt. Der Mensch ist für Kant ein Bürger zweier Welten. Von diesem Gedanken her versucht Kant dann auch die Unsterblichkeit der Seele und das Dasein Gottes als notwendige Postulate der sittlichen Existenz zu erweisen. Seine Argumente wird man allerdings schwerlich ohne weiteres übernehmen können. Entscheidend ist jedoch, daß Kant in einer Zeit der Verzweiflung an der Metaphysik einen neuen Durchbruch wagt: einen neuen Versuch, den Ring der Endlichkeit zu durchstoßen und zum Absoluten zu gelangen.

Denn Philosophieren bedeutet nicht: Antworten finden und mit ihnen sich zur Ruhe setzen. Philosophieren heißt: immer neu die wesentlichen Fragen stellen. So kann auch Kants Lösung der metaphysischen Probleme nicht für alle Zeiten gültig sein. In den Krisen des Denkens, die die Menschheit seitdem überfallen haben, ist die metaphysische Gewißheit erneut fragwürdig geworden, und sie ist es heute mehr denn je. Aber auch heute noch gilt der Satz Kants: »Daß der Geist des Menschen metaphysische Untersuchungen einmal gänzlich aufgeben werde, ist eben so wenig zu erwarten, als daß wir, um nicht immer unreine Luft zu schöpfen, das Atemholen einmal lieber ganz und gar einstellen würden.«

Fichte
oder
Die Rebellion der Freiheit

Im Jahre 1801 erscheint eine merkwürdige Streitschrift mit dem Titel: ›Friedrich Nicolais Leben und sonderbare Meinungen‹. Der Mann, gegen den hier gestritten wird, ist einer der bekanntesten Gelehrten seiner Zeit, Herausgeber der ›Allgemeinen Deutschen Bibliothek‹, ein äußerst fruchtbarer Schriftsteller und eines der Häupter der Aufklärung. Die gegen ihn gerichtete Schrift macht den kuriosen Versuch, sein Leben und seine Meinungen in exakt philosophischer Weise aus einem einzigen Prinzip abzuleiten: »daß er alles, was in irgendeinem Fache richtig und nützlich sei, gedacht habe, und alles dasjenige unrichtig und unnütz sei, was er nicht gedacht hätte oder nicht denken würde«; weshalb auch seine Widerlegungen von dem »Hauptsatze« ausgingen: »Ich bin andrer Meinung«, womit die Sache endgültig entschieden sei.

Die Streitschrift nun schildert in boshafter Ironie, unter Heranziehung der Selbstbiographie und der Schriften Nicolais, seinen Lebensgang, angefangen damit, »wie der erste Schrei des Neugeborenen die Schriftstellerwelt erschütterte und alle Sünder in ihr erbeben machte, und wie schon seine Windeln von dem attischen Salze dufteten, das er seitdem in unsterblichen Worten ausgehaucht und angesetzt hat, so daß alle Umstehenden sich verwunderten und sprachen: was will aus dem Kindlein werden?« Sie erzählt, wie er Goethe und Schiller, Kant, Fichte und Schelling nachweist, »daß an ihren vermeinten Kunstwerken und Entdeckungen durchaus nichts sein konnte«, wie er fest davon überzeugt ist: ich bin »der geistreichste und geschmackvollste Mann meines Zeitalters und aller vergangenen und künftigen Zeitalter«, ja, »der erste, untrüglichste und allumfassendste aller Philosophen«, und wie er am Ende »im frohen Glauben an die Unsterblichkeit seines Werks« verscheidet.

Was aber, so fragt die Streitschrift weiter, steckt hinter dieser grotesken Anmaßung des Herrn Nicolai? Die Antwort lautet: nichts als »leichte Weisheit« und »wohlfeile Gelehrsamkeit«, »ein unversiegbares Geschwätz und die Kunstfertigkeit, alles, was ihm unter die Hände kommt, zu verdrehen«. Kurz, Nicolai ist ein »geborner stumpfer Kopf«, ein »ungezogner, tölpelhafter Schwätzer« mit einer »Gelehrsamkeit, die im Zusammenschleppen seltner Raritäten auf einen konfusen Haufen bestand«. Schwer zu »glauben, daß irgend etwas recht Menschliches an ihm gewesen außer der Sprache«. Noch grimmiger heißt es: »Unser Held, der nun einmal zum literarischen Stinktiere und der Natter des achtzehnten Jahrhunderts bestimmt war, verbreitete Stank um sich und spritzte Gift.« »Es ist kein Zweifel, daß auch ein Hund, wenn man ihm nur das Vermögen der Sprache und Schrift beibringen könnte und die Nicolaische Unverschämtheit und das Nicolaische Lebensalter ihm garantieren könnte, mit demselben Erfolge arbeiten würde als unser Held.« Das Ende bildet ein letzter Keulenschlag gegen die Schriften Nicolais: »Sieht man sie je noch an, so tut man es in den Stunden der Verdauung, um sich an den wunderlichen Wendungen und Renkungen der Trivialität und Nullität, die es selbst zu merken anfängt, daß sie Nullität ist, zu belustigen.«

Erfährt man den Namen des Verfassers dieser unbarmherzigen Satire, so mag man sich einen Augenblick lang wundern. Es ist Johann Gottlieb Fichte, der Autor der berühmten ›Reden an die deutsche Nation‹, der scharfsinnige Erdenker der ›Wissenschaftslehre‹, einer der großartigsten Schöpfungen des philosophischen Geistes, der tiefsinnige Urheber einer ›Anweisung zum seligen Leben.‹ Wie kommt ein so ernsthafter Philosoph zu so gewalttätigen Ausfällen?

Doch man begreift wenig vom Wesen des Philosophierens, wenn man annimmt, dieses erschöpfe sich in stiller Versenkung und geruhsamem Nachdenken. Seit je zeigen die Philosophen ein doppeltes Gesicht: das eine nach innen gewandt, das andere auf die Wirklichkeit gerichtet, im Drang, sie aus dem Gedanken heraus umzugestalten. Dieser Wille bricht in keinem der neueren Philosophen unbändiger hervor als in Fichte. Er sagt von sich selbst: »Zu einem Gelehrten von Metier habe ich gar kein Geschick; ich mag nicht bloß denken, ich will handeln«; »ich habe große, glühende Projekte ... Mein Stolz ist der, meinen Platz in der Menschheit durch Taten zu bezahlen, an meine Existenz in die Ewigkeit hinaus für die Menschheit und die ganze Geisterwelt Folgen zu knüpfen.« Darum schleudert er Manifeste, Pamphlete, Aufrufe, Reden hinaus. Darum greift er leidenschaftlich in die Auseinandersetzungen um die Französische Revolution ein; eine seiner Streitschriften zu diesem Thema trägt den bezeichnenden Titel: ›Zurückforderung der Denkfreiheit von den Fürsten Europens, die sie bisher unterdrückten‹. Darum auch begnügt er sich nicht damit, die Menschen zu überzeugen; er will sie mit Gewalt zu seiner Wahrheit bekehren; als die Zeitgenossen immer noch nicht begreifen wollen, worauf es ihm ankommt, verfaßt er eine Schrift mit dem verwegenen Untertitel: ›Sonnenklarer Bericht ... Ein Versuch, die Leser zum Verstehen zu zwingen‹.

Mächtig ist auch Fichtes persönliche Wirkung; einer seiner Hörer berichtet davon: »Er spricht eben nicht schön, aber alle seine Worte haben Gewicht und Schwere. Seine Grundsätze sind streng und wenig durch Humanität gemildert. Wird er herausgefordert, so ist er schrecklich. Sein Geist ist ein unruhiger Geist; er dürstet nach Gelegenheit, viel in der Welt zu handeln. Sein öffentlicher Vortrag rauscht daher wie ein Gewitter, das sich seines Feuers in einzelnen Schlägen entladet. Er erhebt die Seele, er will nicht gute, sondern große Menschen machen. Sein Auge ist strafend und sein Gang ist trotzig. Er will durch seine Philosophie den Geist des Zeitalters leiten; seine Phantasie ist nicht blühend, aber energisch und mächtig, seine Bilder sind nicht reizend, aber sie sind kühn und groß. Er dringt in die innersten Tiefen seines Gegenstandes ein und schaltet im Reiche der Begriffe mit einer Unbefangenheit umher, welche verrät, daß er in diesem unsichtbaren Lande nicht bloß wohnt, sondern herrscht.«

Aus solchem kräftigen Willen zum Handeln erwächst die Gewaltsamkeit, mit der Fichte seine Mitwelt behandelt. Er will »Schwerter und Blitze« reden. Immer ist Streit um ihn. Widerspruch will er nicht dulden, und wer nicht mit ihm übereinstimmt, den überschüttet er mit zornigen Ausfällen, wie den guten Nicolai, oder er streitet ihm gar die Existenz ab, wie es einem braven Zeitgenossen namens Schmid geht: Ich »erkläre Herrn Schmid ... als Philosophen in Rücksicht auf mich für nicht existierend«. All diese Händel betreibt Fichte nicht ohne grimmiges Vergnügen. »Wer die Lessingschen Fehden erneuert sehen will, der reibe sich an mir. Ich habe zwar ernstere Dinge zu tun, als mich mit dem Hunde aus der Pfennigschenke zu schlagen; aber beiläufig ... einen so zu schütteln, daß den andern die Lust vergeht, ist nicht übel.« So ist es nicht verwunderlich, wenn der berühmte Jurist Anselm Feuerbach schreibt: »Es ist gefährlich, mit Fichte Händel zu bekommen. Er ist ein unbändiges Tier, das keinen Widerstand verträgt und jeden Feind seines Unsinns für einen Feind seiner Person hält. Ich bin überzeugt, daß er fähig wäre, einen Mahomet zu spielen, wenn noch Mahomets Zeit wäre, und mit Schwert und Zuchthaus seine Wissenschaftslehre einzuführen, wenn sein Katheder ein Königsthron wäre.«

Doch das ist nur die eine Seite dieses Philosophen. Neben dem gewalttätigen Streiter steht der Mann des stillen und versunkenen Mühens um Einsicht. Wenn er einmal sagt: »Ich habe nur eine Leidenschaft, nur ein Bedürfnis, nur ein volles Gefühl meiner selbst, das: außer mir zu wirken«, so spricht er ein andermal von seiner »entschiedenen Liebe zu einem spekulativen Leben«. »Die Liebe der

Wissenschaft, und ganz besonders die der Spekulation, wenn sie den Menschen einmal ergriffen hat, nimmt ihn so ein, daß er keinen anderen Wunsch übrig behält, als den, sich in Ruhe mit ihr zu beschäftigen.« »Und sähe ich ein Leben von Jahrhunderten vor mir, ich wüßte dieselben schon jetzt ganz meiner Neigung gemäß so einzuteilen, daß mir nicht eine Stunde zum Revolutionieren übrig bleiben würde.« Schließlich kann Fichte seltsam ergriffen über die »Sehnsucht nach dem Ewigen« sprechen: »Dieser Trieb, mit dem Unvergänglichen vereinigt zu werden und zu verschmelzen, ist die innigste Wurzel alles endlichen Daseins ...; unaufhörlich umgibt uns das Ewige und bietet sich uns dar, und wir haben nichts weiter zu tun, als dasselbe zu ergreifen.«

Kein Zweifel: Ein so widerspruchsvoller Mensch kann kein gleichmäßig geruhsames Dasein führen. Fichtes Leben ist denn auch ein ständiges Auf und Ab, ein unablässiger Wechsel von Aufschwüngen und Niederbrüchen. Er wird 1762 geboren, in einem kleinen Dorf in der Oberlausitz, als Kind armer Eltern. Seine erste Beschäftigung ist die eines Hütejungen, und es läßt sich vermuten, daß er schon damals die Gänse, die seiner Zuchtrute unterstellt sind, seine Herrscherlust fühlen läßt. Wie er aus seinem häuslichen Milieu herauskommt, könnte den Gegenstand einer erbaulichen Kalendergeschichte bilden. Der Gutsherr kommt eines Sonntags um die Mittagszeit in das Dorf und ist höchst betrübt darüber, daß er die Predigt versäumt hat. Aber man tröstet ihn: Der Hütejunge Fichte könne alle Predigten wortwörtlich wiederholen. In der Tat kopiert der kleine Fichte den Pfarrer nach Wort, Ton und Gesten so vollendet, daß der Gutsherr entzückt zu Entschlüssen kommt, die der philosophischen Welt am Ende ihren Fichte bescheren: er läßt den Gänsehüter auf seine Kosten ausbilden.

Als Fichte nach vollendeter Schulzeit die Universität Jena bezieht, wird es freilich in wirtschaftlicher Hinsicht wieder schwierig. Der adlige Gönner stirbt, und die Erben halten nicht viel von seinen mäzenatischen Anwandlungen. Ein Stipendium, um das er sich bewirbt, wird Fichte verweigert; er schlägt sich mühsam mit Privatstunden durch.

Aus dieser Misere wird Fichte durch das Angebot errettet, in Zürich Hauslehrer zu werden. Er meint allerdings, ehe man Kinder erziehen könne, müsse man die Eltern erziehen. So legt er sich ein ›Tagebuch der auffallendsten Erziehungsfehler‹ an und veranlaßt die Eltern seines Zöglings, sich allwöchentlich daraus vorlesen zu lassen. Man kann verstehen, daß diese nicht lange daran Vergnügen haben und daß sie schließlich die trotzige Drohung dieses gewalttätigen und aufsässigen Pädagogen, ihr Haus zu verlassen, annehmen. Fichte begreift freilich nicht, an wem die Schuld liegt. Er schreibt an den Bruder: »Ich hatte von Anfang an mit starrköpfigen Leuten zu tun. Endlich, da ich durchgedrungen und sie gewaltigerweise gezwungen hatte, mich zu verehren, hatte ich meinen Abschied schon angekündigt; welchen zu widerrufen ich zu stolz und sie zu furchtsam waren.«

Immerhin, Zürich ist in anderer Hinsicht nicht ergebnislos für Fichte. In dieser Zeit nämlich verliebt und verlobt er sich. Wie es mit dem Verlieben bestellt ist, darüber äußert er sich freilich bald so, bald so. Einerseits kann er glühende Liebesbriefe schreiben: »Könnte ich Dir doch meine Empfindungen so heiß hingießen, wie sie in diesem Augenblicke meine Brust durchströmen und sie zu zerreißen drohen.« Er verfaßt sogar ein Gedicht an die Geliebte, allerdings nur ein einziges, und überdies braucht er, wie er gesteht, zu jedem Reim eine Stunde. Andererseits aber bekommt er doch auch Bedenken und schreibt dem Bruder: Ich fühle »zu viel Kraft und Trieb in mir, um mir durch eine Verheiratung gleichsam die Flügel abzuschneiden, mich in ein Joch zu fesseln, von dem ich nie wieder loskommen kann«. Aber da die Braut, sanftmütig, wie sie ist, sich Fichtes pädagogischen Bedürfnissen offenbar willig fügt, scheint es ihm schließlich doch das richtigste zu sein, sich zu verheiraten.

Das Ende seiner Hauslehrertätigkeit zwingt Fichte, Zürich zu verlassen. Er geht nach Leipzig und versucht auf eine etwas kuriose Weise, sich sein Brot zu verdienen und berühmt zu werden. Erst will er, obgleich er doch eben im pädagogischen Felde so sichtlich gescheitert ist, Prinzenerzieher werden. Als daraus nichts wird, plant er, vermutlich durch seine Verlobung animiert, eine ›Zeitschrift für weibliche Bildung‹ herauszugeben. Aber kein Verleger will das Risiko auf sich nehmen, einem Manne wie Fichte gerade diesen Gegenstand anzuvertrauen. Auch mit Trauerspielen und Novellen hat Fichte kein Glück.

Aus der Lethargie, in die er angesichts all dieses Mißlingens verfällt, reißt ihn ein Zufall heraus, der ihn zu der anderen, stilleren Seite seines Wesens hinleitet und so für sein ganzes weiteres Leben entscheidend wird. Ein Student bittet ihn nämlich um Privatunterricht in der Kantischen Philosophie, und so lernt Fichte den größten unter den zeitgenössischen Philosophen gründlich kennen. Wie sehr ihn dieses Ereignis bewegt, schildert er in einem Briefe: »Ich ging mit den weitaussehendsten Plänen von Zürich ... Im kurzen scheiterten alle diese Aussichten und ich war der Verzweiflung nahe. Aus Verdruß warf ich mich in die Kantische Philosophie ..., die ebenso herzerhebend als kopfbrechend ist. Ich fand darin eine Beschäftigung, die Herz und Kopf füllte; mein ungestümer Ausbreitungsgeist schwieg; das waren die glücklichsten Tage, die ich je verlebt habe. Von einem Tage zum anderen verlegen um Brot, war ich dennoch damals vielleicht einer der glücklichsten Menschen auf dem weiten Runde der Erde.«

Die äußere Misere bleibt freilich. Fichte kann sich in Leipzig nicht halten und findet schließlich eine Hauslehrerstelle, diesmal in Warschau. Aber wieder geschieht das gleiche wie in Zürich: er kommt mit der Mutter seiner Zöglinge nicht zurecht. Doch hat Warschau wenigstens ein Gutes: Er erhält bei seinem Abgang eine beträchtliche Abfindungssumme; diese ermöglicht es ihm, den von fern verehrten Kant in Königsberg aufzusuchen. Kant jedoch, dem sich Fichte offenbar recht ungestüm nähert, ist zunächst sehr zurückhaltend und öffnet sich ihm nur zögernd.

Die neuen Geldmittel sind bald erschöpft; auch der Versuch, von Kant ein Darlehen zu erhalten, bleibt ohne Erfolg. Da tritt wieder einer der plötzlichen Glücksfälle ein, an denen das Leben dieses stürmischen Mannes so reich ist. Fichte schreibt in vier Wochen eine Schrift mit dem Titel: ›Versuch einer Kritik aller Offenbarung‹. Kant lobt das Manuskript und empfiehlt es seinem Verleger; dieser aber veröffentlicht es versehentlich ohne Nennung des Verfassers, und nun hält alle Welt das Buch für ein Werk des alten Kant selber, von dem man eben damals eine Äußerung über diesen Gegenstand erwartet. Selbst die ›Jenaische Allgemeine Literaturzeitung‹, das vornehmste wissenschaftliche Organ, schreibt: »Jeder, der nur die kleinsten derjenigen Schriften gelesen, durch welche der Philosoph von Königsberg sich unsterbliche Verdienste um die Menschheit erworben hat, wird sogleich den erhabenen Verfasser jenes Werkes erkennen.« Als dann herauskommt, daß nicht Kant, sondern Fichte der Autor ist, ist es zu spät, als daß der Ruhm dieser Schrift noch verblassen könnte. Fichte gilt jetzt als Verfasser eines Buches, das Kants würdig gewesen wäre.

Fichte erhält denn auch rasch eine Berufung an eine Universität, und zwar nach Jena. Er wird begeistert empfangen; die Studenten strömen zu seinen Vorlesungen. Bald aber bringt ihn sein aggressives Temperament in neue Schwierigkeiten. Er wendet sich gegen die studentischen Verbindungen, die in erhebliche Zügellosigkeit geraten sind und bei denen »das Verdienst, ein vorzüglicher Fechter zu sein, statt anderer Verdienste« gilt. Die Studenten beginnen daraufhin, in seinen Vorlesungen zu randalieren; sie insultieren Fichtes

Frau auf der Straße; schließlich greifen sie zu den ihnen angemessen erscheinenden Waffen, nämlich zu Pflastersteinen, um dem Professor die Fensterscheiben einzuwerfen. Fichte ist begreiflicherweise empört: »Ich fand mich ärger behandelt als den schlimmsten Missetäter, fand mich und die Meinigen preisgegeben dem Mutwillen böser Buben.« Die Kollegen jedoch raten von Gegenmaßnahmen ab mit dem seltsamen Argument, »es sei das ehrenvollste Zeugnis für die Rechtschaffenheit eines Professors, wenn ihm die Fenster oft eingeschlagen würden«. Goethe gar, der Weimarer Minister, schreibt recht ironisch unter Anspielung auf Fichtes Lehre von dem Ich, das aus absoluter Souveränität die Welt, das Nicht-Ich, setzt: »Sie haben also das absolute Ich in großer Verlegenheit gesehen, und freilich ist es von den Nicht-Ichs, die man doch gesetzt hat, sehr unhöflich, durch die Scheiben zu fliegen. Es geht ihm aber wie dem Schöpfer und Erhalter aller Dinge, der, wie uns die Theologen sagen, auch mit seinen Kreaturen nicht fertig werden kann.«

In einem zweiten, noch schwierigeren Falle greift Goethe dann allerdings beschwichtigend ein. Einer der Schüler Fichtes verfaßt eine Schrift, in der er die These aufstellt, es gebe keine eigenständige Religion, sondern aller Glaube sei bloß Moral. Fichte veröffentlicht diese Abhandlung, fügt aber einen eigenen Aufsatz hinzu, der die radikalen Konsequenzen, zu denen jener Schüler gekommen ist, abzuschwächen versucht. Gleichwohl wirft eine anonyme Flugschrift Fichte und seinem Schüler Atheismus vor. Die Sache zieht rasch weitere Kreise; die Kursächsische Regierung droht, ihre Landeskinder nicht mehr in Jena studieren zu lassen. Man hätte den Streit gütlich beilegen können; Schiller, der Jenaische Kollege, und Goethe verwenden sich in diesem Sinne. Aber nun kommt Fichte seine Hartnäckigkeit in die Quere; er will lieber »mutig zugrunde gehen« als nachgeben. Als man ihm einen Verweis in Aussicht stellt, schickt er einen Drohbrief an das Ministerium, woraufhin er nicht eben freundlich seines Amtes enthoben wird.

Glücklicherweise gibt es Monarchen, die in diesem Punkte toleranter denken als der Kurfürst von Sachsen. Als Fichte nach Berlin geht, um sich ein neues Tätigkeitsfeld zu suchen, und als die Polizei gegen den Aufenthalt dieses verdächtigen Subjektes Bedenken erhebt, verfügt der König von Preußen: »Ist es wahr, daß er mit dem lieben Gotte in Feindseligkeiten begriffen ist, so mag dies der liebe Gott mit ihm abmachen; mir tut das nichts.«

Ermutigt durch die Aussicht auf Toleranz, siedelt sich Fichte in Berlin an, bringt sich erst mit Vorträgen durch und wird schließlich an die eben gegründete Universität berufen. Hier entfaltet er eine reiche Wirksamkeit. Scharfsinn und Tiefsinn seiner philosophischen Vorlesungen ziehen nicht nur die Studenten, sondern auch führende Männer des Staates und des Geisteslebens an. Nur die Preußische Akademie zögert, ihn unter ihre Mitglieder aufzunehmen, was den berühmten Arzt Hufeland zu dem boshaften Ausspruche veranlaßt, die philosophische Klasse der Akademie habe ihn nicht aufgenommen, eben weil er Philosoph war.

Auch in Berlin kann und will sich Fichte angesichts der politischen Wirren jener Jahre nicht auf das philosophische Lehramt beschränken. Gerade jetzt ist es seine Absicht, die Philosophie zur Wirkung zu bringen. So greift er mit seinen ›Reden an die deutsche Nation‹ entscheidend in die Bemühungen um eine Neugeburt des preußischen Staates ein. Freilich nicht ganz ohne seltsame Vorstellungen von dieser seiner Mitwirkung. Als der Krieg ausbricht, meldet er sich freiwillig, in der Absicht, als eine Art weltlicher Feldprediger mit den Truppen auszumarschieren und »die Kriegsführer in Gott einzutauchen«. Der König jedoch lehnt das Gesuch ab und vertröstet Fichte darauf, daß »vielleicht nach dem Siege seine Beredtsamkeit gebraucht werden könne«.

Fichte überlebt den Friedensschluß nicht lange. Seine Frau zieht sich als Lazarettpflegerin ein heftiges Fieber zu. Sie wird wieder gesund, Fichte aber wird angesteckt. Er stirbt im Jahre 1814, mit 52 Jahren.

Vergegenwärtigt man sich Leben und Wesen dieses Mannes, der so leidenschaftlich zur Tat drängt und der doch zugleich so sehr dazu neigt, sich in den Gedanken zu verschließen, dann wird man sich nicht wundern, daß sich auch sein Philosophieren in der Spannung zwischen diesen beiden Momenten hält. Wem so entscheidend am Tun liegt, dem muß das Handeln, das tätige Ich, auch im philosophischen Entwurf wichtig werden. Wer auf der andern Seite so innig nach der Versenkung trachtet, dem müssen sich auch die stilleren Geheimnisse der Wirklichkeit erschließen. So steht es in der Tat mit dem Philosophieren Fichtes. Es beginnt mit dem Gedanken der absoluten Tat, und es endet damit, daß das tätige Ich sich in den Abgrund der Gottheit versenkt.

Was das erste angeht, so schließt sich Fichte zunächst Kant an. Dieser hat gezeigt, daß das Wesen des Menschen in der Freiheit liegt, deren wir uns in der Erfahrung einer unbedingten Verpflichtung, des Sittengesetzes, vergewissern können. Auch für Fichte ist es die Forderung der Sittlichkeit, die den Gedanken der Freiheit hervorruft und die sich im Gewissen kundtut. Die so ihrer selbst gewisse Freiheit als das Grundwesen des Menschen wird für Fichte die Idee, um die sein ganzes Denken kreist. Indem er aber ihrem verborgenen Wesen nachdenkt, wird er dazu geführt, sie radikaler zu denken, als dies Kant vermocht hat.

Fichte entdeckt nämlich in Kants Begriff von der Freiheit eine Inkonsequenz. Das Ich wird zwar im Grunde seines Wesens als frei verstanden. Aber Kant sieht es doch zugleich als höchst beschränkt. Das zeigt sich insbesondere da, wo es sich erkennend betätigt. Hier ist das Ich von etwas abhängig, das nicht es selbst ist. Zwar nicht, wie die naive Auffassung meint, von den erscheinenden Dingen, so daß die Rolle des Erkennens sich darin erschöpfte, jene lediglich abzubilden. Kant sieht vielmehr: Im Erkennen ist die Selbsttätigkeit des Subjekts vielfältig wirksam. Aber das Ich erschafft die Vorstellung von Dingen doch nicht völlig aus seiner Freiheit heraus. Es ist darin vielmehr von etwas außerhalb seiner abhängig: von dem in den Empfindungen sich meldenden »Ding an sich«.

Eine solche Beschränkung durch ein für sich bestehendes »Ding an sich« erscheint Fichte als unvereinbar mit der Freiheit. Denkt man diese als Grundwesen des Menschen, dann muß alles, was mit dem Ich geschieht, auch sein Erkennen, eine Sache seines eigenen Tuns sein. Aus dem recht verstandenen Begriff der Freiheit heraus kann es somit nicht neben dem Ich noch eine selbständig bestehende Welt geben. Was uns als Welt erscheint, das Gesamt der Dinge, die uns umgeben, existiert in Wahrheit gar nicht. Es ist nur ein Bild, das der Mensch aus sich hinausstellt; es ist der Weltentwurf des schöpferischen Ich in seiner Freiheit. Diese Weltbildung geschieht freilich nicht bewußt, sondern vor allem bewußten Zustande; aber gerade da ist das Ich in seiner Weltbildung unabhängig von fremdem Einfluß und also frei.

Eben deshalb bildet Fichtes Denken den Anfang des Deutschen Idealismus. Denn der Grundgedanke des Idealismus ist: Es existiert nur das Ideelle, das Geistige, das Ich in seiner Freiheit. Die Realität der Welt dagegen ist uns nur in unseren Vorstellungen gegeben; aber eben diese Vorstellungen werden nicht von der Welt geschaffen, sondern wir selber bringen sie hervor.

In diesem Gedanken hat sich der Philosoph des tätigen Lebens selber gefunden. Alle Wirklichkeit wird ihm zur Tat des Ich; nichts gibt es, das nicht zuletzt auf ein solches freies Tun zurückgeführt werden könnte. Denn wahrhaft seiend ist nur das Ich in seiner Freiheit; um dieser Freiheit willen ist es das absolute Ich. Das ist ein ungeheuerlicher Gedanke, und nur ein Denker von der Gewaltsamkeit des Geistes, wie sie Fichte besitzt, kann ihn denken. Hier ist die Macht des Menschen über die Wirklichkeit, die zu erringen das große Bemühen der Neuzeit ist, in ihr Extrem gelangt.

Fichte muß freilich für diese Übersteigerung des menschlichen Ich zum absoluten Ich einen hohen Preis bezahlen. Denn vor der schrankenlos gewordenen Freiheit des Ich zerschmilzt alle Eigenständigkeit der Wirklichkeit. Die Absolutheit des Ich wirft die Welt in den Untergang. Die Auflösung dringt aber noch tiefer. Auch das freie Ich, wenn es so absolut gedacht wird, wie Fichte dies tut, wird zum leeren Ich. Außer ihm existiert nichts, weder ein Gott noch ein anderer Mensch noch eine Welt. Es selber aber existiert in kältester Einsamkeit. Es ist zwar frei. Aber was kann es in einer unwirklich gewordenen Wirklichkeit mit dieser seiner Freiheit anfangen?

In der Vernichtung alles Wirklichen zerrinnt dem Ich schließlich auch die eigene Wirklichkeit. Wenn alles, was zu existieren scheint, sich in bloße Vorstellung auflöst, kann dann das Ich als Einziges sich diesem Schicksal entziehen? Was hindert den Gedanken daran, die Aufhebung alles Seins auch auf das Ich anzuwenden? So daß es schließlich zum nur noch Gedachten wird: »eine bloße Erdichtung«, geschaffen von dem Verstand, dem »spielenden und leeren Bildner von Nichts zu Nichts«. Fichte zieht selber diese Konsequenz. »Ich weiß überall von keinem Sein und auch nicht von meinem eigenen. Es ist kein Sein. – Ich selbst weiß überhaupt nicht und bin nicht. Bilder sind: sie sind das Einzige, was da ist, und sie wissen von sich nach Weise der Bilder; – Bilder, die vorüberschweben, ohne daß etwas sei, dem sie vorüberschweben; die durch Bilder von den Bildern zusammenhängen, Bilder, ohne etwas in ihnen Abgebildetes, ohne Bedeutung und Zweck. Ich selbst bin eins dieser Bilder; ja, ich bin selbst dies nicht, sondern nur ein verworrenes Bild von den Bildern. – Alle Realität verwandelt sich in einen wunderbaren Traum, ohne ein Leben, von welchem geträumt wird, und ohne einen Geist, dem da träumt; in einen Traum, der in einem Traume von sich selbst zusammenhängt.« Das Unheimliche dieses radikalen Idealismus, in dem »die Welt und mit ihr wir selbst in das absolute Nichts versinken«, hat Kant gespürt; er schreibt über die ›Wissenschaftslehre‹ Fichtes: Sie »sieht mir wie eine Art von Gespenst aus, was, wenn man es gehascht zu haben glaubt, man keinen Gegenstand, sondern immer nur sich selbst, und zwar hievon auch nur die Hand, die danach hascht, vor sich findet«.

Das Erschrecken vor diesem Wirbel der völligen Auflösung von Welt und Ich führt Fichte dazu, der Freiheit noch einmal tiefer nachzudenken. Er entdeckt: Soll sie sich nicht selber vernichten, dann kann sie nicht in schrankenloser Absolutheit stehen bleiben.

Die Freiheit kann ihrem Untergang nur entgehen, wenn sie ursprüngliche Schranken findet, wenn sie sich in all ihrer Absolutheit doch zugleich als endliche Freiheit begreift.

Dementsprechend zeigt Fichte, daß das Ich bis in den Grund seines Wesens hinab zugleich absolut und endlich ist. Der Mensch ist nicht, wie es zunächst schien, reine Absolutheit; er ist der Zwiespalt von Absolutheit und Endlichkeit. Fichtes kühner Gedanke rührt zwar an die reine Absolutheit, aber er verliert sich nicht in ihr. Fichte ist zuletzt nicht der Prophet des titanischen, sich übersteigenden absoluten Ich, in dem die Menschlichkeit des Menschen untergeht. Fichte ist der Denker des Widerspruchs, in dem das Dasein des Menschen, dieses zutiefst widersprüchlichen Wesens, gründet.

Am sichtbarsten wird die Endlichkeit für Fichte an der Tatsache, daß das Ich andere Wesen seinesgleichen als außer ihm befindlich voraussetzen muß. Mag man die Dinge als bloße Vorstellungen des Ich begreifen, so gibt es doch in der Welt nicht bloß die Dinge, sondern auch die anderen Menschen. Sie kann Fichte nicht als bloße Vorstellungen ansehen; eben der Gedanke der Freiheit zwingt ihn dazu, auch in ihnen freie Persönlichkeiten zu erblicken.

So muß Fichte anerkennen: Neben dem freien Ich und der aus seiner schöpferischen Kraft entworfenen Welt der Dinge stehen die anderen freien Iche. Damit aber muß sich der Ansatz seines Denkens ändern. Nicht mehr das vereinzelte Ich ist nun der Ausgangspunkt, sondern die Gemeinschaft freier Wesen, das »Reich der Geister«.

Doch auch diese Beschränkung der Freiheit durch den anderen Menschen reicht nicht aus, die Gefahren zu bannen, die darin liegen, daß das Ich sich selbst absolut setzt. Das wird erst dadurch möglich, daß die Freiheit in einer weiteren und nun in der schlechthin entscheidenden Hinsicht ihre Grenze erfährt. Diese wird sichtbar, wenn der Blick in den Ursprung der Freiheit hinabdringt.

Fichte geht von der Tatsache aus, daß unsere Freiheit nicht Freiheit überhaupt ist, sondern je schon bestimmte, und zwar von ihrem Grunde her bestimmte Freiheit. Sie wurzelt im Gewissen. Wir können daher von unserer Freiheit keinen beliebigen Gebrauch machen. Im Ursprung der Freiheit waltet eine tiefere Notwendigkeit. Fichte macht sich nun daran, sich in das Dunkel dieser ursprünglichen Notwendigkeit hinabzutasten und das Unvorgreifliche in der Wurzel der Freiheit aufzuspüren.

Wer in den Grund der Freiheit zurückgeht, muß die Freiheit hinter sich lassen. Diese muß sich in die reine Hindeutung auf ihren Ursprung verwandeln. Sie muß den Untergang ihrer Selbstmächtigkeit auf sich nehmen, um im Absterben die wahre lebendige Realität, den Grund, zum Vorschein zu bringen. Es ist »das der Endlichkeit nie abzunehmende Schicksal: nur durch den Tod hindurch dringt sie zum Leben. Das Sterbliche muß sterben und nichts befreit es von der Gewalt seines Wesens«. »Das Ich muß gänzlich vernichtet sein.« Darin sieht der späte Fichte die dringlichste Aufgabe für den Menschen, auch und gerade im Blick auf seine Gegenwart, die er das Zeitalter der vollendeten Selbstsucht nennt.

Wenn der Mensch diese radikale Abtötung der Eigenmächtigkeit auf sich nimmt, gelangt er in Wahrheit über sich hinaus. Wer in einem letzten Sinne die Absolutheit der Freiheit aufgibt, der entdeckt, daß diese sich nicht selber hervorgebracht hat. Er erblickt im Grunde seiner selbst das wahrhaft Absolute: die Gottheit. Wenn »der Mensch durch die höchste Freiheit seine eigene Freiheit und Selbständigkeit aufgibt und verliert, wird er des einigen wahren, des göttlichen Seins ... teilhaftig«.

An die Stelle des absoluten Ich tritt so der absolute Gott. Das ist die große und entscheidende Kehre im Denken Fichtes. »Gott allein ist, und außer ihm nichts«, kann er nun sagen. Der Mensch aber ist nichts aus sich selber heraus; was er wesentlich ist, ist er als »Dasein und Offenbarung Gottes«.

In diesem Gedanken des späten Fichte ist die Selbstherrlichkeit des absoluten Ich endgültig gebrochen. Aber nicht mit der Gewaltsamkeit eines zerstörerischen Abbruches. Vielmehr in der stillen Weise, in der das Ich sich in die Gottheit als in seinen eigensten Ursprung versenkt und seine Freiheit in der Freiheit Gottes birgt. »Leben in Gott ist frei sein in ihm«: das ist das letzte Wort der Philosophie Fichtes, des Rebellen der Freiheit.

Schelling
oder
Die Verliebtheit in das Absolute

Als Friedrich Wilhelm Joseph Schelling am 20. August 1854 im Alter von fast achtzig Jahren stirbt, läßt sein königlicher Freund, Maximilian von Bayern, auf seinen Grabstein die Worte setzen: »Dem ersten Denker Deutschlands«. Vier Jahre vorher aber schreibt sein grimmigster Gegner, Arthur Schopenhauer, Schelling könne »nicht eingelassen werden in die ehrwürdige Gesellschaft der Denker für das Menschengeschlecht«. So widersprüchlich redet die Mitwelt über diesen Philosophen. Und die Zwiespältigkeit der Beurteilung erstreckt sich über die ganze Zeit seines Lebens. Wie wenige andere Denker ist Schelling umstritten und umkämpft, leidenschaftlich verehrt und leidenschaftlich verworfen, geliebt und gehaßt zugleich.

Schopenhauer nennt sein Denken »Scheinphilosophie«, »leichtfertiges In-den-Tag-hinein-Schwätzen«, »dreistes, vornehmtuendes Schwadronieren«. Viele Zeitgenossen stimmen in diesen Ton der Verachtung mit ein. Der Philosoph Ludwig Feuerbach redet von einer »Philosophie des bösen Gewissens«, einer »theosophischen Posse des philosophischen Cagliostro des neunzehnten Jahrhunderts«. Ein anderer Gegner bezeichnet Schellings Philosophie gar als ein »im absolut Leeren ... aufgeführtes Possenspiel«.

Andere urteilen anders. Für Alexander von Humboldt, den berühmten Naturforscher, ist Schelling »der geistreichste Mann des deutschen Vaterlandes«. Der preußische König bittet ihn, an die Berliner Universität zu kommen »als der von Gott erwählte und zum Lehrer der Zeit berufene Philosoph«. Goethe rühmt an Schelling »das vorzügliche Talent, das wir lange kannten und verehrten«. Er auch prägt das schöne Wort, in Schellings Denken sei »die große Klarheit bei der großen Tiefe immer erfreulich«. Und wenn die Gegner im Überschwang ihres Hasses Schelling mit Judas und Luzifer vergleichen, so überschreitet auch die Bewunderung gelegentlich alles Maß und macht ihn zu einem zweiten Christus.

Wenn ein Denker so umstritten ist wie Schelling, dann ist zu vermuten, daß auch seine Persönlichkeit Spannungen aufweist, die weit entfernt sind von dem ausgeglichenen Temperament, das man den Philosophen gemeinhin zuzusprechen pflegt. In der Tat ist das Wesen Schellings voll von Widersprüchen.

Da ist auf der einen Seite die Kühnheit, mit der Schelling sich den geistigen Mächten seiner Zeit entgegenstellt. Dieser Wagemut, oftmals in haßvolle Polemik gegen die Feinde seiner Person und seiner Sache ausbrechend, macht ihn zugleich fähig, in bis dahin unbekannte Gebiete des Gedankens vorzustoßen. Kaum hat er sich von den Fesseln einer starr gewordenen Theologie befreit und zugleich den Philosophen auf den Tübinger Kathedern, die er als »philosophische Halbmänner« verhöhnt, abgesagt, kaum hat er den revolutionären Zug in den Ideen Kants und Fichtes ergriffen, da stürzt er sich mit aller Leidenschaft in den philosophischen Streit und schleudert, eben erst 20 Jahre alt, einen denkerischen Entwurf nach dem anderen hinaus, des Erfolges seiner Sache gewiß. In dieser Zuversicht schreibt er an den Freund Hegel: »Es kommt darauf an, daß junge Männer, entschieden, alles zu wagen und zu unternehmen, sich vereinigen, um von verschiednen Seiten her dasselbe Werk zu betreiben ..., und der Sieg ist gewonnen.« Auch vom älter gewordenen Schelling noch sagt Steffens, sein bedeutendster Schüler: Er »stand mutig und drohend dem ganzen Heer einer ohnmächtig werdenden Zeit gegenüber«. Am tiefsten hat wohl Caroline, die Freundin und spätere Gattin Schellings, das Gewaltige und Gewaltsame in seinem Wesen erfaßt: Er ist »eine rechte Urnatur, als Mineral betrachtet echter Granit«.

Doch diesem heftigen Zug zur Wirksamkeit nach außen steht ein ebenso starker Drang nach Verborgenheit entgegen, der mit den Jahren immer mehr zunimmt. Vor allem der Tod der geliebten Frau treibt Schelling in das eigene Innere zurück. »Sie ist nun frei«, schreibt er, »und ich bin es mit ihr: das letzte Band ist entzweigeschnitten, das mich an diese Welt hielt.« Wenig später sagt der sechsunddreißigjährige Schelling: «Ich sehne mich immer mehr nach Verborgenheit; hinge es von mir ab, so sollte mein Name nicht mehr genannt werden, ob ich gleich nie aufhören würde, für das zu wirken, wovon ich die lebhafteste Überzeugung habe.« Auf die Jahre der sich überstürzenden philosophischen Entwürfe folgen denn auch Zeiten des Schweigens. Kaum noch betritt Schelling das Katheder, kaum noch veröffentlicht er spärliche Zeugnisse seines Schaffens. Ein paar Jahre vor seinem Tode schließlich schreibt er: »Es ist ... wirklich so, daß ich ... seit Jahr und Tag gewissermaßen geschieden von dieser Welt mich nur glücklich fühle in meiner Arbeit ..., weil sich in ihr mein ganzes Leben zusammenfaßt und im Verhältnis, als sie der Vollendung näher rückt, die Vorempfindung des bevorstehenden ewigen Friedens über mich kommt.«

Die gleiche Spannung zwischen dem Drang nach außen und der Wendung ins eigene Innere beherrscht auch Schellings Verhältnis zu seinen Mitmenschen. Der junge Student tritt im Tübinger Stift in enge Verbindung mit einem Kreis von Freunden, zu dem vorab Hegel und Hölderlin gehören. Später dann, in Jena und Dresden, schließt sich Schelling mit den romantischen Dichtern und Schriftstellern zusammen, mit den Brüdern Schlegel, mit Tieck, mit Novalis, in der gleichen Begeisterung für das anhebende Neue im Bereich des Geistes und im gleichen strömenden Gefühl. Von der Gewalt, die seine Rede über die Zuhörer ausübt, gibt es eine Fülle von Zeugnissen. Steffens schreibt über Schellings Auftreten in der Vorlesung: »In den großen klaren Augen lag eine geistig gebietende Macht.« Der Dichter Platen berichtet, nach den Worten Schellings habe manchmal eine »Totenstille« geherrscht, »als hätte die ganze Versammlung den Atem an sich gehalten«.

Doch dieser offenen Zuwendung zur Mitwelt kontrastiert wiederum ein melancholischer Hang zur Verschlossenheit. Schelling ist in Gesellschaft oftmals linkisch und schwerfällig; er sitzt manchmal schweigend dabei, wenn die Freunde sich fröhlich unterhalten. Schiller grämt sich darüber, daß er mit ihm nur zum Kartenspiel und nicht zu wesentlichen Gesprächen komme. Ja, Schelling vergräbt sich zuweilen so ausweglos in die Traurigkeit des Herzens, daß er dem Gedanken an Selbstmord Raum gibt und daß Caroline sich keinen anderen Rat weiß, als Goethe zu bitten, sich seiner anzunehmen. Überdies kann die Zuneigung zu den Freunden plötzlich in schroffe Ablehnung umschlagen; das erschütterndste Beispiel dafür bietet die frühe Freundschaft mit Hegel, die sich in bittere Feindschaft verwandelt. Schließlich entfremdet sich Schelling so sehr seiner Welt, daß ein Zeitgenosse schreiben kann: »Er sendet uns priesterliche Worte eines Anachoreten, voll weisen Tiefsinns, aber ohne Gegenwart, ohne Anklang und Erschütterung.«

All diese Spannungen, all diese Höhen und Tiefen des Lebens und Erlebens sind der Tribut, den der Mensch Schelling dem Denker Schelling zu leisten hat. Denn eben aus der Gespanntheit der Seele erwachsen ihm Kraft und Tiefe seiner Einsichten. Nur indem er sich den Fragwürdigkeiten des Daseins aussetzt, kann er seine philosophische Bestimmung erfüllen: der Denker des Unbedingten zu sein, der über der Liebe zum Absoluten die Zerrissenheit des Lebens auf sich nimmt.

Denn um das Absolute geht es Schelling von Anbeginn an. Zunächst schließt er sich Fichte an. Wie diesem, so ist auch dem frühen Schelling alles daran gelegen, das menschliche Ich als das oberste Prinzip der Philosophie zu erweisen; es ist das einzige eigentlich Wirkliche, es ruht ausschließlich in seiner eigensten Freiheit, es ist, wie Schelling übereinstimmend mit Fichte formuliert, »das absolute Ich«. Alle andere Wirklichkeit dagegen existiert bloß in der Vorstellung dieses Ich.

Dieser Standpunkt kann jedoch das dem Unbedingten so leidenschaftlich hingegebene Denken Schellings nicht befriedigen. Eben in jenem menschlichen und endlichen Ich, das der absolute Ausgangspunkt alles Philosophierens sein soll, entdeckt Schelling ein Moment, das nicht mehr bloß menschlich und endlich ist; er nennt es »das Ewige in uns«.

Auf einen solchen absoluten Grund im Ich stößt der Mensch, wenn er in sich selbst hinabblickt. Das vermag er, weil ihm über seine sonstigen geistigen und seelischen Möglichkeiten hinaus eine besondere Fähigkeit eignet: die »intellektuelle Anschauung«. »Uns allen nämlich wohnt ein geheimes, wunderbares Vermögen bei, uns aus dem Wechsel der Zeit in unser innerstes, von allem, was von außenher hinzukam, entkleidetes Selbst zurückzuziehen und da unter der Form der Unwandelbarkeit das Ewige in uns anzuschauen.«

In dieser intellektuellen Anschauung nun – so behauptet Schelling – entdeckt der Mensch, daß das, worauf er im Hinabblicken in den eigenen Grund stößt, mehr ist als er selbst: nämlich das Absolute, das Göttliche selber. Denn was sich da zeigt, ist der Grund nicht nur des menschlichen Ich, sondern zugleich aller anderen Wirklichkeit. Wer daher, wie es ja die Aufgabe der Philosophie ist, die Wirklichkeit im Ganzen begreifen will, der muß sich in deren absoluten Grund versetzen. Schelling fordert, daß die Philosophie die endlichen Gesichtspunkte hinter sich lasse und sich zum Standpunkt des Absoluten erhebe. Der Philosophierende also, der doch ein endlicher Mensch ist, muß alles gleichsam aus dem Blickpunkt Gottes betrachten. Das ist die wahrhaft titanische Aufgabe, die sich der junge Schelling stellt.

Mit seiner Wendung zum Absoluten steht Schelling mitten in der Bewegung, die die wachsten Geister seiner Zeit ergriffen hat. Überall regt sich die Sehnsucht nach dem Unendlichen. Überall erneuert sich der alte Gedanke, den zuletzt noch Spinoza gedacht hat: daß alles Getrennte im Grunde Eines ist, daß alle Wirklichkeit aus einem einzigen unerschöpflichen Ursprung kommt, daß es, wie Schelling sagt, »kein Wirkliches weder in uns noch außer uns gibt als das Göttliche«. Dieses Göttliche aber ist nicht der Gott, den die christliche Lehre verkündet: nicht der Schöpfer, dem die Welt als ein Fremdes gegenübersteht. Es ist das unendliche Leben, das in allem, was ist, als innerstes Prinzip wirksam ist.

Unter diesem Gesichtspunkt rückt insbesondere die Natur in ein neues Licht. Fichte hatte auch sie, wie alle Wirklichkeit, bloß daraufhin betrachtet, daß sie für den Menschen von Bedeutung ist; sie war ihm der Ort, an dem der Mensch seine sittliche Aufgabe verwirklichen kann. Das aber ist ein »völliger Totschlag der Natur«. Demgegenüber bricht in der jetzt heraufkommenden Generation von Dichtern und Philosophen ein neues Naturgefühl durch, angeregt durch Herder und Goethe. Nun will man die Natur in ihrer eigenen Lebendigkeit und nicht nur in ihrem Wert für den Menschen fassen, und zugleich will man begreifen, wie in ihr die schöpferische Kraft der Gottheit am Werk ist.

Unter diesem Gesichtspunkt betrachtet auch Schelling die Natur. Er entwirft eine Naturphilosophie und setzt sie jener Fichteschen Mißachtung der Natur entgegen. Darin besteht die zeitgeschichtlich bedeutendste Leistung des frühen Schelling. Seine Naturphilosophie unterscheidet sich freilich grundsätzlich von dem, was man heute darunter versteht. Es geht ihm nicht darum, die Begriffe und Methoden der Naturerfassung auszulegen oder die Ergebnisse der Naturwissenschaften zusammenzufassen. Schelling will vielmehr die Natur als einen einzigen Organismus deuten, in dem alles lebendig ist; auch das Tote ist unter diesem Aspekt nur ein erloschenes Leben. Vorzüglich wird die innere Lebendigkeit der Natur in den Polaritäten sichtbar, von denen sie überall durchzogen ist: im anorganischen Gebiet etwa als Widerspiel von Magnetismus und Elektrizität, im Bereich des Organischen als Gegensatz des Männlichen und Weiblichen, im Ganzen der Natur als Widerstreit von Schwere und Licht. In solchen Polaritäten verwirklicht sich die Natur von Produkt zu Produkt als ein großes, lebendiges Werden.

Am Ende der Naturphilosophie stellt sich die Frage, worauf denn jenes unablässige Werden letztlich zugeht. Schelling antwortet: auf den Geist zu. Denn das höchste Naturprodukt ist der menschliche Geist. Unter diesem Aspekt läßt sich die Natur im Rückblick als werdender Geist verstehen, als »die ursprüngliche, noch bewußtlose Poesie des Geistes«. Der Geist selber aber überschreitet die Natur und bringt damit zugleich das, was in dieser angelegt ist, zur Vollendung.

Die Wirklichkeit also, wie sie sich für Schelling darstellt, umfaßt zwei ineinander übergehende Stadien: das bewußtlose Stadium der Natur und das bewußte Stadium des menschlichen Geistes. In diesem zweiten Bereich entdeckt Schelling die gleichen Gesetze, wie sie in der Natur wirksam sind. Auch das geistige Dasein des Menschen vollzieht sich in Spannungen und Polaritäten, in Gegensätzen und in der Versöhnung der Gegensätze. Das auszulegen ist die Aufgabe der Philosophie des Geistes, die ergänzend an die Seite der Naturphilosophie tritt. Beides aber, Natur und Geist, wird als ein einheitlicher Prozeß gesehen. Alle Erscheinungen der Natur wie des Geistes sind »Glieder *eines* großen Organismus, der aus dem Abgrund der Natur, in dem er seine Wurzel hat, bis in die Geisterwelt sich erhebt«.

Das Entscheidende für Schelling ist nun wieder, daß beide, Natur und Geist, unter dem absoluten Blickpunkt betrachtet werden: daraufhin nämlich, daß in ihnen die schaffende Gottheit waltet. Das wird zunächst für die Natur ausgesprochen. In allem Naturgeschehen ist die Gottheit wirksam. Daher ist für Schelling jedes Naturwesen – ein Baum, ein Tier, ja sogar ein Stück Mineral – nicht bloß ein beobachtbares Ding der Außenwelt, sondern zugleich ein Ausdruck des in ihm waltenden göttlichen Lebens. Die Natur ist »der verborgene Gott«.

Doch die Natur ist noch nicht die eigentliche Offenbarung Gottes. Erst die Vernunft ist »das vollkommene Gegenbild Gottes«. Daher hat der Bereich des Geistes und seiner Geschichte eine Auszeichnung im Hinblick auf die Anwesenheit Gottes in der Wirklichkeit. »Die Geschichte als Ganzes ist eine fortgehende, allmählich sich enthüllende Offenbarung des Absoluten«; sie ist »ein Epos, im Geiste Gottes gedichtet«.

Durch Natur und Geist hindurch vollzieht sich so der Prozeß der Verwirklichung Gottes. Am Ende dieses Geschehens steht für Schelling die Kunst. Seine Kunstphilosophie ist die eigenste und originellste Schöpfung dieses Denkers. Auch die Kunst erblickt Schelling unter dem Gesichtspunkt der werdenden Gottheit. Sie ist »eine notwendige, aus dem Absoluten unmittelbar ausfließende Erscheinung«, ja »die einzige und ewige Offenbarung« der Gottheit. Und zwar übersteigt sie die beiden anderen Manifestationen des Göttlichen in der Welt, indem in ihr deren getrennte Linien zusammenlaufen. Das Kunstwerk ist die sublimste Tat der menschlichen Freiheit; insofern ist es das Höchste im Bereich des Geistes. Zugleich aber besitzt es eine stoffliche Gestalt; insofern hat es auch an der Notwendigkeit der Natur teil. Im Kunstwerk also kommen Natur und Geist, Notwendigkeit und Freiheit zur Versöhnung. In der Kunst gelangt die Gottheit nach dem Durchlaufen ihres gespaltenen Weges wieder zu ihrer Einheit. »Die Kunst ist eben deswegen dem Philosophen das Höchste, weil sie ihm das Allerheiligste gleichsam öffnet, wo in ewiger und ursprünglicher Vereinigung gleichsam in Einer Flamme brennt, was in der Natur und Geschichte getrennt ist.«

Wenn so alles Wirkliche als Selbstoffenbarung Gottes verstanden wird, dann wird die Frage unausweichlich, wie denn Gott selber zu denken ist. In der Tat dringt das Denken Schellings unaufhaltsam in diese Fragerichtung vor; er spürt nun den Geheimnissen des Absoluten selber nach. Anfänglich will er es als ein geistiges Wesen, nämlich als das absolute Ich, begreifen. Nun aber hat sich ihm gezeigt: Die Gottheit stellt sich nicht nur im Bereich des Geistes, sondern auch im Gebiet der Natur dar. Dann jedoch ist die Bestimmung Gottes als eines Ich, eines Subjekts, nicht mehr zureichend. Dann muß Gott vielmehr als über den Gegensatz von Natur und Geist, von Ich und Nicht-Ich, von Subjekt und Objekt erhaben gedacht werden. Das ist gemeint, wenn Schelling ihn nun als die totale Indifferenz oder als die absolute Identität bezeichnet. Gott ist der Punkt der Einheit, in dem alle Gegensätze der Wirklichkeit ihren gemeinsamen Ursprung und ihr gemeinsames Ziel haben.

Hegel freilich, der frühere Freund, spottet über diesen Gedanken. Er nennt jenes indifferente Absolute Schellings »die Nacht, worin, wie man zu sagen pflegt, alle Kühe schwarz sind«. In der Tat droht unter einem solchen Gottesbegriff, in dem »Gott und Universum eins« sind, die Eigenständigkeit des endlichen Wirklichen sich aufzulösen. Wenn alles nur insofern existiert, als es in dem einen und indifferenten Absoluten sein Wesen hat, dann verblassen alle Unterschiede der Dinge, dann werden diese am Ende zu bloßem Schein.

Und doch erfahren wir die Dinge als wirklich. Ja, ihre Wirklichkeit ist von der Art, daß es zweifelhaft ist, ob man sie letztlich aus Gott herleiten kann. Es gibt, wie Schelling selber betont, in der Natur auch »das Irrationale und Zufällige«, »die unordentlichen Geburten des Chaos«; es gibt eine »innere Selbstzerreißung der Natur«. Es gibt im Gebiet des Lebendigen viel dunkle Sucht und Begierde. Es scheint, als ob »die Gottheit über einer Welt von Schrecken throne«. Auch im Menschen findet sich unterhalb der Helligkeit seines Geistes ein vernunftloser Drang. Das menschliche Dasein ist »ein Leben der Widerwärtigkeit und Angst«. Selbst die Freiheit, dieses vornehmste Kennzeichen der höheren Natur des Menschen, erwächst aus dem Irrationalen. »Alle Persönlichkeit ruht auf einem dunklen Grunde.« Ja, der Mensch kann sich sogar, gerade in seiner Freiheit, wider den Ursprung wenden, im verwegenen Versuch, sich auf sich selber zu stellen. Daher bietet die Welt der Geschichte »ein so trostloses Schauspiel dar, daß ich an einem Zwecke und demnach an einem wahren Grunde der Welt vollends verzweifle«. Zusammenfassend sagt Schelling schließlich: »Das Los der Welt und der Menschheit ist von Natur ein tragisches«; der letzte Aspekt auf die Wirklichkeit zeigt eine »Unseligkeit alles Seins«.

Schelling zieht daraus nicht die Konsequenz, daß diese so fragwürdige Wirklichkeit nicht in Gott gründen könne. Im Gegenteil: er behauptet nun, auch jenes widerspenstige Element der Wirklichkeit müsse von Gott her begriffen werden. Das aber ist nur möglich, wenn der Gedanke Gottes umgedacht wird. Sollen auch jene Dinge und Geschehnisse, die der Einfügung in das Absolute widerstreiten, aus Gott erwachsen, dann müssen sie in diesem eine eigenständige Wurzel besitzen; darum wird es notwendig, »etwas Negatives in Gott zu setzen«. Gott muß, unbeschadet seiner Einheit, als in sich selbst widersprüchlich gedacht werden. Man muß annehmen, die Gottheit sei ursprünglich in zwei Momente zerspalten: in den dunklen Grund – gleichsam die Natur in Gott – und in den bewußten göttlichen Geist.

Aus diesen beiden Urmomenten entspringend, hebt das Werden Gottes an. Schelling versucht in dunklen Spekulationen zu ergründen, wie die Gottheit aus sich selber heraus sich zur Welt als ihrer äußeren Darstellung entfaltet. Im Anschluß an Gedanken des großen schlesischen Mystikers Jakob Böhme will er zeigen, wie in Gott, aus der Unergründlichkeit seiner Freiheit heraus, der dunkle Grund als Drang sich von seiner Verbindung mit dem Geiste absondert und so aus dem ungeteilten Wesen Gottes ausbricht. Schelling nennt das den »Schmerzensweg« Gottes, auf dem dieser »alle Schrecknisse seines eigenen Wesens empfindet«. Eben dieser Weg Gottes aber ist der Beginn seiner Weltwerdung. Der Drang, der sich aus der Einheit Gottes losreißt und sich auf sich selber stellt, ist das, was in unseren Augen als die Natur erscheint.

Aus ihrer Selbstentfremdung aber strebt die Gottheit wieder zur Einheit mit sich selber zurück. Der entscheidende Punkt der Umkehr ist der Mensch; »in ihm ist der tiefste Abgrund und der höchste Himmel«. Er erreicht in seiner Freiheit die äußerste Möglichkeit der Abkehr von Gott. Zugleich aber ist er Geist und kann sich so, und zwar eben vermöge seiner Freiheit, dem göttlichen Geiste wieder zuwenden. Mit dem Menschen also beginnt die Rückkehr des abgefallenen Teiles der Gottheit in den Ursprung und damit die Aussöhnung von Drang und Geist in Gott. Eben damit wird auch die endliche Welt wieder in das Unendliche zurückgenommen. So sagt Schelling, auf das Ganze dieses Prozesses zurückblickend: »Die große Absicht des Universums und seiner Geschichte ist keine andere als die vollendete Versöhnung und Wiederauflösung in die Absolutheit.« Dieser Vorgang aber ist, von Gott her gesehen, das ungeheure Geschehen, in dem dieser zum vollen Bewußtsein seiner selbst gelangt; er ist der »Prozeß der vollendeten Bewußtwerdung, der vollendeten Personalisierung Gottes«.

Immer mehr vergräbt sich Schelling in den letzten Jahrzehnten seines Lebens in die Geheimnisse Gottes und der Welt. Immer näher will er an die Wirklichkeit der Dinge herankommen. Immer eindringlicher aber will er zugleich eben dieses Wirkliche als Selbstoffenbarung Gottes, als Wirkung seines freien und unbegreiflichen Tuns, verstehen. Doch er kommt nicht mehr dazu, seine weitgespannten Entwürfe zu veröffentlichen; sein Wort verhallt fast ungehört in seiner Zeit.

Die völlige Versenkung des Gedankens in Gott als die Tiefe der Welt bestimmt das Denken Schellings bis zu seinem Tode. Was diese leidenschaftliche Liebe zum Absoluten an Entsagung für den Philosophierenden mit sich bringt, spricht Schelling einmal selber aus: »Nur derjenige ist auf den Grund seiner selbst gekommen und hat die ganze Tiefe des Lebens erkannt, der einmal alles verlassen hatte und selbst von allem verlassen war, dem alles versank und der mit dem Unendlichen sich allein gesehen: ein großer Schritt, den Platon mit dem Tode verglichen. Was Dante an der Pforte des Infernum geschrieben sein läßt, dies ist in einem andern Sinn auch vor den Eingang zur Philosophie zu schreiben: ›Laßt alle Hoffnung fahren, die ihr eingeht.‹ Wer wahrhaft philosophieren will, muß aller Hoffnung, alles Verlangens, aller Sehnsucht los sein, er muß nichts wollen, nichts wissen, sich ganz bloß und arm fühlen, alles dahingeben, um alles zu gewinnen. Schwer ist dieser Schritt, schwer, gleichsam noch vom letzten Ufer zu scheiden.«

Hegel
oder
Der Weltgeist in Person

Hegel, ein platter, geistloser, ekelhaft-widerlicher, unwissender Scharlatan, der, mit beispielloser Frechheit, Aberwitz und Unsinn zusammenschmierte, welche von seinen feilen Anhängern als unsterbliche Weisheit ausposaunt und von Dummköpfen richtig dafür genommen wurden, ... hat den intellektuellen Verderb einer ganzen gelehrten Generation zur Folge gehabt.« Diesen Satz, der an Deutlichkeit nichts zu wünschen übrig läßt, stößt nicht irgendwer in der Unbesonnenheit des Augenblicks aus; dieser Satz ist wohl überlegt und wird zum Druck befördert, und der ihn schreibt, ist kein Geringerer als Arthur Schopenhauer. Dieser läßt es auch nicht bei einem einmaligen Zornesausbruch bewenden. Seine Schriften sind vielmehr von immer erneuten Ausfällen gegen Hegel durchzogen. Er nennt diesen einen »erbärmlichen Patron«, einen »geistigen Kaliban«, einen »Kopfverdreher«; seine Philosophie sei »hohler Wortkram«, »sinnloser Gallimathias«, eine »philosophische Hanswurstiade«, ein »Zusammenschmieren sinnloser, rasender Wortgeflechte, wie man sie bis dahin nur in Tollhäusern vernommen hatte«. Und dieser Mann, der »Unsinn geschmiert habe wie kein anderer je vor ihm«, dieser »Absurditätenlehrer« mit seiner »Bierwirtsphysiognomie«, habe »dreißig Jahre lang in Deutschland für den größten Philosophen gelten können«. Aber die Zukunft, so orakelt Schopenhauer, werde die Wahrheit über Hegel ans Licht bringen. Denn schon jetzt gehe er »mit starken Schritten der Verachtung entgegen«, und er werde »der Nachwelt das unerschöpfliche Thema des Spottes über seine Zeit liefern«.

Wie aber hält es die Nachwelt tatsächlich mit Hegel? Zugegeben, eine Zeitlang vergißt sie ihn fast. Aber dann kommt sein Denken, aller Schopenhauerschen Prophezeiung zum Trotz, zu einer Bedeutung, mit der sich in neuerer Zeit nur noch die messen kann, die Kant zuteil wird. Es gibt eine unübersehbare Zahl von Schriften über Hegel, es gibt Hegel-Kongresse in aller Welt, es gibt Hegelianer in allen Schattierungen. Selbst wer es abweist, sich Hegel zu verschreiben, kommt doch nicht darum herum, wenn er ernstlich Philosophie treiben will, sich mit ihm auseinanderzusetzen. Ja, Hegel greift, über seinen Schüler Marx, sogar in die konkreten Geschehnisse unserer gegenwärtigen Welt ein; sein Gedanke wirkt daran mit, den Planeten umzugestalten.

Dagegen sind die Tiraden Schopenhauers gegen Hegel vergessen. Nicht zu Unrecht. Denn die sich überschlagende Wut seiner Äußerungen mag auch in einem allzu persönlichen Ressentiment begründet sein: daß er nämlich mit Hegel als Universitätslehrer konkurrieren will und daß er dabei kläglich Schiffbruch erleidet. Von der unvergleichlichen Bedeutung seines Denkens überzeugt, verlegt er, der angehende Privatdozent der Philosophie, seine Vorlesungen auf die gleiche Stunde, zu der auch der berühmte Hegel liest. Was Wunder, daß sich die Studenten zu dessen Hörsaal drängen und bei Schopenhauer wegbleiben. Schon nach einem Semester muß er seine Vorlesung abbrechen, weil sein Auditorium nur aus leeren Bänken besteht.

Daß Hegel solchen Zulauf findet, ist freilich erstaunlich; denn er ist weder leicht zu fassen noch von mitreißender Beredsamkeit. Gleichwohl hat sein Vortrag etwas Faszinierendes; doch das kommt aus der Sache und aus der Gewalt, mit der sie ihn ergriffen hat. Es gibt darüber eine anmutige Schilderung aus der Feder eines seiner ergebenen Schüler: »Abgespannt, grämlich saß er mit niedergebücktem Kopf in sich zusammengefallen da und blätterte und suchte immer fortsprechend in den langen Folioheften vorwärts und rückwärts, unten und oben; das stete Räuspern und Husten störte allen Fluß der Rede, jeder Satz stand vereinzelt da und kam mit Anstrengung zerstückt und durcheinandergeworfen heraus; jedes Wort, jede Silbe löste sich nur widerwillig los, um von der metalleeren Stimme dann in schwäbisch breitem Dialekt, als sei jedes das wichtigste, einen wundersam gründlichen Nachdruck zu erhalten. Dennoch zwang die ganze Erscheinung zu einem so tiefen Respekt, zu solch einer Empfindung der Würdigkeit und zog durch eine Naivität des überwältigendsten Ernstes an, daß ich mich bei aller Mißbehaglichkeit ... unabtrennbar gefesselt fand ... In den Tiefen des anscheinend Unentzifferbaren wühlte und webte jener gewaltige Geist in großartig selbstgewisser Behaglichkeit und Ruhe. Dann erst erhob sich die Stimme, das Auge blitzte scharf über die Versammelten hin und leuchtete in still aufloderndem Feuer seines überzeugungstiefen Glanzes, während er mit nie mangelnden Worten durch alle Höhen und Tiefen der Seele griff.«

Dieses Besessensein von der Sache zeichnet Hegel übrigens schon in seiner frühen Jugend aus. Der Schüler des Stuttgarter Gymnasiums führt ein Tagebuch, in dem er lauter ernsthafte Reflexionen notiert, teils deutsch, teils lateinisch, altkluge Bemerkungen über Gott und die Welt, über das Glück, über Aberglauben, über Mathematik und Naturwissenschaft, über den Gang der Weltgeschichte, ja sogar über den ›Charakter des weiblichen Geschlechts‹. Von einem näheren Umgang mit diesem hält der junge Hegel freilich nicht viel. Er entrüstet sich über seine Mitschüler: »Die Herrens führen da die Jungfrauen spazieren und verderben sich und die Zeit heilloser Weise.« Einige Zeit später wird dann allerdings, anläßlich eines Konzertbesuches, in das Tagebuch geschrieben: »Das Anschauen schöner Mädchen trug zu unsrer Unterhaltung auch nicht wenig bei.«

Trotz solcher kleinen Eskapaden bleibt der Grundzug im Wesen Hegels ein gesammelter Ernst. Das ändert sich auch nicht, als er die Universität besucht und im Tübinger Stift, der altberühmten schwäbischen Theologenschule, Aufnahme findet. Dort befreundet er sich mit dem gleichaltrigen Hölderlin und mit Schelling, dem fünf Jahre jüngeren, frühreifen Wunderknaben. Sie begeistern sich gemeinsam für Kant und für die Französische Revolution, und Hegel bleibt diesen seinen Jugendschwärmereien sein Leben lang treu: dem Philosophen Kant, indem er selber Philosoph wird, der Französischen Revolution, indem er alljährlich an deren Gedenktag still für sich eine Bouteille Rotwein trinkt. Doch ist der Student Hegel sicherlich unter den drei Freunden der, der seine Begeisterung am sorgfältigsten versteckt; jedenfalls geben ihm die anderen den Spitznamen: »der alte Mann«.

Nach dem Studium wird Hegel erst einmal Hauslehrer; Hölderlin fungiert dabei als Stellenvermittler. Dann aber wird er von Schelling, der inzwischen, mit 23 Jahren, Professor geworden ist, als Privatdozent nach Jena gerufen, in die Stadt, die damals als der Vorort der Philosophen gilt. Dort hält er Vorlesungen, schwer verständlich und voll von Tiefsinn. Die Besoldung ist mäßig, so daß er regelmäßig Bittgesuche um Zuschüsse an Goethe, den zuständigen Minister in Weimar, richten muß. In Jena erlebt er den Einmarsch der Franzosen; als Napoleon die Stadt besucht, schreibt Hegel, er habe »die Weltseele« reiten gesehen. Die Weltseele ist ihm freilich nicht sehr gnädig; in seinem Hause wird geplündert; schließlich wird infolge der Kriegswirren die Gehaltszahlung eingestellt, und der arbeitslose Philosoph muß sich nach einem neuen Beruf umsehen. Er betätigt sich zunächst als Redakteur in Bamberg, wird aber bald der »Zeitungsgaleere« überdrüssig und geht als Gymnasialrektor nach Nürnberg. Wie er, der schwierige Philosoph, seinen Beruf, Kinder zu unterrichten, ausübt und erträgt, davon besitzen wir ein hübsches Zeugnis in einem Brief des Dichters Clemens Brentano: »In Nürnberg fand ich den ehrlichen hölzernen Hegel als Rektor des Gymnasiums; er las Heldenbuch und Nibelungen und übersetzte sie sich unter dem Lesen, um sie genießen zu können, ins Griechische.«

Endlich, mit 46 Jahren, wird Hegel Professor, zunächst in Heidelberg, dann in Berlin. Hier braucht er freilich einige Zeit, um sich einzugewöhnen. Er findet die großen Entfernungen lästig. Außerdem sind ihm die »verdammt vielen Schnapsboutiquen« unsympathisch, und er macht sich Sorgen wegen der hohen Preise der Lebensmittel und Wohnungsmieten. Aber bald fühlt er sich in Berlin wohl, und er merkt das besonders deutlich, als er auf einer Reise Bonn besucht, das ihm gar nicht gefallen will. Er schreibt darüber an seine Frau: »Bonn ist höckerig, ganz engstraßig, aber die Umgegend, Aussicht, Botanischer Garten – schön, sehr schön, bin aber doch lieber in Berlin.« Man kann das verstehen, wenn man liest, was Hegels erster Biograph über seinen Hang zur Geselligkeit schreibt: »Außerordentlich gefiel sich Hegel in der Gesellschaft der Berliner Frauen, so wie sie umgekehrt den guten und scherzreichen Professor bald mit Vorliebe hegten und pflegten.«

Nicht immer war Hegel freilich von solcher Liebenswürdigkeit. Der Biograph fährt fort: »Er hatte eine große Kraft des Zornes und Grimms, und wo er einmal glaubte hassen zu müssen, da tat er es recht gründlich. So auch im Schelten war er fürchterlich. Wen er anfaßte, dem schlotterten alsbald die Gebeine.« Es ist daher nicht verwunderlich, daß es auch mit den Kollegen gelegentlich Reibereien gibt. Da ist der widerspenstige Privatdozent Schopenhauer. Da ist vor allem Schleiermacher, mit dem Hegel zwar kollegial Adressen von Weinhandlungen austauscht, mit dem es aber sonst nicht zum besten geht. Man erzählt sich sogar bei Hofe, die beiden seien anläßlich einer Besprechung über eine Dissertation mit Messern aufeinander losgegangen, und es bleibt ihnen, um das Gerücht öffentlich zu dementieren, nichts anderes übrig, als einträchtig miteinander im Tivoli die Rutschbahn hinunterzugleiten.

Doch all das spielt sich am Rande ab. Wesentlicher ist, daß Hegel nun eine mächtige Wirksamkeit an der Universität entfaltet, die ihn in Kürze zu *dem* Philosophen Deutschlands macht. Seine Vorlesungen sind überfüllt, und es kommen nicht nur Studenten, sondern auch »Majors, Obristen und Geheime Räte«. Mehr und mehr wird seine Philosophie, wie schon die seines Vorgängers Fichte, bestimmend für die geistige Gestalt des preußischen Staates.

Das dauert freilich nicht lange. Schon mit 61 Jahren, 1831, stirbt Hegel, an der Cholera, die damals durch Berlin wütet, herausgerissen aus einem Leben, das sich immer mehr der Versenkung in den philosophischen Gedanken hingibt. Die letzten Worte, die er niederschreibt, sprechen von der »leidenschaftslosen Stille der nur denkenden Erkenntnis«.

Dem ist im Grunde sein ganzes Leben gewidmet. Er will ergründen, was es in der Tiefe mit all dem auf sich hat, was uns als Wirklichkeit umgibt, und wie es mit dem Menschen steht, der sich denkend und handelnd in dieser Wirklichkeit befindet. Das ist die Aufgabe, die sich alle große Philosophie stellt. Das muß man daher auch sehen, wenn man Hegel begreifen will. Dann wird man davon abkommen, so, wie das häufig geschieht, die denkerische Leistung Hegels in einer äußerlich erlernbaren Dialektik zu erblicken: einem klappernden Rhythmus von Thesis, Antithesis und Synthesis. Dann wird man sein Denken als ein lebendiges Philosophieren verstehen, das aus den konkreten Fragen des Daseins entspringt und das, wie es sich von daher zum System entfaltet, zur letzten großen Metaphysik des abendländischen Geistes wird.

Auf eine solche konkrete Frage stößt Hegel schon früh, und zwar in der Beschäftigung mit Kant. Dieser setzt in dem groß gedachten Entwurf seiner Ethik Pflicht und Neigung aufs schroffste einander entgegen und zerreißt damit den Menschen in zwei Hälften: in das »eigentliche Selbst«, das sich des moralischen Gesetzes bewußt ist, und in das »empirische Ich« mit seinen verwerflichen Neigungen. Demgegenüber geht es Hegel darum, die »Einigkeit des ganzen Menschen« wiederzugewinnen. Er findet sie in der Liebe. Diese kann Ausdruck des sittlichen Wesens des Menschen sein, und sie entspricht doch auch seinen natürlichen Neigungen. So wird die Frage nach dem Wesen der Liebe zum Ausgangspunkt des Denkens Hegels; hier macht er seine ersten entscheidenden Entdeckungen, die den Grundriß für sein ganzes späteres Philosophieren bilden.

Denn in der Liebe begegnet Hegel zum erstenmal ein Moment, das er dann in der ganzen Wirklichkeit wiederfindet: die Dialektik. Deren Wurzeln liegen also nicht im abstrakten Denken; ihre Entdeckung erwächst vielmehr aus der Betrachtung eines konkreten Phänomens. Von daher kommt Hegel zu der Einsicht: Dialektik ist ursprünglich nicht eine Sache der philosophischen Reflexion, sondern das wesentliche Strukturmoment der Wirklichkeit.

Was nun gehört zur Liebe als einem lebendigen Vorgang zwischen Liebenden? Zunächst muß ein Liebender da sein; er muß gleichsam zu sich selber sagen: ich bin; er muß sich selbst bejahen, sich selbst setzen. Das ist, formal ausgedrückt, die Thesis im Gesamtgefüge des Geschehens von Liebe. Aber zur Liebe gehört weiterhin, daß der Liebende aus sich hinausgeht, daß er sich dem Geliebten hingibt, sich in diesem vergißt und sich damit sich selber entfremdet. Wie er so von sich selber absieht, negiert er die anfängliche Setzung seiner selbst und setzt den andern sich gegenüber. Zur formalen Struktur der Liebe gehört daher nicht nur die Thesis, sondern auch die negierende Antithesis. Doch damit ist das Phänomen noch nicht voll begriffen. Entscheidend ist, daß der Liebende, indem er sich im Geliebten vergißt, eben dadurch sich eigentlich selber wiederfindet; in der Hingabe an den Geliebten wird er sich seiner selbst in einem tieferen Sinne bewußt. Denn »das wahrhafte Wesen der Liebe besteht darin, das Bewußtsein seiner selbst aufzugeben, sich in einem anderen Selbst zu vergessen, doch in diesem Vergehen und Vergessen sich erst selbst zu haben und zu besitzen«. Jene Negation in der Antithesis wird also ihrerseits wiederum negiert. Die Entfremdung wird aufgehoben, und eben dadurch kommt eine wahrhafte Synthesis zwischen dem Liebenden und dem Geliebten zustande.

Der Vorgang der Liebe zeigt somit die Strukturen eines dialektischen Prozesses, und zwar als eines lebendigen Vorganges. »Der Geliebte ist uns nicht entgegengesetzt, er ist eins mit unserm Wesen; wir sehen nur uns in ihm – und dann ist er doch wieder nicht wir – ein Wunder, das wir nicht zu fassen vermögen.« Wenn nun die Liebe ein Geschehnis in der Wirklichkeit ist, dann heißt das: In der Wirklichkeit findet sich Dialektik, findet sich Widerstreit und Versöhnung des Widerstreites.

Wie Hegel die Liebe noch eingehender betrachtet, entdeckt er: Sie ist nicht nur ein vereinzeltes Vorkommnis im Ganzen der Wirklichkeit, sondern sie durchherrscht diese in vielfacher Weise; sie ist ein Grundvorgang der Wirklichkeit. Alles Leben spielt sich in liebenden Beziehungen ab und erhält sich allein durch diese. Das heißt aber: Was in der Liebe zur Erscheinung kommt, ist das Leben selbst. Davon wissen auch die Liebenden. Indem sie von der Liebe überwältigt werden, ahnen sie: In ihnen waltet unsichtbar das Leben; in der Liebe »findet sich das Leben selbst«. So tut sich hinter der Sichtbarkeit der Liebe für Hegel »ein unendliches All des Lebens« auf: als der Grund nämlich, aus dem alles Lebendige erwächst.

Damit erst wird Hegels Denken in einem tieferen Sinne philosophisch; er blickt jetzt nicht mehr nur auf das, was vor Augen liegt, sondern fragt nach dem Seinsgrund des Sichtbaren. Und er sieht: Was in der Liebe offenbar wird, das Alleben, ist der Grund der Wirklichkeit überhaupt; in allem, was ist, strömt das eine große Leben. So, als das Wirkliche in allem Wirklichen, bezeichnet Hegel den Seinsgrund auch als »das absolute Leben« oder schlechtweg als »das Absolute«. Daß er in diesem alle Wirklichkeit gegründet sieht, daß ihm alles zur Manifestation des *einen* Absoluten wird, ist die philosophische Grundintention Hegels. Das auch gibt seinem Denken den metaphysischen Charakter. Denn nun gilt es, die Wirklichkeit eben aus dem Blickpunkt dieses eigentlich Wirklichen, des Absoluten, zu betrachten; die Philosophie wird zur »absoluten Wissenschaft«.

Daß sie dahin gelange, erscheint Hegel insbesondere in seiner Gegenwart dringlich, weil diese durch »das aus der Erscheinung des Lebens entflohene Absolute« und durch »das Gefühl: Gott selbst ist tot« gekennzeichnet ist. Daher kommt es, wie er meint, eben in seiner Zeit entscheidend darauf an, dem Absoluten wieder zu seinem Recht zu verhelfen.

Das absolute Leben nun zeigt, wie Hegel weiter feststellt, die gleiche dialektische Struktur wie seine vorzügliche Äußerung, die Liebe. Auch das wird an den Liebenden sichtbar, wenn man nämlich ihr Lieben als Ausdruck des in ihnen waltenden Lebens betrachtet. Sie spüren, daß es das eine und gleiche Leben ist, das sie durchströmt; es gibt also im Ursprung eine Einheitlichkeit des Lebens. Aber zugleich wissen sich die Liebenden als getrennte Wesen; sie erfahren den Schmerz der Zerrissenheit. Jenes einheitliche Leben zeigt sich als in eine Vielzahl von lebenden Wesen zerstreut. Damit kommt der Zwiespalt in das ursprünglich mit sich einige Leben; »die notwendige Entzweiung ist ein Faktor des Lebens, das ewig entgegensetzend sich bildet«. Doch in aller Zertrennung spüren die Liebenden den Drang zur Vereinigung; das in ihnen waltende Leben drängt aus der Zerspaltung zur Einheit; in der Liebe »findet sich das Leben selbst, als eine Verdoppelung seiner selbst und Einigkeit desselben«. Das Leben also, das die Wirklichkeit vom Grunde her durchherrscht, ist selber ein dialektischer Vorgang, ein ständiges Geschehen von Trennung und Verbindung, von Selbstentfremdung und Versöhnung. In diesem seinem inneren Rhythmus schafft es ständig neue Gestalten und offenbart darin sein schöpferisches Wesen.

Darum auch kann Hegel dieses Alleben als die Gottheit bezeichnen: »Alles lebt in der Gottheit«; Gott ist »das unendliche Leben«. Damit wird das Denken Hegels zur philosophischen Theologie. Gegenstand der Philosophie ist »nichts als Gott und seine Explikation«; es kommt deshalb alles darauf an, »Gott absolut vornehin an die Spitze der Philosophie« zu stellen.

Die Gottheit, die in allem lebt und in der alles lebt, ist freilich nicht der persönliche, transzendente Schöpfergott im Sinne des Christentums, sondern der »Gott der Welt«. Doch geht Hegel einen Schritt weit auf den christlichen Gottesbegriff zu, und zwar in ausdrücklichem Anschluß an die Tradition. Er versteht die Gottheit als Geist. Diese Deutung legt sich nahe, weil ja der menschliche Geist für Hegel die vornehmste Darstellung Gottes in der Welt ist. Wenn aber die Gottheit im Geiste des Menschen sich auf ihrer höchsten Stufe manifestiert, dann muß sie selber von geistiger Art sein. »Das Absolute ist der Geist; dies ist die höchste Definition des Absoluten.« So kommt Hegel zum Grundbegriff seines Philosophierens, zum Gedanken des absoluten Geistes: »Gott ist der absolute Geist.«

Wenn aber Gott Geist ist und wenn die Welt die Weise ist, wie Gott sich darstellt, dann folgt daraus mit Notwendigkeit, daß auch die Welt letztlich geistigen Wesens ist. Hegel zieht in der Tat diese ungeheuerliche Konsequenz. Alles, was wir vor uns sehen: nicht nur der Mensch und die Geschöpfe seines Geistes, sondern auch die Dinge, die Berge, Tiere und Pflanzen, kurz: die ganze Natur ist im Grunde Geist. Es ist nur unser beschränkter endlicher Gesichtspunkt, der uns dazu führt zu meinen, die Dinge seien materieller Natur. Wer die Welt recht versteht, wer sie philosophisch, und das heißt für Hegel: wer sie in ihrer Wahrheit erblickt, der muß sie als sichtbar gewordenen Geist begreifen. Denn »das Geistige allein ist das Wirkliche«.

Doch nun kommt es zu der eigentlich schwierigen philosophischen Aufgabe: aufzuzeigen, wie sich denn Gott als Natur und als menschlicher Geist darstellt, ja noch mehr, ob es am Ende gar eine innere Notwendigkeit gibt, daß die Gottheit zur Welt wird. Hegel will diese Aufgabe so lösen, daß er zeigt, wie die Dialektik auf ihrer höchsten Stufe, in Gott, noch einmal auftritt. Denn wenn Gott nichts anderes ist als jenes Alleben, dann muß er auch von der gleichen inneren Struktur sein wie dieses. Daher gilt: Der »Grundbegriff des absoluten Geistes« ist »die versöhnte Rückkehr aus seinem anderen zu sich selbst«; »Gott ist dies: sich von sich selbst zu unterscheiden, sich Gegenstand zu sein, aber in diesem Unterschiede schlechthin mit sich identisch zu sein – der Geist«. Eben dieses innere dialektische Geschehen in der Gottheit aber ist, wie Hegel es sieht, die Weise, wie diese sich als Welt darstellt.

Um das zu verdeutlichen, geht Hegel vom menschlichen Geiste aus; er kann ihn ja als Bild des göttlichen Geistes ansehen, da er die vornehmste Manifestation Gottes ist. Was ist nun das Charakteristische des menschlichen Geistes? Hegel antwortet: daß der Mensch sich seiner selbst bewußt ist. Geist ist vom Wesen her Selbstbewußtsein. Mit dem Selbstbewußtsein aber steht es so, daß es nichts ein für allemal Fertiges ist; es gibt vielmehr Stufen des Selbstbewußtseins, es ist werdendes, sich entwickelndes Selbstbewußtsein. Das zeigt sich ja auch unmittelbar, etwa darin, daß das Kind in anderer Weise von sich selber weiß als der erwachsene Mensch. Und nun will Hegel zeigen, daß der Weg des werdenden Selbstbewußtseins von dialektischer Art ist, daß er sich also in jenen drei Stadien vollzieht, die schon bei den Phänomenen der Liebe und des Lebens sichtbar geworden sind: »Die Entwickelung des Geistes ist Herausgehn, Sichauseinanderlegen und zugleich Zusichkommen.«

Das erste Stadium des Selbstbewußtseins ist der Zustand, in dem der Geist gleichsam noch träumt. Der Mensch weiß noch nicht ausdrücklich von sich selber. Das zeigt sich etwa am Ich-Bewußtsein des kleinen Kindes. Es hat nichts als ein dumpfes Gefühl, daß es da ist. Eben diese einfache Empfindung des Daseins nun ist es, was im dialektischen Schema der Thesis entspricht. Um jedoch wirklich seiner selbst bewußt zu werden, muß der Mensch aus dem träumenden Zustand erwachen. Das geschieht im zweiten Stadium. Er wird auf sich selber aufmerksam, er fängt an, sich selbst zu entdecken. Und nun geschieht, wie Hegel es sieht, etwas Merkwürdiges. Der Geist erblickt sich selber, aber es ist ihm, als sei das, was er erblickt, etwas Fremdes. Er wird gleichsam vom eigenen Anblick befremdet. Er erstaunt und fragt: das soll ich sein? In der Selbstanschauung also findet eine Entfremdung im Ich statt; dieses trennt sich in das Ich, das anschaut, und das Ich, das angeschaut wird. Diese »Selbstentfremdung« ist das Stadium der Antithesis. In ihm ist der Mensch aber noch nicht beim wirklichen, vollendeten Selbstbewußtsein angelangt. Denn dazu gehört, daß der Mensch entdeckt: Das, was ich in der Selbstanschauung erblicke, bin ich selbst, Anschauender und Angeschauter sind das gleiche Ich. Damit kehrt er, wie Hegel sagt, aus dem Stadium der Selbstentfremdung zu sich selber zurück; er versöhnt sich mit sich selber. Das ist das Moment der Synthesis im Selbstbewußtsein. Das Ergebnis dieser Überlegungen ist: Menschlicher Geist ist Selbstbewußtsein; Selbstbewußtsein aber ist werdendes Selbstbewußtsein und als solches dialektisch.

Was Hegel so am menschlichen Geiste gefunden hat, überträgt er nun auf den göttlichen Geist. Auch dieser ist werdendes Selbstbewußtsein, und auch dessen Werden vollzieht sich in der Weise der Dialektik. Was zunächst das erste angeht, so versteht Hegel die Gottheit so, daß sie nicht ein für allemal vollendet ist, sondern ein inneres Werden kennt; sie muß erst in einer Entwicklung zum vollen Bewußtsein ihrer selbst gelangen. Das ist der Punkt, an dem sich Hegels Gottesgedanke am deutlichsten von dem christlichen Gottesbegriff unterscheidet. Sein philosophischer Grundgedanke ist, daß Gott selber eine Geschichte hat, daß er Schritte zur Entfaltung seines vollen Wesens tut.

Das nächste ist, daß Hegel zeigen muß, wie die innere göttliche Geschichte sich als dialektisches Werden vollzieht. Denn »der absolute Geist ist dieses, daß er sei das ewige sich selbst gleiche Wesen, das sich ein Anderes wird und dieses als sich selbst erkennt«.

Demgemäß gibt es ein erstes Stadium, in dem die Gottheit noch nicht eigentlich ihrer selbst bewußt ist, in dem der absolute Geist gleichsam träumt. Hegel macht den großartigen Versuch, dieses In-sich-Sein der Gottheit auszulegen, und zwar in einer neuen Form der »Logik«; diese enthält »die Darstellung Gottes ..., wie er in seinem ewigen Wesen vor der Erschaffung der Natur und eines endlichen Geistes ist«.

Die Gottheit kann jedoch, wenn sie wirkliches Selbstbewußtsein werden soll, nicht in ihrem träumenden Stadium verharren. Hegel beginnt daher nun, den ungeheuren Gang Gottes zum vollendeten Selbstbewußtsein zu beschreiben. Zunächst muß sich die Gottheit auf die Suche nach sich selbst machen. Sie muß die Selbstentfremdung, das zweite Stadium, auf sich nehmen, sie muß sich selbst entäußern. Sie schaut sich selber an und zerbricht gleichsam in das Anschauende und das Angeschaute, das sie wie ein Fremdes erblickt. Hegel spricht die großartige These aus: Diese in sich zerspaltene Gottheit ist nichts anderes als das, was uns als die Welt vor Augen steht. Die Selbstentfremdung der Gottheit ist ihr Weltwerden. Das heißt aber: Hegel muß sich nun an die ungeheuerliche Aufgabe machen, die gesamte Wirklichkeit vom Gesichtspunkt Gottes, des absoluten Geistes, her zu begreifen. Sein Philosophieren versetzt sich gleichsam in den Blickpunkt Gottes: Hegel wird der Weltgeist in Person.

Daß die Welt Darstellung Gottes in seiner Selbstentfremdung ist, will Hegel an der Welt selber, so wie sie sich uns zeigt, deutlich machen. Sie erscheint als Natur auf der einen, als menschlicher Geist auf der andern Seite. Beide aber müssen in der Tiefe als Darstellungen Gottes begriffen werden. In diesem philosophischen Blickpunkt wird der menschliche Geist, der die Natur erkennt, als das Anschauende in Gott verstanden. Die Natur aber, die vom menschlichen Geist erkannt wird, wird zum Angeschauten dieses göttlichen Anschauens; sie ist »der absolute Geist als das Andre seiner selbst«.

Was wir also als Natur, als die Dinge, erblicken, ist in Wahrheit Gott selber, aber Gott, wie er sich als ein Fremdes anschaut. Naturphilosophie wird bei Hegel zur Gotteslehre, aber zur Lehre von Gott in seiner Selbstentfremdung. Und wenn der menschliche Geist die Natur erkennt, so heißt das in Wahrheit: Die im menschlichen Geiste anwesende Gottheit erkennt sich selber.

In diesem Geschehen der Selbstanschauung vollzieht sich bereits die Umkehr, wie sie das dritte Stadium des Selbstbewußtseins kennzeichnet. Denn nun muß Gott einsehen, daß er als der Anschauende und als der Angeschaute ein und derselbe ist; das gehört ja zum Wesen des sich vollziehenden Selbstbewußtseins. Diese Rückkehr Gottes zu sich selber nun vollzieht sich im Menschen; in ihm kommt Gott zum vollendeten Bewußtsein seiner selbst, in ihm kommt die Dialektik des göttlichen Selbstbewußtseins an ihr Ende. Wie das geschieht, beschreibt Hegel in seiner vielschichtigen Phänomenologie des Geistes‹. Selbsterkenntnis Gottes ist der innerste Sinn alles dessen, was sich auf der Ebene des menschlichen Geistes vollzieht: sie zeigt sich im individuellen Dasein ebenso wie in der Geschichte; sie offenbart sich im Recht, im Staat, in der Wissenschaft, in der Kunst, in der Religion und zuhöchst im Philosophieren. Wenn dieses schließlich dahin gelangt, daß der Mensch die ganze Wirklichkeit als Darstellung des göttlichen Geistes begreift, dann heißt das: Die Gottheit hat aus dem Abenteuer ihres Weltwerdens und ihrer Zerrissenheit wieder zu sich selber zurückgefunden.

Was Hegel da unternimmt, ist eine ungeheuerliche Sache. Er will die ganze Wirklichkeit als reine und vollkommene Darstellung des absoluten Geistes erfassen. Er schildert die »Tragödie . . ., welche das Absolute ewig mit sich selbst spielt: daß es sich ewig in die Objektivität gebiert, in dieser seiner Gestalt hiermit sich dem Leiden und dem Tode übergibt und sich aus seiner Asche in die Herrlichkeit erhebt«. Denn »nicht das Leben, das sich vor dem Tode scheut und von der Verwüstung rein bewahrt, sondern das ihn erträgt und in ihm sich erhält, ist das Leben des Geistes. Er gewinnt seine Wahrheit nur, indem er in der absoluten Zerrissenheit sich selbst findet«.

Doch am Ende kann es nicht ausbleiben, daß Hegels grandioser Versuch scheitert, und zwar an der Härte der Tatsachen, die sich in sein System nicht fügen wollen. Wohl gibt es vollkommene Weltgestalten, an denen er den unmittelbaren Ausdruck des Göttlichen erblicken kann: den vollendeten Organismus, den sittlich verstandenen Staat, das gelungene Kunstwerk, die wahre Religion, die große Philosophie. Aber das sind doch nur Oasen in der weiten Wüste dessen, was sich in der faktischen Wirklichkeit nicht als Darstellung Gottes deuten läßt. Da ist das Sinnlose und Unvollkommene in der Natur, da sind die vielen mißglückten Versuche, die Verschwendungen des Lebens, die endlosen Wiederholungen. Da ist das chaotische Element der Sinnlichkeit im Menschen. Da ist die Fülle von gleichgültigen Begebenheiten in der Geschichte, die sich auf keine Weise als Schritte des göttlichen Geistes zu seinem Vollendeten Selbstbewußtsein verstehen lassen. Aus all dem ergibt sich: Die Welt ist keine reine Darstellung Gottes. Es gibt in ihr ein Widerstrebendes: die Mächte des Widergöttlichen und des Chaos. Wenn man gleichwohl, wie Hegel immer wieder versucht, daran festhält, die Welt von der Gottheit her zu begreifen, dann muß man schließlich einsehen: daß Gott zur Welt wird, geschieht in Kampf und Widerstreit, in gelegentlichen Siegen und in unzählbaren Niederlagen. Sich zu sich selber zu finden, gelingt ihm nur zum Teil; der Rest ist Untergang.

Wenn Hegel scheitert, so bleibt doch die Aufgabe, die er sich stellt, das wesentliche Interesse der Philosophie: den Punkt zu finden, von dem her die Welt einheitlich begriffen werden kann. In diesem Bemühen ist Hegel vorbildlich für alles Philosophieren. Der Philosophierende muß immer erneut sich daran machen, den Geheimnissen der Gottheit nachzusinnen. Wenn aber all seine vielfältigen Versuche, in das göttliche Dunkel erkennend einzudringen, zerbrechen, bleibt ihm nur die Resignation, die Goethe freilich als die höchste Aufgabe des Menschen bezeichnet: »das Unerforschliche ruhig zu verehren«.

Schopenhauer oder Der böse Blick

Ein Menschenfreund ist Arthur Schopenhauer wahrlich nicht. Im Gegenteil: Er ist voll von Abscheu vor den Menschen. »Menschenverächter« nennt er sich selbst. Die Mutter, die einstmals berühmte Schriftstellerin Johanna Schopenhauer, klagt eindringlich über den »Mißmut« des Sohnes; sein ewiges »Lamentieren über die dumme Welt und das menschliche Elend« geht ihr auf die Nerven. Argwöhnisch lauert er darauf, was die Mitwelt ihm wohl Böses antun könne. In seinem Schlafzimmer hält er immer eine Waffe bereit, und er versteckt seine Besitztümer in den verborgensten Winkeln der Wohnung. Nie läßt er sich von einem Barbier rasieren, aus Angst, dieser könne ihm mit dem Schermesser die Kehle durchschneiden. Wenn ihm jemand zu nahe kommt, dann kann er sogar tätlich werden. Eine brave Näherin, die ihn durch ihr Geschwätz stört, wirft er so heftig zu Boden, daß sie lebenslängliche Schäden davonträgt, was ihm selber freilich eine bitter beklagte, lebenslängliche Rentenverpflichtung einbringt. Immerzu hat er mit seinen Verlegern Streit, denen er vorwirft, sie täten nicht genug für die Verbreitung seiner Bücher. So verbringt er denn auch die letzten Lebensjahre in trotziger Zurückgezogenheit in Frankfurt, als »Misanthrop«, wie er sich selber bezeichnet, nur mit dem geliebten und getreuen Pudel als Hausgenossen.

Sein Haß gilt vor allem den Philosophieprofessoren. Schopenhauer hat freilich selber einmal versucht, an die Universität zu gehen. In der Überzeugung, die Studenten seien aufs höchste begierig, gerade ihn zu hören, verlegt er seine Vorlesung in Berlin auf die Stunde, in der der berühmte Hegel liest, und er wundert sich dann, daß kaum jemand kommt, ja daß am Ende die Hörer ganz ausbleiben. Schließlich gibt er die Lehrtätigkeit auf und zieht sich in die Rolle des Privatgelehrten zurück. Doch seinen Mißerfolg schreibt er nicht sich selber zu, sondern dem vermeintlichen Haß und der vermuteten Mißgunst der anderen Professoren der Philosophie, denen er, wie er meint, des Nachts als Werwolf erscheine. Die Kollegen freilich kommen erst gar nicht dazu, ihn zu hassen oder zu beneiden, denn – sie nehmen ihn überhaupt nicht zur Kenntnis. Enttäuscht darüber, macht er sich in wüsten Beschimpfungen Luft, bei deren Auswahl er sich allerdings der Vorsicht halber juristisch beraten läßt. Die Invektiven wenden sich vor allem gegen Hegel. Dessen Lehre ist ihm eine »Philosophie des absoluten Unsinns«, »Gallimathias«, »Afterweisheit«, »Tollhäuslergeschwätz«. Hegel selber ist ein »Unsinnschmierer«, ein »Scharlatan«, ein »geistiger Kaliban«. Nicht minder schlecht ergeht es Fichte. Was dieser vorbringt, ist im Urteil Schopenhauers »Sophismus«, »Hokuspokus«, »Wischiwaschi«.

Sich selber nimmt Schopenhauer natürlich von dem Verdammungsurteil über die zeitgenössische Philosophie aus. Seinen eigenen Gedanken gegenüber erscheint ihm, was von früheren Philosophen – Platon, Aristoteles, Kant und einige englische Philosophen ausgenommen – gedacht worden ist, als »flach«. So nennt er sich denn den »heimlichen Kaiser der Philosophie«. Ja, er steigert sich zum philosophischen Religionsstifter hinauf; die wenigen Anhänger, die er findet, werden von ihm zu »Aposteln« und »Erzevangelisten« umstilisiert. Da er unter den Zeitgenossen wenig Zustimmung findet, appelliert er an das »Tribunal der Nachwelt«. »Die Zeit wird kommen, wo, wer nicht weiß, was *ich* über einen Gegenstand gesagt habe, sich als Ignoranten bloßstellt.« Als dann schließlich der Erfolg und damit der Ruhm sich ankündigen, triumphiert er: »Ich bin, dem vieljährigen, vereinten Widerstande sämtlicher Philosophieprofessoren zum Trotz, endlich durchgedrungen.«

Nächst den Universitätsprofessoren sind es die »Weiber«, gegen die sich Schopenhauers Verachtung richtet, und dies, obwohl er in jüngeren Jahren einige erfreuliche Erfahrungen mit dem andern Geschlecht gemacht hat. »Das niedrig gewachsene, schmalschultrige, breithüftige und kurzbeinige Geschlecht das schöne nennen, konnte nur der vom Geschlechtstrieb umnebelte männliche Intellekt. Mit mehr Fug könnte man das weibliche Geschlecht das unästhetische nennen. Weder für Musik, noch Poesie, noch bildende Künste haben sie wirklich und wahrhaftig Sinn und Empfänglichkeit; sondern bloße Äfferei, aus Behuf ihrer Gefallsucht, ist es, wenn sie solche affektieren und vorgeben.« Was die Weiber kennzeichnet, ist ein »an Verrücktheit grenzender Hang zur Verschwendung«, eine »instinktartige Verschlagenheit«, ein »unvertilgbarer Hang zum Lügen«. Kurz: Das Weib ist ein »subordiniertes Wesen«, »eine Art Mittelstufe zwischen dem Kinde und dem Manne, als welcher der eigentliche Mensch ist«.

Schopenhauers Menschenverachtung entspringt einem für ihn charakteristischen, tiefen und umfassenden Pessimismus. Dieser durchzieht sein ganzes Denken; er spricht selber von dem »Melancholischen und Trostlosen« seiner Philosophie. Dem auch hat er es zu verdanken, daß er in der zweiten Hälfte des vorigen Jahrhunderts, die trotz oder gerade wegen des wirtschaftlichen Aufstiegs für solche Gedanken besonders aufgeschlossen war, zu ungeahnter Wirksamkeit gelangt.

Schopenhauers Pessimismus erstreckt sich insbesondere auf das menschliche Dasein. Dieses ist durch eine Fülle von Bedürfnissen belastet, die doch nie befriedigt werden können. Stets treiben sie neue Begehrungen aus sich hervor, die wiederum nicht gestillt werden können. Nichts vermag dem Menschen »den bodenlosen Abgrund seines Herzens auszufüllen«. So stellt sich das Leben als »ein fortgesetzter Betrug« dar. Bleiben die Erfüllungen immer wieder aus, dann wird der Mensch des sinnlosen Spieles schließlich überdrüssig. Dann verfällt er unvermeidlich der Langeweile, die womöglich noch quälender ist. Aus beidem, aus unerfüllten Wünschen und Langeweile, erwächst unabwendbar das Leiden, das das Charakteristikum des Menschenlebens ausmacht. Dieses ist »ein vielgestaltetes Leiden und ein durchweg unseliger Zustand«. »Jede Lebensgeschichte ist eine Leidensgeschichte.« Das wird am Ende des Daseins voll einsichtig. Der »Lebenslauf des Menschen« besteht darin, »daß er, von der Hoffnung genarrt, dem Tode in die Arme tanzt«; »jeder läuft zuletzt schiffbrüchig und entmastet in den Hafen ein«.

So betrachtet ist das Leben der Menschen Lustspiel und Trauerspiel in einem. »Denn das Treiben und die Plage des Tages, die rastlose Neckerei des Augenblicks, das Wünschen und Fürchten der Woche, die Unfälle jeder Stunde mittels des stets auf Schabernack bedachten Zufalls sind lauter Komödienszenen. Aber die nie erfüllten Wünsche, das vereitelte Streben, die vom Schicksal unbarmherzig zertretenen Hoffnungen, die unseligen Irrtümer des ganzen Lebens mit den steigenden Leiden und Tode am Schlusse geben immer ein Trauerspiel.«

Hinzu tritt, daß die Menschen sich auch gegenseitig das Leben zum Leiden machen. Denn »Ungerechtigkeit, äußerste Unbilligkeit, Härte, ja Grausamkeit« kennzeichnen »die Handlungsweise der Menschen gegeneinander«. »Die Wilden fressen einander, die Zahmen betrügen einander: das nennt man den Weltlauf.« Die Menschenwelt ist eine »Hölle, und die Menschen sind einerseits die gequälten Seelen und andererseits die Teufel darin«. Kurz: Das Leben ist »jammervoll und keineswegs wünschenswert«. Daher erscheint Schopenhauer der »Optimismus nicht bloß als eine absurde, sondern auch als eine wahrhaft ruchlose Denkungsart, als ein bitterer Hohn über die namenlosen Leiden der Menschheit«.

Aber das Elend durchherrscht nicht nur das menschliche Leben.

Alles Lebendige ist dem Leiden unterworfen. Die ganze Natur ist ein unbarmherziger Kampf ums Dasein. Sie ist ein »Tummelplatz gequälter und geängsteter Wesen, welche nur dadurch bestehen, daß eines das andere verzehrt, wo daher jedes reißende Tier das lebendige Grab tausend anderer und seine Selbsterhaltung eine Kette von Martertoden ist«. Was alle Wirklichkeit kennzeichnet, ist »der endlose, aus dem Leben wesentlich entspringende Schmerz, davon die Welt übervoll ist«. So zeigt sich: Diese ist »an allen Enden bankrott«. Sie ist, entgegen Leibniz, der sie für die bestmögliche hält, die schlechteste aller möglichen Welten. Alles, was man in ihr wahrnimmt, zeugt von der »Eitelkeit aller Dinge und der Hohlheit aller Herrlichkeiten der Welt«. In summa: Die Welt ist etwas, das »nicht sein sollte«.

Die pessimistische Sicht auf die Wirklichkeit ist für Schopenhauer der Ausgangspunkt auch für sein philosophisches Denken. Dazu muß man jedoch weiter ausholen. Denn die Begründung, die er für das Leiden der Welt gibt, führt ihn zu grundsätzlichen philosophischen und metaphysischen Überlegungen.

Das Hauptwerk Schopenhauers, ›Die Welt als Wille und Vorstellung‹, beginnt mit dem Satz: »Die Welt ist meine Vorstellung.« Damit ist nicht nur der schlichte Tatbestand gemeint, daß Menschen sich Dinge vorstellen. Schopenhauer will vielmehr sagen: Die ganze Wirklichkeit existiert zunächst bloß als die vom Menschen vorgestellte. Was diesem unmittelbar gegeben ist, ist nicht die Art, wie die Dinge vielleicht an sich selber sein mögen; unmittelbar gegeben sind ihm nur die Vorstellungen von den Dingen. Er weiß nichts vom Baum selber, sondern nur von seiner Vorstellung vom Baum. Im gleichen Sinne behauptet Schopenhauer, daß der Mensch »keine Sonne kennt und keine Erde, sondern immer nur ein Auge, das die Sonne sieht, und eine Hand, die die Erde fühlt«. Anders ausgedrückt: Alle Dinge sind nur Erscheinungen. In diesem Gedanken ist Schopenhauer ein getreuer Adept seines Meisters Kant. Diesem folgt er auch, wenn er Raum, Zeit und Kausalität den Gegenständen abspricht und dem menschlichen Geiste zuspricht. Zeitlich, räumlich, verursacht und verursachend sind nicht die Dinge an sich selber; zeitlich, räumlich, verursacht und verursachend ist der Blick, den der Mensch auf die Dinge wirft. Er trägt Zeit, Raum und Kausalität ursprünglich in sich, um sie dann gleichsam in die Welt hinauszusehen. Diese These von der Erscheinungshaftigkeit der Welt wird, wie sich nachher zeigen wird, für das Problem des Pessimismus Schopenhauers bedeutungsvoll.

Wäre das alles, was Schopenhauer über die Wirklichkeit zu sagen hat, dann bliebe es bei einem reinen und nackten Idealismus. Die Welt wäre dann nichts als Schein, nichts als ein vom menschlichen Geiste geträumter Traum. Doch wie Schopenhauer dem Begriff der Erscheinung genauer nachdenkt, wird ihm klar: Hinter der Erscheinung muß etwas sein, das erscheint. Das hatte schon Kant bemerkt. Aber er hatte nur ein höchst unbestimmtes »Ding an sich« gefunden, ein bloßes »X«, über das man nichts aussagen kann. Schopenhauer geht weiter. Er wagt eine Aussage über das Wesen jenes Dinges an sich.

In dieser Absicht beschreitet er einen Umweg. Zunächst untersucht er die Art, wie sich der Mensch als leibhaftes Wesen weiß. Er kennt seinen Leib auf eine doppelte Weise. Einmal ist er ihm ein Ding unter Dingen, ein anschaubares Objekt der Vorstellung. Zum andern aber gibt es auch eine Innenperspektive, in der der Leib unmittelbar gefühlt wird. Da nun erscheint er als Ausdruck des Willens des Menschen. Die Körperbewegungen entspringen aus Willensregungen, ja sie sind, genau genommen, nichts anderes als äußerlich angeschaute Willensregungen. Auch die Organe und die Gestalt des Leibes deutet Schopenhauer als Ausdrucksweisen des Willens des Menschen. So kommt er zu der These, der menschliche Leib sei, wesentlich betrachtet, objektivierter, als Gegenstand erblickter Wille. Der Leib erscheint als Körperding, aber seinem Ansichsein nach ist er Wille. Schopenhauer meint so, im Bereich des Menschseins etwas vom Wesen des Ansichseins entdeckt zu haben: Der Wille ist das innerste Wesen des Menschen.

Die doppelte Sicht auf den menschlichen Leib dient Schopenhauer als Schlüssel zur Erklärung des Wesens alles Wirklichen. Auch hier gibt es eine Sphäre des Ansichseins, in der die Dinge als Verwirklichungen eines an ihnen waltenden Willens zu verstehen sind. Denn Wille ist »auch die Kraft, welche in der Pflanze treibt und vegetiert, ja die Kraft, welche der Kristall anschießt, die, welche den Magneten zum Nordpol wendet, die, deren Schlag aus der Berührung heterogener Metalle entgegenfährt, die, welche in den Wahlverwandtschaften der Stoffe als Fliehen und Suchen, als Trennen und Vereinen erscheint, ja zuletzt sogar die Schwere, welche in aller Materie so gewaltig strebt, den Stein zur Erde und die Erde zur Sonne zieht«. Überall also waltet die Kraft eines Willens. So fühlt sich Schopenhauer – in einer freilich problematischen Analogie mit dem menschlichen Willen – berechtigt zu sagen: Die Welt ist, ihrem Ansichsein und ihrem inneren Wesen nach betrachtet, Wille; sie existiert als erscheinender Wille.

Diesen Willen nun versteht Schopenhauer als eine einheitliche

Urkraft, die sich in ihrer Selbstverwirklichung in die vielen Willen spaltet. Darum kann der Urwille auch nicht von vornherein die Gestalt des bewußten Willens haben, wie er sich im Menschen zeigt. Er ist vielmehr von seinem Ursprung her »ein blinder, unaufhaltsamer Drang«. Als solcher bringt er die Fülle der Weltwirklichkeit hervor. In den Stufen seiner Äußerung von den in der anorganischen Welt wirksamen Kräften an bis hin zum menschlichen bewußten Willen läutert er sich zur Erkenntnis. So kann Schopenhauer sagen: »Meine ganze Philosophie läßt sich zusammenfassen in dem einen Ausdruck: Die Welt ist die Selbsterkenntnis des Willens.«

An dieser Stelle tritt wieder der das ganze Denken Schopenhauers bestimmende Pessimismus hervor. Denn eben vom Urwollen her läßt sich das die Welt durchherrschende Leiden begreifen. Jener Urwille nämlich, wie Schopenhauer ihn sieht, ist von Streit und Gegensatz durchzogen; er wütet gegen sich selbst. Darum werden auch seine Verwirklichungen strittig und gegensätzlich: als das Gegeneinander in der anorganischen Welt, als der ständige Kampf in der Welt der Organismen, als die unabsehbaren Auseinandersetzungen in der Menschenwelt. Sofern nun eben in diesem unaufhörlichen und universellen Streit das Leiden der Welt besteht, zeigt sich der tiefere Zwiespalt in dem die Welt hervorbringenden Urwillen: Er verursacht das Leiden, aber was leidet, ist ebenfalls er selber, nämlich im Stadium seiner Verwirklichungen.

Mit dem Urwillen, der sich selber schafft, hat Schopenhauer ein metaphysisches Prinzip zur einheitlichen Erklärung aller Wirklichkeit gefunden. Er unterscheidet sich jedoch von ähnlichen Prinzipien aus der Tradition und aus der zeitgenössischen Philosophie. Er ist der Welt immanent und daher nicht ein überweltlicher, göttlicher Ursprung. Er trägt auch nicht, wie bei Hegel, den Charakter des Geistes, sondern ist Drang und Wille.

Ein solches metaphysisches Grundprinzip anzusetzen, hält Schopenhauer für notwendig. Der Mensch kann sich nicht einfach ohne eine tiefere Einsicht unter den Dingen umhertreiben; denn er ist das »animal metaphysicum«, das metaphysische Lebewesen; er ist ausgestattet mit einem metaphysischen Bedürfnis, wie es in vorläufiger Form schon in den Religionen zum Ausdruck kommt und wie es dann in der Philosophie auf seine höchste Spitze gelangt. Philosophie nun entspringt aus der Verwunderung und aus dem Erstaunen über die Welt. Hier aber wird wieder der durchgängige Pessimismus Schopenhauers wirksam. Das »Erstaunen, welches zum Philosophieren treibt, entspringt offenbar aus dem Anblick des Übels und des Bösen in der Welt«. »Ohne Zweifel ist es das Wissen um den Tod und neben diesem die Betrachtung des Leidens und der Not des Lebens, was den stärksten Anstoß zum philosophischen Besinnen und zu metaphysischen Auslegungen der Welt gibt.«

Nun stellt sich jedoch die Frage, wie sich der Mensch von diesem unablässigen Leiden befreien kann. Das wird auf einer ersten Stufe dann möglich, wenn er sich in seinem Denken von der Bedrängnis durch den Willen und von der Bestimmtheit durch diesen löst und sich über die Erkenntnis des Einzelnen hinaus zur reinen Anschauung der Welt und der Dinge erhebt. Dann überschreitet er seine beschränkte und leidvolle Individualität und deren Erkenntnisweise. Dann findet er zu einer interesselosen Betrachtung. Dann tritt er in den Zustand der reinen Kontemplation. Dann wird er ein »klares und ewiges Weltauge«.

Was der Mensch auf dieser Stufe erblickt, sind nicht mehr die vergänglichen Gestaltungen des Willens, sondern die Dinge in ihrem reinen Wesen oder, wie Schopenhauer im Anschluß an platonische Gedanken sagt, die Ideen der Dinge. Sie sind die wesentlichen, der Vergänglichkeit enthobenen, immerseienden Urformen des Wirklichen: das Urbild des Steines, das Urbild des Baumes, das Urbild des Menschen. Sie drücken sich in der Wirklichkeit und in deren vielfältigen Gestaltungen aus. Doch was sind die Ideen von sich selber her? Sie sind die reinen, aller Wirklichkeit vorangehenden Äußerungen des Urwillens. Dieser verwirklicht sich zunächst im Reich der Ideen, um hernach erst sich in der sichtbaren Wirklichkeit zu realisieren.

Der Blick auf die Ideen ist vor allem eine Sache der Kunst. Diese betrachtet »das allein eigentlich Wesentliche der Welt, den wahren Gehalt ihrer Erscheinungen, das keinem Wechsel Unterworfene und daher für alle Zeit mit gleicher Wahrheit Erkannte«. Das beginnt bei der Architektur; sie macht die Ideen von Schwere und Starrheit in ihrem Kampf miteinander anschaulich. Das geht weiter zur Plastik, die die reine Idee des Menschenkörpers darstellt. Das führt zur Malerei, die die Mannigfaltigkeit der Ideen der Wirklichkeit wiedergibt. Das setzt sich fort in der Poesie, die die Ideen des Menschen in der zusammenhängenden Reihe seiner Bestrebungen und Handlungen und darüber hinaus alle Weltideen zur Erscheinung bringt. Das gipfelt schließlich in der Musik, die den Willen als solchen und damit das reine Wesen der Welt ausdrückt.

Doch das Schaffen und Betrachten der Kunstwerke bringt keine dauerhafte Erlösung vom Willen und von dem mit diesem verbundenen Leiden. Es kann den Menschen immer nur für Augenblicke von seiner schmerzvollen Individualität befreien. So ist die Kunst nur eine vorübergehende Besänftigung. Es ist notwendig, andere Wege zu suchen, auf denen es möglich wird, sich endgültig vom Willen und seiner Wirrnis zu lösen.

Das nun ermöglicht sich dadurch, daß der Wille, der doch nur Leiden schafft, grundsätzlich verneint wird. Hier taucht jedoch eine Schwierigkeit auf. Was aus dem Urwillen entspringt, geschieht doch notwendig so, wie es geschieht. Wie vermag sich dann der Mensch, der doch selber aus dem Urwillen stammt, in Freiheit gegen den Willen zu wenden? Schopenhauer löst diese Frage durch einen Gewaltstreich. Er behauptet einfach: Zwar ist der Mensch rings von lauter Notwendigkeit eingeschlossen. An einem Punkte aber ist er frei: in der Möglichkeit, sich verneinend gegen den alles bestimmenden Willen zu wenden.

Schopenhauer gibt dafür eine gewisse Begründung. Er geht dabei von ethischen Tatbeständen aus: der Verantwortlichkeit, der Zurechnung, dem Schuldgefühl. Diese setzen doch offenbar Freiheit voraus. Aber wo kann diese ihren Sitz haben? Doch nicht im Tun und Handeln, denn das ist durchgehend kausal bestimmt. Also muß die Freiheit im jeweiligen, individuellen Sosein des Menschen liegen. Wenn dieser sich seine Taten zurechnet, dann nicht eigentlich darum, weil er dies oder das getan hat, sondern deshalb, weil er so ist, daß er dies oder das tun mußte. Dadurch wird Schopenhauer wieder in den Bereich der metaphysischen Spekulation geführt. Denn das Sosein, das dem Menschen zugerechnet wird, besteht nicht in seinem empirischen Charakter, sondern, wie Schopenhauer im Anschluß an Kant sagt, in seinem »intelligiblen Charakter«. Intelligibel, das bedeutet: vor allem wirklichen Dasein. Schopenhauers Gedanke ist also, der Mensch habe sich vor seiner Geburt frei für einen bestimmten Charakter entschlossen, demgemäß er dann in seinem Leben handelt und für den er zur Rechenschaft gezogen wird. So kann er sagen: Der Mensch ist zwar in seinem empirischen Dasein unfrei: aber in der Wurzel seines Wesens ist er frei. Eben daraus entspringt auch die Möglichkeit, den Willen zu verneinen.

Doch wie vollzieht sich diese Verneinung des Willens? Sie kann auf zwei Stufen stattfinden: auf der theoretischen und auf der praktischen Stufe. Der theoretische Weg beginnt damit, daß man einsieht: Im Grunde aller Wirklichkeit waltet der Urwille, der um seiner Zerrissenheit willen das Leiden in der Welt hervorruft. Hat der Mensch das begriffen, dann sieht er auch ein, daß all das leidvolle Geschehen in der Welt nur Erscheinung des wahrhaft Wirklichen, des Urwillens, aber nichts selber Wirkliches ist. Dann aber hört dieses Geschehen auf, ihn zu bedrängen. Dann tritt der Mensch im Gedanken aus der schmerzhaften Wirklichkeit heraus. Dann zieht an die Stelle von Kummer und Verzweiflung eine merkwürdige Gelassenheit in die Seele ein: Entsagung und Willenlosigkeit, die auf alles verzichtet, woran das Herz hängt. Die konsequente Auswirkung dieser Haltung ist die Askese, an deren Ende der völlige innere Friede steht, in dem der Wille gänzlich ausgelöscht ist; es ist die »Meeresstille des Gemüts«.

Doch das ist nicht alles. Auf einer zweiten Stufe geschieht die Verneinung des Willens durch Tun. Sie besteht darin, daß man das Leiden der andern durch Mitleiden lindert. Auch das wird von Schopenhauer metaphysisch begründet. Wenn alle Lebewesen im einheitlichen Urwillen befaßt sind, dann müssen sie einander als von der Wurzel her verbunden verstehen; sie begreifen: Alles ist im Grunde eines. Damit werden die täuschenden Schranken der Individualität durchbrochen. Das Leiden des andern ist das eigene Leiden, und eben aus dieser Einsicht erwächst das Mitleiden. In ihm leidet der Mensch das ganze Leiden der Menschheit, ja alles Lebendigen mit. Das Mitleid kann so zur Quelle der den Egoismus überwindenden moralischen Haltungen werden; es äußert sich in Gerechtigkeit und Menschenliebe. Überhaupt gilt: Aus Egoismus entspringt das Böse, aus Mitleid das Gute. Das ist das Grundprinzip der Ethik Schopenhauers. Ihr gemäß wird der das Leiden schaffende Wille durch die Tat des Mitleids verneint. Das bleibt bei Schopenhauer freilich bloße Theorie. Außer den Tieren gegenüber beweist er in seinem Leben wenig Mitleid.

Denn nichts, weder die theoretische noch die praktische Verneinung des Willens, vermag letztlich den durchgehenden Pessimismus zu beseitigen, aus dem Schopenhauers ganzes Denken erwächst. Auch jetzt noch meint er, daß es besser wäre, wenn nichts wäre, »daß dem Sein das Nichtsein entschieden vorzuziehen« sei. Auch jetzt noch sehnt er sich nach dem Nirwana, der Auslöschung alles dessen, was ist. Auch jetzt noch ist ihm das wahre Ziel der Welt und des Menschen das Nichts. Denn »vor uns bleibt nur das Nichts«.

Kierkegaard oder Der Spion Gottes

Mancher Philosoph ist durch Frauengeschichten aus seiner Bahn geworfen worden. Seltener ist es, daß einer durch eine Frau überhaupt erst auf seine Bahn gerät. Und dies nicht durch eine bedeutende Dame von Welt, sondern durch ein einfaches Bürgermädchen von ganzen fünfzehn Jahren. Eben das widerfährt Søren Kierkegaard. Denn ohne Regine Olsen wäre er nicht geworden, was er geworden ist, und hätte er nicht geschrieben, was er geschrieben hat.

Es ist Liebe auf den ersten Blick, was den vierundzwanzigjährigen Kierkegaard zu dem kleinen Mädchen hinzieht. Sofort auch faßt er den Entschluß, Regine zu heiraten. Drei Jahre später verlobt er sich mit ihr. Damit aber beginnt erst das Problem. Denn nun, ein wenig spät, überlegt sich Kierkegaard, ob er überhaupt das Recht habe, eine Frau an sich zu binden. Nach seinem strengen Begriff von der Ehe gehört zu dieser eine absolute Offenheit der Partner gegeneinander. Doch dazu fühlt er sich außerstande. Es gibt Dinge, die er, wie er meint, verschweigen muß. Je mehr er darüber nachdenkt, um so fragwürdiger wird ihm die Möglichkeit einer Ehe für einen Menschen, wie er es ist.

Und nun beginnt ein schreckliches Schauspiel. Kierkegaard will, daß die Braut von sich aus die Verlobung auflöse, und er sieht dazu keinen anderen Weg, als sich selber so abscheulich und verworfen darzustellen, daß Regine ihn schließlich verstoße. »Aus dem Verhältnis als ein Schurke, wenn möglich als ein Erzschurke hervorzugehen, war das einzige, was zu tun war, um sie wieder frei zu machen.« Am Ende kommt es zu einer makabren Szene. »Sie fragte mich: willst du nie heiraten. Ich entgegnete: Doch, in zehn Jahren, wenn ich mich ausgetobt habe, dann muß ich ein junges Blut haben, um mich zu verjüngen.«

Daß dem armen Mädchen darüber fast das Herz bricht, ist kein Wunder. Aber auch Kierkegaard ist verstört. Seltsamerweise hofft er trotz des Bruches, auf einer neuen Basis doch noch eine Beziehung zu Regine aufrecht erhalten zu können. Sorgsam notiert er in seinem Tagebuch jede Begegnung mit ihr, wie sie in dem kleinen Kopenhagen auf der Straße oder in der Kirche nicht zu vermeiden ist. Er stellt unendliche Reflexionen darüber an, ob sie ihn angeschaut, ob sie gelächelt habe, ob sie stehengeblieben sei. Aber er wagt nicht, Regine anzureden. Schließlich erfährt er aus der Zeitung, daß sie sich mit einem andern verlobt habe. Nun ist die Verzweiflung Kierkegaards groß; in seinem Tagebuch wirft er der ehemaligen Braut sogar Treulosigkeit vor. Und doch gibt er auch jetzt noch nicht die Hoffnung auf. Bis zu seinem Tode bildet das Verhältnis zu Regine in seinen Tagebüchern und in seinen Schriften eines der Hauptthemen selbstquälerischer Überlegungen.

Was hindert Kierkegaard eigentlich an der radikalen Offenheit, die er für die Möglichkeit einer Ehe verlangt? Zunächst etwas recht Harmloses: daß er einmal ein öffentliches Haus besucht hat, freilich ohne intimen Kontakt mit den dort ansässigen Damen, die ihn nur auslachen. Diese Verfehlung aber ist für Kierkegaard ein Zeichen für Tieferes: daß er und seine ganze Familie unter einem schweren Verhängnis stehen. Dieses soll schon vom Vater herrühren; denn auch dieser hat eine sexuelle Entgleisung begangen und sich zeitlebens darüber Skrupel gemacht, obgleich er das Mädchen – die spätere Mutter Kierkegaards – geheiratet hat. Aber noch mehr: Der Vater bekennt in einer Stunde der Trunkenheit, daß er in seiner Jugend Gott verflucht habe. Kierkegaard stellt das in seinem Tagebuch so dar: »Das Entsetzliche mit dem Manne, der einstmals als kleiner Junge, da er auf der jütischen Heide die Schafe hütete, viel Schlimmes erduldete, hungerte und elend war, sich auf einen Hügel stellte und Gott verfluchte – und dieser Mann war nicht imstande, es zu vergessen, als er zweiundachtzig Jahre alt war.« Kierkegaard ist überzeugt, von diesem Ereignis her laste auf der ganzen Familie, auch auf ihm, ein unaufhebbarer Fluch.

Daß Kierkegaard diese Geschehnisse so fürchterlich ernst nimmt, rührt daher, daß der grundlegende Wesenszug in seinem Charakter die Schwermut ist. »Ich bin ein Mensch, der von Kind auf in die elendeste Schwermut gefallen ist. Das ganze Dasein ängstigt mich, von der kleinsten Mücke bis zu den Geheimnissen der Inkarnation; es ist mir alles unerklärlich, am meisten ich selbst.« Diese Schwermut resultiert aus einem ungewöhnlichen Grad von Selbstbezogenheit; immer geht es Kierkegaard darum, zu ergründen, wo in der Unbegreiflichkeit seines Wesens ein Sinn liegen könne. Aber er überspielt die Schwermut, indem er nach außen hin den leichtsinnigen Dandy spielt. Er kleidet sich extravagant; er besucht eifrig Cafés und Theater; er flaniert auf den Straßen Kopenhagens; er frequentiert das »Tivoli«, den Vergnügungspark der Stadt; er verfaßt eine Schrift, in der ein Kapitel ›Das Tagebuch des Verführers‹ heißt; er schreibt: »Ich komme jetzt eben aus einer Gesellschaft, wo ich die Seele war, die Witze strömten aus meinem Munde, alle lachten, alle bewunderten mich – aber ich, ja, der Gedankenstrich müßte genau so lang sein wie die Radien der Erde – – – ging fort und wollte mich erschießen.«

Doch findet Kierkegaard einen Ausweg aus seiner Schwermut in der dichterischen, philosophischen und theologischen Produktion. Unaufhörlich strömen ihm die Gedanken zu und verlangen nach Ausdruck. Er verfaßt eine Fülle von Schriften, in denen er seine persönliche Problematik verarbeitet und objektiviert und die daher auch als Selbstbekenntnisse gelten können. Sie heißen ›Entweder-Oder‹ oder ›Stadien auf dem Lebensweg‹ oder ›Philosophische Brocken‹ oder ›Der Begriff der Angst‹ oder ›Furcht und Zittern‹ oder ›Die Krankheit zum Tode‹ oder ›Einübung im Christentum‹.

Daß Kierkegaard in seinen Werken mit Polemik nicht spart, zieht ihm eine Fülle von Gegnerschaft zu. Der durchschnittliche Verstand der Zeitgenossen wird angegriffen, und er reagiert auf seine Weise: mit Schmähungen. In einem stadtbekannten satirischen Blatt erscheint Kierkegaard immer wieder in bösartigen Karikaturen: mit seiner extravaganten Kleidung, mit seinen dünnen Beinen, mit seinen ungleichen Hosenbeinen, hervorgerufen durch eine Verkrümmung des Rückgrates, ja sogar, wie er auf den Schultern seines Mädchens reitet. Kierkegaard ist aufs tiefste verletzt. Und doch findet er, verspottet zu werden, sei das notwendige Schicksal dessen, der seiner Zeit etwas Besonderes zu sagen hat; er nimmt es auf sich, der »Märtyrer des Gelächters« zu sein.

Aber noch mehr: Wie Kierkegaard im Gange seiner Überlegungen dazu gelangt, sich auf das wahre Wesen der christlichen Existenz zu besinnen, gerät er in eine scharfe Auseinandersetzung mit der offiziellen Kirche. Er wirft ihr Verrat am Christentum vor. In einer Reihe von äußerst aggressiven Flugschriften sagt er der Kirche und vor allem ihren Bischöfen den Kampf an. Darüber stirbt er, 1855, mit 42 Jahren.

Aus dem in Schwermut und Reflexion umgepflügten Boden erwächst, was Kierkegaard als wesentliches Wort zu sagen hat. Wer, wie er, zuinnerst in die Frage nach sich selber geworfen ist, dem muß es, auch wo er philosophiert, entscheidend um den Menschen gehen. Und dies nicht so sehr im Sinne eines wissenschaftlichen Problems, das den Fragenden unbeteiligt lassen könnte, sondern so, daß der Philosophierende selber in seinem Fragen auf dem Spiel steht. »Denn alles wesentliche Erkennen betrifft die Existenz.« So wird Kierkegaard im Nachsinnen über den Menschen ein existentieller Denker. Daher kommt es, daß er erst in einer Zeit, in der der Mensch in umfassendem Sinne sich selber rätselhaft wird, also in unserem

Jahrhundert, zu seiner vollen Wirksamkeit gelangt: in der Theologie ebenso wie in der Philosophie; für jene braucht man nur auf Barth und Bultmann, für diese auf Jaspers und Heidegger zu verweisen.

Die Konzentration auf die Frage nach dem Menschen hat bedeutsame Konsequenzen für die philosophische Grundüberzeugung Kierkegaards. Ihr entspringt der oft zitierte und fast ebenso oft mißverstandene Satz: »Die Subjektivität ist die Wahrheit.« Damit soll nicht gesagt sein: Alles ist nur subjektiv; alles ist bloß relativ auf den Menschen; es gibt keine objektive Wahrheit. Ein derartiges Verständnis, wie es dem landläufigen Relativismus entspricht, weist Kierkegaard weit von sich. Wenn er immerzu wiederholt, die Subjektivität sei die Wahrheit, dann will er damit sagen: Ob etwas Wahrheit für den Menschen werden kann, hängt davon ab, ob er es mit voller Leidenschaft als seine persönliche Wahrheit ergreifen kann. Eine Wahrheit zu erwerben hat keinen Sinn, wenn sie die Existenz nicht berührt und verwandelt.

An diesem Punkte setzt die Kritik Kierkegaards an seinem großen Gegner Hegel an. Dieser habe in seinem grandiosen System zwar versucht, die gesamte Wirklichkeit, Natur wie Geschichte, zu begreifen; er habe aber darüber den Menschen in der Not seines Existierens vergessen. Eine noch so umfassende Gesamtschau jedoch nütze dem Menschen nichts, solange sie sein Dasein nicht umgestalte. Wahrheit sei nur für den lebendig, der sie sich entschlossen aneignet und in seiner konkreten Existenz verwirklicht. Diesen Gesichtspunkt wendet Kierkegaard auch auf sich selber an: »Es gilt, eine Wahrheit zu finden, die Wahrheit für mich sein kann, die Idee zu finden, für die ich leben und sterben will.«

Doch was ist die menschliche Existenz, der Kierkegaard so leidenschaftlich nachforscht? Als existentieller Denker muß er den Begriff des Menschen aus der Selbsterfahrung gewinnen. Diese aber ist für ihn die Erfahrung der Fremdheit zur Welt und zu sich selber, der inneren Zerrissenheit, der abgründigen Angst, der Verzweiflung. All das begreift Kierkegaard nicht nur als sein persönliches Schicksal, sondern auch und vornehmlich als die Grundsituation des Menschen. Dieser lebt unausweichlich in der »Angst« und in der »Verzweiflung« als der »Krankheit zum Tode«. Das aber gilt es in voller Ehrlichkeit auszuhalten.

In der Angst nun – das ist die große Entdeckung Kierkegaards – erfährt der Mensch die Möglichkeit der Freiheit, und zwar als sein Grundwesen. Denn die Angst löst die Wirklichkeit in ein Geflecht von bedrängenden Möglichkeiten auf, denen gegenüber der Mensch sich zu entscheiden hat. Daher entdeckt er in ihr: Er ist nicht ein für allemal festgelegt; sein Sein ist ein Seinkönnen. »Das Ungeheure, das einem Menschen eingeräumt ist, ist die Wahl, die Freiheit.«

Vom Gedanken der menschlichen Freiheit aus entwickelt Kierkegaard seine bedeutsame Lehre von den Existenzmöglichkeiten, den »Stadien auf dem Lebensweg«. Im ersten, dem »ästhetischen Stadium«, befindet sich der Mensch dann, wenn er es dabei bewenden läßt, eine Fülle von Möglichkeiten zu haben, ohne von ihnen wahrhaft Gebrauch zu machen. Er verhält sich bloß anschauend und genießend, nicht aber tätig und darum auch nicht verantwortlich. Er erschöpft sich im unverbindlichen Experimentieren mit den Möglichkeiten, in der Jagd nach dem Interessanten und Zerstreuenden. Doch wer in dieser Weise bloß ästhetisch lebt, der verfällt der Daseinsleere und bleibt im wesentlichen Sinne unwirklich.

Darum behauptet Kierkegaard, für den Menschen könne das ästhetische Stadium nicht die letzte der Existenzmöglichkeiten sein. In Wahrheit existieren bedeute vielmehr, daß der Mensch unter den Möglichkeiten, die vor ihm stehen, wähle, daß er die eine ergreife und die andere verwerfe. Die Freiheit des Menschen vollzieht sich somit als Entscheidung; denn nur wer den Mut hat, sich zu entscheiden, gelangt zur Wirklichkeit und gewinnt Stand im Dasein. Wahl und Entscheidung werden so die wesentlichen Kategorien, unter denen Kierkegaard den Menschen betrachtet. Sie kennzeichnen das zweite, das »ethische Stadium«. Indem der Mensch in dieses eintritt und sich faktisch entscheidet, kommt er erst eigentlich zu sich selbst und findet die Aufgabe, die *seine* Aufgabe werden kann.

Doch mit all dem ist noch nicht das Innerste des Denkens Kierkegaards getroffen. Auch der Versuch, sich selber ethisch in die Hand zu nehmen, endet in der Verzweiflung; der Mensch entdeckt zuletzt, daß er nicht aus sich selber heraus wahrhaft er selbst werden kann. Diese Ohnmacht ist das tiefste Zeichen seiner Endlichkeit. Wer, wie Kierkegaard, unablässig dem Rätsel des Daseins nachsinnt, muß schließlich einsehen: Das Sein des Menschen ist in sich selber nichtig. Aus der äußersten Verzweiflung darüber kann der Mensch nur dann einen Ausweg finden, wenn sich ihm – ohne sein Zutun – eine neue Möglichkeit öffnet. In dieser erfährt er, daß er nicht bloße Endlichkeit ist, sondern ein wunderliches Gespinst, gewoben aus Endlichkeit und Unendlichkeit. Das Endliche in seinem Wesen ist es, das ihn in den Wirbel des irdischen Daseins wirft und darin festhält. Der andere Teil seines Wesens dagegen macht es ihm möglich, in unendlicher Sehnsucht mit einer anderen Welt in Verbindung zu treten. Von dort erhält er Trost in der Bekümmernis der Verzweiflung, zugleich aber auch die gültigen Anweisungen für sein Selbstwerden, sein Handeln und Entscheiden. Darum kommt es für den Menschen vor allem darauf an, daß er in seinem Dasein die Unendlichkeit nicht vergesse. Wer ihrer ansichtig wird, der tritt in das dritte, das »religiöse Stadium«.

So formuliert es Kierkegaard, der Philosoph. Der Theologe Kierkegaard drückt das gleiche unmittelbarer aus: Der Mensch steht unter dem absoluten Anspruch Gottes. Das gibt der Wahl und der Entscheidung die eigentliche Schärfe: daß sie Wahl und Entscheidung vor Gott sind. So kann Kierkegaard schließlich sagen: »Es kommt darauf an, daß einer es wagt, ganz er selbst, ein einzelner Mensch, dieser bestimmte einzelne Mensch zu sein; allein vor Gott, allein in dieser ungeheuren Anstrengung und mit dieser ungeheuren Verantwortung.«

Daß Kierkegaard in unendlichen geistigen und seelischen Mühsalen diesen Standort erreicht, bewirkt es, daß er in all den Anfechtungen seines schwermütigen Wesens endlich Trost findet. Er entdeckt: Es gehört zum Wesen einer so tiefen Schwermut, wie sie ihm eigen ist, daß sie nicht im Bereich des Endlichen, auch und vor allem nicht im Umgang mit Menschen, behoben werden kann. Nur wenn sie sich im Unendlichen gründet, kommt sie zur Ruhe. Freilich nicht so, daß sie dadurch verschwände. Kierkegaard weiß: Schwermütig zu sein ist sein bleibendes Schicksal. Aber die Gründung im Ewigen gibt ihm die Kraft, seine Schwermut auszuhalten. Und wenn er dann auf sein Leben zurückblickt, wird ihm bewußt: Gerade daß er so schwermütig ist, verschafft ihm die Möglichkeit, in der Leidenschaft des Herzens das Ewige zu gewinnen. »Mein Leben hat begonnen mit einer entsetzlichen Schwermut; es war in der frühesten Kindheit schon verstört in seinem tiefsten Grunde. Daß dieses Grundelend meines Wesens gehoben werden könne, durfte ich nicht glauben. So ergriff ich das Ewige, selig vergewissert, daß Gott doch die Liebe ist, wenn ich auch mein ganzes Leben hindurch so leiden sollte.«

Mit seiner Forderung einer unbedingten Gründung des Menschen im Ewigen ist Kierkegaard fremd in seiner Zeit, diesem Jahrhundert des Glaubens an den Fortschritt des Menschengeschlechts, an die »Vernunft in der Geschichte«, wie Hegel sie verkündet. Weil er tiefer sieht als die Mehrzahl seiner Zeitgenossen, wird er zu einer bitteren Kritik an seiner Gegenwart gedrängt; sie macht sich in grimmigen Tagebuchnotizen und in leidenschaftlichen Invektiven in seinen Schriften laut. »Ganz Europa scheint einem totalen Bankerott entgegenzugehen«; »die gegenwärtige Zeit ist die Zeit der Verzweiflung«. »Es gibt einen Vogel, der Regenprophet heißt, und so bin ich;

wenn in der Generation ein Ungewitter anfängt, sich zusammenzuziehen, so zeigen sich solche Individuen, wie ich eines bin.«

Kierkegaard wirft seiner Gegenwart vor allem vor, daß sie eine Zeit ohne echte Leidenschaft ist, ohne Ergriffenheit von einer Sache. Alles Unmittelbare ist unter der Herrschaft der Verständigkeit untergegangen, alle Kraft zu handeln in endloser Reflexion erstickt. Das erkennt Kierkegaard mit um so größerer Klarheit, als er ja die Gefahr der übergroßen Reflektiertheit an sich selber erfährt, bis hin zur Selbstzerstörung. Und er sieht weiter: Die Vorherrschaft der Verständigkeit macht das menschliche Dasein zweideutig. Denn nun sieht es so aus, als handle man und als geschehe etwas, indes doch im besten Falle nur über das Handeln und Geschehen nachgedacht wird. »Überall Verstand: statt einer unbedingten Verliebung – Vernunftehe; statt eines unbedingten Gehorsams – Gehorsam aufgrund von Räsonnement; statt Wagnis – Wahrscheinlichkeit, kluge Berechnung; statt Handlung – Begebenheit.«

Die Sucht nach der unaufhörlichen Reflexion, die zweideutig das Handeln verhindert, bringt, wie Kierkegaard es sieht, den Menschen in eine tödliche Gefahr. Wenn keiner mehr etwas entscheidet und in solcher Wahl er selber wird, dann unterscheidet sich auch keiner mehr im tieferen Sinne von den andern; eine öde Nivellierung greift Platz. Das Miteinander der Menschen wird zum »Publikum«, zur ungreifbaren, anonymen »Öffentlichkeit«. Deren Charakteristikum ist das »Geschwätz«; jedes verantwortliche Reden geht im »Gerede« unter. »Keiner entscheidet mehr selber; man begnügt sich damit, Komitees und Komitees aufzustellen; zuletzt endet es damit, daß das ganze Zeitalter zum Komitee wird.« »Aber die Menge ist die Unwahrheit.«

Ist es aber so, dann kommt es für den Menschen darauf an, nicht Teil eines anonymen Ganzen, sondern für sich selber er selbst zu sein. Daher fordert Kierkegaard seine Zeitgenossen unermüdlich auf, jeder solle ein Einzelner werden, ein solcher nämlich, der sich unendlich um sein eigenstes Existieren bekümmert und der als Einzelner vor Gott steht. »An die Kategorie ›der Einzelne‹ ist meine etwaige Bedeutung geknüpft. Ich erkannte es als meine Aufgabe, darauf aufmerksam zu machen.« Diese Aufgabe ist freilich eine schwere Last; und doch ist sie, wo sie wirklich übernommen wird, ein ungeheures Ereignis. »Wer gelernt hat, daß es nichts Entsetzlicheres gibt, denn als der Einzelne zu existieren, der wird sich nicht scheuen, zu sagen, daß dies das Größte ist.«

Mit der Forderung, der Einzelne zu werden, wendet sich Kierkegaard insbesondere gegen die Christenheit seiner Zeit, die immer mehr eine Angelegenheit der Vielen geworden ist. Daß man der Meinung ist, man sei ohne weiteres, nur aufgrund des Taufscheines, ein Christ, verkehrt den Ernst des Christentums in ein leichtfertiges Spiel. Für Kierkegaard ergibt sich aus dieser Einsicht die Aufgabe, dem Scheinchristentum gegenüber das wahre Christsein mit aller Eindringlichkeit vor Augen zu stellen. Christ zu sein ist ihm nicht eine Sache der Menge, sondern der Einzelnen, die in unbedingter Leidenschaft um ihre ewige Seligkeit bekümmert sind. Sie ergreifen den Glauben, der nichts Selbstverständliches, sondern ein Wagnis ist, weil er sich auf ein Paradox gründet: daß nämlich das Ewige zeitlich geworden ist. Der Glaube kann darum nur im »Sprung« erreicht werden, der alles natürliche Verstehen hinter sich läßt. »Glauben bedeutet den Verstand verlieren, um Gott zu gewinnen.« Mit dieser Überzeugung greift Kierkegaard, der Einzelne, die Staatskirche seines Landes schonungslos an. Es gilt, »gleichsam mit einem verzweifelten Schritt die Lunte an die bestehende Christenheit zu legen«.

Von daher kommt Kierkegaard schließlich zur tiefsten Deutung des Sinnes seiner schwermütigen Existenz. Er versteht sich nun so, daß Gott gerade einen solchen schwermütigen Menschen, einen solchen Abgesonderten, gebraucht habe, um in der Zeit des verweltlichten Christentums den Ernst der christlichen Botschaft wieder zu verkündigen. »Ich bin wie ein Spion im Dienste des Höchsten.« »Ich habe auszuspionieren, wie sich mit dem Erkennen das ›Existieren‹ und mit dem Christentum die ›Christenheit‹ reime.« »Mein Leben ist ein großes, andern unbekanntes und unverständliches Leiden; alles sah aus wie Stolz und Eitelkeit, war es aber nicht. Ich hatte meinen Pfahl im Fleisch; darum verheiratete ich mich nicht und konnte in kein Amt eintreten. Statt dessen wurde ich die Ausnahme. Am Tage ging es in Arbeit und Anspannung, und am Abend wurde ich beiseitegelegt; das war die Ausnahme.« Aber am Ende heißt es auch wieder: »Es ist doch ein Glück für mich, daß ich so schwermütig war.«

Feuerbach
oder
Der Mensch als Schöpfer Gottes

Es gibt Philosophen, denen das Glück hold ist. Es gibt andere, die ständig vom Mißgeschick verfolgt werden. Zu diesen zählt Ludwig Feuerbach, wenn auch in die Mißhelligkeiten seines Lebens sich gelegentlich außerordentliche Glücksfälle mischen.

Dabei sind seine Anfänge durchaus vielversprechend. Der Vater, ein berühmter Rechtsgelehrter, besitzt ausreichende Mittel, um – neben den Unkosten einer Liebschaft – auch noch seine zahlreichen Kinder angemessen ausbilden zu können. Der junge Ludwig Feuerbach verschafft sich als Musterschüler Respekt bei seinen Lehrern. In einem Schulzeugnis heißt es, er habe sich »durch seinen offenen Charakter, seine Ordnungsliebe, sowie durch äußerst stilles und ruhiges Wesen, durch vorzügliches sittliches Betragen überhaupt und durch großen Fleiß ausgezeichnet«. Er studiert dann, mit einem ausreichenden Wechsel ausgestattet, in Heidelberg Theologie, geht aber, von dieser enttäuscht, zur Philosophie über. Denn »der theologische Mischmasch von Freiheit und Abhängigkeit, Vernunft und Glaube war meiner Wahrheit, das heißt Einheit, Entschiedenheit, Unbedingtheit verlangenden Seele bis in den Tod zuwider«. Nach Berlin übergesiedelt, gerät er in den Verdacht der Geheimbündelei, kann sich aber mit dem Nachweis seiner völlig unpolitischen Gesinnung rechtfertigen. An der Universität kommt er unter den Einfluß Hegels, mit dem er freilich – abgesehen von einer kurzen Verabschiedung – nur ein einziges Mal sprechen kann: in der berühmten Weinstube von Lutter und Wegner; aber da bringt er vor lauter Schüchternheit kaum ein Wort heraus. Feuerbach promoviert dann in Erlangen und wird dort, in langsamer innerer Ablösung von Hegel, Dozent, mit 25 Jahren. In dieser Stadt lebt er zurückgezogen, ganz in seine Wissenschaft vertieft. Er schreibt in einem Briefe: »Eine so ruhige, von der Natur umgebene Wohnung wie meine jetzige, vormittags ein Glas Wasser, mittags ein mäßiges Essen, abends ein Krug Bier und höchstens noch einen Rettich: wenn ich das immer so beisammen hätte, so wünschte ich mir nie mehr von und auf der Erde.« Darüber hinaus leistet er sich höchstens noch »den bei meinem vielen Sitzen unentbehrlichen Kaffee«.

Dann aber setzen die Schwierigkeiten ein. Nach kurzer Tätigkeit wird Feuerbach die Universität leid. Zwei Gründe sind dafür maßgebend. Einmal, daß er eine Schrift mit dem Titel ›Gedanken über Tod und Unsterblichkeit‹ verfaßt. Er gibt sie zwar anonym heraus, kann aber nicht verhindern, daß seine Autorschaft bekannt wird. Dieses Buch ist von der Art, daß es dem Verfasser ein Weiterkommen auf dem akademischen Felde, auf dem die theologische und politische Reaktion herrscht, versperren muß. Denn, so schreibt er an seine Schwester, »ich stehe im Geruch, ein gräßlicher Freigeist, ein Atheist, ja, noch nicht genug, der leibhaftige Antichrist zu sein«. Zum anderen muß Feuerbach feststellen, daß er auf dem Katheder wenig Erfolg hat. Seine Sache ist das Schreiben, nicht die mündliche Lehre. Daher schwinden auch die Aussichten auf eine Professur in Erlangen. So gibt er denn die Universität auf, mit der seiner Selbstrechtfertigung dienenden Begründung, daß dort »außer dem Kartoffelbau der Brotwissenschaften nur noch die fromme Schafzucht im Flor ist«. Er tröstet sich mit der etwas verwegenen, aber nicht ganz abwegigen Feststellung: »Zum Professor der Philosophie qualifiziere ich mich nicht, eben weil ich Philosoph bin.« Er mache Anspruch »auf den Rang eines extraordinären Wesens«; man dürfe ihn daher nicht »zum Rang eines ordinären Fachprofessors erniedrigen«.

Notgedrungen erwägt Feuerbach jetzt alle möglichen Berufe: Gymnasiallehrer, Hofmeister, Bibliothekar, Redakteur, freier Schriftsteller. Doch nichts will gelingen. Auch eine Übersiedelung nach Paris, lange vorbereitet, scheitert an seiner Entschlußlosigkeit. Ein wenig inkonsequent bewirbt er sich dann doch wieder an verschiedenen Universitäten. Aber alle Bemühungen sind umsonst. So schreibt er denn schließlich resigniert, er lebe »in suspenso, wie einer, der am Galgen hängt«.

Da kommt die Wendung, und zwar durch eine Frau. Feuerbach verliebt sich heftig in die Tochter eines Schloßbewohners und Porzellanfabrikanten. Er schreibt an sie: »Meine Seele war ein Abgrund, aus dem nur der Seufzer nach Dir als das einzige Lebenszeichen zu meinen Ohren drang.« Die Dame, Berta Löw mit Namen, erwidert die Neigung, sei es wegen Feuerbachs geistigem Habitus, sei es wegen seiner äußeren Vorzüge. Über diese berichtet ein Biograph, der ihn noch persönlich gekannt hat: »Er war von mittlerer Statur, sein schlanker Körperbau blieb bis in sein spätestes Alter gleichmäßig proportioniert und vornehm in der Haltung, sein Gang leicht und elastisch. An seinen ernstmilden, geistvollen Zügen fielen die hellblauen Augen durch ihren zugleich scharfen und sinnig wohlwollenden Blick auf; die darüber sich erhebende schöngeformte Stirn war von dichtem braunem Haar eingefaßt, das er kurzgeschoren trug; an Nase und Mund, beide feingeschnitten und bei aller

Entschiedenheit doch eine unverkennbare Gütigkeit andeutend, schloß sich in jüngeren Jahren ein hübscher Schnurrbart, dem späterhin ein kräftiger Vollbart zugesellt ward.« So, meint der Biograph, war »der Eindruck seiner Persönlichkeit ein unwiderstehlich gewinnender«.

Es kann daher nicht ausbleiben, daß die Dame seines Herzens Feuerbachs Werbung erhört und daß es zur Heirat kommt; er kann jetzt, »gereinigt von dem Unrate des Garçonlebens, in das gesunde Badewasser des heiligen Ehestandes steigen«. Das gibt ihm eine große äußere und innere Sicherheit. Er haust in erwünschter Zurückgezogenheit in den Turmzimmern des Schlosses. Für das äußere Leben ist gesorgt, nicht nur durch die der Gattin zufließenden Einkünfte aus der Porzellanfabrik, sondern auch – wie der Biograph ausdrücklich bemerkt – durch einen ansehnlichen Obst- und Gemüsegarten, einen großen Wald mit Wild und Geflügel und, last not least, einen Karpfenteich.

Was Feuerbachs Lebensweise angeht, so berichtet der Biograph etwas pedantisch von seinen »musterhaft einfachen Lebensgewohnheiten. Das Aufräumen seiner Stube und deren Einheizen besorgte er selbst, auch das Bett pflegte er, genau wie einst Pascal, eigenhändig zur Nacht und für den Tag in Ordnung zu bringen. In seinen Arbeitsräumen herrschte die größte Ordnung und Reinlichkeit. Das angebliche Vorrecht genialer Menschen zu weitgehender Unordnung, die ihnen selbst und anderen manche Ungelegenheiten bereiten kann, hat er sich niemals angeeignet. So auch war er in seiner Kleidung von tadelloser Sauberkeit. Vom frühesten Morgen an trug er einen einfachen Hausanzug: einen knapp anliegenden, bis oben zugeknöpften Rock von dunkler Farbe, meist Joppe, was ihm das Aussehen eines Forstmannes gab. Allem, was an Verweichlichung und lässige Bequemlichkeit erinnert, so namentlich dem vielen deutschen Gelehrten unentbehrlichen Schlafrock nebst Pantoffeln, war er abhold. Tagsüber trug er immer Stiefel, auf dem Kopf bisweilen ein leichtes Hausmützchen«. So also muß man sich diesen entlaufenen Privatdozenten denken. Übrigens liebt er seine beschauliche, ein wenig biedermeierliche Ferne zur Welt auf dem Schloß seines Schwiegervaters. »Das beste Leben in dieser Zeit ist das zurückgezogene; denn alle unsere sozialen Verhältnisse sind bei allem äußerlichen Schein von Solidität durch und durch verdorben.«

In dieser idyllischen Welt schreibt Feuerbach das Buch, das seinen Namen berühmt machen wird: ›Das Wesen des Christentums‹. Jetzt wird die wissenschaftliche Welt auf ihn aufmerksam. Er selber ist sich des Wertes seines Buches voll bewußt. Er schreibt, es sei »keine

Schrift für das grundverdorbene, grundbetörte gegenwärtige Geschlecht, sondern für die werdende, bessere, höhere Generation«. Er empfindet sich jetzt »als den letzten, an die äußerste Grenze des Philosophentums hinausgeschobenen Philosophen«. Er freut sich über die Zustimmung der Freunde, aber noch mehr darüber, daß Bauern, Gastwirte, Soldaten, von seinem Werk begeistert, in mühseligen Wanderungen von weither kommend ihn aufsuchen oder ihm ebenso emphatische wie rührende Briefe schreiben. Auch eine Herzensverwirrung, die für das beteiligte Mädchen tragisch endet, kann ihn nicht ernstlich in seinem Glück stören.

Da tritt ein Neues hinzu: die Revolution von 1848. Jetzt scheint die Zeit gekommen, daß Feuerbach zu einer größeren Wirksamkeit, zu einem aktiven Eingreifen gelangt. Er identifiziert sich mit der Sache der Demokratie. »Der Geist, welcher die Staatsangelegenheiten nicht zur Sache einer besonderen, bevorrechteten Kaste oder Klasse von Menschen, sondern zur Sache aller, zur Volkssache machen will, wird und muß siegen; denn nur mit seinem Siege erfüllt sich die Aufgabe der Menschheit.« Feuerbach wird nun tätig. Er spielt mit dem Gedanken, nach Paris, der Stadt der revolutionären Auftritte, zu gehen. Selbst eine Übersiedelung nach Amerika, dem Lande der Freiheit, in dem man ihm gratis eine Farm anbietet, wird nicht ausgeschlossen. Er denkt unter den veränderten Umständen auch wieder an eine akademische Wirksamkeit oder an die Herausgabe einer Zeitschrift. Von den Heidelberger Studenten wird Feuerbach, der »Seltensten einer, in denen der Geist der neuen Zeit zu tagen begann«, zu Vorlesungen eingeladen. Er hält sie auch, vor Akademikern und Arbeitern, im Rathaussaal, da die Universität ihm ihre Räume verweigert. Als er das Auditorium betritt, erheben sich die Zuhörer von den Sitzen. Gottfried Keller, der, als Student in Heidelberg, an den Veranstaltungen teilnimmt, nennt Feuerbach, freilich nicht ohne einen einschränkenden Hinweis auf seine ungeschickte Vortragsweise, »die gegenwärtig weitaus wichtigste historische Person in der Philosophie«.

Doch dann überfällt Feuerbach wieder die Mattigkeit und Verzagtheit. »Ich habe die traurigsten Zustände durchlebt, die nur immer der Mensch erleben kann. Ich hatte die gräßlichste Sehnsucht nach meinem alten, stillen, einfachen und doch so geliebten Leben. Alles war mir unheimlich, unbehaglich«; es war mir zumute, »wenn ich auf das Katheder mußte, wie einem armen Sünder, der aufs Schafott muß«. Die Freunde wollen ihn in die revolutionäre Bewegung einspannen. Aber er lehnt ab. Zu einem der enthusiastischen Revolutionäre äußert er kurz vor seinem Heidelberger Auftritt: »Ich gehe jetzt nach Heidelberg und halte dort den jungen Studenten Vorlesungen über das Wesen der Religion, und wenn dann von dem Samen, den ich dort ausstreue, in hundert Jahren einige Körnchen aufgehen, so habe ich zum Besten der Menschheit mehr ausgerichtet als Sie mit Ihrem Dreinschlagen.«

So kehrt Feuerbach denn in sein Asyl zurück. Aber auch dort wird es schwierig zu leben. Nun nennt er seine Behausung »mein melancholisches Arbeitszimmer«. »Bei jedem Blicke stößt man sich auf das empfindlichste an den Nägeln, mit denen hier die Welt vernagelt ist.« Resignierte Stimmungen gewinnen die Oberhand. Es ist ihm, »als sei er nichts und habe nichts geleistet«; er möchte lieber Holzhacker sein als Philosoph. Er wünscht sich »aus der Ewigkeit des Lebens in die Ewigkeit des Todes«. Kaum mehr dringt ein Echo aus der Welt in seine Vergessenheit. Die dem Hauptwerk folgenden Schriften haben keinen nennenswerten Erfolg. Apathie und Lethargie bemächtigen sich seiner. Feuerbach schreibt, er sei »ein alter, noch dazu unter widerlichen, den Menschen auf sich zurückdrängenden Verhältnissen gealterter Mann«, ein »arbeitsunfähiger Greis, der sich nur vorgesetzt hat, seinen eigenen Nekrolog zu schreiben«.

Dazu kommen beklemmende äußere Verhältnisse. Die Erträge der Porzellanfabrik gehen zurück, verursacht durch die politischen Umstände; schließlich muß der Bankrott angemeldet werden. Feuerbach, der dem Betrieb Geld vorgeschossen hat, verliert den letzten Rest seines Vermögens. Der ländliche Wohnsitz auf dem Schloß läßt sich nicht mehr halten; man zieht in die Nähe Nürnbergs. Aber in der neuen Wohnung, einer »akustischen Kloake«, stören Feuerbach Straßenlärm, Kindergeschrei und Hundegebell so sehr, daß er jahrelang nicht recht arbeiten kann. Schließlich muß er sich mit Hilfe von Stiftungen, öffentlichen Sammlungen und Spenden von Freunden mühsam am Leben halten. Mehrere Male trifft ihn ein Schlaganfall. Am Ende vegetiert Feuerbach längere Zeit in geistiger Dumpfheit. 1872 stirbt er, mit 68 Jahren.

Obgleich Feuerbach schon in seiner Studentenzeit die Theologie aufgibt, bleibt doch sein Interesse lebenslang den Fragen der Religion zugewendet. Bereits der Sechzehnjährige stellt »eine entschiedene Neigung gegen die Religion« bei sich fest. Ich mache mir, schreibt er später, »die Religion zum Ziel und Beruf meines Lebens«. Schließlich sagt er, seine Schriften hätten »streng genommen nur einen Zweck, einen Willen und Gedanken, ein Thema. Dieses Thema ist eben die Religion und Theologie«.

Dann aber wird Feuerbach von Hegel gefesselt. Nun beschäftigt ihn der absolute Geist, der in aller Weltwirklichkeit waltet. Doch bald wird er an dieser Konzeption irre. Denn der absolute Geist im Sinne Hegels ist nicht der Geist des Menschen, auf den es Feuerbach ankommt, sondern der Geist Gottes. Damit hat sich, so meint Feuerbach, gegenüber der christlichen Theologie nichts Wesentliches geändert; auch Hegels absolute Philosophie ist spekulative Theologie. So wendet sich Feuerbach denn auch gegen Hegel. Er verwirft den »Unsinn des Absoluten«; er bekämpft die »Spekulation«; denn diese ist ihm »die betrunkene Philosophie«. Er aber fordert: »Die Philosophie werde wieder nüchtern.«

Demgemäß will Feuerbach in seinem eigenen Philosophieren entschlossen nicht von irgendeinem göttlichen Prinzip oder einem absoluten Wesen ausgehen, sondern vom Menschen und nur vom Menschen. Und zwar vom Menschen, wie er sich im konkreten Dasein und in seinem Eingefügtsein in die Natur vorfindet. »Der erste Gegenstand des Menschen ist der Mensch«; »Der Mensch ist sich das Maß aller Dinge, aller Wirklichkeit«. Darum gilt es, »den Menschen zur Sache der Philosophie zu machen«.

Auf das menschliche Dasein als die einzige unmittelbar gegebene Realität hingewiesen, also eine konsequent anthropologische Philosophie begründet zu haben, ist die eigentümliche Leistung Feuerbachs. Darüber hinaus geht es ihm überhaupt um »das Wirkliche in seiner Wirklichkeit und Totalität«. Fast die gesamte philosophische und theologische Tradition hat in seiner Sicht Hirngespinsten nachgejagt. Sie hat als das eigentliche Wirkliche eine jenseitige, absolute Welt, eine Welt der Ideen, eine Welt Gottes angenommen. Demgegenüber liegt Feuerbach entscheidend an der Wirklichkeit des Diesseits, an der Wirklichkeit der Natur und an der Wirklichkeit des Menschen im Hier und Jetzt. Das ist für ihn die einzige Wirklichkeit.

Darum ist auch das, was den Menschen vor anderem Seiendem, insbesondere vor den Tieren, auszeichnet, für Feuerbach nicht, wie in der Überlieferung fast ausschließlich behauptet wird, die Vernunft; diese neigt allzusehr dazu, über die Wirklichkeit hinaus zu spekulieren. Was den Menschen vorzüglich kennzeichnet, ist vielmehr die Sinnlichkeit. So kann Feuerbach sogar sagen: »Die Sinnlichkeit ist das Wesen des Menschen«; der Geist aber ist nur »das Wesen der Sinnlichkeit, die allgemeine Einheit der Sinne«. Die Sinnlichkeit ist deshalb auch der Ort der Wahrheit; »Wahrheit, Wirklichkeit und Sinnlichkeit sind identisch«. Im Rückblick auf seinen philosophischen Weg schreibt er: »Ich bin vom Übersinnlichen zum Sinnlichen übergegangen, habe aus der Unwahrheit und Wesenlosigkeit des Übersinnlichen die Wahrheit des Sinnlichen abgeleitet.«

Der Verzicht auf alles Übersinnliche macht den Atheismus Feuerbachs aus. Diesen hat er als erster in der Geschichte der Philosophie radikal und mit all seinen Konsequenzen durchdacht. »Das Wesen eines Gottes ist, daß er ein eingebildetes, unwirkliches, phantastisches Wesen ist, das aber gleichwohl ein reales, ein wirkliches Wesen sein soll.« Dieser traditionellen Position gegenüber geht es Feuerbach um eine »Vermenschlichung Gottes«, um eine »Reduktion des außermenschlichen, übernatürlichen und widervernünftigen Wesens Gottes auf das natürliche, immanente, eingeborene Wesen des Menschen«. Von daher zeigt sich, daß auch noch Hegels göttliche Vernunft, sein absoluter Geist, nur »ein außer uns existierendes Gespenst« ist; das aber ist »die höchste, gewalttätigste Abstraktion«. Demgegenüber ist der auf den endlichen Menschen sich beschränkende Atheismus für Feuerbach die wahre und eigentliche philosophische Position.

Mit einem solchen neuen Prinzip wird aber nicht nur die Hegelsche absolute Spekulation, sondern überhaupt und im ganzen Umfang die Religion und besonders das Christentum verworfen. Dieses sieht Feuerbach ohnehin im Verfall. Es ist eine »religiöse Revolution« vor sich gegangen; wir leben in einer »Periode des Untergangs des Christentums«. Das aber wird von Feuerbach nicht bedauert, sondern leidenschaftlich begrüßt. »Der Mensch soll das Christentum aufgeben, dann erst wird er Mensch.« Denn damit verzichtet er auf die Wolkenkuckucksheime und kann sich nur mit der wahren, der diesseitigen Wirklichkeit befassen. »An die Stelle des Glaubens ist der Unglaube getreten, an die Stelle der Bibel die Vernunft, an die Stelle der Religion und Kirche die Politik, an die Stelle des Himmels die Erde, des Gebetes die Arbeit, der Hölle die materielle Not, an die Stelle des Christen der Mensch.« Aus dieser Situation aber ergibt sich »die Notwendigkeit einer neuen, offenherzigen, nicht mehr christlichen, entschieden unchristlichen Philosophie«.

Mit diesem Hinweis auf die zeitgenössische Situation der Religion ist freilich noch nicht viel geleistet. Feuerbach sieht sich der Tatsache gegenüber, daß fast in der ganzen Menschheitsgeschichte göttliche Wesen angenommen worden sind. Das gilt es zu erklären. Das Deutungsprinzip dafür ist eben der von Feuerbach eingenommene anthropologische Standpunkt. »Der Mensch ist der Anfang der Religion, der Mensch der Mittelpunkt der Religion, der Mensch das Ende der Religion.« Diese Reduktion auf den Menschen führt zu einer Zerstörung des Gottesbegriffes. Feuerbach behauptet, daß es kein selbständig existierendes Wesen »Gott« gibt; Gott ist vielmehr »nur etwas in der Vorstellung, in der Einbildung, aber nichts in

Wahrheit und Wirklichkeit«. Die Idee Gottes entspringt daraus, daß der Mensch sein eigenes Wesen, nämlich das, was an ihm allgemein, der Gattung zugehörig ist, aus sich hinaussetzt und zu einem Gotte macht. »Das Wissen von Gott ist das Wissen des Menschen von sich, von seinem eigenen Wesen.« »Gott ist das Ideal des menschlichen Wesens, angeschaut als ein selbständiges wirkliches Wesen.« Er ist des Menschen »entäußertes Selbst«.

Das zeigt sich mit voller Deutlichkeit, wenn Feuerbach die in der Tradition Gott zugesprochenen Eigenschaften betrachtet; sie alle entspringen, wie er es sieht, aus dem Selbstverständnis des Menschen. »In der göttlichen Allwissenheit erfüllt er nur seinen Wunsch, alles zu wissen; in der göttlichen Allgegenwart verwirklicht er nur seinen Wunsch, an keinen Ort gebunden zu sein; in der göttlichen Ewigkeit verwirklicht er nur den Wunsch, an keine Zeit gebunden zu sein; in der göttlichen Allmacht verwirklicht er nur den Wunsch, alles zu können.« So wird die Region des Göttlichen in ihrem ganzen Umfang auf den Menschen zurückgeführt. Daher kommt Feuerbach zu der wissenschaftstheoretischen Behauptung: »Das Geheimnis der Theologie ist die Anthropologie.«

Aber damit ist noch nicht erklärt, weshalb der Mensch immer wieder in die Versuchung gerät, sich mit Hilfe der Phantasie einen Gott und eine göttliche Region zu erschaffen. Das nun führt Feuerbach auf psychische Gegebenheiten zurück. Innermenschliche Vermögen und Kräfte sind es, die den Gottesglauben hervorrufen. Dazu gehört vor allem das Abhängigkeitsgefühl. Der Mensch verehrt das, wovon er sich abhängig weiß, als Gott; dieser ist ihm der, »der vermag, was der Mensch nicht vermag, was vielmehr die menschlichen Kräfte unendlich übersteigt und daher dem Menschen das demütigende Gefühl seiner Beschränktheit, Ohnmacht und Nichtigkeit einflößt«. Aber wenn der Mensch meint, diese Abhängigkeit religiös deuten zu müssen, täuscht er sich. Wovon wir in Wahrheit abhängig sind, ist die Natur, und zwar sowohl die äußere Natur, die »Macht über Leben und Tod«, wie die Natur in uns, die Triebe, Wünsche und Interessen. Das Abhängigkeitsgefühl muß also, wie Feuerbach will, innerweltlich und innermenschlich verstanden werden. Hat man das begriffen, dann, so meint er, verzichtet man darauf, nun auch noch ein überweltliches und übermenschliches Wesen anzunehmen, auf das das Gefühl der Abhängigkeit bezogen werden müßte.

Feuerbach gräbt noch tiefer in den Abgrund der menschlichen Seele hinab. Er entdeckt als das, was den Menschen vom Grunde her bestimmt, das Wünschen und hinter diesem den Glückseligkeitstrieb. Wieder wird ihm das zu einem Motiv für die Entstehung des Gottesgedankens. »Was der Mensch nicht wirklich ist, aber zu sein wünscht, das macht er zu seinem Gotte oder das ist sein Gott.« Der Mensch, der seine Glückseligkeit nie voll erreichen kann, schafft sich in der Einbildungskraft Götter, die vollkommen glückselig sind. »Ein Gott ist der in der Phantasie befriedigte Glückseligkeitstrieb des Menschen.«

Wie Feuerbach dem weiter nachdenkt, geht ihm auf, daß die Wurzel alles Gottesglaubens der Egoismus ist; denn das Streben nach Glückseligkeit ist ein selbstisches Streben. Der Mensch denkt sich einen Gott aus, der mithelfen könne, dem übermächtigen Egoismus, den der Mensch aus eigener Kraft nicht befriedigen kann, Genüge zu tun. So behauptet Feuerbach denn, »daß der menschliche Egoismus das Grundprinzip der Religion und Theologie ist. Denn wenn die Anbetungs- und Verehrungswürdigkeit, folglich die göttliche Würde eines Wesens einzig abhängt von der Beziehung dessen auf das Wohl des Menschen, wenn nur ein dem Menschen wohltätiges, nützliches Wesen ein göttliches ist, so liegt ja der Grund von der Gottheit eines Wesens einzig im Egoismus des Menschen, welcher alles nur auf sich bezieht und nur in dieser Beziehung schätzt«. Der Ausdruck »Egoismus« hat in diesen Sätzen freilich nicht den moralisch abwertenden Sinn, den man sonst mit diesem Wort verbindet; er bedeutet vielmehr soviel wie Selbstbejahung. Diese aber muß das notwendige Fundament einer Philosophie bilden, die sich so ausschließlich wie die Feuerbachs auf den Menschen stützt und alles andere beiseite läßt – einer atheistischen Philosophie im vollen Sinne des Wortes.

Feuerbach ist der Ansicht, mit seiner »Philosophie der Zukunft« alle Religion, alle Theologie und alle theologisch infizierte Philosophie endgültig überwunden zu haben. Daher schreibt er seinem entscheidenden Buch den »Rang einer welthistorischen Tatsache« zu; ja, er behauptet, seine Lehre sei »der Wendepunkt der Weltgeschichte«. Darin hat er sich freilich getäuscht. Denn die Auseinandersetzungen über die Gottesfrage gehen auch nach Feuerbachs dezidiertem Atheismus weiter, und sie haben auch heute noch nichts von ihrer Dringlichkeit eingebüßt.

Marx
oder
Die Revolte der Wirklichkeit

Wie würde die Welt heute aussehen, wenn Karl Marx seinen ursprünglichen Lebensplan ausgeführt hätte? Der junge Marx hält sich nämlich für einen geborenen Dichter, und es sind auch einige Erzeugnisse seiner Muse auf uns gekommen. Sie tragen hochpoetische Titel, etwa ›Lied der Elfen‹, ›Lied der Gnomen‹ oder ›Lied der Sirenen‹. Kurz: Es ist eitel mythologischer Singsang. Ein besonders herzerweichendes, wenn auch tieftrauriges Gedicht ist betitelt: ›Schicksalstragödie‹. Es lohnt sich, daraus einige Strophen zu zitieren:

> Das Mägdlein steht da so bleich,
> so stille und verschlossen;
> die Seele, engelweich,
> ist trüb und verdrossen ...
> Sie war so fromm, so mild,
> dem Himmel ergeben,
> der Unschuld seliges Bild,
> das Grazien weben.
> Da kam ein Ritter hehr
> auf prunkendem Rosse,
> im Auge ein Liebesmeer
> und Glutgeschosse.
> Das traf so tief in die Brust;
> doch er zog von dannen,
> hinstürmend in Kriegeslust;
> nichts mag ihn bannen.

Aber Marx findet auch andere Töne:

> Die Welten heulen ihren eigenen Totengesang,
> und wir sind Affen eines kalten Gottes.

Nach diesen Proben ist die Frage, ob die deutsche Dichtung viel dadurch verloren hat, daß sich Marx, wenn auch unter reichlichem Seelenschmerz, entschließt, auf eine poetische Karriere zu verzichten. Der Vater jedenfalls, ein angesehener Rechtsanwalt, äußert:

»Mich würde es jammern, Dich als gemeines Poetlein auftreten zu sehen.« Gleichzeitig freilich schlägt er dem Sohn vor, eine »Ode im großen Genre« über die Schlacht bei Waterloo zu schreiben. Die Spätgeborenen aber, je nachdem, ob sie im Marxismus das Heil oder das Unheil der Welt erblicken, atmen auf oder bedauern es, daß Marx nach geraumer Zeit davon absieht, den Pegasus zu reiten.

Karl Marx wird 1818 in Trier geboren, »dem kleinsten, erbärmlichsten Nest voll von Klatsch und lächerlicher Lokalvergötterung«. Von seiner Jugend weiß man nicht viel Bedeutsames. Interessant ist höchstens, daß er, der spätere enragierte Atheist, einen Abituraufsatz schreibt über das Thema: ›Die Vereinigung der Gläubigen in Christo‹. Als er dann zum Studium der Rechte nach Bonn geht, hat er offenbar mit den äußeren Dingen Schwierigkeiten. Jedenfalls schreibt die besorgte Mutter: »Nun kannst Du mir's gar nicht als eine Schwäche unseres Geschlechts ansehen, wenn ich neugierig bin, wie Du Deine kleine Haushaltung eingerichtet, ob die Ökonomie auch eine Rolle spielt, was bei großen wie bei kleinen Haushaltungen eine unerläßliche Notwendigkeit ist. Dabei erlaube ich mir zu bemerken, lieber Carl, daß Du Reinlichkeit und Ordnung nie als Nebensache betrachten mußt, denn davon hängt Gesundheit und Frohsinn ab. Halte pünktlich darauf, daß Deine Zimmer öfters gescheuert werden. Und scheuere Du meinen lieben Carl wöchentlich mit Schwamm und Seife.« Diese Mahnung ist sicherlich nicht unbegründet; denn die Verhältnisse, unter denen Marx sein Studium durchführt, sind alles andere als ordentlich. Er tritt in eine Korporation ein und erhält, wenn die Nachrichten darüber stimmen, bei einem Duell eine Verwundung. Er muß wegen »nächtlichen ruhestörenden Lärmens und Trunkenheit« in den Karzer. Er wird, weil er »verbotene Waffen« trägt, angezeigt. Er macht Schulden über Schulden. Neben allem aber verlobt er sich mit Jenny von Westphalen, nicht ohne daß die vornehme Familie der Braut den Habenichts nur zögernd akzeptiert. Auch der Vater warnt ihn angesichts der »Exagerationen und Exaltationen der Liebe in einem dichterischen Gemüte«, eine Frau an sich zu binden.

Als Marx nach zwei Semestern sein Studium in Berlin fortsetzt, zeigt sich auch dort, daß er kein vorbildlicher Student ist. Der Vater hat einigen Grund, sich zu beschweren. »Ordnungslosigkeit, dumpfes Herumschweben in allen Teilen des Wissens, dumpfes Brüten bei der düsteren Öllampe; Verwilderung im gelehrten Schlafrock statt der Verwilderung bei dem Bierglase, zurückscheuchende Ungeselligkeit mit Hintansetzung alles Anstandes«, all das wirft er dem Sohne vor. Auch die horrenden Geldausgaben erschrecken den Vater. Marx hört nur wenige Vorlesungen, und auch diese eher aus dem Gebiet der Philosophie und der Geschichte als aus dem der Rechtswissenschaft. Semesterlang betritt er die Universität kaum. Immerhin promoviert er mit 23 Jahren über ein philosophisches Thema, in Jena, ohne auch nur eine einzige Stunde dort gewesen zu sein. Aber dieses äußere Ereignis beeindruckt ihn nicht sehr. Wichtiger ist ihm, daß er dem »Doktor-Club«, einer Vereinigung von jüngeren Anhängern Hegels, angehört und dort Tage und Nächte diskutiert. Seine Freunde attestieren ihm, er sei »ein Magazin von Gedanken«, ein »Ochsenkopf von Ideen«. Nebenher schreibt er »ein neues metaphysisches Grundsystem«. Natürlich will er Professor werden; aber er gibt diese Absicht auf, als er sieht, daß seine Freunde, die linken Hegelianer, fast durchweg an der reaktionären Regierung scheitern.

Statt dessen wird Marx Redakteur, und zwar an der in Köln erscheinenden, liberal gesinnten ›Rheinischen Zeitung‹. Diese Tätigkeit zwingt ihn dazu, sich mit konkreten Problemen ökonomischer und politischer Art zu befassen. Er redigiert das Blatt in einem unerschrockenen, freiheitlichen Geiste. Den Kommunismus freilich, dessen führender Kopf er später werden soll, lehnt er schroff ab. Trotzdem muß er seine Herausgebertätigkeit nach kurzer Zeit unter polizeilichem Druck aufgeben. Die Zeitung – »die Hure am Rhein«, wie der preußische König sie zu nennen geruht – geht ein.

Nachdem Marx noch rasch seine langjährige Braut geheiratet hat, wendet er sich nach Paris, wo er gemeinsam mit seinem Freunde Arnold Ruge die ›Deutsch-Französischen Jahrbücher‹ herausgibt. Eine Zeitlang auch lebt er gemeinsam mit der Familie Ruge in einer »kommunistischen Gemeinschaft«, die aber wegen der Unverträglichkeit der Charaktere bald auseinanderplatzt. In Paris kommt Marx mit Heine und mit französischen Sozialisten in Kontakt. Doch auch in dieser Stadt ist seines Bleibens nicht lange. Er wird auf Verlangen der preußischen Regierung aus Frankreich ausgewiesen und läßt sich vorübergehend in Brüssel nieder, wo er die erste kommunistische Partei der Welt (mit 17 Mitgliedern) gründet. Von da aus geht Marx für kurze Zeit nach London, kehrt dann während der Revolution von 1848, anläßlich deren er ›Das Kommunistische Manifest‹ verfaßt,vorübergehend nach Frankreich und Deutschland zurück, um seine revolutionären Pläne zu fördern. In Köln gründet er die ›Neue Rheinische Zeitung‹. Dann aber wird er wieder ausgewiesen und lebt schließlich bis an sein Lebensende, nur unterbrochen von kurzen Reisen auf das Festland, in London. Alle diese Jahre in Paris und Brüssel aber sind ausgefüllt mit erbitterten und nicht besonders tolerant geführten Fehden mit andersdenkenden

Revolutionären, aber auch mit intensiver Arbeit an philosophischen und ökonomischen Manuskripten, die jedoch größtenteils erst nach seinem Tode veröffentlicht werden.

In London lebt Marx in äußerster Eingeschränktheit mit einer sich rasch vermehrenden Familie. Oftmals herrscht wirkliche Not. Die Gründung einer Zeitschrift mißlingt. Marx muß sich größtenteils durch Spenden, vor allem des Freundes Friedrich Engels, durchs Leben bringen. Die Wohnverhältnisse sind meistens katastrophal; gelegentlich wird die Wohnungseinrichtung sogar gepfändet. Es kommt vor, daß Marx nicht einmal ausgehen kann, weil seine Kleidung im Pfandhaus versetzt ist. Krankheiten verfolgen ihn und die Familie; nur einige der Kinder überleben die ersten Jahre. Marx will sich schließlich, bedrückt von Schulden, bankrott erklären lassen; nur der getreue Engels verhindert diesen äußersten Schritt. Frau Jenny ist oftmals nahe am Verzweifeln und wünscht für sich und ihre Kinder eher den Tod als ein so elendes Leben. Hinzu kommt, daß sich Marx mit der Haushälterin auf eine Liebesaffäre einläßt, die nicht ohne Folgen bleibt und die das durch die finanzielle Misere ohnehin gestörte häusliche Klima empfindlich beeinträchtigt. Auch die Streitigkeiten mit den Gesinnungsgenossen gehen weiter. Doch trotz allem arbeitet Marx verbissen, wenn auch unterbrochen durch Perioden des ermatteten Nichtstuns, an seinem Hauptwerk, dem ›Kapital‹. Er kann auch in der Tat den ersten Band erscheinen lassen; da Besprechungen fast ganz ausbleiben, schreibt er selber positive und negative Kritiken. Ehe aber das ganze dreibändige Werk vollendet ist, stirbt Marx, 1883, mit 65 Jahren.

Aussehen und Persönlichkeit von Marx werden von einem russischen Freund aufs anschaulichste geschildert, wenn dabei auch der prächtige Bart vergessen ist: »Er stellte den Typus eines Menschen dar, der aus Energie, Willenskraft und unbeugsamer Überzeugung zusammengesetzt ist, ein Typus, der auch der äußeren Erscheinung nach höchst merkwürdig war. Eine dichte schwarze Mähne auf dem Kopfe, die Hände mit Haaren bedeckt, den Rock schief zugeknöpft, hatte er dennoch das Aussehen eines Mannes, der das Recht und die Macht hat, Achtung zu fordern, wenn sein Aussehen und sein Tun auch seltsam genug erscheinen mochten. Seine Bewegungen waren eckig, aber kühn und selbstgewiß; seine Manieren liefen geradezu allen gesellschaftlichen Umgangsformen zuwider. Aber sie waren stolz, mit einem Anfluge von Verachtung, und seine scharfe Stimme, die wie Metall klang, stimmte merkwürdig überein mit den radikalen Urteilen über Menschen und Dinge, die er fällte. Er sprach nicht anders als in imperativen, keinen Widerstand duldenden Worten, die übrigens noch durch einen mich fast schmerzlich berührenden Ton, welcher alles, was er sprach, durchdrang, verschärft wurden. Dieser Ton drückte die feste Überzeugung von seiner Mission aus, die Geister zu beherrschen und ihnen Gesetze vorzuschreiben. Vor mir stand die Verkörperung eines demokratischen Diktators, wie sie auf Momente der Phantasie vorschweben mochte.«

Marx stellt sich von Anfang seines Philosophierens an in die großen geistigen Auseinandersetzungen seiner Zeit hinein, wie sie durch die überragende Gestalt Hegels, dessen Denken er »die jetzige Weltphilosophie« nennt, bestimmt sind. Ihm wendet sich Marx zunächst zu, um sich dann um so schroffer von ihm abzusetzen.

Seine Kritik setzt bei Hegels Betrachtung der Geschichte ein. Diese ist für Hegel nicht eine bloß zufällige Abfolge von Ereignissen, sondern ein sinnvolles Nacheinander, das sich nach einem immanenten Prinzip, nämlich nach einer inneren Dialektik entwickelt. Das Entscheidende dabei ist, daß das eigentliche Subjekt der Geschichte nicht die handelnden Menschen sind. In der Geschichte waltet vielmehr ein übergreifender Geist, den Hegel als »Weltgeist« oder als »absoluten Geist« oder auch als »Gott« bezeichnet. Er, der werdende Gott, verwirklicht im Gange der Geschichte sein Selbstbewußtsein; er kommt in den einzelnen Schritten des geschichtlichen Prozesses zu sich selber.

Hegel ist der Auffassung, in seiner Gegenwart, und zwar in seinem eigenen System, habe der absolute Geist nach all seinen Irrwegen durch die Geschichte endlich sein Ziel, das vollendete Selbstbewußtsein, erreicht. »Bis hierher ist nun der Weltgeist gekommen. Die letzte Philosophie ist das Resultat aller früheren; nichts ist verloren, alle Prinzipien sind erhalten. Diese konkrete Idee ist das Resultat der Bemühungen des Geistes durch fast 2500 Jahre, seiner ernsthaften Arbeit, sich zu erkennen.« Nachdem also die Hegelsche Philosophie auf dem Plan ist, kann es kein unbegriffenes Wirkliches mehr geben. Das ist der Sinn des bekannten Satzes aus der Vorrede zur ›Philosophie des Rechts‹: »Was vernünftig ist, das ist wirklich; und was wirklich ist, das ist vernünftig.« Vernunft und Wirklichkeit sind also, meint Hegel, jetzt endlich zur Übereinstimmung miteinander gekommen; sie sind wahrhaft versöhnt. Der absolute Geist hat sich selber als alle Wirklichkeit und hat alle Wirklichkeit als seine Manifestation begriffen.

Hier setzt der Protest von Marx ein. Jener Gedanke Hegels, daß alle Wirklichkeit von einem absoluten Geiste her verstanden werden müßte, ist ihm ein ungerechtfertigter »Mystizismus«. Denn dabei wird aus einem Punkte oberhalb der faktischen Wirklichkeit philosophiert, nicht von dieser selber her. Demgegenüber ist die entschiedene Forderung von Marx, man müsse die Philosophie wieder vom Kopf auf die Füße stellen, die Sicht auf die Wirklichkeit müsse umgekehrt werden. Nicht von einer göttlichen Wirklichkeit her darf die hiesige Wirklichkeit gedeutet werden; der Ausgangspunkt alles Denkens muß vielmehr die konkrete Wirklichkeit sein. Dieser Gedanke gibt der Philosophie von Marx ihre atheistische Prägung. »Es ist die Aufgabe der Geschichte, nachdem das Jenseits der Wahrheit verschwunden ist, die Wahrheit des Diesseits zu etablieren.«

Wenn nun Hegel behauptet, die Wirklichkeit sei mit der Vernunft versöhnt, dann kann er, so meint Marx, nicht die konkrete Wirklichkeit im Blick haben. Bei Hegel spielt sich vielmehr alles im Bereich des bloßen Denkens ab; auch die Wirklichkeit, von der er redet, ist bloß die gedachte Wirklichkeit. Für Marx aber zeigt sich die faktische Wirklichkeit als widersprüchlich, als unbegreiflich und also als unversöhnt mit der Vernunft. Hegels ganzes philosophisches Bemühen scheitert daran, daß er diese wirkliche Wirklichkeit nicht in sein noch so umfassendes Denken einbeziehen kann. »Die Welt ist also eine zerrissene, die einer in sich totalen Philosophie gegenübertritt.«

Die konkrete Wirklichkeit nun ist für Marx die Wirklichkeit des Menschen. »Die Voraussetzungen, mit denen wir beginnen, sind die wirklichen Individuen.« Die Philosophie, wie sie Marx – in Absetzung von Hegel und im Anschluß an Feuerbach – postuliert, ist eine Philosophie der menschlichen Existenz. »Die Wurzel für den Menschen ist der Mensch selbst.« Marx nennt seine Philosophie daher auch »realen Humanismus«. Das erste und ursprünglichste Wirkliche für den Menschen ist der Mensch. Von diesem her hat daher auch das neue Denken zu beginnen.

Was aber ist der Mensch? Das Bedeutsame ist, daß ihn Marx nicht, wie Hegel, wesentlich von seiner Fähigkeit des Erkennens her betrachtet. Es geht vielmehr entscheidend um die menschliche Praxis, um das konkrete Handeln. »In der Praxis muß der Mensch die Wahrheit, i. e. Wirklichkeit und Macht, Diesseitigkeit seines Denkens beweisen.« »Es wird von den wirklich tätigen Menschen ausgegangen.«

Zum Wesen der menschlichen Praxis gehört, daß sie sich im Miteinander vollzieht. Wollte noch Feuerbach den Menschen als isoliertes Individuum begreifen, so betont Marx mit aller Eindeutigkeit: Der Mensch lebt immer schon in einer Gesellschaft, die ihn trägt. »Das Individuum ist das gesellschaftliche Wesen.« »Der Mensch, das ist die Welt des Menschen, Staat, Sozietät.« Diese gesellschaftliche Natur bildet für Marx den Ausgangspunkt für alles weitere Nachdenken. So ist der viel diskutierte Satz zu verstehen: »Es ist nicht das Bewußtsein der Menschen, das ihr Sein, sondern umgekehrt ihr gesellschaftliches Sein, das ihr Bewußtsein bestimmt.«

Wodurch aber bildet sich die menschliche Gesellschaft? Marx antwortet: primär nicht durch das gemeinsame Bewußtsein, sondern durch die gemeinsame Arbeit. Denn der Mensch ist ursprünglich das wirtschaftende Wesen. Die ökonomischen Verhältnisse und insbesondere die ihnen zugrundeliegenden Produktivkräfte sind die Basis seines Daseins. Nur in dem Maße, in dem diese ökonomischen Verhältnisse sich wandeln, entwickeln sich auch die Weisen des Bewußtseins, die den »ideologischen Überbau« darstellen; dahin gehören Staat, Gesetze, Ideen, Moral, Kunst, Religion und dergleichen. In der wirtschaftlichen Basis finden sich auch jene Gesetze der geschichtlichen Entwicklung wieder, wie sie Hegel dem Geiste zugesprochen hat; die ökonomischen Verhältnisse entfalten sich dialektisch, und zwar im Widerstreit der Klassen. Darum ist für Marx die Geschichte vornehmlich die Geschichte von Klassenkämpfen.

Bis hierher könnte alles wie eine der vielen anthropologischen und geschichtsphilosophischen Theorien aussehen, an denen die Geschichte der Philosophie reich ist: zwar interessant, aber doch nur eine einzelne Deutung neben vielen anderen. Was macht es, daß, was Marx sagt, so erregend wirkt? Woher kommt es, daß es so weitgehend die folgende Zeit bestimmt? Das liegt offenbar daran, daß Marx nicht im Bereich des reinen Gedankens bleibt, sondern entschlossen an die Aufgabe einer Umwandlung der Wirklichkeit geht. »Die Philosophen haben die Welt nur verschieden interpretiert; es kömmt darauf an, sie zu verändern.« In dieser Absicht macht sich Marx an eine Kritik seiner Zeit. Ringsum in seiner Gegenwart beobachtet er, daß das wahre Wesen des Menschen, seine Freiheit und Unabhängigkeit, »die freie bewußte Tätigkeit«, nicht zur Geltung kommen können. Überall ist der Mensch von sich selber weggekommen; überall hat er seine echten menschlichen Daseinsmöglichkeiten verloren. Das ist der Sinn dessen, was Marx die »Selbstentfremdung« des Menschen nennt. Sie bedeutet eine durchgängige »Entwertung der Menschenwelt«.

Auch hier greift Marx auf die ökonomischen Verhältnisse zurück. Die Selbstentfremdung des Menschen hat ihre Wurzel in einer Entfremdung des Arbeitenden von dem Produkt seiner Arbeit; dieses gehört nicht ihm selber zum Genuß, sondern dem Arbeitgeber. Das Produkt der Arbeit wird zu einer »Ware«, d. h. zu einer dem

Arbeitenden fremden Sache, die ihn, weil er sie kaufen muß, um existieren zu können, in Abhängigkeit versetzt. »Der Gegenstand, den die Arbeit produziert, ihr Produkt, tritt ihr als ein fremdes Wesen, als eine von dem Produzenten unabhängige Macht gegenüber.« Entsprechend wird auch die Arbeit »entfremdete Arbeit«: nicht eine Äußerung des Tätigkeitsdranges des Arbeiters, sondern das ihm aufgezwungene Mittel seiner Selbsterhaltung; sie wird im eigentlichen Sinne zur »Zwangsarbeit«. Diese Entwicklung kommt zu ihrem Höhepunkt im Kapitalismus, in dem das Kapital die Funktion der vom Menschen losgelösten Macht übernimmt.

Die Entfremdung vom Produkt der Arbeit führt auch zu einer »Entfremdung des Menschen von dem Menschen«. Das gilt nicht nur von dem »feindlichen Kampf zwischen Kapitalist und Arbeiter«. Die zwischenmenschlichen Beziehungen überhaupt verlieren immer mehr ihre Unmittelbarkeit. Sie werden durch die Ware und durch das Geld, »die allgemeine Hure«, vermittelt. Schließlich nehmen die Proletarier selber Warencharakter an; ihre Arbeitskraft wird auf dem Arbeitsmarkt gehandelt, auf dem sie der Willkür der Käufer ausgeliefert sind. Ihre »innere Welt« wird »immer ärmer«; ihre »menschliche Bestimmung und Würde« kommt immer mehr abhanden. Das ist für Marx der Gipfel der Entfremdung. Der Proletarier ist »der sich abhanden gekommene Mensch«; sein Dasein ist »der völlige Verlust des Menschen«; sein Wesen ist ein »entmenschtes Wesen«.

Doch im Höhepunkt dieser Entwicklung – das glaubt Marx nachweisen zu können – muß der Umschlag kommen. Er wird dadurch möglich, daß das Proletariat sich seiner Entfremdung bewußt wird. Es versteht sich nun als »das seines geistigen und physischen Elends bewußte Elend, die ihrer Entmenschung bewußte und darum sich selbst aufhebende Entmenschung«. Konkret kommt es nach der Prognose von Marx zu einer Zusammenballung des Kapitals in den Händen weniger, zu einer wachsenden Verelendung der Massen und zu einer zunehmenden Arbeitslosigkeit. Dadurch aber wird das Kapital zu seinem eigenen Totengräber. Denn nun müssen mit geschichtlicher, wissenschaftlich erkennbarer, dialektischer Notwendigkeit, nach »unfehlbaren Gesetzen«, Umsturz und Revolution folgen. Die Aufgabe dieser Umwälzung ist es, »den Menschen zum Menschen zu machen«, damit »der Mensch das höchste Wesen für den Menschen sei«. Es gilt, »alle Verhältnisse umzuwerfen, in denen der Mensch ein erniedrigtes, ein geknechtetes, ein verlassenes, ein verächtliches Wesen ist«. Es geht darum, »das wahre Reich der Freiheit« heraufzuführen, den Menschen in den »ganzen Reichtum seines Wesens« zu entbinden und damit die Entfremdung endgültig zu überwinden.

Das nun sieht Marx als die Aufgabe der kommunistischen Bewegung an. An der Zeit ist »der Kommunismus als positive Aufhebung des Privateigentums als menschlicher Selbstentfremdung, und darum als wirkliche Aneignung des menschlichen Wesens durch und für den Menschen; darum als vollständige, bewußt und innerhalb des ganzen Reichtums der bisherigen Entwicklung gewordene Rückkehr des Menschen für sich als eines gesellschaftlichen, d. h. menschlichen Menschen. Dieser Kommunismus ist die wahrhafte Auflösung des Widerstreites zwischen dem Menschen mit der Natur und mit dem Menschen, die wahre Auflösung des Streits zwischen Freiheit und Notwendigkeit. Er ist das aufgelöste Rätsel der Geschichte«. Er ist »die wirklich für den Menschen gewordene Verwirklichung seines Wesens«. Mit dem Kommunismus »schließt die Vorgeschichte der menschlichen Gesellschaft ab«; es beginnt die »wirklich menschliche« Gesellschaft. Wie diese freilich aussehen soll, darüber gibt Marx keine weitere Auskunft.

Nietzsche
oder
Macht und Ohnmacht des Nihilismus

Wenn in einer Gesellschaft der Name Nietzsche fällt, ist es fast unvermeidlich, daß jemand zitiert: »Du gehst zu Frauen? Vergiß die Peitsche nicht.« Doch dieses Wort, von Nietzsche im ›Zarathustra‹ einem alten Weiblein in den Mund gelegt, gibt ein gänzlich falsches Bild von seiner Stellung zum weiblichen Geschlecht. Er ist nämlich in dieser Hinsicht von einer exorbitanten Schüchternheit. Und dies, obgleich er in seiner Jugend, nach dem Tode des Vaters, nur von Frauen umgeben ist: von der Großmutter, der Mutter, zwei Tanten, der Schwester. Die Ängstlichkeit vor allem Weiblichen bleibt trotzdem oder wird vielleicht gerade dadurch befördert. Zwar wagt es Nietzsche, als Student den Mädchen, die er hinter den zugezogenen Gardinen vermutet, Ovationen darzubringen, aber nur in der schützenden Gesellschaft der Kommilitonen. Er gerät auch einmal, von einem Dienstmann falsch geführt, in ein Bordell, flüchtet aber rasch, nicht ohne vorher den erstaunten Damen »in Flitter und Gaze« auf dem Piano ein paar Takte vorgespielt zu haben. Ein andermal schwärmt er von fern für eine Schauspielerin und schickt ihr eigens für sie gedichtete und komponierte Lieder ins Haus; einer Antwort freilich wird er, soweit wir wissen, nicht gewürdigt. Ein andermal kommt es zu einer kleinen Reisebekanntschaft mit einer Balletteuse; doch dieses bescheidene Abenteuer endet jäh am Zielbahnhof. Ein andermal macht Nietzsche einer jungen Dame brieflich einen Heiratsantrag, aber erst, als er im Begriff ist, abzureisen; der Brief ist zudem so ungelenk, daß es nicht wunder nimmt, daß er keine weiteren Konsequenzen hat. Ein andermal schwärmt er Cosima, die Frau Richard Wagners, an. Ein andermal lädt er gar eine ganze Reihe von in Betracht kommenden jungen Damen ein, ihn in der Schweiz zu besuchen; aber auch daraus entwickelt sich nichts. Einmal jedoch verliebt sich Nietzsche bis über beide Ohren, und zwar in eine bedeutende Frau, die damals freilich erst 21 Jahre alt ist: Lou Salomé. Schon bei der ersten Begegnung fragt er: »Von welchen Sternen wurden wir einander zugeführt?« Lou vertraut er seine verborgensten Gedanken an und sieht in ihr seine einzige Jüngerin. Aber er wagt nicht, von sich aus um ihre Hand anzuhalten. Er schickt einen Freund vor, ohne zu ahnen, daß dieser in dieselbe Frau verliebt ist, ja ihr sogar selbst einen Heiratsantrag gemacht hat. So kann es nicht ausbleiben, daß der Freund ein negatives Ergebnis meldet. Bald auch geht das Verhältnis zu Lou und zu dem Freunde durch Intrigen, insbesondere von seiten der Schwester, auseinander. Am Ende kann Nietzsche nur noch sagen: »Ein verheirateter Philosoph gehört in die Komödie.« Bleibt noch die Schwester von Nietzsche, »das Lama« genannt, die ihren Bruder zu ihren Lebzeiten wie auch nach seinem Tode für sich reklamiert, die ihn aber auch mit ihren Ränken umspinnt und die in ihren als solche verdienstvollen Bemühungen um den Nachlaß auch vor ostentativen Fälschungen nicht zurückschreckt. Aus all dem sieht man: Die Peitsche in der Hand Nietzsches ist Altweibergewäsch.

Um so größer ist Nietzsches philosophisches Selbstbewußtsein. »Es ist nicht unmöglich, daß ich der erste Philosoph des Zeitalters bin, ja vielleicht noch ein wenig mehr, irgend etwas Entscheidendes und Verhängnisvolles, das zwischen zwei Jahrtausenden steht.« Er weiß sich in einer »entscheidenden Aufgabe, welche die Geschichte der Menschheit in zwei Hälften spaltet«. Er sieht es als seine Berufung an, »die Menschheit zu Entschlüssen zu drängen, die über alle Zukunft entscheiden«.

Friedrich Nietzsche kommt 1844 in einem protestantischen Pfarrhaus zur Welt. Als Kind muß er vom Geiste dieses seines Elternhauses allerlei aufgesogen haben; man berichtet, daß er »Bibelsprüche und geistliche Lieder mit einem solchen Ausdruck hersagen konnte, daß man weinen mußte«; der »kleine Pastor« wird sein Spitzname. Doch der Knabe brilliert auch in anderen Bereichen. Mit zehn Jahren komponiert er eine Motette und verfaßt eine große Zahl von Gedichten; mit vierzehn Jahren macht er sich bereits an eine Selbstbiographie. Als Nietzsche dann an die berühmte Lehranstalt Schulpforta geht, zeigt er sich als glänzenden Schüler, ausgezeichnet vor allem im deutschen Aufsatz und in der Musik. Nur mit der Mathematik und der Rechtschreibung hapert es. Von der Strenge der Erziehung zeugt die kleine Geschichte, daß Nietzsche einmal die Aufsicht führen muß und den Rapport in Scherzen verfaßt, etwa so: »Im Auditorium so und so brennen die Lampen so düster, daß die Schüler versucht sind, ihr eigenes Licht leuchten zu lassen«, oder: »In der Obersekunda sind kürzlich die Bänke gestrichen und zeigen eine unerwünschte Anhänglichkeit an die sie Besitzenden.« Vom Erfolg dieses Versuches, den Rapport aufzulockern, berichtet Nietzsche selbst: »Die gestrengen Herren Lehrer waren darüber sehr erstaunt, wie man in eine so ernsthafte Sache Witze mischen könnte, luden mich Sonnabend vor die Synode und diktierten mir hier als Strafe nicht weniger als drei Stunden Karzer und den Verlust einiger Spaziergänge zu.«

Nach dem Abitur studiert Nietzsche, schon während der Schulzeit dem Glauben seines Elternhauses entfremdet, statt Theologie, wie es der Familientradition entsprochen hätte, klassische Philologie, und zwar in Bonn und Leipzig. Für kurze Zeit wird er Verbindungsstudent, schlägt auch Mensuren und kommt im übrigen mit dem Geld nicht aus. Neben seinen Fachstudien beschäftigt er sich ausgiebig mit Schopenhauer, »jenem energischen, düsteren Genius«, dessen Pessimismus ihn unwiderstehlich anzieht. »Hier sah ich Krankheit und Heilung, Verbannung und Zufluchtsort, Hölle und Himmel. Das Bedürfnis nach Selbsterkenntnis, ja Selbstzernagung packte mich gewaltsam.« Den Freunden rät er, daß sie »den Duft der Schopenhauerschen Küche riechen« sollten. Aber auch in der von ihm gewählten Fachwissenschaft entfalten sich Nietzsches glänzende Gaben. Sein akademischer Lehrer, der bedeutende Altphilologe Ritschl, nennt ihn den »Abgott der ganzen jungen Philologenschaft«. Zwischendurch entfremdet er sich freilich der geistigen Welt; er wird zu der reitenden Feldartillerie eingezogen. Es gibt eine martialische Photographie, auf der Nietzsche mit asketischem Gelehrtenkopf, aber mit einem ungeheuren Säbel das Bild eines philosophischen Kriegers bietet. Seine Aufgabe, so schreibt er jetzt, sei, »die hiesigen Kanonen zu umarmen – mit mehr Ingrimm als Zärtlichkeit«.

Mit fünfundzwanzig Jahren wird Nietzsche, noch ehe er seine Promotion beendet hat, als Professor nach Basel berufen. Dort entfaltet er eine fruchtbare Vorlesungstätigkeit, die auch über die Mauern der Universität hinausreicht. In dieser Zeit erreicht die Freundschaft mit Richard Wagner, mit dem sich Nietzsche später aufs bitterste zerstreiten wird, ihren Höhepunkt. Dennoch befallen Nietzsche Zweifel, ob er je »ein rechter Philologe« werden könne. Hinzu kommt, daß sein erstes größeres Werk, ›Die Geburt der Tragödie aus dem Geiste der Musik‹, bei der Fachwelt entweder auf völlige Nichtbeachtung oder auf leidenschaftlichen Widerspruch stößt. Am Ende legt er, nach zehn Jahren, sein Lehramt nieder, bedrückt von schwer erträglichen Kopf- und Augenschmerzen, aber auch geplagt von schwermütigen Anwandlungen, von Schwierigkeiten im Umgang mit Menschen und von Zweifeln über den Sinn der Universitätslehre.

Von da an lebt Nietzsche als »herumirrender Flüchtling« zwischen Basel und zahlreichen Orten in Deutschland, Italien und der Schweiz, überall in bescheidenen Hotelzimmern hausend. In atemberaubendem Tempo schleudert er seine Werke aus sich heraus. Doch sie bleiben fast ohne Resonanz. Nietzsche ist darüber tief enttäuscht. Immer bedrückender empfindet er seine Einsamkeit. »In meinem unerbittlichen und unterirdischen Kampfe gegen alles, was bisher von den Menschen verehrt und geliebt worden ist, ist unvermerkt aus mir selber etwas wie eine Höhle geworden – etwas Verborgenes, das man nicht mehr findet, selbst wenn man ausginge, es zu suchen.« »Den letzten Philosophen nenne ich mich, denn ich bin der letzte Mensch. Niemand redet mit mir als ich selbst, und meine Stimme kommt wie die eines Sterbenden zu mir.« Als auch der ›Zarathustra‹ ohne Echo bleibt, schreibt Nietzsche: »Nach einem solchen Anrufe aus der innersten Seele keinen Laut von Antwort zu hören, das ist ein furchtbares Erlebnis; es hat mich aus allen Banden mit lebendigen Menschen herausgehoben.« Trotzdem weiß er: Er muß seinen Weg gehen. Aber er bleibt sich auch bewußt: »Ich bin immer am Abgrund.«

Der Abgrund tut sich endgültig auf, als Nietzsche 1889, mit 45 Jahren, zusammenbricht. Es geschieht in Turin: Schluchzend umarmt er ein vom Kutscher mißhandeltes Pferd und wird unter wirren Reden in sein Hotel zurückgebracht. Die Ärzte diagnostizieren eine Paralyse, die sich Nietzsche durch eine in früheren Jahren erworbene Syphilis zugezogen hat. Elf Jahre lang lebt er dann noch im Hause der Mutter, betreut von dieser und von der Schwester. Der Theologe Overbeck, einer der getreuesten Freunde, berichtet von dieser Zeit: »Es kam vor, daß er, in lauten Gesängen und Rasereien am Klavier sich maßlos steigernd, Fetzen aus der Gedankenwelt, in der er zuletzt gelebt hat, hervorstieß und dabei auch in kurzen, mit einem unbeschreiblich gedämpften Tone hervorgebrachten Sätzen sublime, sonderbar hellsichtige und unsäglich schauerliche Dinge über sich als den Nachfolger des toten Gottes vernehmen ließ, das Ganze auf dem Klavier gleichsam interpunktierend, worauf wieder Konvulsionen und Ausbrüche eines unsäglichen Leidens erfolgten; doch wie gesagt, das kam nur vor in wenigen flüchtigen Momenten, soweit ich dabei gewesen; im ganzen überwogen die Äußerungen des Berufs, den er sich selbst zuschrieb, der Possenreißer der neuen Ewigkeiten zu sein, und er, der unvergleichliche Meister des Ausdrucks, war außerstande, selbst die Entzückungen seiner Fröhlichkeit anders als in den trivialsten Ausdrücken oder durch skurriles Tanzen und Springen wiederzugeben.« Im Jahre 1900 stirbt Nietzsche.

Nietzsches Denken ist aufs innigste mit seinem Leben verbunden. »Ich habe meine Schriften jederzeit mit meinem ganzen Leib und Leben geschrieben.« Darum sind die Wandlungen, die bei Nietzsche der Gedanke durchmacht, immer auch Stadien seines Existierens.

Von ihm selber gilt, was er Zarathustra sagen läßt: »Drei Verwandlungen nenne ich euch des Geistes: wie der Geist zum Kamele wird, und zum Löwen das Kamel, und zum Kinde zuletzt der Löwe.« Das Kamel meint das Stadium der Ehrfurcht, des Glaubens an Ideale, des geduldigen Tragens des Überlieferten. Der Löwe symbolisiert das Zerbrechen dieses Glaubens, die Zeit des freien Geistes, des Durchlebens des Nihilismus. Das Kind schließlich weist auf das Suchen nach einer Überwindung des Nihilismus hin; es ist das Stadium des unschuldigen Jasagens zum Leben, die Zeit einer neuen Gläubigkeit.

Demgemäß beginnt Nietzsches geistiger Weg mit einer Verehrung all dessen, was als kulturelle Schöpfung aus der Vergangenheit an die Gegenwart überliefert ist. »Der erste Gang: Besser verehren (und gehorchen und lernen) als irgendeiner. Alles Verehrenswerte in sich sammeln und miteinander kämpfen lassen. Alles Schwere tragen.« In dieser Intention werden die kulturellen Werte, insbesondere in der bildenden Kunst und in der Musik, im Schopenhauerschen Sinne als eine wohltätige Illusion, als ein Spiel über dem Abgrund der Welt gerechtfertigt. Denn daß die Wirklichkeit zutiefst zerrissen ist, das weiß Nietzsche auch schon in seinem ersten Stadium. Das Griechentum etwa ist nicht dadurch begriffen, daß man es, wie Winckelmann wollte, als »edle Einfalt und stille Größe« versteht. Es erwächst vielmehr aus erschüttertem Boden. Das Moment des Apollinischen, Maß und Ordnung, steht in ständigem Ringen mit dem Dionysischen, dem Prinzip der Zerstörung, aber auch zugleich der schöpferischen Mächtigkeit. Aus beidem entspringt erst die höchste Leistung des Griechentums: die Tragödie.

Das erste Stadium endet damit, daß der Glaube an die Kultur zerbricht. Charakteristisch dafür ist das Verhältnis Nietzsches zur Musik Richard Wagners. Erst begrüßt er sie emphatisch als den Ausdruck eines allgemeinen kulturellen Neubeginns. Dann aber erblickt er in ihr ein Symptom des Verfalls. Nun auch erscheint ihm seine Gegenwart überhaupt als eine Zeit der Décadence. »Die Zeit, in die wir geworfen sind«, ist »die Zeit eines großen inneren Verfalles und Auseinanderfalles. Die Ungewißheit ist dieser Zeit eigen; nichts steht auf festen Füßen und hartem Glauben an sich«.

Der charakteristische Ausdruck, den Nietzsche für die Verfallenheit der Zeit wählt, ist das Wort »Nihilismus«. An die Stelle des anscheinend so sicher Bestehenden ist das »Nihil«, das Nichts getreten. »Was ich erzähle, ist die Geschichte der nächsten zwei Jahrhunderte. Ich beschreibe, was kommt, was nicht mehr anders kommen kann: die Heraufkunft des Nihilismus. Diese Geschichte kann jetzt schon erzählt werden, denn die Notwendigkeit selbst ist hier am

Werke. Diese Zukunft redet schon in hundert Zeichen, dieses Schicksal kündigt überall sich an; für diese Musik der Zukunft sind alle Ohren bereits gespitzt. Unsre ganze europäische Kultur bewegt sich seit langem schon mit einer Tortur der Spannung, die von Jahrzehnt zu Jahrzehnt wächst, wie auf eine Katastrophe los: unruhig, gewaltsam, überstürzt: einem Strome ähnlich, der ans Ende will, der sich nicht mehr besinnt, der Furcht davor hat, sich zu besinnen.« Nietzsche selber weiß sich in dieses Schicksal verflochten. Er begreift als seine Aufgabe, den Nihilismus in sich selbst auszutragen. So, wie er sich sieht, ist er »der erste vollkommene Nihilist Europas, der aber den Nihilismus selbst schon in sich zu Ende gelebt hat«.

Nietzsche macht sich demgemäß daran, die innere Brüchigkeit seiner Zeit schonungslos zu enthüllen und zu zeigen, daß und wie die Gegenwart nihilistisch ist. Er bezeichnet es als seine »Aufgabe, einen Augenblick höchster Selbstbesinnung der Menschheit vorzubereiten«. Das ist für Nietzsche die Sache der »freien Geister«. »Der zweite Gang. Das verehrende Herz zerbrechen, als man am festesten gebunden ist. Der freie Geist. Unabhängigkeit, Zeit der Wüste. Kritik alles Verehrten.«

Der freie Geist hat vor allem die Aufgabe, überkommene und fest gewordene Vorurteile umzustürzen. Das geschieht in dreifacher Hinsicht. Zunächst geht es um das Zerbrechen des Glaubens an die Wahrheit. Das Zeitalter meint, die Wahrheit zu besitzen; es ist auf den Fortschritt seiner wissenschaftlichen Erkenntnis stolz. Aber Nietzsche entdeckt: Das Zeitbewußtsein ist unterhöhlt. Der Mensch, so wie er nun einmal ist, hat keine Möglichkeit, eine absolute Wahrheit zu erfassen. Es bleibt nur »die Einsicht, daß jeder Glaube, jedes Fürwahrhalten notwendig falsch ist«. Nihilismus bedeutet also zum ersten: Es ist nichts mit der Wahrheit.

Nihilismus bedeutet zum zweiten: Es ist nichts mit der Moral. Nietzsche sieht mit voller Klarheit die Fragwürdigkeit der landläufigen Moral: daß sie sittliche Grundsätze verkündet, daß aber das Handeln sich nicht danach richtet. Eben das wird im Nihilismus offenbar. Dieser ist »Glaube an die absolute Wertlosigkeit«, »Glaube an die absolute Sinnlosigkeit«. Der Grund der Notwendigkeit einer solchen nihilistischen Umstürzung der Moral liegt in dieser selbst beschlossen. Sie hat sich gegen das Leben gewendet; sie ist zur »Widernatur« geworden. Leben und Natur rebellieren nun um der Wahrhaftigkeit willen gegen die Moral. »Der Selbstmord der Moral ist ihre letzte moralische Forderung.«

Nihilismus heißt zum dritten: Es ist nichts mit der Religion.

Nietzsche gelangt in der Konsequenz seiner nihilistischen Haltung zu einer unbedingten Verwerfung vor allem des Christentums. »Wer mir in seinem Verhältnis zum Christentum heute zweideutig wird, dem gebe ich nicht den letzten Finger meiner zwei Hände. Hier gibt es nur eine Rechtschaffenheit: ein unbedingtes Nein.« Aber Nietzsche sieht tiefer. Das Christentum zerbricht an sich selber, weil es nämlich von seinem Beginn an sich vom unmittelbaren Leben abgekehrt hat und eben darin vom Grunde her nihilistisch geworden ist. Doch wiederum: Der Zusammenbruch des Christentums kommt aus ihm selber, aus dem in ihm gezüchteten Instinkt der Wahrhaftigkeit heraus. Daher ist jetzt der Zeitpunkt gekommen, wo »die Ehrfurcht gebietende Katastrophe einer zweitausendjährigen Zucht zur Wahrheit sich die Lüge im Glauben an Gott verbietet«.

Im Zusammenbruch der Religion enthüllt sich, was diese schon immer war: ein Gemächte des Menschen, »Menschen-Werk und -Wahnsinn«. Daher drückt sich die tiefste Tiefe des Nihilismus in dem Satz aus: »Gott ist tot.« »Wohin ist Gott? Ich will es euch sagen. Wir haben ihn getötet, – ihr und ich! Wir alle sind seine Mörder! Aber wie haben wir dies gemacht? Wie vermochten wir das Meer auszutrinken? Wohin bewegen wir uns? Irren wir nicht wie durch ein unendliches Nichts? Gott ist tot! Gott bleibt tot! Wie trösten wir uns, die Mörder aller Mörder? Ist nicht die Größe dieser Tat zu groß für uns? Müssen wir nicht selber zu Göttern werden, um nur ihrer würdig zu erscheinen? Es gab nie eine größere Tat – und wer nur immer nach uns geboren wird, gehört um dieser Tat willen in eine höhere Geschichte, als alle Geschichte bisher war.« Aber Nietzsche weiß freilich: Das Ergebnis des Todes Gottes ist eine »lange Fülle und Folge von Abbruch, Zerstörung, Untergang, Umsturz«; es kommt zu einer »ungeheuren Logik von Schrecken, einer Verdüsterung und Sonnenfinsternis, derengleichen es wahrscheinlich noch nicht auf Erden gegeben hat«.

Für Nietzsche stellt sich am Ende die Frage, ob man beim Nihilismus stehen bleiben kann. Er stellt fest: Der Nihilismus ist nichts Endgültiges. Das Positive an ihm ist, daß er ein Übergang ist. Durch ihn ist »in Europa eine so prachtvolle Spannung des Geistes geschaffen. Mit einem so gespannten Bogen kann man nach den fernsten Zielen schießen«. Das ist die Wende zum dritten Stadium. In diesem kommt es Nietzsche darauf an, allem weiter wirkenden Nihilismus zum Trotz das Leben zu bejahen. Darum erblickt er jetzt im Nihilismus »das hoffnungsvollste aller Schauspiele«. »Der dritte Gang. Große Entscheidung, ob tauglich zur positiven Stellung, zum Bejahen. Kein Gott, kein Mensch mehr über mir! Der große Instinkt des

Schaffenden, der weiß, wo er die Hand anlegt. Die große Verantwortung und die Unschuld.« »Wir wagen uns in die Weite, wir wagen *uns* daran. Unsre Stärke selbst zwingt uns aufs Meer, dorthin, wo alle Sonnen bisher untergegangen sind: wir wissen um eine neue Welt.«

Neu zu schaffen ist vor allem die zerbrochene und entlarvte Moral. Der Philosoph muß »neue Werte auf neue Tafeln schreiben«. Das führt zu einer »Umwertung aller Werte«. Diese aber geschieht nicht aus einem Glauben an eine Transzendenz heraus, sondern ausschließlich vom Menschen her. Das »schaffende, wollende, wertende Ich« wird nun »das Maß und der Wert der Dinge«. Der Grundwert der neuen Wertordnung wird das Leben. Es geht um ein »Jasagen zum Leben noch in seinen fremdesten und härtesten Problemen, der Wille zum Leben im Opfer seiner höchsten Typen, der eigenen Unerschöpflichkeit frohwerdend, um die ewige Lust des Werdens selbst zu sein, – jene Lust, die auch noch die Lust am Vernichten in sich schließt«.

Auch der Mensch steht im großen Schaffensprozeß des Lebens darin, das ständig über sich hinausdrängt. Er ist »ein Übergang und ein Untergang«. Wohin aber führt der Weg des Menschen? Nietzsche antwortet: auf etwas zu, das mehr ist als der Mensch, aber nicht zu einem Gott, sondern zum »Übermenschen«, dem »Blitz aus der dunklen Wolke Mensch«. Der Übermensch wird eine neue und höhere Art des Menschen sein. Der Mensch der Gegenwart aber ist »ein Seil, geknüpft zwischen Tier und Übermensch, – ein Seil über einem Abgrunde«.

Die Bestimmung, über sich hinaus zu drängen, kommt nicht nur dem menschlichen Dasein zu. Nietzsche versteht sie als den Grundzug alles Lebens, ja des Seins überhaupt. Daher spricht er allem, was ist, den Charakter des »Willens zur Macht« zu. »Was mir die Welt ist? Ein Ungeheuer von Kraft, ohne Anfang, ohne Ende, die sich nicht verbraucht, sondern nur verwandelt – vom ›Nichts‹ umschlossen als von seiner Grenze, ein Meer in sich selber stürmender und flutender Kräfte, ewig zurücklaufend mit einer Ebbe und Flut seiner Gestaltungen, aus den einfachsten in die vielfältigsten hinaustreibend, aus dem Starrsten, Kältesten hinaus in das Wildeste, Sich-selber-Widersprechendste, und dann wieder aus der Fülle heimkehrend zum Einfachen, aus dem Spiel der Widersprüche zurück bis zur Lust des Einklangs, als ein Werden, das kein Sattwerden, keine Müdigkeit kennt –: diese meine dionysische Welt des Ewig-sich-selber-Schaffens, des Ewig-sich-selber-Zerstörens, – wollt ihr einen Namen für diese Welt? Diese Welt ist der Wille zur Macht – und nichts außerdem. Und auch ihr selber seid dieser Wille zur Macht – und nichts außerdem.«

Dieses Leben in Schaffen und Zerstörung hat nichts, worauf es zugeht, keinen Zweck und kein Ziel. Darum ist es im tiefsten Wesen nihilistisch. Bejahung des Lebens heißt also zuletzt Bejahung des nihilistischen Charakters des Lebens. Das höchste Symbol dafür ist für Nietzsche der Gedanke der »ewigen Wiederkehr«. Alles, was je gewesen ist, kommt wieder. »Diese langsame Spinne, die im Mondscheine kriecht, und dieser Mondschein selber, und ich und du im Torwege, zusammen flüsternd, von ewigen Dingen flüsternd – müssen wir nicht alle schon dagewesen sein?« Damit ist das Äußerste an Nihilismus erreicht. »Das Dasein, so wie es ist, ohne Sinn und Ziel, aber unvermeidlich wiederkehrend, ohne ein Finale ins Nichts: ›die ewige Wiederkehr‹. Das ist die extremste Form des Nihilismus: das Nichts (das ›Sinnlose‹) ewig.«

Doch für Nietzsche liegt in alledem auch die Rettung aus dem Nihilismus. Denn eben dieses sinnlose Dasein gilt es zu bejahen und so inmitten der Sinnlosigkeit Sinn zu schaffen. »Ein frei gewordner Geist steht mit einem freudigen und vertrauenden Fatalismus mitten im All, im Glauben, daß nur das einzelne verwerflich ist, daß im Ganzen sich alles erlöst und bejaht – er verneint nicht mehr.« Darum ist der tiefste Ausdruck der Haltung Nietzsches die Liebe zum Schicksal, der »amor fati«.

Jaspers oder Das fruchtbare Scheitern

Wenn jemand, der nicht zu den engsten Vertrauten gehörte, bei Karl Jaspers zum Besuch zugelasssen wurde, dann empfing ihn dieser hoch aufgerichtet in einem Sessel sitzend, vergleichbar einem Fürsten, der sich von seinem Thron herab huldvoll dem Untertan zuneigt. In dieser Haltung belehrte er sein Gegenüber über Gott, den Menschen und die Welt. Das geschah ein wenig herablassend, nicht ohne Güte, aber doch in einer merklichen Distanz. Die Gegenäußerungen des Besuchers hörte sich Jaspers höflich an, um dann nach einem verbindlich zustimmenden oder schroff abwehrenden Zwischensatz in seinen eigenen Darlegungen fortzufahren. Dieses leicht zeremonielle Spiel hatte etwas von hoher Würde, aber auch von erkältender Fremdheit an sich.

Die geschilderte Szene entspricht einer Grundstimmung, die Jaspers zeit seines Lebens beherrscht hat: dem Gefühl der Einsamkeit und der nur schwer zu durchbrechenden Distanz zu Menschen, ja einer Ängstlichkeit vor aller Berührung mit der Welt. Er hat es selber oft ausgesprochen, wie er, in seiner Schulzeit, aber auch noch in den Studienjahren, die Empfindung hatte, allein zu sein, und wie es ihm nur bei wenigen Menschen gelang, die ersehnte Kommunikation herzustellen. Auch später hatte er seine Schwierigkeiten mit den Menschen; allzu oft kam es zum Bruch gerade mit den nächsten Freunden. An dieser Einsamkeit trug wesentlich eine Krankheit schuld, die ihn von früh an begleitete und ihn weitgehend auf sich selber verwies. Sie verbot ihm Wandern, Reiten, Tanzen und Schwimmen; nur das Billard war ihm erlaubt. Diese Krankheit auch schrieb ihm eine pedantische Tageseinteilung vor. Doch war es nicht sie allein, die ihn in die Einsamkeit trieb. Er selber deutet es so, daß er in die Distanz zu den Mitmenschen geriet, weil er nicht willens und nicht fähig war, das übliche gesellschaftliche Leben mitzumachen. Nie hat er eine Gesellschaft besucht, es sei denn aus dienstlichen Gründen. Von seiner Basler Zeit nach dem Zweiten Weltkrieg weiß man, daß er in zwanzig Jahren nur einmal ein Kino und einmal ein Theater besuchte, beide Male lediglich aus dem Grunde, weil Schüler von ihm in den dargebotenen Stücken mitwirkten, denen er seine Treue und seinen Respekt bekunden wollte. Nie hat er, außer der

Professur, ein öffentliches oder akademisches Amt bekleidet. Nie hat er zu seinen Kollegen ein engeres Verhältnis gewonnen, ganz zu schweigen von seinem begreiflichen Abscheu vor Philosophenkongressen. In seinen letzten Jahren, als er in erregenden Schriften, oft in der Attitüde des Moralpredigers, in die politische Diskussion eingriff, wurde es noch einsamer um ihn; von links bis rechts erntete er fast nur Ablehnung.

So könnte man die Haltung von Jaspers zu seiner Mitwelt als eine Mischung aus Erzieherattitüde und Prophetentum bezeichnen. Wo er ging und stand, lehrte er. Und das nicht nur im unmittelbaren Umgang mit Menschen oder im Verhältnis zu seinen Studenten, sondern weit darüber hinaus; den »Praeceptor Germaniae« hat man ihn darum in späteren Jahren genannt. Aber seine Lehre war nur zum unwesentlichen Teile Vermittlung von Kenntnissen; viel eher war sie Verkündigung von Einsichten, die ihm in der einsamen Reflexion aufgegangen waren und die er dann nicht ohne einen Hang zu apodiktischem Reden vortrug. So war denn auch die Aufnahme seiner Äußerungen in der Öffentlichkeit zwiespältig. Teils war man von seinen Offenbarungen ergriffen, teils sprach man, wie etwa Karl Barth, vom »Jasperletheater« oder vom »Verführer der Jugend«; Einstein gar nannte seine Philosophie »das Gefasel eines Trunkenen«. Doch damit hat man Jaspers Unrecht getan. Denn eines bleibt bestehen: Alles, was er sagte, war von einem letzten Ernst getragen. Nur eben daß er gerade darin ein Einsamer blieb. »Ist nicht mein Philosophieren der Kommunikation von allen modernen Bemühungen das einsamste?«

Aus seinen persönlichen Problemen erwächst auch, was Jaspers philosophisch zu sagen hat. Denn bei ihm entspringt, wie bei wenigen Philosophen, das Denken unmittelbar aus dem Existieren; er macht sein ganzes Leben zum Dienst am Gedanken. Darum auch hat er es durchgängig mit dem Problem des Menschen zu tun. Schon früh schreibt er: »Mein Gebiet ist der Mensch, zu nichts anderem hätte ich dauernd Fähigkeit und Lust.« Später heißt es dann: »Es gibt keine Sache der Philosophie, die vom Menschen loslösbar ist. Der philosophierende Mensch, seine Grunderfahrungen, seine Handlungen, seine Welt, sein alltägliches Verhalten, die aus ihm sprechenden Mächte sind nicht beiseite zu lassen.«

Diese philosophische Haltung bestimmt auch den Gehalt des Philosophierens von Jaspers. Unablässig kreist sein Denken um den Menschen; auf dessen Ergründung ist seine geistige Leidenschaft gerichtet. Schon daß er Medizin und Psychiatrie studiert, geschieht, um »den Menschen als ein Ganzes zu erfassen« und um »die Grenze der menschlichen Möglichkeiten zu kennen«. Ein auch heute noch maßgebliches Buch über ›Psychopathologie‹ gibt davon Zeugnis. Auf dem Wege über die Psychologie tastet sich Jaspers sodann näher an die philosophischen Probleme heran. Seine ›Psychologie der Weltanschauungen‹, vor mehr als fünfzig Jahren erschienen, läßt die gelehrte Welt aufhorchen. Schon hier aber geschieht, was ihm von da an immer wieder begegnet: begeisterte Zustimmung bei den einen, schroffe Ablehnung bei den anderen.

Seit der ›Psychologie der Weltanschauungen‹ gerät Jaspers immer tiefer in das eigentliche Philosophieren hinein. Auch dieses bleibt vom Interesse am Menschen geleitet. Die grundlegenden Gedanken zu diesem Thema haben sich in zwei umfangreichen Werken niedergeschlagen, deren eines ›Philosophie‹, das andere ›Philosophische Logik‹ betitelt ist. Aber auch die mannigfachen Studien zur Geschichte der Philosophie orientieren sich am Problem des Menschen; sie dienen der »Selbstauslegung des Menschen in den Werken der großen Denker«.

Vom Menschen her und auf den Menschen zu kann nur philosophieren, wer selber von der Sorge um den Menschen bewegt ist. Daher ist Philosophie für Jaspers »Kümmern um uns selbst«. Das ist die Grundstimmung, die sein gesamtes Werk durchzieht. Von ihr aus wendet er sich gegen das, was er die »Professorenphilosophie« nennt; sie ist für ihn keine »eigentliche Philosophie«, sondern nur die »Erörterung von Dingen, die für die Grundfragen unseres Daseins unwesentlich sind«. Im Gegensatz dazu erwächst das Interesse von Jaspers am Menschen aus der lebendigen Beobachtung dessen, was mit diesem in der Gegenwart geschieht. Jaspers sieht den Menschen aufs äußerste gefährdet. Er bekommt das selbst zu spüren, als ihn die Mächte des Ungeistes zwingen, sein Lehramt aufzugeben, und als seiner Frau die Deportation droht. Aber nicht nur die politischen Mächte gefährden den Menschen. Unsichtbarer und doch einschneidender geschieht das gleiche durch das, was überhaupt den Grundzug unseres Zeitalters ausmacht: durch Technik und Massendasein, durch die Zerstreuung im lauten Betrieb und durch die Inhumanität der Lebensverhältnisse. Daß Jaspers so die Sorge um den Menschen zur Grundlage seiner Deutung der Gegenwart macht, gibt seiner zwei Jahre vor dem Beginn der Herrschaft des Nationalsozialismus erscheinenden Schrift ›Die geistige Situation der Zeit‹ einen weiten Widerhall, ohne daß der Philosoph freilich das heraufziehende Unheil abwenden könnte. Die gleiche Bekümmerung spricht sich in den politischen Schriften aus, die Jaspers in den sechziger Jahren erscheinen läßt und in denen er seiner Besorgnis um die Gefährdung der Demokratie in Deutschland beredten Ausdruck verleiht.

Je länger Jaspers das Wesen des Menschen denkend umkreist, um so rätselhafter wird es ihm. »Der Mensch ist sich ungewisser als je.« Er ist »die größte Möglichkeit und größte Gefahr in der Welt«. Eben darum ist es auch so schwierig, ihn zu erfassen. Er kann ja nicht wie die Dinge der Welt in neutraler Anschauung begriffen werden. »Der Mensch als Ganzes liegt hinaus über jede faßliche Objektivierbarkeit. Er bleibt gleichsam offen.«

Offen ist der Mensch, weil er mit dem seltsamen Vermögen der Freiheit ausgestattet ist. »Der Mensch findet in sich, was er nirgends in der Welt findet, etwas Unerkennbares, Unbeweisbares, niemals Gegenständliches, etwas, das sich aller forschenden Wissenschaft entzieht: die Freiheit.« Das gilt für den Einzelnen ebenso wie für die Menschheit in ihrer Geschichte. »Es gibt kein Geschichtsgesetz, das den Gang der Dinge im ganzen bestimmt. Es ist die Verantwortung der Entschlüsse und Taten von Menschen, woran die Zukunft hängt.« Diese Idee der Freiheit ist der Grundgedanke von Jaspers; mit ihm steht und fällt alles, was er sagt. Freiheit kann allerdings nicht allgemeingültig festgestellt werden. Man kann die Wirklichkeit auch so betrachten, als ob in ihr alles mit Notwendigkeit geschähe. »Freiheit ist weder beweisbar noch widerlegbar.« Und doch hat der Mensch das Empfinden, daß er nicht ausschließlich durch die Umstände bestimmt wird, sondern daß es immer auch an ihm selber liegt, wie er sich entscheidet. Das ist freilich keine Sache des theoretischen Wissens. Die Freiheit wird allein in der Praxis offenbar: darin, daß man im konkreten Tun Entschlüsse faßt, daß man Möglichkeiten ergreift. »Freiheit erweist sich nicht durch meine Einsicht, sondern durch meine Tat.« In diesem Felde aber hat das Bewußtsein der Freiheit den Charakter der Gewißheit. Ich »habe handelnd Augenblicke, in denen ich mir gewiß werde: was ich jetzt will und tue, das will ich eigentlich selbst. So will ich sein, daß dieses Wissenwollen und Handeln zu mir gehört«. »Ich weiß, daß ich nicht nur da bin und so bin und infolgedessen so handle, sondern daß ich im Handeln und Entscheiden Ursprung bin meiner Handlungen und meines Wesens zugleich.«

Doch was heißt Freiheit? Sie bedeutet für Jaspers zunächst, daß sich der Mensch in den Situationen, in denen er sich befindet, jeweils für dieses oder jenes entscheiden kann. Aber die Freiheit hat noch eine tiefere Dimension. In ihr kann sich der Mensch entweder selber ergreifen oder sich selbst verfehlen; er kann sich gewinnen oder sich verlieren. Hier kommt die ethische Wurzel des Philosophierens von

Jaspers zum Vorschein. Hier geht es um die »tiefste, existentielle Freiheit«, um die »existentielle Wahl«, um »die Wahl meines Selbst«, um den »Entschluß, im Dasein selbst zu sein«. Denn worauf es entscheidend ankommt, das ist, daß der Mensch sich selber wahrhaft ergreife, daß er sich selber wähle, daß er sich auf sich selber stelle und so er selbst werde. Daran liegt alles, auch und gerade im Philosophieren. »Wer philosophiert, redet vom Selbstsein; wer das nicht tut, philosophiert auch nicht.« Darum nennt Jaspers sein Denken »Existenzphilosophie«. Denn diese ist »das Denken, durch das der Mensch er selbst werden möchte«. Existenz meint dabei nicht einfach soviel wie Dasein, also das, was wir alltäglich sind; Existenz bedeutet vielmehr das Selbstsein als äußerste Möglichkeit des Menschen.

Es wäre jedoch ein Mißverständnis, wollte man annehmen, Jaspers rede mit seinem Gedanken vom Selbstsein und von der Freiheit einer stolzen Isolierung des Menschen das Wort, so als sei das Philosophieren lediglich eine Sache des Einzelnen in seiner Einsamkeit. Bei all der Distanz, die Jaspers persönlich den Mitmenschen gegenüber einnimmt, ja vielleicht gerade um dieser Ferne willen, ist es für ihn von entscheidender Bedeutung, daß man begreife: Selbstsein ist nur in Kommunikation mit andern Menschen, ja im Grunde nur mit dem *einen* Menschen möglich. So ist er auch der einzige Philosoph, der in der Ehe die absolute und lebenslängliche Zuwendung zu einem Menschen erblickt und diese Erfahrung, wie er in seinen autobiographischen Schriften immer wieder versichert, in die Grundlagen seines Denkens aufnimmt. Kommunikation nun erscheint ihm als das wesentliche Kriterium für Selbstsein und Freiheit. »Wir werden wir selbst nur in dem Maße, als der andere er selbst wird, werden frei nur, soweit der andere frei wird.« Aus diesem Ansatz erwachsen auch die politischen Postulate von Jaspers. Immer geht es um die Freiheit der anderen und ineins damit um die rechte Gestaltung des Miteinander. Dieses soll sich zur universalen Gemeinschaft der Vernünftigen erweitern, in der allein Jaspers die Möglichkeiten echter Demokratie sieht. Von da aus gelangt er schließlich zur Forderung einer umgreifenden Weltordnung, wie sie vor allem angesichts der Bedrohung durch die Atombombe notwendig wird, soll der Mensch nicht sich selbst vernichten.

Der Weg, auf dem der Mensch zu sich selber kommen kann, führt beständig an Klippen und Abgründen vorbei. Daher kann Jaspers im Blick darauf sagen: »Das Scheitern ist das Letzte.« Schon allein der Versuch, sich denkend und erkennend in der Welt zu orientieren, also der Gang der Wissenschaften, führt mit innerer Notwendigkeit an Grenzen. Es gibt Fragen über Fragen, es gibt auch Teilantworten, aber wo die Probleme umfassend werden, bleiben sie ohne Lösung. Etwa die Fragen nach Anfang und Ende, nach Endlichkeit oder Unendlichkeit der Welt oder gar nach dem Grunde der Dinge sind unbeantwortbar; ja, sie geraten in Antinomien und Paradoxien. Stellt man diese Fragen, so gelangt man zu den »Fragwürdigkeiten der faktischen wissenschaftlichen Weltorientierung« und schließlich an den »Abgrund des schlechthin Unbegreiflichen«. Es ist also abwegig, wenn die Wissenschaft, wie dies häufig der Fall ist, so tut, als gebe es diese Grenzen nicht. Sie und gerade sie muß so weit dringen, daß sie schließlich der »Zerrissenheit des Daseins« ansichtig wird. Das Philosophieren aber, wie Jaspers es versteht, hat die Aufgabe, die Wissenschaft an ihre Verpflichtung zu erinnern, bis zu den Grenzen vorzustoßen.

Noch bedrängender erfährt der Mensch die Grenzen, wenn er sich zu sich selber wendet und versucht, sich selbst zu verstehen und sein Leben von sich selbst her zu gestalten. Er entdeckt, daß sein Dasein anders ist als das der Dinge. Unversehens gelangt er dabei in die Krisis, in das, was Jaspers die »Grenzsituationen« nennt. In ihnen kommt es zu einem Scheitern, das den Menschen unendlich viel tiefer trifft als jenes Versagen an den Grenzen der Wissenschaften. In den Grenzsituationen wird er erschüttert dessen inne, daß er aus sich selber heraus nichtig ist und aus eigener Kraft nicht weiterkann; er stößt an die absolute Grenze. Das geschieht etwa im Anblick des Sterbens eines Mitmenschen und im Gedanken an den eigenen Tod, oder in der Erfahrung der Unausweichlichkeit von Kampf, Leiden und Schuld, oder im Erlebnis des unabänderlichen Schicksals, in das jeder eingespannt ist. Diese Grenzsituationen sind »letzte Situationen, die mit dem Menschsein als solchem verknüpft, mit dem endlichen Dasein unvermeidlich gegeben sind«. Die Suche nach sich selbst führt so zuletzt in die Ausweglosigkeit; jeder Halt wird fraglich; es ist dem Menschen, als werde ihm »der Boden unter den Füßen weggezogen«. Die Grenzsituationen sind »wie eine Wand, an die wir stoßen«. Sie zeigen das Dasein in einer »schwebenden Fraglichkeit«, in der Wirklichkeit des restlosen Scheiterns«. Das ist es, was das Bild des Menschen so verwirrend macht, und dies nicht nur in der Gegenwart, in der es mit besonderer Deutlichkeit hervortritt, sondern im Grunde zu allen Zeiten. Und doch ist diese Erfahrung notwendig; denn »das Wesen des Menschen wird sich erst bewußt in den Grenzsituationen«.

Muß es aber, so fragt Jaspers weiter, bei diesem trostlosen Aspekt auf das menschliche Dasein sein Bewenden haben? Er antwortet:

Zunächst sieht man nicht, wie der Mensch sich daraus befreien könnte. Im Gegenteil: Es scheint, als ob er sich durch all sein Bemühen nur noch tiefer darin verstrickte. »Im Blick auf das Scheitern scheint es unmöglich zu leben. Wenn das Wissen um das Wirkliche die Angst steigert, Hoffnungslosigkeit mich in der Angst vergehen läßt, so scheint vor der unausweichlichen Tatsächlichkeit die Angst das Letzte zu werden; die eigentliche Angst ist die, die sich für das Letzte hält, aus der kein Weg mehr ist«, in der ich »in den bodenlosen Abgrund der endgültig letzten Angst versinke«. Das ist die Situation der nihilistischen Verzweiflung, der Blick in »das starre Dunkel des Nichts«.

Demgegenüber hilft nur, daß man diese Situation auf sich nimmt und aushält. »Im Nihilismus wird ausgesprochen, was dem redlichen Menschen unumgänglich ist.« Der Mensch muß also die Unbegreiflichkeit seines Daseins bejahen. Er muß ja sagen zum Tod und zum Leiden, zum Kampf, zur Schuld und zum Schicksal. Tut er dies in allem Ernste, dann kann es geschehen, daß er eben im Aushalten der Grenzsituationen zu seiner eigentlichen Existenz gelangt. »Wir werden wir selbst, indem wir in die Grenzsituation offenen Auges eintreten.« Diese wird dann auch »der tiefere Ursprung der Philosophie«.

Die Übernahme der Existenz, wie sie Jaspers postuliert, vollzieht sich freilich nicht in einem kontinuierlichen und nicht in einem notwendigen Prozeß. Sie wird vielmehr nur durch einen Sprung möglich: den Sprung aus der Verzweiflung zum ergriffenen Selbstsein, den »Sprung zu mir als Freiheit«. »Der Sprung aus der Angst zur Ruhe ist der ungeheuerste, den der Mensch tun kann.« Doch dieser Sprung kann nicht aus eigener Vollmacht des Menschen vollzogen werden. Wie aber ist er dann möglich?

Hier wird eine neue und tiefere Dimension des Philosophierens von Jaspers sichtbar. Der Sprung zum Selbstsein und zur Freiheit ermöglicht sich dadurch, daß es gerade angesichts der Verzweiflung über seine scheinbare Unmöglichkeit zu einer besonderen Erfahrung kommen kann: der Erfahrung des Geschenktwerdens. Im Scheitern vermag der Mensch zu erleben, daß ihm, was er sich nicht selber verschaffen kann, gegeben wird. »Grade im Ursprung meines Selbstseins bin ich mir bewußt, mich nicht selbst geschaffen zu haben. Wenn ich zu mir als eigentlichem Selbst in das nur und nie ganz zu erhellende Dunkel meines ursprünglichen Wollens zurückkehre, so kann mir offenbar werden: wo ich ganz ich selbst bin, bin ich nicht mehr nur ich selbst. Denn dieses eigentliche ›ich selbst‹, in welchem ich in erfüllter geschichtlicher Gegenwart ›ich‹ sage, scheine ich wohl durch mich zu sein, aber ich überrasche mich doch selbst mit ihm; ich weiß etwa nach einem Tun: ich allein konnte es nicht, ich könnte es so nicht noch einmal. Wo ich eigentlich ich selbst war im Wollen, war ich mir in meiner Freiheit zugleich gegeben.« Ich erfahre mich »im unbegreiflichen Aufgefangenwerden«.

Geschenktwerden und Gegebenwerden – so schließt Jaspers weiter – setzen ein Schenkendes und ein Gebendes voraus. Auch das ist ein Teil der Grunderfahrung. In der äußersten Situation des Scheiterns kann dem Menschen eine Hilfe widerfahren, die nicht aus der Welt und nicht aus ihm selber kommt. Jaspers nennt das solcherart Begegnende die »Transzendenz«; gelegentlich bezeichnet er es auch als »Gott«. Im Blick darauf kann er sagen: »Existenz ist nicht ohne Transzendenz.« »Wenn der Mensch sich innerlich behauptet im Geschick, wenn er unbeirrt standhält noch im Sterben, so kann er das nicht durch sich allein. Was ihm hier hilft, ist aber von anderer Art als alle Hilfe in der Welt. Daß er auf sich selbst steht, verdankt er einer ungreifbaren, nur in seiner Freiheit selbst fühlbaren Hand aus der Transzendenz.« Damit tritt die Philosophie in ihre höchste Aufgabe ein. Sie ist »das Denken, das den Aufschwung zur Transzendenz vorbereitet, erinnert und im hohen Augenblick selbst vollzieht«; sie ist »ein Kreisen um Transzendenz«.

Jaspers nennt diese für ihn fundamentale Erfahrung den »philosophischen Glauben«. Als »Glaube an die Transzendenz« bringt er eine »unbegreifliche Gewißheit« mit sich. »Der philosophische Glaube ist der unerläßliche Ursprung allen echten Philosophierens.« Mehr als dies aber meint Jaspers über Gott nicht aussagen zu können. »Durch Nachdenken über Gott wird Gottes Sein nur immer fragwürdiger.« »Daß Gott ist, ist genug.« Das wahre Wissen in diesem Felde ist darum ein »Wissen des Nichtwissens«. »Philosophische Existenz erträgt es, dem verborgenen Gotte nie direkt zu nahen.«

Und doch kommt Jaspers auch zu metaphysischen Aussagen. Diese gehen jedoch nicht unmittelbar auf Gott, sondern nur auf die von diesem her bestimmte Welt. Die gesamte Wirklichkeit, die weltliche wie die menschliche, erhält im philosophischen Glauben eine neue Deutung. Alles, was erscheint, wird nun als Hinweis, als Zeichen, als »Chiffre der Transzendenz« verstehbar. »Es gibt nichts, was nicht Chiffre sein könnte. Alles Dasein hat ein unbestimmtes Schwingen und Sprechen, scheint etwas auszudrücken, aber fraglich, wofür und wovon. Die Welt, ob Natur oder Mensch, ob Sternenraum oder Geschichte, ist nicht nur da. Alles Daseiende ist gleichsam physiognomisch anzuschauen.«

So kann denn Jaspers am Ende den Sinn des Philosophierens, wie er ihn entwirft, in die Sätze zusammenfassen: »Im Philosophieren spricht sich ein Glaube ohne jede Offenbarung aus, appellierend an den, der auf demselben Wege ist; es ist nicht ein objektiver Wegweiser im Wirrsal; ein jeder faßt nur, was er als Möglichkeit durch sich selbst ist. Aber es wagt die Dimension, welche Sein im Dasein für den Blick auf Transzendenz zum Leuchten bringt. In einer Welt, die in allem fragwürdig geworden ist, suchen wir philosophierend Richtung zu halten, ohne das Ziel zu kennen.«

Heidegger
oder
Die Sage vom Sein

Wer einen Denker verstehen will, tut gut daran, auch die Welt zu bedenken, aus der er stammt. Das ist bei Martin Heidegger von besonderem Gewicht; seine Herkunft begleitet ihn sein Leben lang. Er kommt aus dem alemannischen Raum, ist 1889 in Meßkirch geboren. Er bringt sein Leben fast ohne Ausnahme im Schwarzwald oder zu dessen Füßen, in Freiburg, zu. Oben, am Hang des Feldberges, besitzt er eine Hütte, kärglich ausgestattet mit Holzbänken und Betten von spartanischer Einfachheit; das Wasser muß man aus einem nahegelegenen Brunnen schöpfen. Auf der Bank vor der Hütte sitzt Heidegger oft lange und betrachtet die Weite der Berge und das schweigende Ziehen der Wolken, indes in ihm die Gedanken reifen. Oder er unterhält sich im »Wirtschäftle« mit den benachbarten Bauern über deren Dinge, in der tropfenden Weise des Gesprächs, die den Menschen dieses Landstrichs eigen ist. Doch das Alemannische zeigt sich nicht nur in Heideggers Hang zu Landschaft und Menschen des Schwarzwaldes. Es kommt auch in seiner geistigen Wesensart zum Vorschein: dem schweren, bedächtigen Denken, dem grüblerischen Tiefsinn, der Einsamkeit, die ihn umgibt, der leisen Schwermut, die von ihm ausgeht.

Auch das Äußere dieses Mannes hat etwas Bäurisches an sich. Man erzählt sich, ein Wiener Philosoph habe einmal einen Vortrag über Heidegger gehalten und nachher geäußert, er habe offensichtlich klar genug gesprochen, denn ein Bäuerlein in der ersten Reihe habe ihn die ganze Zeit über verständnisinnig angeschaut. Am Ende habe sich herausgestellt: das Bäuerlein war Heidegger. Das mag eine Legende sein. Aber wenn man auf Fotografien sieht, wie Heidegger, nicht groß von Gestalt, in einem nach folkloristischen Ideen der Jugendbewegung entworfenen Anzug, mit der Zipfelmütze auf dem Kopf, über die bergigen Wiesen stapft, dann spürt man unmittelbar etwas von der Erdverbundenheit dieses Philosophen. Sie auch veranlaßt ihn, zweimal einen ehrenvollen Ruf an die Berliner Universität auszuschlagen; er scheut den Lärm und den Kulturbetrieb der Großstadt und will lieber in dem einstmals stillen Freiburg bleiben oder auf dem »Feldweg« gehen, dessen »Zuspruch« er in einer besinnlichen Schrift beschreibt.

Heidegger ist in seinen jüngeren Jahren ein begeisterter und kundiger Skiläufer. Er hält sogar Vorlesungen über diesen Gegenstand. Für die, die dabei gewesen sind, ist es eine unvergeßliche Erinnerung, wie er sein Seminar über Platon im Feldberger Hof abhält, um sich anschließend auf die Piste zu begeben und Skiunterricht zu erteilen. Dabei kann es freilich zu kleinen Unfällen kommen. Einmal fällt Heidegger bei einem einfachen Stemmbogen in den Schnee und droht so die Vorbildhaftigkeit des Lehrers zu verlieren. Es ist zu vermuten, daß ihn dieses Ausgleiten tiefer trifft als ein etwaiger Ausrutscher im Philosophieren. Die Schüler warten erstarrt, was geschehen wird. Heidegger selber wirkt verstört. Doch dann bringt er durch einen blendenden Kristianiaschwung sich und die Welt wieder in Ordnung.

Als Lehrer nicht so sehr des Skilaufens als vielmehr des Philosophierens übt Heidegger einen großen Einfluß aus. Er spricht ohne jedes Pathos, ohne rhetorische Mätzchen und ohne überflüssige Redensarten, mit einer angestrengten, etwas rauhen und kehligen Stimme, jedes Wort einzeln betonend, oftmals auch in abgerissenen Sätzen. Doch von seinen Worten geht eine starke Faszination aus. Wenn er Vorlesungen oder Vorträge hält, ist jeder Hörsaal zu klein. In seinen Seminaren lernen die Schüler die Anstrengung eines Denkens kennen, das immer bei der Sache bleibt, keinem Problem ausweicht und jede voreilige Antwort verschmäht. So wirkt Heidegger schon in jungen Jahren als Dozent in Freiburg, dann als Professor der Philosophie in Marburg und wieder in Freiburg. Vor allem in seiner früheren Zeit kümmert er sich intensiv um seine Studenten, die zu einem großen Teil heute die Lehrstühle der Philosophie, aber auch der Theologie und anderer Wissenschaften einnehmen. Sie erinnern sich auch an manches Fest im Hause Heidegger, mit Lampionumzug durch den Garten und mit Volksliedergesang, aber auch mit tiefdringenden Diskussionen.

Heidegger ist der Auffassung, der Gedanke dürfe nicht rein bei sich selbst bleiben, sondern er müsse verwandelnd in die Existenz eingreifen: sowohl in die private wie in die öffentliche. Das führt zu einer großen Lebendigkeit seines Denkens. Das bringt ihn aber auch dazu, daß er für eine kurze Zeit meint, im Nationalsozialismus sei sein Gedanke vom heroischen Ausstehen des auf den Tod zugehenden Daseins verwirklicht. Er büßt um dieses Irrtums willen sein Lehramt ein und hält sich von da an von der aktuellen Politik fern. In späteren Jahren zieht er sich fast völlig von der Öffentlichkeit zurück und tritt nur noch in esoterischen Kreisen auf, aber auch da noch immer Zeugnis ablegend von der Kraft und Tiefe seines Denkens.

Heideggers philosophische Wirksamkeit hat zwei Höhepunkte: einmal um die zwanziger Jahre, sodann in der Zeit nach dem Zweiten Weltkrieg. Die erste Periode wird durch das Erscheinen von ›Sein und Zeit‹ eingeleitet, eines Buches, das, obwohl nur in seiner ersten Hälfte herausgegeben, doch wie ein Blitz in die philosophische Landschaft einschlägt. Für Heidegger bedeutet es den Durchbruch zu seinem eigensten Denken, zu dem er sich, herkommend von der Katholischen Theologie und vom Neukantianismus, emporarbeitet, nicht ohne Einfluß des großen Phänomenologen Edmund Husserl, dem das Buch auch gewidmet ist.

In ›Sein und Zeit‹ liegt Heidegger daran, das, was Platon die »Gigantenschlacht um das Sein« genannt hat, neu zu entfachen. Die zentrale Frage lautet: Was ist der »Sinn von Sein«? Was meinen wir, wenn wir das Wort »ist« aussprechen, wenn wir also sagen: Der Baum »ist«, der Mensch »ist«, Gott »ist«. Diese Frage scheint zunächst ein abstraktes Problem einer bestimmten philosophischen Disziplin, der Ontologie, zu sein. Geht man ihr aber nach, dann führt sie in die Tiefe der Gründe und Abgründe des Denkens. »Mit der Frage nach dem Sein wagen wir uns an den Rand der völligen Dunkelheit.«

Wie nun kann diese Frage in Gang gebracht werden? Und weiter: Wo wird dem Menschen das Sein zugänglich, nach dem er fragt? Heidegger antwortet: im Seinsverständnis; darin also, daß der Mensch immer schon irgendwie versteht, was Sein bedeutet. Dieses Seinsverständnis drückt sich in der Sprache aus, aber auch im alltäglichen Zutunhaben mit den Dingen und im Umgang mit den Mitmenschen.

Um das Seinsverständnis aufzuhellen, redet Heidegger in eingehenden Analysen vom Menschen als dem Ort des Verstehens von Sein. Dabei geht er nicht von einem abstrakten Begriff vom Menschen aus, sondern vom konkreten, empirischen Menschen und von dessen Selbstverständnis und Selbsterfahrung. Er betrachtet den Menschen auch nicht von einem Blickpunkt außerhalb seiner selbst, etwa von Gott oder von einem absoluten Geist her, sondern so, wie er sich selber, in seiner eigenen Perspektive, erscheint. Unter diesem Gesichtspunkt zeigt Heidegger, wie der Mensch nicht einfach da ist wie ein Stein oder ein Baum, sondern wie er in und aus den Möglichkeiten lebt, auf die hin er sich entwirft. Heidegger beläßt den Menschen auch nicht in der künstlichen Isolierung, in der ihn die neuzeitliche Philosophie seit Descartes zu sehen gewohnt ist. Er redet vielmehr davon, wie jeder Mensch seine »Welt« hat, wie er unter anderen Seienden und mit anderen Menschen existiert; er spricht von seinem »In-der-Welt-Sein« und von seinem »Mitsein mit anderen«.

In dieser Konzeption besitzt der Mensch vor allem anderen Seienden die Auszeichnung, daß sich durch ihn hindurch die Welt, die ohne sein Eingreifen verschlossen bliebe, auftut, daß sie geschaut, erkannt, gefühlt wird. Durch seinen »Einbruch in das Ganze des Seienden« geschieht es, daß dieses »offenbar« wird. Das nennt Heidegger die »Transzendenz« des menschlichen Daseins. Dieser Ausdruck meint nicht, daß der Mensch sich auf ein übersinnliches Wesen oder auf eine übersinnliche Welt bezöge; im Sprachgebrauch Heideggers will Transzendenz vielmehr besagen, daß der Mensch alles Seiende immer schon im Hinblick auf das Sein überstiegen hat, das gleichsam den Horizont alles Verstehens, Fühlens und Erkennens bildet. Das gleiche bedeutet für Heidegger der Ausdruck »Existenz«, den er häufig in der Schreibweise »Ek-sistenz« verwendet. Existenz heißt nicht das nackte Dasein des Menschen: daß er also einfachhin vorhanden wäre, wie ein Stein oder ein Baum. Existenz besagt vielmehr: Der Mensch ist wirklich in der Weise des Existierens, des ex-sistere, des Hinausstehens aus sich selbst, nämlich des Hinausstehens in das immer schon verstandene Sein.

In der genaueren Auslegung des In-der-Welt-Seins als Existenz geht Heidegger von der alltäglichen Situation des Menschen aus. Dieser ist zunächst und zumeist nicht bei sich selber, sondern an die Welt verfallen; er ist nicht er selbst, sondern das, was »man« ist; er ist an »das Man« ausgeliefert. Doch seine Aufgabe ist es, aus dieser Verstrickung herauszufinden und in Wahrheit er selbst zu werden. Das wird ihm in gewissen Grundstimmungen deutlich, die ihm kundtun, wie es im Grunde mit ihm steht, und die ihn dadurch aus seinem unreflektierten Dahinleben und aus seinen Illusionen herausreißen. Unter den Grundstimmungen nennt Heidegger – im Anschluß an Kierkegaard – als vornehmste die Angst. Wer in ihr befangen ist, dem entgleitet alle Wirklichkeit. In der Angst wird er mit der Unausweichlichkeit des Todes und mit der möglichen Nichtigkeit der Welt konfrontiert. In ihr fallen darum auch alle vorläufigen Halte und alle vordergründigen Verdeckungen weg; der Mensch erfährt sich als »in den Tod geworfen« und als »in das Nichts hineingehalten«. Das Gewissen sodann als der »Ruf aus der Unheimlichkeit des Daseins« reißt den Menschen aus seinem Befangensein im Alltag, aus seinem Verfallensein an die Uneigentlichkeit, heraus und bringt ihn unverdeckt vor die Möglichkeit seines eigensten, eigentlichen Selbst. Dieses nun hat er in Freiheit, in einer wesentlichen Entscheidung, zu verwirklichen. Der Mensch wird er selbst in der »todbereiten Entschlossenheit« und in der Übernahme seiner »nichtigen Existenz«; er wird er selbst, indem er sich entschließt, nicht nach fremdem Gesetz, sondern aus sich selber heraus, aus eigenstem Grunde, zu existieren.

Kein Wunder, daß dieses Bild vom Menschen die Zeit zwischen den beiden Weltkriegen anrührt. Denn hier scheinen deren Bodenslosigkeit und innere Gefährdung die tiefere philosophische Deutung und zugleich die Aussicht auf einen im Denken gerechtfertigten Ausweg zu erhalten. So ist es denn auch verständlich, daß Heidegger sich mit einem Schlag an die Spitze der philosophischen Bewegung jener Jahre setzt und daß ihm von allen Seiten her Schüler und Anhänger zuströmen.

Doch Heidegger geht es nicht bloß um die Schilderung der menschlichen Situation. Er fragt, was die dargestellten Existenzverhältnisse für die Frage nach dem Wesen des Menschen bedeuten. Als die Grundstruktur des menschlichen Daseins arbeitet er die Zeitlichkeit heraus. Das führt zu einer neuen Deutung des viel diskutierten Phänomens der Zeit. Diese ist nicht ein Schema, in dem Abläufe stattfinden; sie ist überhaupt ursprünglich nichts Objektives. Sie ist vielmehr eigentlich und wesentlich die Zeitlichkeit des menschlichen Daseins. In seinen Tod vorlaufend, aber auch in jedem alltäglichen Tun ist der Mensch »sich vorweg«; er läßt seine Zukunft auf sich zukommen und sein gegenwärtiges Dasein bestimmen, und zwar so, daß er sich auf seine zukünftigen Möglichkeiten hin entwirft. Zugleich ist der Mensch in jedem Augenblick von seiner Gewesenheit bestimmt und durchherrscht; er ist in sein konkretes Dasein geworfen, ohne eigenes Zutun; das macht sein »schon Sein in« aus. Schließlich ist er gegenwärtig, indem er ständig Seiendes, das ihn umgibt, vergegenwärtigt; zu seinem Wesen gehört das »Sein bei«. Diese drei Momente also, das »Sich vorweg«, das »schon Sein« und das »Sein bei«, machen die spezifische Zeitlichkeit des menschlichen Daseins aus. Sie sind dessen »Ekstasen«: die Weisen, wie es aus sich selber hinaussteht. In ihnen verwirklicht der Mensch seine wesenhafte Endlichkeit. Sie auch sind der Ursprung seines Wissens um die Zeit.

Nach ›Sein und Zeit‹ erscheint in rascher Folge eine Fülle von Schriften Heideggers. Sie befassen sich zum Teil mit der Geschichte der Philosophie, mit Anaximander, mit Platon, mit Descartes, mit Kant, mit Hegel und vor allem mit Nietzsche, auf dessen vieldeutiges Denken neue und überraschende Aspekte eröffnet werden. Andere Veröffentlichungen enthalten Interpretationen von Dichtern und Dichtwerken; Hölderlin insbesondere steht im Thema, aber auch Rilke und George, Trakl und Benn. Probleme der Grundlegung eines neuen Denkens werden in dem aufsehenerregenden Vortrag ›Was ist Metaphysik?‹, in dem ›Brief über den Humanismus‹ und in der tiefsinnigen Schrift ›Identität und Differenz‹ erörtert. Schließlich nimmt Heidegger auch zu einigen gerade heute besonders dringlichen allgemeinen Fragen Stellung: in Veröffentlichungen über die Sprache, über die Kunst, über das Wesen der Technik.

In all diesen Schriften wird deutlich, daß Heidegger einsieht: Auf dem zunächst eingeschlagenen Wege über den Menschen und dessen Dasein ist es nicht möglich, dahin zu gelangen, wohin sein Denken tendiert: zum Sein. Vielmehr ergibt sich jetzt die Aufgabe, den Gesichtspunkt umzukehren: nicht vom Menschen und seinem Seinsverständnis her das Sein zu denken, sondern vom Sein her den Menschen und die ganze endliche Wirklichkeit zu betrachten. Das drückt sich in Heideggers Forderung einer »Kehre des Denkens« aus. Um die Frage, wie diese möglich ist, müht er sich über Jahrzehnte hinweg in einsamem Ringen.

Eine wesentliche Einsicht auf diesem Denkwege ist: Wenn es um das Sein geht, dann kann nur noch am Rande vom Menschen die Rede sein. Heidegger spricht diesem daher die zentrale Stellung ab, die er im neuzeitlichen Subjektivismus und im modernen Existentialismus erlangt hat. Auch die Technik, die die Gegenwart wesenhaft kennzeichnet, ist von daher gesehen ein Irrweg; sie ist der letzte Triumph der Subjektivität, weil sich in ihr und durch sie der Mensch selbstherrlich der Welt bemächtigt. Vom Menschen aber darf, wie der späte Heidegger behauptet, nicht als von einem autonomen Wesen, sondern nur im Zusammenhang mit dem Sein geredet werden; er ist diesem untertänig. Alles kommt auf das Sein an. Daß es den Menschen gibt, ist nicht um dieses selber willen, sondern nur um des Seins willen von Bedeutung: nur darum, weil und sofern sich durch den Menschen hindurch das Offenbarwerden des Seins vollziehen kann.

Doch was ist dieses Sein, auf das Heidegger so vielfältig hindeutet? Er spricht von ihm oftmals in fast mythischen Worten: »Doch das Sein – was ist das Sein. Es ist Es selbst. Dies zu erfahren und zu sagen muß das künftige Denken lernen.« Damit aber wird nur noch dunkler, was Heidegger mit dem »Sein« meint. Will man gleichwohl eine Verdeutlichung versuchen, dann muß man vor allem beachten, daß er es ausdrücklich abweist, unter dem Sein einen Gott oder einen Weltgrund zu verstehen. Noch mehr: Das Sein ist für ihn überhaupt nichts Seiendes; man darf es sich auf keine Weise gegenständlich denken. Darauf legt Heidegger größten Wert. Man muß, behauptet er, vor allem anderen den Unterschied zwischen dem Sein und dem

Seienden bedenken: »die ontologische Differenz«, »die Zwiefalt von Sein und Seiendem«. Diese sich vor Augen zu halten hat nach Heideggers Auffassung die gesamte bisherige Metaphysik verabsäumt; daran liegt es, daß sie in die »Irre« gegangen ist. Dem aber schreibt Heidegger weitreichende Konsequenzen zu; denn darin wurzelt überhaupt »das Verhängnis des Abendlandes«.

Aber was ist denn nun positiv das Sein? Dieser Ausdruck bedeutet für Heidegger soviel wie Offenbarkeit, Unverborgenheit. Der Mensch sagt von einer Sache, daß sie »ist« und daß sie so »ist«, wie sie »ist«, wenn sie und die Verhältnisse, in denen sie steht, ihm offenbar, unverborgen sind. »Seiend« heißt also für Heidegger nicht: irgendwie vorhanden. »Seiend« besagt vielmehr: unverborgen, im Licht stehend, in die Erscheinung getreten. Und das »Sein« ist eben dieser Vorgang der »Lichtung«.

Doch wie geschieht dieses Offenbarwerden der Welt? Heideggers erste Antwort lautet: Es geschieht über die Entdeckung des Nichts. Begegneten wir nicht, wie es uns etwa in der Angst widerfährt, dem Nichts, und erführen wir nicht, indem das Nichts uns die Welt im ganzen entgleiten läßt, daß alles Seiende auch nicht sein könnte, dann würden wir überhaupt nicht darauf aufmerksam, daß es ist. »In der hellen Nacht des Nichts der Angst ersteht erst die ursprüngliche Offenbarkeit des Seienden als eines solchen: daß es Seiendes ist – und nicht Nichts.« Die Dringlichkeit der Seinsfrage, aber auch die Möglichkeit, dem Sein näher zu kommen, erwächst also der Erfahrung des Nichts.

Das Entscheidende für Heideggers Blickpunkt ist nun, daß das Nichts nicht vom Menschen heraufgeführt wird, sondern daß es diesen überkommt, daß es ihm widerfährt, so wie er sich ja auch nicht selber in die Angst bringt. Nicht ganz angemessen ausgedrückt heißt das: Das Nichts selber wird aktiv. Heidegger formuliert: »Das Nichts nichtet.« Aber dabei darf es nicht wie ein metaphysisches Subjekt vorgestellt werden. Das Nichts ist ein Vorgang; es ist nichts anderes als das Geschehen des Genichtetwerdens als eines solchen.

Damit ist Heidegger jedoch noch nicht beim Sein angelangt, dem doch sein eigentliches Bemühen gilt. Die Frage ist daher, ob das Nichts das Letzte ist, was der Mensch erfahren kann, und ob demgemäß ein durchgängiger Nihilismus die wahre Denkweise sein soll. Heidegger verneint die Frage. Der Nihilismus, sowenig er als Geschick des abendländischen Menschen geleugnet werden kann, ist doch kein dauernder Aufenthaltsort des Menschen. Das ergibt sich aus dem Wesen des Nichts selber: Es ist nur »der Schleier des Seins«.

So muß also die Frage weiterdringen; sie muß zusehen, ob sie hinter dem Nichts das Sein selber erblicken kann.

Das Sein nun hat für Heidegger dieselbe Grundstruktur wie das Nichts; es ist ein Geschehen, ein »Grundgeschehnis«, ein »Ereignis«. Es ist also, ebenso wie jenes, verbal zu verstehen. Es ist, wie schon angedeutet worden ist, das übergreifende Geschehen, in dem das Seiende und der Mensch offenbar werden. Sein ist geschehende Unverborgenheit. Sein vollzieht sich, heißt: Es wird in der Welt in mannigfachen Weisen licht. Sein ist Gelichtetwerden. Und nun ist das Wichtige: Als diese »Lichtung« schickt sich das Sein von sich selber her dem geschichtlichen Menschen zu. Auch vom Sein also gilt, wie vom Nichts, daß es nicht von Gnaden des Menschen lebt, sondern aus sich selber heraus wirksam ist. Das Sein ist »kein Gemächte des Menschen«; es ist das wahre Subjekt im Geschehen des Offenbarwerdens der Welt. Ihm kommt die eigentliche Initiative zu. Es vollzieht sich nicht um des Menschen oder um des Seienden, sondern rein und ausschließlich um seiner selbst willen; es trägt seinen Sinn in sich selber.

In dieser Weise macht das Sein in den einzelnen Epochen der Geschichte das Seiende und den Menschen in je verschiedener Hinsicht offenbar. Daher redet Heidegger von einer »Seinsgeschichte«, die nichts anderes ist als das Sein in seinem Vollzug. Sein bei den Chinesen oder bei den Griechen oder im Mittelalter bedeutet demgemäß etwas anderes als beim modernen Menschen. Bei diesem äußert sich das Sein vorzüglich in einer negativen Weise, und zwar darum, weil sich der gegenwärtige Mensch allzusehr an das Seiende hält. Deshalb zeigt sich ihm das Sein vornehmlich in der »Erschütterung alles Seienden« und in der »Heimatlosigkeit«. Das manifestiert sich vor allem in dem Geschick, das als das entfremdende Wesen der Technik über den heutigen Menschen hereingebrochen, ja das vom Sein her diesem zugeschickt ist. In unserer Zeit ist das Sein selber fast vergessen; die Gegenwart ist die Zeit der »Seinsvergessenheit«, der »Seinsverlassenheit«. Eben darum ist sie die Zeit des »Nihilismus«; denn dieser ist die »Geschichte des Ausbleibens des Seins«.

Doch auch dieses gegenwärtige Seinsgeschick der äußersten Seinsvergessenheit kann überwunden werden. Allerdings nicht durch den Menschen und durch dessen Zutun. Nötig ist, daß das Sein sich von sich selber her erneut dem Menschen, der in der Irre geht, zuwende und daß so eine neue Erfahrung des Seins möglich werde. Das ist Heideggers Hoffnung für die Zukunft. Für den Augenblick aber bleibt es dabei, daß der Mensch das »Horchen« auf den »Anruf des Seins« nicht versäume und daß er wieder erfahre, daß er der »Hirt des Seins« ist. Er muß dem Sein zur Sprache verhelfen, er muß die »Sage vom Sein« lautwerden lassen; das ist seine höchste Aufgabe, darin findet er seine wesenhafte Würde. Aber wiederum: Daß das gelinge, liegt letztlich nicht am Menschen. »Die Ankunft des Seins beruht im Geschick des Seins.«

Geschieht das in allem Ernste, dann – so meint Heidegger – wird es auch möglich, daß die Nacht der »Gottesferne«, in der die Gegenwart lebt, überwunden werde. Dann kann es geschehen, daß ein neuer Gott im Lichte des Seins erscheint. Wenn der Mensch in die »Nähe zum Sein« gelangt, dann kommt er dahin, wo sich die Entscheidung vollzieht, »ob und wie der Gott und die Götter sich versagen und die Nacht bleibt, ob und wie im Aufgang des Heiligen ein Erscheinen des Gottes und der Götter neu beginnen kann«. Doch das ist wiederum die Sache nicht des Menschen, sondern des Seins selber.

Darüber zu sprechen gehört freilich nicht mehr zu den Möglichkeiten eines Philosophierens im traditionellen Sinne. Heidegger ist sich dessen bewußt. »Das künftige Denken ist nicht mehr Philosophie. Es ist auf dem Abstieg in die Armut seines vorläufigen Wesens. Das Denken sammelt die Sprache in das einfache Sagen.« Für den Menschen aber kommt es im gegenwärtigen Augenblick darauf an, daß er die Geduld lerne, »im Namenlosen zu existieren«.

Russell
oder
Die Philosophie als Protest

Bertrand Russell, geboren 1872 als Sproß eines altadeligen Geschlechts, in späteren Jahren selber zum Lord ernannt, beginnt seine Selbstbiographie mit dem Satz: »Drei einfache, doch übermächtige Leidenschaften haben mein Leben bestimmt: das Verlangen nach Liebe, der Drang nach Erkenntnis und ein unerträgliches Mitgefühl mit den Leiden der Menschheit.« Es ist sicher kein Zufall, daß die Liebe als erste erwähnt wird. Das Verlangen nach ihr wird denn auch ausführlich begründet. »Nach Liebe trachtete ich, einmal, weil sie Verzückung erzeugt, eine Verzückung, so gewaltig, daß ich oft mein ganzes, mir noch bevorstehendes Leben hingegeben hätte für ein paar Stunden dieses Überschwangs. Zum andern habe ich nach Liebe getrachtet, weil sie von der Einsamkeit erlöst, jener entsetzlichen Einsamkeit, in der ein einzelnes erschauerndes Bewußtsein über den Saum der Welt hinabblickt in den kalten, leblosen, unauslotbaren Abgrund. Und letztens habe ich nach Liebe getrachtet, weil ich in der liebenden Vereinigung, in mystisch verkleinertem Abbild, die Vorahnung des Himmels erschaute, wie er in der Vorstellung der Heiligen und Dichter lebt.«

Diesen Worten entsprechen im Leben Russells die Taten. Dabei zeigt er sich gleich zu Beginn schon als Philosoph; denn als ihn, den Zwölfjährigen, ein Kamerad aufklärt, faßt er sofort allgemeine Prinzipien: »daß die freie Liebe das einzig vernünftige System und die Ehe eine Folgeerscheinung des christlichen Aberglaubens sei«. In Wirklichkeit jedoch ist Russell diesem Aberglauben doch nicht so ganz abhold: Er heiratet gleich viermal.

Die Ehefrau Nummer 1 lernt Russell mit siebzehn Jahren als eine recht emanzipierte und wenigstens theoretisch der freien Liebe verschworene Studentin namens Alys kennen. Nach einer langen Zeit der keuschen Verlobung heiratet er sie, einer Zeitungsnotiz zufolge »eine der schönsten Frauen, die man sich vorstellen kann«. Nach einigen Jahren aber entdeckt Russell auf einer einsamen Fahrradtour, daß seine Liebe erloschen ist. Es folgt ein Verhältnis mit einer Dame namens Ottoline, die aber zu sehr an Mann, Kind und Besitz hängt, als daß es zu mehr als einer freilich recht lang dauernden Liebesgeschichte kommen könnte. Nach einigen Eintagsaffären tritt die Dame Colette in Russells Leben und bringt ihm »Wärme in alle

Winkel meines Seins«. Es folgt die Ehefrau Nummer 2, Dora. Obwohl ihr Russell gleich zu Beginn ihrer Bekanntschaft versichert: »Von wem ich auch Kinder haben werde, Sie werden es nicht sein«, kommen ein Sohn und eine Tochter zur Welt. Den nächsten Sohn schenkt ihm die Ehefrau Nummer 3, genannt Peter. Doch auch diese Verbindung ist nicht von Dauer. »Als meine Frau sich 1949 entschied, sie habe genug von mir, fand unsere Ehe ein Ende.« Schließlich verbindet sich Russell, inzwischen achtzig Jahre alt geworden, mit der Ehefrau Nummer 4, Edith. Vom Zusammensein mit ihr bekennt er, er habe am Ende gefunden, was er in seiner lebenslangen Sehnsucht nach Liebe gesucht habe. Was ihn freilich nicht daran hindert, sich auch im Kreis von Schönheitsköniginnen behaglich zu fühlen.

Daß Russell in einem so bewegten Leben noch Zeit zu einer weitgespannten wissenschaftlichen und publizistischen Tätigkeit findet, ist verwunderlich. Aber er sieht in der freien Schriftstellerei seine eigentliche Aufgabe; schon früh entschließt er sich dazu, und zwar anläßlich eines Spazierganges im Berliner Tiergarten. Daneben bekleidet er vorübergehend Dozenturen in Cambridge, an der Sorbonne und an mehreren amerikanischen Universitäten und hält über eine Fülle von Themen Vorträge in aller Welt.

Den Anfang von Russells wissenschaftlichen Bemühungen bildet die Erörterung mathematischer Grundprobleme. Er verfaßt, zusammen mit dem Philosophen Whitehead, ein dreibändiges und schwer verständliches Buch ›Principia mathematica‹, das man mit Recht als das Grundbuch der modernen Mathematik bezeichnet. Die Arbeit daran wird Russell freilich sauer; sogar an Selbstmord denkt er in dieser Zeit. Aber dann ist es doch gerade die Mathematik, die ihn aus seiner Schwermut herausreißt. »Mathematik ist eine Stätte des Friedens, ohne die ich nicht wüßte, wie ich weiterleben sollte.«

Schon in seinen mathematischen Studien kommt Russells philosophisches Interesse zum Ausdruck; denn was ihn an der Mathematik vor allem interessiert, ist ihr Verhältnis zur Logik. Dann aber wendet er sich in umfassender Weise spezifisch philosophischen Problemen zu. Seine mannigfachen Veröffentlichungen darüber reichen von der Geschichte der Philosophie über die Erkenntnistheorie bis hin zur Ethik.

Bekannter als durch all das wird Russell durch seine politischen Aktivitäten. Sie beginnen schon in seinen frühen Jahren. Er tritt für die Emanzipation der Frauen ein, was ihm Versammlungen mit faulen Eiern und Ratten einbringt. Er befreundet sich mit den Ideen des Sozialismus. Er ringt sich, in einer Art von »mystischer Erleuchtung«, zu einem grundsätzlichen Pazifismus durch, den er dann freilich, als es im Zweiten Weltkrieg um die Beseitigung der Hitler-Diktatur geht, revidiert. Wo immer er öffentlich auftritt, gibt es Proteste bis hin zu tätlichen Angriffen. Er bekämpft den Eintritt Englands in den Ersten Weltkrieg. Er unterstützt die Kriegsdienstverweigerer. Er kämpft gegen alles, was er auf dieser Erde als Übel ansieht: gegen den Versailler Vertrag, gegen die Tyrannei Hitlers, gegen die Grausamkeiten des Stalinschen Regimes, gegen den bornierten Antikommunismus, gegen den Mißbrauch des Privateigentums, gegen den Atomkrieg, gegen die Invasion in Vietnam. Hier, wie auch im Einsatz für einzelne Verfolgte, ist er unermüdlich im Abhalten von Reden und Rundfunkansprachen, im Schreiben von Briefen und in der Absendung von Telegrammen, in der Organisation von Komitees und in der Vorbereitung und Durchführung von Kongressen, in der Aufbringung von Geldmitteln, im Verfassen von Resolutionen und Manifesten. Ausgedehnte Reisen nach Rußland, nach China, nach Japan, nach Australien und langdauernde Aufenthalte in Amerika helfen ihm, seine Positionen zu begründen. All das schlägt sich in einer Fülle von Schriften nieder, die viel gelesen werden. Auch seine pädagogischen Versuche, etwa die Gründung einer Schule in gemäßigt antiautoritärem Geiste, erregen Aufsehen. Doch all diese Aktivitäten bringen ihm auch eine Menge Feindschaften ein.

Mit der Welt kommt Russell überhaupt ständig in Konflikt. Seine amerikanische Professur verliert er, weil man seine Schriften, wie ein Anklagevertreter vor Gericht feststellt, »wollüstig, libidinös, lüstern, unkeusch, erotoman, aphrodisisch, respektlos, engstirnig, unwahr und bar jeglicher Moral« findet. Auch die Professur in Cambridge wird ihm, wegen seines Eintretens für die Kriegsdienstverweigerer, entzogen. Während des Ersten Weltkrieges kommt er wegen seiner Angriffe gegen die Regierung sogar für ein halbes Jahr ins Gefängnis, freilich in die erste Klasse, in der man lesen und schreiben darf, so viel man will. Auch mit den Finanzen hapert es oftmals. Russell erbt zwar ein beträchtliches Vermögen, aber er unterstützt in hohem Maße bedürftige Mitmenschen und politische Organisationen. So ist er schließlich auf die Einkünfte aus seiner Schriftstellerei angewiesen, die nur ungleichmäßig fließen. Zu Zeiten ist er so arm, daß er sich nicht einmal eine Omnibusfahrt leisten kann.

Aber dann überschütten ihn die Ehren. Er erhält aus der Hand des Königs den höchsten englischen Orden. Er wird Nobelpreisträger für Literatur. Er tritt mit fast allen, die im Felde des Geistes und der

Politik Rang und Namen haben, in Verbindung: mit Einstein, mit Rutherford, mit Niels Bohr, mit Eisenhower, mit Kennedy, mit Chruschtschow, mit Nehru, mit Tschu En-lai. Sein Weltruhm hält an, bis er 1970, siebenundneunzig Jahre alt, stirbt. Und doch bleibt ihm immer das Gefühl der Einsamkeit. »Wir stehen am Ufer eines Ozeans und schreien in die leere Nacht hinaus; zuweilen antwortet eine Stimme aus dem Dunkel. Aber es ist die Stimme eines Ertrinkenden, und im nächsten Augenblick kehrt das Schweigen wieder.«

Was Russell in seiner Frühzeit besonders beschäftigt, ist das Problem der Gewißheit. Es führt ihn dazu, den ersten Zugang zur Philosophie auf dem Wege über die Mathematik zu suchen; denn diese scheint ihm diejenige Sicherheit zu gewährleisten, die für alles Philosophieren maßgebend sein kann. Ihr gilt schon Russells anfängliche geistige Liebe. Daß er als Elfjähriger Euklid liest, nennt er später »eines der größten Ereignisse meines Lebens, atemraubend wie erste Liebe«. Doch schon damals erwächst in ihm der »Zweifel an den Prämissen«. Um deren exakte Fassung müht er sich dann in jahrzehntelanger Arbeit.

Die Untersuchungen zur Mathematik führen Russell unmittelbar in den Bereich der logischen Problematik. Er stellt fest, daß sich alle mathematischen Axiome auf logische Prinzipien zurückführen lassen. Die Aufhellung der logischen Grundlagen der Mathematik kann nun ihrerseits den Ursprung sowohl einer Philosophie der Mathematik wie einer mathematischen Logik bilden. Dabei jedoch verwandelt sich die Logik gegenüber ihrem traditionellen Charakter. Sie faßt nicht nur das Verhältnis von Subjekt und Prädikat ins Auge, sondern macht alle möglichen Beziehungen zum Gegenstand; sie wird allgemeine »Relationslogik«. Um ihr absolute Exaktheit zu garantieren, wie sie in der Umgangssprache nicht zu erreichen ist, entwickelt Russell eine besondere Zeichensprache. Das Interesse an der Ausgestaltung einer solchen reinen Logik, die nicht aus dem Subjekt entspringt, sondern objektive Gültigkeit besitzt, beherrscht das Denken Russells zeit seines Lebens. »Das Geschäft der Philosophie, wie ich es verstehe, ist wesentlich logische Analysis, gefolgt von logischer Synthesis.«

Russell bleibt nicht bei der Logik stehen. Er ist Philosoph im umfassenden Sinne. Darum stellt er sich auch die Frage, »welchen Wert die Philosophie hat«. Denn »Nützlichkeit« im alltäglichen Sinne besitzt sie ja offenbar nicht. Ihr Ziel ist »Erkenntnis«. Die Schwierigkeit ist jedoch, daß man in ihr nicht zu »irgendeinem festumrissenen Wissenstand« gelangen kann. »Der Wert der Philosophie besteht im Gegenteil gerade wesentlich in der Ungewißheit, die sie mit sich bringt.« Doch eben das ist für Russell von hoher Bedeutung. »Wer niemals eine philosophische Anwandlung gehabt hat, der geht durchs Leben und ist wie in ein Gefängnis eingeschlossen: von den Vorurteilen des gesunden Menschenverstandes, von den habituellen Meinungen seines Zeitalters oder seiner Nation und von den Ansichten, die ohne die Mitarbeit oder die Zustimmung der überlegenden Vernunft in ihm gewachsen sind.«

Die nächste philosophische Aufgabe besteht für Russell darin, den Übergang von der Logik zur Wirklichkeit zu finden; denn von sich selber her hängt ja das logische System nicht mit dieser zusammen. Er stellt die Frage: »Gibt es auf dieser Welt eine Erkenntnis, die so unumstößlich gewiß ist, daß kein vernünftiger Mensch daran zweifeln kann?« Dabei zeigt sich Russell äußerst kritisch. Zwar kommt es uns so vor, als existiere der Tisch, den wir vor uns sehen, in Wirklichkeit. Doch Russell weist darauf hin: Genau genommen gibt es nur »gewisse Sinnesdaten«, etwa eine sich je nach dem Blickpunkt ständig ändernde Farbe oder Gestalt. Demgegenüber bleibt die Frage: »Gibt es überhaupt einen wirklichen Tisch?« »Vielleicht ist die Außenwelt nur ein Traum.« Das mag absurd erscheinen, doch Russell betont: »Wer ein Philosoph werden will, darf sich nicht vor Absurditäten fürchten.«

Russell macht sich nun daran, die »Gründe für die Annahme, daß es überhaupt einen wirklichen Tisch gibt«, auseinanderzusetzen. Diese Behauptung läßt sich, wie er meint, »nicht strikt beweisen«; die Vermutung, daß das ganze Leben ein Traum sei, in dem wir selber aus eigener Phantasie eine gegenständliche Welt schaffen, ist »logisch nicht unmöglich«. Aber es spricht auch nicht das mindeste dafür, daß sie wahr ist. Im übrigen »ist dies eine weit weniger einfache Hypothese als die gewöhnliche Annahme, daß es wirklich Gegenstände gibt, die von uns unabhängig sind und die in uns Empfindungen hervorrufen«. Es sind also nur die »Prinzipien der Einfachheit«, die Russell die Frage nach der Realität der Außenwelt positiv beantworten lassen. Auch hier bleibt es sonach bei einem grundhaften Skeptizismus.

Was aber ist das die Sinnesdaten hervorrufende Wirkliche? Hier stockt der Gedanke. Schon die Räumlichkeit der Gegenstände ist problematisch. Wirklich ist nicht der Anschauungsraum, sondern der »physikalische Raum«; von ihm aber können wir auf keine Weise wissen, wie er »an sich beschaffen« ist. Dasselbe zeigt sich im Blick auf den materiellen Gegenstand als solchen; »wir können nicht auf eine unmittelbare Bekanntschaft mit der Eigenschaft des Gegenstandes hoffen, die ihn blau oder rot erscheinen läßt«. Russell verharrt auch hier auf dem Standpunkt eines gemäßigten Skeptizismus: Es gibt zwar etwas Wirkliches, aber was es in Wahrheit ist, wissen wir nicht.

Das liegt an der Art und Weise, wie der Mensch überhaupt zu einer Erkenntnis der Dinge gelangt. Russell unterscheidet zwei Klassen von Erkenntnis: Erkenntnis aus Bekanntschaft und Erkenntnis aus Beschreibung. Die erste ist unmittelbar, die zweite mittelbar. Erkenntnis aus Bekanntschaft, also direkte Erkenntnis, sind etwa die Sinnesdaten und die innere Empfindung, ferner die Erinnerungen und in gewisser Weise auch das Ich. All das weiß ich unmittelbar; all das ist darum von sich selber her wahr. Die Erkenntnis aus Beschreibung dagegen begreift nicht nur das unmittelbar Gegebene. Sie umfaßt Dinge und Dingzusammenhänge, andere Menschen und deren Beziehungen zueinander. Doch sie ist nicht von sich selber her wahr; ihre Wahrheit gründet jeweils in einer Erkenntnis aus Bekanntschaft. »Jeder Satz, den wir verstehen können, muß vollständig aus Bestandteilen zusammengesetzt sein, die uns bekannt sind.«

Daran schließt Russell die Betrachtung der Prinzipien an, mit deren Hilfe man Schlüsse aus den Gegebenheiten ziehen und so das Wissen erweitern kann. Hier spielt insbesondere das Induktionsprinzip eine Rolle. Es kann aber nur Wahrscheinlichkeit schaffen, nicht absolute Gewißheit. Daß die Sonne morgen wieder aufgehen wird, weil sie bis jetzt jeden Tag aufgegangen ist, ist nicht sicher. Nur wahrscheinlich sind auch die Naturgesetze; denn sie wurzeln in dem selber nur wahrscheinlichen Glauben an die Gleichförmigkeit der Natur. »So beruht alles Wissen, das uns auf der Grundlage der Erfahrung etwas über die Dinge sagt, die wir nicht selbst erlebt haben, auf einer Überzeugung, die von der Erfahrung weder bestätigt noch widerlegt werden kann und die doch – zumindest in ihrem konkreten Gebrauch – ebenso tief in uns verwurzelt zu sein scheint wie viele Erfahrungstatsachen.«

Daneben ist in der Erfahrung noch eine Reihe von unmittelbar einleuchtenden, evidenten Prinzipien wirksam: etwa die logischen Grundsätze oder die Sätze der Geometrie. An ihnen zeigt sich, »daß wir ein unbezweifelbares Wissen haben können, das nicht auf Sinnesdaten zurückführbar ist«. Dazu gehören in gewisser Weise auch die Allgemeinbegriffe, von Russell »Universalien« genannt, also etwa Ähnlichkeit oder Gerechtigkeit oder Schwärze oder dreieckig oder jetzt. Dergleichen existiert nicht bloß im Bewußtsein; es gehört vielmehr »zu jener unabhängigen Welt, die das Denken zwar erfaßt, aber nicht erschafft«.

Angesichts seiner skeptischen Haltung ist es nur natürlich, daß Russell der Metaphysik, dieser ehrwürdigen Mitte der Philosophie, keinen wesentlichen Erkenntniswert zusprechen kann. Gleichwohl beschäftigt sie ihn schon in seiner Jugend, und zwar im Zusammenhang mit religiösen Problemen. Er stellt ein quälendes Sündenbewußtsein an sich fest; sein Lieblingslied in seinen frühen Jahren ist: ›Der Erde müde und von Sünden schwer‹. Dann aber, in der Zeit zwischen dem fünfzehnten und achtzehnten Jahr, befreit er sich davon. Schon damals, so berichtet er, verliert er den Glauben an die drei großen Gegenstände der Metaphysik: Gott, Freiheit und Unsterblichkeit. Er sucht wissenschaftliche Gründe dafür und findet keine. So wird er Atheist.

Auch späterhin bleibt Russell der Metaphysik abhold. »Es scheint so, als ob die Erkenntnis des Universums als eines Ganzen durch die Metaphysik nicht erreicht werden kann.« Doch mögen auch die metaphysischen Antworten unzureichend sein: auf das metaphysische Fragen will Russell deshalb doch nicht verzichten. »So gering die Hoffnung, Antworten zu finden, auch sein mag: es bleibt Sache der Philosophie, weiter an diesen Fragen zu arbeiten, uns ihre Bedeutung bewußt zu machen, alle möglichen Zugänge zu erproben und jenes spekulative Interesse an der Welt wachzuhalten, das wahrscheinlich abgetötet würde, wenn wir uns ausschließlich auf abgesicherte Erkenntnisse beschränkten.«

Der nüchterne Geist, den Russell in seiner Erkenntnislehre walten läßt, wird auch in seinen Bemühungen um die ethischen Probleme sichtbar. Es kommt ihm auf eine »undogmatische Ethik« an. Sie soll aber gleichwohl nicht rein subjektiv sein, sondern in gewisser Weise objektive Gültigkeit haben. Darum ist der leitende Gesichtspunkt nicht ein utopisches Bild vom Menschen, wie er sein soll, sondern der Mensch, wie er faktisch ist.

Den Menschen nun versteht Russell in diesem Zusammenhang als ein Wesen, das »zwangsläufig die Befriedigung der eigenen Wünsche« erstrebt. Denn für die Ethik, wie er sie sieht, ist eher das Emotionale wichtig als das rein Rationale; ihre »grundlegenden Gegebenheiten« sind »Gefühle und Empfindungen«. Das heißt natürlich nicht, daß die Vernunft ausgeschaltet würde; aber sie hat wesentlich die Aufgabe, Mittel für erwünschte Zwecke zu erdenken, nicht aber, diese Zwecke selber zu setzen. So ist also im ethischen Sinne gut, worauf das Wünschen geht, schlecht oder böse, was dem Wünschen zuwider läuft. Unter die Wünsche aber rechnet Russell nicht nur das Streben nach dem eigenen Glück; auch »Liebe und Freundschaft«, auch »Kunst und Wissenschaft« gehören in den

Bereich der angestrebten Wunscherfüllung. Im übrigen gibt es auch durchaus altruistische Wünsche, etwa die der Eltern für ihre Kinder; es gibt »Mitleid und Erbarmen«. Überhaupt gilt der Satz, »daß die Wunschbefriedigung der einen Person genauso gut ist wie die einer anderen«. Die Wünsche, in denen das ethische Verhalten wurzelt, gehen also nicht nur auf das Privatwohl, sondern auch auf das Allgemeinwohl. Beides aber muß nach Möglichkeit in Übereinstimmung gebracht werden. Von da aus kommt Russell zu konkreten ethischen Forderungen: »Liebe und nicht Haß, Zusammenarbeit und nicht Konkurrenz, Friede und nicht Krieg sind das Erstrebenswertere.«

Damit ist Russell den aktuellen Problemen des Zusammenlebens der Menschen nahegerückt. Sein ethisch begründetes politisches Engagement entspringt aus ganz unmittelbaren Empfindungen. »Widerhall von Schmerzensgeschrei erfüllt mein Herz: verhungernde Kinder, gefolterte Opfer von Unterdrückern, hilflose alte Menschen, ihren Kindern zur verhaßten Bürde geworden – die ganze Welt der Verlassenheit, der Armut, des Leids, all das macht ein hohnvolles Zerrbild aus dem, was Menschenleben eigentlich sein soll.«

Das innerste Motiv für Russells politische Forderungen ist die Sorge um den Fortbestand der Menschheit. »Wir haben jetzt in der menschlichen Geschichte das Stadium erreicht, in dem zum ersten Male das Fortbestehen des Menschengeschlechts davon abhängt, wieweit Menschen lernen können, sich sittlichen Überlegungen zu beugen.« »Unser Zeitalter ist düster, aber vielleicht werden gerade die Ängste, die es uns einflößt, zu einem Quell der Weisheit. Wenn das Wirklichkeit werden soll, dann muß die Menschheit in den gefährlichen Jahren, die ihr bevorstehen, der Verzweiflung zu entrinnen versuchen und sich die Hoffnung auf eine Zukunft lebendig erhalten, die besser ist als alles, was je gewesen ist. Das ist nicht unmöglich. Es kann Wirklichkeit werden, wenn die Menschen es nur wollen.« Daß er das immer wieder und immer unerbittlicher einschärft, macht Russell zu dem eindrucksvollen Mahner, den er für seine Zeit darstellt. Am Ende mündet sein politischer Appell wieder in den Bereich des Philosophischen ein: »Das Notwendigste, was die Welt braucht, um glücklich zu werden, ist Einsicht.«

Wittgenstein
oder
Der Untergang der Philosophie

Es gibt hie und da in der Geschichte Heilige, die all ihr Hab und Gut den Armen geben. Bei Philosophen kommt das seltener vor. Und doch gibt es einen, der das in großem Stile tut. Ludwig Wittgenstein, geboren 1889, Sohn eines Wiener Industriellen, verschenkt sein Millionenerbe. Allerdings nicht an die Armen, es sei denn, man rechne zu diesen Rilke und Trakl, die großzügig mit Spenden bedacht werden. Wittgenstein gibt sein Geld vielmehr seinen ohnehin schon äußerst vermögenden Geschwistern. Warum er das tut, verrät er nicht. Vermutlich ist es der Wunsch nach innerer Unabhängigkeit vom Besitz, der ihn zu dieser seltsamen Tat veranlaßt. Eben darin aber erweist er sich als ein echter Philosoph.

Wittgenstein hat, im Äußeren wenigstens, eine unbeschwerte Jugend; er wächst auf den Landgütern und in der städtischen Villa des Vaters auf. Doch innerlich hat er es schon damals nicht leicht. Der Dreiundzwanzigjährige bekennt, er lebe seit neun Jahren in schrecklicher Einsamkeit, immerzu am Rande des Selbstmordes. Diese Grundstimmung bleibt ihm sein Leben lang. Ständig fürchtet er, den Verstand zu verlieren oder zu sterben, ehe sein Werk vollendet ist. »Dauernd stolpert und fällt man, stolpert und fällt, und man kann sich nur selbst aufheben und versuchen, wieder weiterzugehen. Jedenfalls habe ich das mein ganzes Leben tun müssen.«

Übrigens herrscht in Wittgensteins Elternhaus eine höchst kultivierte Atmosphäre. Vor allem die Musik wird eifrig betrieben. Clara Schumann, Mahler und Brahms gehören zu den Freunden des Hauses. Wittgenstein selber spielt nicht ohne Talent Klarinette und erwägt eine Zeitlang, Dirigent zu werden. Später freilich beschränkt sich seine Musikalität darauf, den Freunden ganze Sinfonien und Konzerte vorzupfeifen, vermutlich nicht immer zu deren ungetrübtem Vergnügen.

Nach der Schulzeit besucht Wittgenstein die Technische Hochschule in Berlin, um Ingenieurwissenschaften zu studieren. Denn auch der Technik gehört seine Liebe; schon als Knabe konstruiert er eine neuartige Form von Nähmaschinen. Er setzt dann seine Studien in Manchester fort und wendet sich dort den damals gerade aufkommenden Fragen der Aeronautik zu. Bei dieser Gelegenheit erwacht sein Interesse an der Mathematik. Er geht nach Cambridge, um bei

Russell zu studieren, mit dem ihn in den folgenden Jahren eine aufrichtige Freundschaft verbindet. Russell selber äußert: »Wittgenstein kennenzulernen war eines der erregendsten geistigen Erlebnisse meines Lebens«; er nennt ihn »das vollendete Beispiel eines Genies«.

Doch Wittgenstein hält es nicht lange an der Universität. Das letzte Jahr vor dem Ausbruch des Ersten Weltkriegs verbringt er auf einem einsamen Bauernhof in Norwegen. 1914 meldet er sich, obgleich wegen Kränklichkeit vom Dienste zurückgestellt, als Freiwilliger zur österreichisch-ungarischen Armee, nimmt als Offizier an Kämpfen an der Ostfront und an der Südfront teil und gerät schließlich in italienische Kriegsgefangenschaft. In dieser Zeit vollendet er sein erstes bedeutendes Werk, den ›Tractatus logico-philosophicus‹.

Nach Kriegsende gerät Wittgenstein in eine heftige innere Krise. Er stößt in einer Dorfbuchhandlung auf ein Buch von Tolstoi über die Evangelien, das ihn tief erschüttert. Er beschließt, fortan ein einfaches Leben zu führen, und wird Dorfschullehrer in Niederösterreich. Über sein Leben auf dem Lande berichtet einer seiner Biographen: »Scheu und zurückgezogen, ziemlich schäbig gekleidet, suchte er sich die einfachste Umgebung zum Wohnen: ein winziges, gekalktes Zimmer, das wie eine Mönchszelle aussah, oder eine kleine Kammer in irgendeinem Haus; einmal schlief er für eine Zeit in der Schulküche, als das Wirtshaus, in dem er ein Zimmer hatte, Tanzmusik bekam; dann wieder wohnte er in einem kleinen, ungebrauchten Waschraum im Haus eines Dorfbewohners.« Immerhin aber kann sich Wittgenstein bei den Dörflern Respekt verschaffen. Sein technisches Studium lohnt sich: Er repariert eine defekt gewordene Dampfmaschine in der örtlichen Fabrik und macht sich auch um die Nähmaschinen der Bäuerinnen verdient. Seine Aufgabe an der Schule nimmt er äußerst ernst; er experimentiert mit neuartigen Lernmethoden. Nur mit seinen Kollegen versteht er sich schlecht.

Nach ein paar Jahren gibt Wittgenstein den Schuldienst auf. Neue Depressionen befallen ihn. Eine Zeitlang erwägt er, in einen Mönchsorden einzutreten. Er wird dann Hilfsgärtner in einem Kloster; seine Schlafstelle ist ein Geräteschuppen. Danach wendet er sich der Architektur zu; für seine Schwester entwirft er ein Haus im Stile der damals modernsten Bauweise. Dann endlich kehrt er, von den Freunden heftig gedrängt, nach Cambridge zurück. Dort promoviert er und hält als Fellow Vorlesungen, an denen auch einige seiner Kollegen teilnehmen. Einer der Anwesenden schildert die Sitzungen so: »Wittgenstein saß auf einem schlichten Holzstuhl in der Mitte des Zimmers. Hier führte er einen sichtbaren Kampf mit seinen Gedanken. Oft merkte er, daß er nicht klar dachte, und sagte das. Häufig sagte er Dinge wie: ›Ich bin närrisch‹, ›ihr habt einen furchtbaren Lehrer‹, ›ich bin heute einfach zu dumm‹. Manchmal drückte er Zweifel daran aus, die Vorlesung fortführen zu können, aber nur selten hörte er vor sieben Uhr auf. Es ist kaum richtig, von diesen Treffen als »Vorlesungen« zu sprechen, obwohl Wittgenstein sie so nannte. Erstens führte er bei diesen Treffen selbst Forschungen durch. Er dachte über bestimmte Probleme genauso nach, wie er es auch allein getan haben könnte. Zweitens bestanden die Treffen weithin aus Gesprächen. Wittgenstein richtete gewöhnlich Fragen an verschiedene Anwesende und reagierte auf ihre Antworten. Oft bestanden die Treffen vor allem aus Dialog. Manchmal aber, wenn er einen Gedanken aus sich herauszuziehen versuchte, verbat er sich mit einer entschiedenen Bewegung seiner Hand alle Fragen und Bemerkungen. Es gab häufig lange Pausen der Stille, nur mit einem gelegentlichen Murmeln von Wittgenstein, während die anderen in stiller Aufmerksamkeit verharrten. Während dieser Pausen war Wittgenstein äußerst angespannt und tätig. Sein Blick war konzentriert; sein Gesicht war lebendig; seine Hände machten faszinierende Bewegungen; sein Ausdruck war finster. Man wußte, daß man äußerstem Ernst, angestrengter Konzentration und stärkstem geistigen Zwang gegenüberstand.« Dann aber, wenn die Vorlesung zu Ende ist, stürzt Wittgenstein völlig erschöpft in ein Kino, um sich irgendeinen Film anzusehen und darüber für kurze Zeit die Philosophie zu vergessen.

Auch während der Zeit seiner Dozentur behält Wittgenstein seine einfache Lebensweise bei. In seinem Zimmer stehen weder Sessel noch Leselampe, und die Wände sind völlig kahl. Auch der äußere Aufzug widerspricht eklatant dem, was die strenge Etikette in Cambridge vorschreibt. Er trägt eine graue Flanellhose, dazu ein offenes Hemd und ein wollenes Lumberjacket oder eine Lederjacke. Der Biograph bemerkt: »Man könnte sich Wittgenstein nicht mit einem Anzug, einer Krawatte oder mit Hut vorstellen.« »Auch beim Essen zog er das Einfache vor – obgleich das Gerücht, er lebe nur von Cornflakes, ein wenig übertrieben sein mag.« Lange Zeit bestehen seine Mahlzeiten nur aus Brot und Käse. »Wittgenstein erklärte, es sei ihm ziemlich gleich, was er esse, wenn es nur immer das gleiche wäre.«

Während der Zeit in Cambridge, die durch einen einjährigen Aufenthalt in Norwegen unterbrochen wird, beginnt Wittgenstein mit seinem zweiten wichtigen Buch, das unter dem Titel ›Philosophische Untersuchungen‹ erst nach seinem Tode erscheinen wird. Inzwischen erhält er einen philosophischen Lehrstuhl, allerdings eben zu Beginn des Zweiten Weltkrieges. Wieder meldet er sich freiwillig und wird erst Krankenträger in einem Hospital, dann Laborant in einer medizinischen Forschungsstätte. Nach dem Kriege kehrt er nach Cambridge zurück, gibt aber bald sein Lehramt auf, weil er »die absurde Stellung eines Philosophieprofessors« als »eine Art Lebendig-Begrabensein« empfindet. Nun widmet er sich ausschließlich seinen Forschungen, in einsamen Bauernhöfen in Irland und zuletzt in einem Hotel in Dublin wohnend, von vielerlei Krankheiten geplagt. 1951, mit 62 Jahren, stirbt Wittgenstein an einem Krebsleiden. Sein letzter Satz lautet: »Sagen Sie ihnen, daß ich ein wundervolles Leben gehabt habe.«

In Wittgensteins Denken kann man zwei voneinander abgehobene Stadien unterscheiden. Das erste wird durch den ›Tractatus logico-philosophicus‹ repräsentiert, der die in der angelsächsischen Welt vorherrschende Strömung des logischen Positivismus wesentlich beeinflußt. Das zweite Stadium ist durch die ›Philosophischen Untersuchungen‹ gekennzeichnet, die die ebenfalls in England und Amerika einflußreiche, seit neuestem aber auch auf den europäischen Kontinent übergreifende Richtung der Linguistik mit inaugurieren.

Im ›Tractatus‹, einem im höchsten Grade schwierigen Buch, in dem sich ein leidenschaftliches und ursprüngliches Denken unter einer kühlen, fast mathematischen Form verbirgt, geht es Wittgenstein darum, zu sagen, was ist. Das erscheint ihm als die Aufgabe eines redlichen Philosophierens. Was aber ist das, was ist? Wittgenstein antwortet: Es sind die »Tatsachen«. »Die Welt ist die Gesamtheit der Tatsachen.« Die Welt wird also nicht im traditionellen Sinne als das Gesamt der Dinge, sondern als das Gesamt der Tatsachen verstanden. Der Unterschied läßt sich so exemplifizieren: Ein Ding ist etwa ein Tisch; eine Tatsache ist, daß der Tisch braun ist oder daß er im Zimmer steht. Statt von Tatsachen kann Wittgenstein auch vom »Bestehen von Sachverhalten« sprechen. Der Sachverhalt ist seinerseits »eine Verbindung von Gegenständen«; diese »bilden die Substanz der Welt«. Innerhalb der Welt nun gibt es komplexe und einfache Sachverhalte; die komplexen lassen sich auf die einfachen zurückführen, die ihrerseits nicht weiter reduziert werden können. Ihnen kommt die ursprüngliche Realität zu.

Die Sachverhalte werden zu Gegenständen von Sätzen, und zwar die komplexen von ihrerseits komplexen Sätzen, die einfachen von ebenfalls einfachen Sätzen oder Elementarsätzen. So kann es gelingen, über die Analyse der Sätze zur Erfassung der Wirklichkeit der Welt der Sachverhalte zu gelangen. Denn auch hier gilt der Zusammenhang, daß die komplexen Sätze auf einfache zurückgeführt werden können, »die aus Namen in unmittelbarer Verbindung bestehen«. Die eigentliche Berührung und damit der Ursprung der Realitätsgewißheit findet also zwischen Elementarsätzen und einfachen Sachverhalten statt. Das wird von Wittgenstein nicht mehr begründet, sondern bleibt als Voraussetzung stehen. Aber er kann nun sagen: »Die Angabe aller wahren Elementarsätze beschreibt die Welt vollständig.« Denn aus den Elementarsätzen lassen sich alle wahren Sätze ableiten. »Alle Sätze sind Resultate von Wahrheitsoperationen mit den Elementarsätzen.«

Genauer beschreibt Wittgenstein das Verhältnis von Sätzen zu Sachverhalten so, daß er den Bildbegriff einführt. »Wir machen uns Bilder der Tatsachen«; »der Satz ist ein Bild der Wirklichkeit«. Das gilt freilich nicht im Sinne eines photographischen Abbildes. Vielmehr wiederholt der Satz lediglich die logische Struktur des Sachverhaltes; denn die logischen Formen sind sowohl der Welt wie den Sätzen über sie gemeinsam. Daher kann Wittgenstein sagen: »Der Satz zeigt die logische Form der Wirklichkeit.«

Damit wird das Feld der Philosophie aufs äußerste eingeschränkt. »Der Zweck der Philosophie ist die logische Klärung der Gedanken.« Dem entspricht es, daß Wittgenstein behauptet: »Alles, was überhaupt gedacht werden kann, kann klar gedacht werden. Alles, was sich aussprechen läßt, läßt sich klar aussprechen.« Dieses Prinzip kann jedoch letztlich nur auf die Naturwissenschaften zutreffen. So sagt Wittgenstein denn auch ausdrücklich: »Die Gesamtheit der wahren Sätze ist die gesamte Naturwissenschaft«; aber »die Philosophie ist keine der Naturwissenschaften«. Deshalb wird alles darüber hinausgehende philosophische Reden, insbesondere das metaphysische, verworfen; es ist weder klar denkbar noch klar sagbar. »Die meisten Sätze und Fragen, welche über philosophische Dinge geschrieben worden sind, sind nicht falsch, sondern unsinnig.« Es werden also nicht nur die metaphysischen Antworten, sondern schon die metaphysischen Fragen abgewiesen. In diesem Sinne schreibt Wittgenstein im Vorwort zum ›Tractatus‹: »Das Buch behandelt die philosophischen Probleme und zeigt – wie ich glaube –, daß die Fragestellung diese Probleme auf dem Mißverständnis der Logik unserer Sprache beruht.« Hier gilt der berühmte Schlußsatz des ›Tractatus‹: »Wovon man nicht sprechen kann, darüber muß man schweigen.« Zusammenfassend heißt es: »Die richtige Methode der Philosophie wäre eigentlich die: nichts zu sagen, als was sich sagen läßt, also Sätze der Naturwissenschaften – also etwas, was mit Philosophie nichts zu tun hat –, und dann immer, wenn ein anderer etwas Metaphysisches sagen wollte, ihm nachzuweisen, daß er gewissen Zeichen in seinen Sätzen keine Bedeutung gegeben hat. Diese Methode wäre für den anderen unbefriedigend – er hätte nicht das Gefühl, daß wir ihn Philosophie lehrten –, aber sie wäre die einzig streng richtige.«

Allerdings ist Wittgenstein nicht so unbesonnen, zu behaupten, alles, was sich nicht in naturwissenschaftlicher Klarheit aussprechen läßt, gebe es darum auch nicht. »Wir fühlen, daß selbst, wenn alle möglichen wissenschaftlichen Fragen beantwortet sind, unsere Lebensprobleme noch gar nicht berührt sind.« Diese sind freilich nach strengen Maßstäben undenkbar und unsagbar. Aber die Philosophie rührt doch daran. »Sie soll das Denkbare abgrenzen und damit das Undenkbare. Sie soll das Undenkbare von innen durch das Denkbare begrenzen.« Dieses Undenkbare, das es gleichwohl gibt, nennt Wittgenstein »das Mystische«. »Es gibt allerdings Unaussprechliches. Dieses zeigt sich, es ist das Mystische.« Ihm kommt also eine eigentümliche Weise des Offenbarwerdens zu: daß es zwar nicht begreiflich ist, daß es sich aber doch zeigt. Die Philosophie aber »wird das Unsagbare bedeuten, indem sie das Sagbare klar darstellt«.

Zu diesem sich zeigenden Unaussprechlichen, dem Mystischen, gehört als erstes das Ethische. Es ist »kein Sachverhalt«, und doch zeigt es sich. Zum zweiten ist das Leben etwas Mystisches. Wittgenstein behauptet: »Die Lösung des Rätsels des Lebens in Raum und Zeit liegt außerhalb von Raum und Zeit.« Zum dritten befindet sich in der Sphäre des Mystischen das Ich. »Das Subjekt gehört nicht zur Welt, sondern es ist eine Grenze der Welt.« Aber doch wird seine wenn auch mystische Existenz nicht bestritten: »Das Ich, das Ich ist das tief Geheimnisvolle.« Viertens ist mystisch die Welt als ganze in ihrem Dasein; »nicht wie die Welt ist, ist das Mystische, sondern *daß* sie ist.« Das gleiche gilt fünftens für den Sinn der Welt; er »muß außerhalb ihrer liegen«.

Zur Bezeichnung des Sinnes der Welt verwendet Wittgenstein auch den Ausdruck »Gott«. »An einen Gott glauben heißt, die Frage nach dem Sinn des Lebens verstehen. An einen Gott glauben heißt sehen, daß es mit den Tatsachen der Welt noch nicht abgetan ist. An Gott glauben heißt sehen, daß das Leben einen Sinn hat.« Der – wissenschaftlich nicht faßbare und darum mystische – Begriff Gottes meint also diesen als den Sinn der Welt. Wittgenstein nun betont ausdrücklich, daß dieser Weltgott innerhalb der sichtbaren Wirklichkeit nicht zu finden ist: »Gott offenbart sich nicht in der Welt.«

Aber er ist der außerweltliche Sinn der Welt. In anderer Fassung des Gedankens versteht Wittgenstein Gott auch als das Gesamt der Welt: »Gott ist, wie sich alles verhält.« Das ist freilich, streng genommen, undenkbar und unsagbar. Und doch kann man einen solchen Gott annehmen. Denn das Faktum der menschlichen Abhängigkeit weist auf das sich zeigende Mystische Gottes hin. Wir sind »in einem gewissen Sinne abhängig, und das, wovon wir abhängig sind, können wir Gott nennen; Gott wäre in diesem Sinne einfach das Schicksal oder, was dasselbe ist, die – von unserem Willen unabhängige – Welt«.

Nach Vollendung des ›Tractatus‹ ist Wittgenstein der Überzeugung, »die Probleme im wesentlichen gelöst zu haben«. Dann aber geschieht das Merkwürdige, daß ihm sein eigenes Werk zweifelhaft wird. Allzu selbstverständlich hat er darin die These ausgesprochen, die Welt zerfalle in Tatsachen. Man kann aber, so denkt er jetzt, mit gleichem Recht auch sagen, sie zerfalle in Dinge oder in Ereignisse. Es gibt also bei der Analyse der Wirklichkeit verschiedene Möglichkeiten und nicht nur eine einzige eindeutige. Damit aber fällt eine der Grundvoraussetzungen des ›Tractatus‹ weg. Auch die Behauptung, der Sinn der Sätze, wenn man diese in Elementarsätze zerlegt, sei eindeutig bestimmt, entspricht nicht dem Faktum, daß in der Sprache Mehrdeutigkeit herrscht. Die Analyse führt also nicht mit Notwendigkeit zur wahren Wirklichkeit. Darüber hinaus wird Wittgenstein auch die Unterscheidung in komplexe und einfache Sachverhalte und Sätze problematisch. Es gibt überhaupt keine absolute Einfachheit. Des weiteren wird die Bildtheorie fraglich. Denn wenn es weder einfache Sachverhalte oder Dinge, noch einfache Sätze gibt, dann kann man auch nicht davon reden, daß die einfachen Sätze die einfachen Sachverhalte oder Dinge abbilden. Schließlich gibt Wittgenstein auch seine Lehre vom Mystischen preis. So stürzt denn das ganze Gebäude des ›Tractatus‹ in sich zusammen.

Wittgenstein muß nun nach einem neuen Ansatz suchen. Das geschieht in den ›Philosophischen Untersuchungen‹. Darin geht er von der Tatsache aus, daß die philosophischen Schwierigkeiten und die »Verwirrungen« im Denken daher rühren, daß die Sprache vieldeutig ist. So wendet sich denn Wittgenstein deren Untersuchung zu. Und zwar geht es ihm jetzt nicht mehr um den logischen Satz, sondern um die Alltagssprache. Sie ist die ursprünglichste Wirklichkeit, in der der Mensch lebt und an die sich darum die Philosophie halten kann und muß. Sie auch ist es, mit deren Hilfe man die philosophische Terminologie unterlaufen kann. »Wir führen die Wörter von ihrer metaphysischen wieder auf ihre alltägliche Verwendung zurück.«

Daß die Worte der Sprache nicht eindeutig sind, liegt daran, daß sie je nach dem Zusammenhang, in dem sie auftreten, ihren Sinn verändern. Man kann somit von keinem Wort eine eindeutige philosophische Definition geben. »Wie ein Wort funktioniert, kann man nicht erraten. Man muß seine Anwendung ansehen und daraus lernen.« Es gibt also nicht etwa einen einheitlichen Begriff der Zeit, sondern der Ausdruck »Zeit« hat je nach dem sprachlichen Zusammenhang, in dem er gebraucht wird, eine je besondere Bedeutung; es besagt etwas anderes, wenn ich eine Verabredung treffe, wenn ich die Uhr ablese, wenn ich Zeitlängen messe. Kurz: »Die Bedeutung eines Wortes ist sein Gebrauch in der Sprache.«

Hier nun hat die philosophische Bemühung einzugreifen. Sie klärt die verschiedenen möglichen Bedeutungen der Worte. »Die Philosophie ist ein Kampf gegen die Verhexung unsres Verstandes durch die Mittel der Sprache.« Eine solche Verhexung besteht insbesondere darin, daß man Allgemeinbegriffe, wie etwa das Nichts oder den Geist, als Dinge ansieht, oder daß man – im platonischen Sinne – annimmt, es gebe eine Wesenheit »Pferd«, an der alle wirklichen Pferde teilhätten. Das ist für Wittgenstein ein grundlegender Irrtum. Das Wort »Pferd«, das man auf ein Holzpferd ebenso wie auf ein Pferd auf der Weide anwenden kann, deutet auf kein einheitliches Wesen; das Entscheidende dabei sind nicht die Gleichheiten, sondern die Unterschiede; die vermutete Wesensgleichheit reduziert sich auf »Familienähnlichkeiten« des in verschiedenen Zusammenhängen stehenden Wortes.

Nun gibt es eine Fülle von Bereichen des Lebens, in denen Worte auftreten können. Es gibt viele Sprachwelten. Je nach ihrer Verschiedenheit ändert sich der Sinn der Worte. Etwa der Ausdruck »Du« hat eine andere Bedeutung, wenn er in einem Liebesverhältnis, als wenn er als Drohung ausgesprochen wird. Die Lebensformen, in denen die Worte in je verschiedener Bedeutung vorkommen, nennt Wittgenstein »Sprachspiele«. Sie sind gleichsam die Umkreise, in denen je anders gesprochen wird. Als Beispiel dafür führt Wittgenstein an: »Befehlen, und nach Befehlen handeln – Beschreiben eines Gegenstands nach dem Ansehen, oder nach Messungen – Herstellen eines Gegenstands nach einer Beschreibung (Zeichnung) – Berichten eines Hergangs – Über den Hergang Vermutungen anstellen – Eine Hypothese aufstellen und prüfen – Darstellen der Ergebnisse eines Experiments durch Tabellen und Diagramme – Eine Geschichte erfinden; und lesen – Theater spielen – Reigen singen – Rätsel raten – Einen Witz machen; erzählen – Ein angewandtes Rechenexempel lösen – Aus einer Sprache in die andere übersetzen – Bitten, Danken, Fluchen, Grüßen, Beten.«

Die Aufgabe der Philosophie, wie Wittgenstein sie versteht, ist also, dafür zu sorgen, daß das Denken den Fallen entgeht, die ihm die Sprache stellt. Die Rettung aus der unheimlichen Verwirrung der philosophischen Probleme, wie sie aus der Tradition überliefert sind, besteht in der Aufhellung und Darstellung der Sprachspiele. »Es sind nur Luftgebäude, die wir zerstören, und wir legen den Grund der Sprache frei, auf dem sie standen.« Die Philosophie ist also nicht Erörterung von letztlich doch unlösbaren Problemen; sie ist »in Wirklichkeit ›rein deskriptiv‹«, nämlich Beschreibung des Gebrauchs von Wörtern. »Alle Erklärung muß fort, und nur Beschreibung an ihre Stelle treten.« Wittgenstein liegt zuletzt daran, »daß die philosophischen Probleme vollkommen verschwinden sollen«. Damit hat die traditionelle Philosophie ausgespielt. Was bei Wittgenstein heraufzieht, ist ihr Untergang.

Epilog
oder
Aufstieg und Abstieg

In vierunddreißigfachem Aufstieg ist die Philosophische Hintertreppe begangen worden; vierunddreißig der großen Gestalten des philosophischen Geistes wurden aufgesucht. Damit konnte freilich nur ein Teil der Etage in Augenschein genommen werden, auf der die Philosophen hausen. Der eine oder andere der Leser wird den einen oder anderen Denker vermissen. So trägt das Buch die Zeichen der Unvollendung.

Aber vielleicht ist es doch nicht ganz unnütz, die Philosophische Hintertreppe betreten zu haben. Vielleicht können die vierunddreißig Aufstiege, in all ihrer Unvollständigkeit, Hinweise auf eine Möglichkeit sein, wie man, unmittelbarer als auf den gebräuchlichen Vordertreppen, sich dem nahen kann, was in der Geschichte der Philosophie an Großem geschehen ist. Daß aber die Philosophische Hintertreppe, so wie sie im vorangehenden beschritten worden ist, unvollkommen bleibt, liegt am Ende in der Sache selbst begründet. Denn wie könnte das Philosophieren zum Vollendeten gelangen, wenn dieses doch im Dasein des Menschen nie und nirgends erreicht wird?

Eines jedoch ist entscheidend: daß: wer sich auf den vierunddreißig Aufstiegen hat führen lassen, den Abstieg nicht vergesse. Soll dieser nicht ein gleichgültiges Hinuntergehen oder gar ein Hinunterfallen sein, dann muß in ihm erhalten bleiben, was im Aufstieg erfahren worden ist. Nur im bewahrenden Abstieg werden die Einsichten, die auf der Etage der Philosophen gewonnen werden, auch für das Erdgeschoß des alltäglichen Lebens, ja vielleicht sogar für den Keller der Wirklichkeit fruchtbar.

Wenn das aber geschieht, dann ist der Abstieg ebenso philosophisch wie der Aufstieg. Dann bewahrheitet sich auch auf der Hintertreppe das rätselvolle Wort des Heraklit: »Weg hinauf, hinab: derselbe.«

Postscriptum

Der Verfasser hat vielerlei Grund, Berthold Spangenberg, dem Inhaber der Nymphenburger Verlagshandlung, für die Sorgfalt, mit der er sich der beiden ersten Auflagen dieses Buches angenommen hat, und für den Mut, eine erweiterte Auflage zu wagen, zu danken.

